Rolf Henrich
Ausbruch aus der Vormundschaft

Rolf Henrich

Ausbruch aus der Vormundschaft

Erinnerungen

Ch. Links Verlag

Die Deutsche Nationalbibliothek verzeichnet
diese Publikation in der Deutschen Nationalbibliografie;
detaillierte bibliografische Daten sind im Internet über
www.dnb.de abrufbar.

1. Auflage, Februar 2019
© Christoph Links Verlag GmbH
Schönhauser Allee 36, 10435 Berlin, Tel.: (030) 44 02 32-0
www.christoph-links-verlag.de; mail@christoph-links-verlag.de
Umschlaggestaltung: Nadja Caspar, Ch. Links Verlag,
unter Verwendung eines Fotos von Rolf Henrich auf der
Frankfurter Buchmesse 2001 (Teutopress GmbH)
Satz: Eugen Bohnstedt, Ch. Links Verlag
Druck und Bindung: Druckerei F. Pustet, Regensburg
Gedruckt auf säurefreiem, alterungsbeständigem Papier

ISBN 978-3-96289-035-3

Inhalt

Vorwort 11

Teil I

Philosophie oder Studium der Rechtswissenschaften? Ich höre auf Lore Nagel 14

Schulter an Schulter mit der herrschenden Klasse tausend Meter unter Tage 20

Am Horizont ein Silberstreif – Neues Ökonomisches System der Planung und Leitung 27

Saale-Athen, im Tale liegend – 11. September 1964 33

Gesellschaftswissenschaftliches Grundstudium als Misstrauenstraining 39

Martin Posch und die Generalklausel Treu und Glauben 46

Eine von Hegel durchsäuerte Generation – ergriffen vom ehernen Gang der Geschichte 50

Gammler und zottelige Mähnen 56

»Sind Sie Pontius Pilatus?« 62

Gefährliche Parolen 66

Zum Einsatz an der unsichtbaren Front im Operationsgebiet West geeignet 70

In der Warteschleife 72

Auf, auf zum Kampf 75

Die letzten Semester in der Hauptstadt 82

Als Aushilfskellner in Ahlbeck 85

Panzer in Prag oder das Ende der
»politisch-ideologischen Sorglosigkeit« 88

Das Tribunal 95

Mein amtliches Sündenregister 99

Von Stalin lernen 102

Teil II

Was tun? 104

Heiner Müller 108

Umrüstung vom Zivilisten zum Soldaten 111

Bloß weg 120

Neubeginn in Eisenhüttenstadt 122

Erste Tuchfühlung mit der Praxis 125

Ankunft in der Stahlstadt 127

Mein erster Mandant, unvergessen 129

Ein Ort vertraulichen Gesprächs –
Die Schleusenmeisterei in Hammerfort 132

Halb im Verborgenen 135

Karl Heintze wird einbestellt 139

Kafkaeske Politprozesse 142

Kopfgeldjägerei oder salonfähiger Menschenhandel? 150

Das Ministerium wollte nicht gestört werden 155

25. August 1977 – mein Thermidor 159

Gregor Gysi, Advocatus Diaboli? 166

Es war zu langweilig! 170

Auf der Suche/Ausweichmanöver Psychotherapie 174

Teil III

Schwerkraft der Legalität – östlich/westlich der Oder 182
Party mit Tschekisten 187
Ich führte ein Doppelleben 192
Stille Post 198
Bärbel Bohley in Hammerfort 204
Studienreisen für Revolutionäre 211
Bremen Oberneuland/Westberlin 215
Undurchsichtigkeit und Verdacht 220
Cottbuser Begegnungen 223
Freimut Duve gibt sich die Ehre 227
Im Wartesaal der Geschichte 233
»Zwei Jahre Knast halte ich aus« 237

Teil IV

Tätigkeitsverbot und Parteiverfahren 239
Hinter den Kulissen 242
Ächtung und Zuspruch 250
Unterwegs als Wanderprediger 254
Halle an der Saale 259
Gründertreffen des Neuen Forums in Grünheide 265
»Wir sind halt dieselbe Brut« 274
Ring frei zur ersten Runde 276
Fehlende Brücken 282
Kolumbische Seefahrerei oder Nüchternheit 285
»Henrich! Mir grauts vor dir!« – Treffen mit Kurt Masur 289

Teil V

Tollereien am Rande des Staatsbankrotts 298

Verlegenheitslösung Runder Tisch 305

Mein Leipzig lob' ich mir! 309

Christliche Tischgemeinschaft oder Insolvenzausschuss? 315

Lockende Angebote 327

Spurwechsel 332

Deutschsein in Europa 338

Verspäteter Widerstand durch herabsetzendes Nachstellen 349

Zonen des Verdachts 359

Wie sieht nun die Bilanz aus? 364

Anhang

Abkürzungsverzeichnis 370

Bildnachweis 373

Personenregister 374

Für jeden Menschen kommt der Augenblick, in dem der Lenker seines Sterns ihm selbst die Zügel übergibt. Nur das ist schlimm, dass er den Augenblick nicht kennt, dass jeder es sein kann, der vorüberrollt.

Friedrich Hebbel

Vorwort

Dieses Buch erzählt die Geschichte einer politischen Desillusionierung. Wie ich mich in den Sechzigern als Student für eine Sache eingesetzt habe, die schon damals mausetot gewesen ist, was diejenigen wussten, die Arthur Koestlers »Sonnenfinsternis« gelesen hatten. Ich gehörte zu denen, die bis zu einem gewissen Zeitpunkt dennoch alles geben wollten und nichts dafür verlangten. Später änderte sich das, als ich sah, was auch mit meiner Hilfe angerichtet wurde. Die damit einhergehende »Selbstpeinigung des reuigen Sünders« hat mir dunkle Stunden beschert, obwohl ich mir immer wieder eingeredet habe, dass es darauf nicht ankomme, sondern nur um den »festen Vorsatz« gehe, »es künftig besser zu machen«, wie Kant sagt. Aber das war selbst bei gutem Willen gar nicht so einfach. Welche Hemmnisse sich hierbei auf meinem Weg in den Widerstand gegen ein unerträgliches Regime aufgetürmt haben, darüber zu berichten halte ich heute noch für lehrreich.

Zugegeben, Erich Mielkes Tschekisten mussten ihre Zersetzungsarbeit einstellen und die Normannenstraße räumen. Und dank der Gauck-Behörde haben wir viel gelernt. Aber können wir deshalb darauf bauen, dass der deutsche Michel die DDR-Lektion verstanden hat? Können wir wirklich davon überzeugt sein, dass mit der Zerschlagung des MfS die Parallelgeschichte der geheimdienstlichen Machenschaften mit ihren Berichterstattungen und perfiden Täuschungsmanövern vorbei ist? Nein, es ist immer so gewesen, zumindest seit der Alte vom Berge seine Operativniks in die Welt hinausgeschickt hat, und es wird auch so weitergehen, denn die Zeit hat sich diesbezüglich – abgesehen von den technischen Fähigkeiten der Dienste – nicht vom Fleck bewegt.

Der Leser findet in den vorliegenden Erinnerungen nur wenige verstreute Hinweise auf meine Familienbande. Das hat sachliche Gründe, weil ich mich auf die regional begrenzte, drei Jahrzehnte bestehende Zwangslage meiner Generation in der DDR (1963–1993) konzentriere. Weder will ich einen vollständigen Lebenslauf aus einem Guss vorlegen, noch habe ich vor, eine komplette DDR-Geschichte aus der Froschperspektive zu erzählen. Zugegebenermaßen geht es mir bei meinem familiären Hintergrund ohnehin ein bisschen so wie einem Zeugen, der die an ihn gestellten Fragen zwar wahrheitsgemäß beantworten möchte, jedoch über den Gegenstand seiner Einvernahme nur unzureichend informiert ist. Der entscheidende Grund für meine lückenhaften Kenntnisse ist eine für mich heute noch unbegreifliche Scham, welche meine Mutter ihr Leben lang daran hinderte, offen mit mir über wichtige Dinge zu sprechen. Da gab es zwar meinen Großvater Artur Schnabel, einen ehemaligen Schuldirektor, den sie vergötterte. Als junger Leutnant hatte der im Feldzug gegen Frankreich mit seinen Leuten 1914 eine Festungsanlage gestürmt. Dafür war er mit dem Eisernen Kreuz Erster Klasse ausgezeichnet worden. Angeblich das früheste Eiserne Kreuz, welches ein Magdeburger bekommen hat.

Im Vergleich zu diesem Heldenepos stand mein Vater Ernst Henrich, der es geschafft hatte, sich dem Dienst in Hitlers Wehrmacht zu entziehen, 30 Jahre später zum Zeitpunkt meiner Geburt (24. Februar 1944) am Ende des nächsten Krieges wie ein Drückeberger da. Anders jedenfalls als die Brüder meiner Mutter, Rüdiger und Dietrich. Rüdiger war in Russland gefallen. Und Dietrich Schnabel, dessen Schicksal in meiner Kindheit alles überschattete, musste sich als Offizier der 12. SS-Panzerdivision zusammen mit seinem Bataillonskommandeur Bernhard Siebken im Curiohaus in Hamburg vor einem britischen Militärgericht verantworten. Beide wurden im letzten dort geführten Kriegsverbrecherprozess wegen der von ihnen im Juni 1944 befohlenen Exekution der kanadischen Soldaten Harold Angel, Frederick Holness und Ernest Baskerville in Le Mesnil-Patry zum Tode durch den Strang verurteilt. Der Einwand ihrer Verteidiger, dass in diesem Abschnitt der Invasionsfront kanadische Befehle gefunden worden waren, keine Gefangenen zu machen, weshalb die Erschießung der drei Männer als dagegen gerichtete kriegsrechtliche Repressalie anzusehen sei, blieb unbeachtet.

Als der Henker Albert Pierrepoint Dietrich Schnabel am 20. Januar 1949 in Hameln die Schlinge um den Hals legte, war ich fast fünf Jahre alt. Mein in den Augen der Familie Schnabel peinlicher Vater verstarb im selben Jahr, kurz nachdem meine Eltern sich hatten scheiden lassen.

Was ich bis dahin von dem ganzen Drama mitbekommen hatte, war vor allem die ständige Abwesenheit meiner Mutter, die hin- und herreiste, um Unterstützer für ein Gnadengesuch ausfindig zu machen, oder ihren Bruder in der Haftanstalt besuchte. Kam sie von ihren Reisen zurück, weinte sie nächtelang. Auch als ich dann schon zur Schule ging und erste, kindliche Fragen zu »Onkel Dietrich« stellte, wollte sie mit mir über ihren Bruder nicht sprechen. Über meinen Vater verlor sie sowieso kein Wort. Während bei meinen Freunden die gefallenen Angehörigen oder Verstorbenen durch das Erzählen von Anekdoten oder die Beschreibung ihrer Charakterzüge zum Leben erweckt wurden, deckte meine Mutter einen Mantel des Schweigens über alles. Im Haus des Gehenkten spricht man nicht vom Strick! An dieser Maxime hielt sie ihr Leben lang eisern fest. Erst zwei Wochen vor ihrem überraschenden Tod 1988 gab sie mir wortlos ein Bündel Briefe Dietrich Schnabels, die dieser in der Haftanstalt geschrieben hatte, und das von dessen Verteidiger verfasste halbseitige Gnadengesuch.

Was ich mit diesen paar Zeilen sagen möchte, liegt auf der Hand: Falls es wirklich so ist, dass sich vieles in unserem Dasein schon in frühesten Kindheitstagen entscheidet, dann war meine persönliche Ausgangslage nicht unbedingt rosig. Zwischen einer völlig überforderten, heillos in das Schicksal ihres Bruders verstrickten Mutter und einem nichtexistierenden Vater gab es für mich keine Möglichkeit, mich an einem hauseigenen Vorbild zu orientieren oder gar abzuarbeiten. Anstatt jetzt aber weiter von einer unverstandenen Jugend oder gar meiner nur mittelmäßigen Schullaufbahn und allerhand Jugendstreichen zu berichten, ist es wohl besser, wenn ich erst einmal erkläre, wie es dazu kam, dass ich mich ausgerechnet für den Beruf des Juristen entschieden habe. Eine Wahl, die hinsichtlich meiner politischen Biografie folgenreich sein sollte. Dass der Anstoß dazu nicht von meiner Mutter ausging, dürfte nach dem, was ich vorstehend dargelegt habe, keine Überraschung sein.

Philosophie oder Studium der Rechtswissenschaften? Ich höre auf Lore Nagel

Obwohl ich auf über vier Jahrzehnte anwaltlicher Tätigkeit zurückblicke, weiß ich noch sehr genau, dass mir am Ende meiner Schulzeit 1963 zunächst nichts ferner lag als das Studium der Jurisprudenz. Ein früher und ausgeprägter Sinn für Gerechtigkeit, der, wie ich häufig höre, das Gros meiner Kollegen bei der Wahl ihres Studiengangs geleitet hat, war bei mir nicht ausschlaggebend. Mögen andere als Jünglinge glühende Anhänger der Themis gewesen sein; bei mir war es jedenfalls nicht die Hüterin der Gesetze und Sitten, die mir den Weg in den Hörsaal der juristischen Fakultät gewiesen hat, sondern eine leicht gebrechliche, halbblinde Lehrerin namens Lore Nagel. Unter uns Schülern hieß sie nur »die Musa«. Sie unterrichtete in der nahe Zwickau gelegenen Kreisstadt Werdau an der Oberschule Latein und verkörperte eine Bildungstradition, die sich wie ein Echo aus vergangenen Zeiten ausnahm und heute untergegangen ist. Wir übersetzten bei ihr den »Gallischen Krieg« und ausgewählte Schlüsselstellen antiker Texte, paukten mit mäßigem Ehrgeiz lateinische Deklinationen.

Müsste ich das pädagogische Personal benoten, das sich an mir zwecks Herstellung einer allseits gebildeten sozialistischen Persönlichkeit ausprobieren durfte, käme allein für Lore Nagel das Prädikat einer einfühlsamen, mich fördernden Erzieherin infrage. Jedes Jahr pickte sie sich ein, zwei Schüler heraus, immer nur männliche, die sie unentgeltlich drei Stunden wöchentlich in ihrer Wohnung kostenlos im Englischen unterrichtete. Einer der Glücklichen war ich. Da neben dem obligaten Russisch nur Französisch und Latein auf unserem Lehrplan stand, war das Privatissimum in ihrer guten Stube ein Privileg ersten Ranges. Auf den jährlich mit viel Tamtam veranstalteten Schulbällen revanchierten sich die von ihr Auserkorenen. Fleißig schoben wir die alte Lady über das Parkett. Ließen sie so gut wie nie sitzen. Seltsamerweise hinderte ihre sonst schwächliche Konstitution sie an solchen Abenden überhaupt nicht.

An den Nachmittagen bei ihr machte ich gute Fortschritte. Es ging

Lateinlehrerin Lore Nagel, genannt »die Musa«, 1963 an der Koberbach-Talsperre

mir alles viel lockerer von der Hand und klemmte nicht schon an der Stelle, wo ich schulisch sonst immer auf Durchzug schaltete. Lore Nagel legte größten Wert darauf, in der jeweils letzten Stunde mit mir winzige Abschnitte aus Shakespeares Werken im Original zu lesen und zu übersetzen. Da blühte sie auf. Deshalb lerne man doch Englisch! Oder weshalb sonst? Wer sich das Englische nur aneignen wolle, weil er sich damit bessere Chancen auf dem Arbeitsmarkt ausrechne, das kam immer wieder in ihren beiläufigen Bemerkungen zum Ausdruck, war in ihren Augen ein Banause. Die Tragödien, Komödien und Romanzen des Sweet Swan of Avon seien schließlich Grund genug, die Sprache des Inselvolks zu erlernen. Zwar hätten die Londoner Sieger den Bombenterror auf die deutschen Städte zu verantworten, aber da könne doch Shakespeare nichts dafür.

So weltfremd und harmlos, wie mir anfangs Musas Belehrungen erschienen, war das Ganze jedoch durchaus nicht. Lore Nagel stieß mich nämlich öfter mit der Nase auf die mir bis dahin unbekannte Aktualität Shakespeares. Eines Nachmittags im Frühjahr, die Vorbereitungen auf die Abiturprüfungen liefen bereits auf Hochtouren, ließ sie mich zum Beispiel den Dialog des Priamos mit Hektor aus der 2. Szene von »Troilus und Cressida« deklamieren. Hektor verkündet an der Stelle, die ich übersetzen musste: The wound of peace is surety,/ Surety secure; ... Wie ein Zauberwort hörte sich das in meinen Ohren an. Ich übertrug die erste Zeile wörtlich ins Deutsche, sagte also: Die Wunde des Friedens ist Sicherheit. Überlegte kurz, was damit wohl gemeint sein könnte. Ein ungeheuerlicher Satz in der Epoche des Kalten Krieges. Alles Denken kreiste ja zwanghaft um Sicherheit. Jeden Tag aufs Neue stand der Klassenfeind ante portas. Zu sichre Sicherheit – Surety secure. Wer da nicht reflexartig an die Aufrufe zur Wachsamkeit gegenüber den Machenschaften der imperialistischen Bonner Ultras denken musste, die den Menschen damals Tag und Nacht durch die sozialistische Propagandamaschinerie eingehämmert wurden, hätte ein Brett vor dem Kopf haben müssen.

Ich will damit nicht sagen, dass mein Gespräch mit Lore Nagel an jenem Nachmittag vollkommen offen gewesen wäre; dafür war die alte Dame viel zu vorsichtig. Der Ärger, den sie ein paar Jahre vorher zur Zeit der berüchtigten Strafverfahren gegen Werdauer Oberschüler hatte, die wegen der Verteilung antikommunistischer Flugblätter zu drastischen Zuchthausstrafen verurteilt worden waren, ließ sie zurückhaltend auftreten. Aber sie lachte, als sie bemerkte, wie verblüfft ich war, herzlich und ein wenig spöttisch auch.

Mit 18 war ich natürlich viel zu grün, um Shakespeares Größe zu verstehen. Aber ich suchte krampfhaft nach Orientierung, und dabei waren mir jene speziell für mich ausgewählten literarischen Sentenzen ein willkommener Kompass. Lore Nagel half mir aber auch darüber hinaus auf die Sprünge. Als ihr mein Interesse an philosophischer Literatur bewusst geworden war, drückte sie mir – ganz die Lateinlehrerin – das zerlesene Exemplar ihrer Studienausgabe Senecas in die Hand und empfahl, doch mal Senecas an seinen älteren Bruder Marcus Annaeus Novatus gerichtete Schrift »Vom glücklichen Leben« zu lesen. Nach dem Seneca schenkte sie mir in der Reclam-Ausgabe Kants »Kleine Philosophische Schriften«. Hier entzückte mich beim Lesen besonders die »Beantwortung der Frage: Was ist Aufklärung?« durch den Königsberger. Sich des eigenen Verstandes ohne Leitung eines an-

Rolf Henrich (Mitte) als Tambourmajor des Fanfarenzuges der Humboldt-Oberschule Werdau mit Günter Riedel (links) am 1. Mai 1963

deren zu bedienen, war ja eine Maxime, die im Schulunterricht eher kleingeschrieben wurde. Danach lenkte sie meine Aufmerksamkeit auf Hegels »Vorlesungen über die Philosophie der Weltgeschichte«.

In einer der letzten Stunden eröffnete ich ihr, dass ich am liebsten im Hauptfach Philosophie studieren würde. Etwas anderes käme für mich nicht infrage. Ich hoffte, sie würde sich darüber freuen. Sie starrte mich jedoch an, als hätte ich mir eine Frechheit erlaubt. So missmutig habe ich sie vorher nicht und danach nie wieder erlebt. »Aber Rolf, das können Sie doch nicht machen«, meinte sie kopfschüttelnd, nachdem sie sich gefangen hatte. Und was ich denn mit einem solchen Studium anfangen wolle? Eine Antwort auf ihre Frage fiel mir nicht ein. Darüber hatte ich nicht nachgedacht. Propagandist in einer Kreisleitung der FDJ, Klubhausleiter oder etwas in der Art – mehr Möglichkeiten würden sich für mich da kaum eröffnen, erklärte sie mir. Und namhafte

Philosophen wie einst Gadamer und Bloch in Leipzig, bei denen man würde richtig studieren können, gäbe es in der DDR doch gar nicht mehr.

Und überhaupt: Wer sich an einer Universität einschreibe, der bereite sich auf eine akademische Berufsausübung vor – als Biologe, Lehrer, Chemiker, Germanist, Physiker, Arzt, Jurist ... Lore Nagel stockte. Ließ die Hände auf ihre Knie sinken und unterbrach die weitere Aufzählung der nach ihrem Verständnis zur Wahl stehenden »seriösen Fächer«. Naturwissenschaften seien gewiss nichts für mich, auch an meiner Sprachbegabung hegte sie Zweifel, rückblickend wäre wohl Sportlehrer die nächstliegende Berufswahl gewesen. Doch da traute sie mir offenbar mehr zu. Sichtlich erleichtert stellte sie jedenfalls fest, das Studium der Rechte sei passend für mich. Da könne ich mich auf eine Laufbahn in der Wirtschaft vorbereiten oder freiberuflich als Rechtsanwalt arbeiten, denn Juristen würden nicht nur an Gerichten und in Hörsälen gebraucht. Und das Schönste daran sei nicht nur die Bandbreite späterer Einsatzmöglichkeiten. Da bliebe mit Sicherheit noch genügend Zeit, um meine bescheidenen Kenntnisse Kants und Hegels zu vertiefen. Marx und Engels oder gar Lenins Namen erwähnte sie nie.

Eine so pragmatische Einstellung hätte ich von ihr niemals erwartet. Den Rest der Woche war ich ziemlich gekränkt. Aber sie hatte recht, und schon in den nächsten Wochen zersetzten die bei mir geweckten Zweifel meine Entschlossenheit, mich an der Friedrich-Schiller-Universität in Jena für das Studium der Philosophie zu bewerben. Offenbar war mein Vorsatz nicht sehr stabil. Außerdem hatte ich nichts gegen die mir angeratene Juristerei. Sie versprach Handfestes und hielt die berufliche Option noch für einige Jahre offen.

Ohnehin lag das Studium noch in himmelweiter Ferne. Die Partei- und Staatsführung hatte nämlich zwei Jahre zuvor beschlossen, die Verbindung zwischen der herrschenden Arbeiterklasse und der jungen Intelligenz enger zu knüpfen, weshalb man neben dem Abitur vorübergehend einen Facharbeiterbrief für das Universitätsstudium vorweisen musste. Den sollten wir innerhalb eines Jahres in einem der in Werdau oder den umliegenden Städten und Dörfern ansässigen Industriebetriebe, in den Krankenhäusern oder einer LPG erwerben. Nach ein paar

Jahren ist man stillschweigend von dieser im Kern gar nicht üblen Idee wieder abgerückt. So wichtig war unser Kontakt zur Arbeiterklasse den Oberen der SED dann doch wieder nicht.

Unser Jahrgang benötigte jedenfalls einen Facharbeiterbrief. Wer Medizin studieren wollte, bewarb sich also um eine Stelle als Krankenpfleger. Die zukünftigen Tierärzte heuerten bei landwirtschaftlichen Genossenschaften an, die Rinder- oder Schweinezucht betrieben. Technikinteressierte gingen zum VEB Fahrzeugbau oder ins Wälzlagerwerk Fraureuth. Mit Siegbert Spiller, einem Klassenkameraden, verabredete ich, den geforderten proletarischen Schulterschluss im Steinkohlenwerk Martin Hoop zu vollziehen. Aber nicht nur diese Hürde musste genommen werden. Auch eine Aufnahmeprüfung an der juristischen Fakultät stand mir noch bevor. Allzu viel Kopfzerbrechen, ob ein Jurastudium wirklich passend für mich sei, machte ich mir angesichts einer so unbestimmten Zukunft nicht.

Schulter an Schulter mit der herrschenden Klasse tausend Meter unter Tage

Der Repräsentant der Arbeiterklasse in Gestalt des Personaldirektors, bei dem ich mit Siegbert Spiller wegen einer Lehrstelle vorsprach, war von der Weisheit der Partei nicht überzeugt. Als seine Vorzimmerdame ihm mit gespielter Verwunderung in der Stimme durch die Sprechanlage mitteilte, vor ihr säßen gerade zwei Abiturienten, die unbedingt unter Tage arbeiten wollten, dauerte es kaum eine Sekunde, bis der Kollege Hofstedt im Türrahmen stand. Ein untersetzter Mann mit Halbglatze, grauhaarig und einem pfannkuchenrunden Gesicht, der uns über den Rand seiner Lesebrille misstrauisch musterte.

»Ihr seid Abiturienten?«

»Ja, aus Werdau«, erwiderte ich.

»Na fein«, sagte Hofstedt kurz angebunden. »Dann kommt mal.«

Wir nahmen an einem wuchtigen Konferenztisch aus Eichenbohlen Platz, der fast den ganzen Raum ausfüllte. Vor dem Fenster stand ein gebogenes Eisengestell. Darin steckten rote Ehrenbanner, welche die Martin-Hoop-Belegschaft im sozialistischen Wettbewerb der letzten Jahre gewonnen hatte. Ächzend setzte sich Hofstedt uns gegenüber. Aus einer geöffneten Schachtel F6 durften wir jeder eine Zigarette entnehmen. Selber paffte er eine angerauchte Zigarre weiter, die er am Rand eines vermutlich seit Tagen nicht mehr geleerten Aschenbechers abgelegt hatte. Bevor er uns einnebelte, ließ er ein skeptisches Räuspern vernehmen. Dann klärte uns Hofstedt, genüsslich Qualmringe ausstoßend, eine halbe Stunde lang über die Gefährlichkeit der Arbeit unter Tage auf. Woher hätten wir als Abiturienten nur den Spleen, freiwillig im Schacht zu malochen? Das wollte nicht in seinen Kopf.

Seine Trumpfkarte war das Grubenunglück 1960 nebenan im Steinkohlenwerk Karl Marx. Die verheerende Schlagwetter- und Kohlenstaubexplosion, bei der 123 Bergleute in der brennenden Kohle ums Leben gekommen waren, beweise ja wohl, wie gefährlich ein Abbau der Steinkohle heute noch sei – trotz der angeordneten Sicherheitsvorkehrungen zum Schutz der Kumpel. Weil Siegbert und ich enttäuscht herumdrucksten, glaubte Hofstedt offenbar, den zwei vor ihm sitzenden Grünschnäbeln die Arbeit im Schacht mit seiner Schauergeschichte vermiest zu haben, und er benützte seine Gruselstory sogar, um vertraulich zu werden. Mit einer Leichenbittermiene kam er noch auf das heikle Thema der umlaufenden Gerüchte über die Ursache der Katastrophe zu sprechen. Man wisse doch, wie schwer es sei, nach so einem Unglück festzustellen, ob misslungene Sprengarbeiten oder ein ganz gewöhnlicher Kabelbrand dazu geführt hätten. Hofstedt raunte plötzlich sehr leise – und ich staunte darüber, wie er uns ungerührt Einzelheiten des Geschehens auftische –, dass man sechs Tage danach, als der Brand neu aufgeflammt war, den eingebrochenen Stollen zugemauert hatte, ohne vorher die sterblichen Überreste der Schachter zu bergen. »Wie hätten wir das Feuer anders ersticken können?«

Während Hofstedt zu unserer Abschreckung die Hölle eines Grubenbrandes ausmalte und auch noch ein paar weniger spektakuläre Unfälle der letzten beiden Jahre schilderte, sah ich Siegbert an, der die Augen verdrehte. Zur Offensive übergehend, sagte ich trotzig, wenn die Kumpel ihr ganzes Leben lang im Schacht schufteten, seien wir Manns genug, im Dienst der sozialistischen Sache wenigstens ein Jahr da unten durchzustehen. Wäre mir Nietzsches goldene Regel »Gefährlich leben!«, von der der Philosoph behauptet, sie sei die überzeugendste Wegweisung, um die »größte Fruchtbarkeit (und den größten Genuss) vom Dasein einzuernten«, damals schon bekannt gewesen, hätte ich sicher noch ganz andere Töne gespuckt. Denn nichts anderes war es ja, was mich an der Arbeit im Schacht reizte! Hofstedt reichte es auch so. »Na schön, wenn ihr eure Knochen riskieren wollt«, seufzte er kopfschüttelnd, bevor er uns verabschiedete.

Hofstedts Zustimmung bedeutete für Siegbert und mich elf Monate Frühschicht. Mit der Reichsbahn in aller Herrgottsfrühe ab Bahnhof Werdau täglich nach Zwickau. In den verdreckten Waggons brütete dumpfes Schweigen. Gedankenverloren und zu nichts aufgelegt, dösten die Kumpel in den Abteilen vor sich hin. Auf dem Bahnhofsvorplatz in Zwickau warteten Busse, welche die aus unterschiedlichsten Richtungen eintreffenden Bergleute zu den außerhalb des Stadtgebietes gelegenen Schachtanlagen fuhren. Um deren Fördertürme herum, die nur einen Steinwurf entfernt von riesigen Abraumhalden in den Himmel ragten, waberte hier zu jeder Jahreszeit ein schlieriger Dunst, den die milchig-bleich funzelnden Lampen an den ausgedehnten Zechenhallen kaum aufhellen konnten.

Arbeitsbeginn war 5.30 Uhr. Zuerst in die Waschkaue, einen turnhallengroßen, bis unter die Fenster gekachelten Saal. Auf der einen Seite stand der Spind, den jeder Schachter hatte. Hier zog man sich aus, verstaute die Straßenkleidung, schlüpfte in Badelatschen und schlurfte in Unterhose an den Duschen vorbei, unter denen wir uns nach Arbeitsschluss wechselseitig die Rücken schrubbten. Auf der anderen Seite der Halle ließen wir die an Ketten unter der Decke baumelnden Bündel herunter. Unsere Arbeitsklamotten, die nach jeder gefahrenen Schicht in luftiger Höhe getrocknet wurden – Jacken, Hosen, Hemden, Halstücher, Schuhe. Wir schnallten die Schienbeinschoner um und den Gürtel, an den die über Nacht aufgeladene Batterie für die Kopfleuchte und das Atemschutzgerät für den Notfall eingehakt wurden. Setzten den Helm auf! So ausstaffiert stapften wir über die gusseiserne Treppe hinauf zur Hängebank. Quetschten uns in einen Förderkorb. Pro Fuhre ein Dutzend unausgeschlafener Männer. Die sich hinunter in die schwüle Hitze des Berges stürzten. Druck auf den Ohren. Glänzendwässrige Wände. Es tropfte überall. Glühlampen rasten vorbei. Die zweite, dritte Sohle ... Auf der untersten angekommen ein die Knie stauchender Ruck. Mehr als tausend Meter unterhalb der Erdoberfläche! Jedes gewöhnliche Leben fiel schlagartig von einem ab, blieb unendlich weit entfernt. So, als sei man in eine andere Welt gewechselt.

Auf den ersten Kilometern waren die Strecken hoch ausgebaut. Sie dienten dem Transport der Kohlenzüge. Wenn die Hunte vorbeiratterten, quetschte man sich besser an die Stollenwände, wollte man nicht riskieren, mitgerissen zu werden. Danach wurde es zunehmend enger und beschwerlicher. Stellenweise krochen wir auf allen vieren durch abgesackte Strecken, stiegen Leitern herauf und herunter, bis wir nach einer knappen Stunde schweißtriefend und ausgepumpt den Eingang zu dem engen Tunnel erreichten, den Streb, wo unsere Schicht das Flöz

Martin-Hoop-Schacht Zwickau, 1964   *Bergleute unter Tage in der Steinkohle*

abbaute. Die Temperatur betrug mehr als 30 Grad. Bei dieser Hitze konnte man nur nackt oder mit einer Turnhose bekleidet arbeiten.

In den ersten Wochen schippten Siegbert und ich mit überdimensionierten Schaufeln (die Kumpel nannten das Gerät zärtlich »Weiberarsch«) nur die von den Hauern herausgepickerte Kohle auf das ununterbrochen laufende Förderband. Schlappmachen durften wir nicht. Das Tempo bestimmten die Hauer. Nachdem die sich von unserer Ausdauer überzeugt hatten, zeigten sie uns, wie man die Stempel, die wir vorher an einem Ende einkerben mussten, fachgerecht setzte und mit dem erforderlichen Deckenausbau fest verbindet. Das klappte nicht gleich. Die Kollegen bewiesen jedoch eine bewunderungswürdige Geduld: »Junge, so wird das gemacht!« Und schon lief es besser. Die Bergleute, denen wir an die Seite gestellt wurden, waren – bis auf wenige Stinkstiefel – prima Kumpel. Und jeder wusste, sollte es darauf ankommen, einer würde den anderen retten, koste es, was es wolle.

Die Schachter weihten Siegbert und mich in den kräftesparenden Gebrauch des Pickhammers und in die Bergmannssprache ein. Ich lernte Wörter, mit denen heutzutage kein Mensch mehr etwas anzufangen weiß, da sie nur in dieser untertägigen Welt gesprochen wurden. Kaukamm (Grubenbeil), Schwärtel (zur Verschalung dienendes rohes Brett), Teufe (Tiefe), Gesenk (von oben nach unten hergestellte Verbindung zweier Sohlen), Versatz (Auffüllung von Hohlräumen unter Tage, Gestein dafür), toter Mann (abgebaute Teile einer Grube). Hinter vorgehaltener Hand verrieten uns die Kollegen augenzwinkernd die Zusammensetzung der von ihnen bevorzugten Schnupftabakmischung, die wir unbedingt probieren sollten. Und sie trimmten uns darauf zurückzuspringen, wenn es knackte und unversehens Gesteinsbrocken die Holzverschalung der Stollendecke durchbrachen. Stählerne Hydraulikstempel gab es nur in den Versorgungsstrecken.

Die Hauer erhielten Leistungslohn. Dieser wurde anhand der herausgepickerten Kubikmeter berechnet. Das Geld in ihren Lohntüten stimmte am Monatsende nur wenn die zeitraubenden Verrichtungen, das Zuschneiden und Aufstellen der Holzstempel sowie der umständliche Verbund mit der Deckenverschalung möglichst wenig Zeit und Kraft beanspruchten. Da der Ausbau als solcher nicht bezahlt wurde, beschränkten sich die Bergleute auf das Notwendigste, um schneller an die Steinkohle heranzukommen. Weniger Sicherheitsausbau bedeutete am Schichtende mehr Kubikmeter Kohle! Die aufsichtführenden Steiger sahen das bei ihren täglichen Befahrungen zwar, sie drückten meistens aber ein Auge zu. Die Übererfüllung der Planvorgaben war nur auf Kosten der Sicherheit möglich. Arbeitsschutzbestimmungen, Vorschriften über die Dicke der Stempel oder die Dichtigkeit des Verbaues waren das Papier nicht wert, auf dem sie standen. Wie weit man bei so einem Spiel gehen konnte, wussten nur die alten Hasen einzuschätzen: Kumpel, die im alltäglichen Kampf mit dem Berg den Knackpunkt spürten, wenn die Decke über einem zusammenzubrechen drohte.

Fast hätte es mich erwischt, als das Hangende mal herunterkam und ich nicht schnell genug Deckung fand. Ich weiß noch, wie mir ein Geröllbrocken mit Wucht auf den Hartgummihelm krachte, mir die Kopfleuchte wegriss und den kantigen Rand des Helms auf meine Nase quetschte. Und wie mir danach weitere Gesteinsstücke am nackten Oberkörper herunterschrammten. Das grollende Gepolter und knirschende Geschiebe der in einer Breite von drei bis vier Metern eingebrochenen Decke, den herumwirbelnden Kohlenstaub in der Strecke, das Gebrüll des Kumpels, der mich aus der Gefahrenzone zerrte, nahm ich da schon wie aus weiter Ferne wahr. Als ich wieder klar denken konnte, kauerte ich schlotternd auf einer Gezähekiste und wunderte mich über die Stille. Irgendjemand hatte das Förderband und die Schüttelrutschen abgestellt. Und vor mir hockte der Lehrhauer, der einen Verbandskasten zwischen seinen Knien hielt und sorgfältig alle Hautabschürfungen an meinem Körper mit Jod bepinselte. Er grinste beruhigend unter seinem Helmrand. Mich beschlich ein Gefühl des Davongekommenseins. Ich hätte zerquetscht werden können unter einer Waggonladung Bruch. Wie unsere ganze Schicht. Merkwürdigerweise beunruhigte dieser Gedanke mich und die Kumpels nicht weiter.

Mit ihren Rücken an Stempel gelehnt, saßen Siegbert und die anderen Hauer so wie in der Frühstückspause da. Kohlrabenschwarze Männer, die Helme in den Nacken geschoben. Nur das Weiß ihrer Augäpfel und Zähne blitzte. Während sie Kaffee in die Becher ihrer Thermoskannen einschenkten, erörterten sie in hingeworfenen Halbsätzen mit einem Blick, der immer wieder zur aufgebrochenen Decke ging, ob da »noch mehr« herunterkommen würde. Wie ich mich fühlte, war nicht der Rede wert. Ich biss die Zähne zusammen, um mir das Brennen der Jodtinktur nicht anmerken zu lassen. Und Siegbert kalauerte auf meine Kosten: »Rumpeldipumpel, hin ist der Kumpel!« Er stichelte, wahrscheinlich um mich aufzumuntern, aber seine Witzeleien führten nur dazu, dass mir mein eigenes Schweigen bewusst wurde, welches sich wie eine Decke über das Erlebte legte. (Ob Siegberts Spruch wirklich von dem im Revier beliebten Heimatdichter Arthur Schramm stammt, dafür kann ich mich nicht verbürgen. Fuhren wir nach oben, hörte ich aber immer wieder den aus seiner Feder geflossenen Vers, der – mit süffisantem Unterton – gern zitiert wurde: »Der Kumpel aus dem Stollen kriecht, Glückauf, der Sozialismus siecht!« »Siecht« – so sprach man vogtländisch »siegt« aus. Vermutlich war Schramm wegen solcher Zweideutigkeiten unter den Zwickauer Schachtern so beliebt.)

Unter Tage lernte ich eine unkorrekte Welt kennen. Der trotzige Spruch: Ich bin Bergmann, wer ist mehr? – im VEB Steinkohlenwerk

Martin Hoop wurde er wörtlich genommen. Ernst Blochs aufrechter Gang trieb hier seltsame Blüten. Etwa wenn von Stollen zu Stollen die Befahrung des Schachts durch die Genossen der Betriebsleitung telefonisch angekündigt wurde. Kletterten die Großkopfeten, vom Parteinik angefangen bis zum Betriebsgewerkschaftsleiter, schnaufend die Holzleitern zu unserer Sohle herauf, um mal wieder unsere Arbeitsweise arbeitsschutzrechtlich zu begutachten, versammelten sich nicht selten alle Hauer des Vortriebs spontan um den Austritt herum und pinkelten ihnen respektlos auf ihre Plastikhelme. Was nicht weiter auffiel. Es tropfte hier sowieso überall. Die einzigen Autoritäten, die einem Bergmann unter Tage was zu sagen hatten, waren Steiger, aber doch nicht diese Bürohengste. Steiger genossen höchsten Respekt. Zum Teil waren das Männer, die noch nicht lange aus der sowjetischen Kriegsgefangenschaft heimgekehrt waren, da man sie in den russischen Kohlegruben nicht hatte gehen lassen wollen. Ihr desillusionierter Blick duldete keine substanzlose Widerrede. Nur sachliche Einwendungen zählten. Man sah ihren scharf geschnittenen Gesichtern an, was sie in Krieg und Gefangenschaft durchgemacht hatten.

Da Siegbert und ich volljährig waren, bekamen wir am Ende jedes Monats wie die anderen Bergleute das allseits beliebte Deputat: einen Liter hochprozentigen »Kumpeltod« und vier Tafeln Schokolade. Ob man uns den Schnaps spendierte, damit wir die Schinderei im Schacht mal vergessen konnten? In den Sechzigern war ich körperlich durchtrainiert. Im Jahr zuvor hatte ich noch die Kreismeisterschaft im 100-Meter-Brustschwimmen gewonnen. Und bei den Bezirkswettkämpfen der Leichtathleten die Bronzemedaille im Diskuswerfen geholt. Deshalb glaubte ich, die Arbeit unter Tage würde für mich zwar anstrengend werden, aber angesichts meiner Konstitution nicht wirklich problematisch sein. Eine ganze Schicht durchzuackern, war jedoch viel kräftezehrender, als ich es mir je vorgestellt hatte. Was es tatsächlich heißt, sechs Tage in der Woche tausend Meter unter Tage einen Pressluſthammer in der Hand zu halten, wurde mir erst klar, seit ich mir, wie es in meinem Facharbeiterbrief heißt, »in kurzer Zeit gute bergmännische Fähigkeiten« angeeignet hatte.

Am Horizont ein Silberstreif – Neues Ökonomisches System der Planung und Leitung

Auch nach meiner befristeten Eingliederung in die herrschende Arbeiterklasse war ich weit davon entfernt, politisch klar denken oder gar entscheiden zu können; mich beseelte aber das Gefühl, im Osten sei gerade – nach einem missratenen Start in der unmittelbaren Nachkriegszeit – eine neue, vielleicht sogar die Neue Welt im Werden begriffen. Eine wahrhaft sozialistische Alternative, bei der die Arbeiter und kleinen Angestellten nicht mehr nur wie eine Herde geschoren, gescheucht und stalinistisch administriert werden sollten, sondern in der all die Menschen, denen ich auf dem Bahnhof in Werdau oder Zwickau und im Schacht nähergekommen war, die schon so früh immer schon so müde waren, ihr subalternes Dasein fortan selbstbewusster führen könnten. »Plane mit, arbeite mit, regiere mit« – über diese von oben landesweit propagierte Parole wurde viel gelästert. Sie aber überhaupt in die Welt zu setzen, fand ich beachtlich. Mit meinem Freund Harry Kirchner versuchte ich mich darüber auszusprechen. Harry verstand sich als Techniker. Als Jahrgangsbester hatte er sein Ingenieursstudium an der Fachschule in Chemnitz abgeschlossen. Nun arbeitete er in einer kraftfahrzeugtechnischen Entwicklungsabteilung in Leipzig. Meine aus dem Repertoire des Vulgär-Marxismus entnommenen Argumente, wonach man die Produzenten eigentlich nur ermutigen müsse, sich ihrer ausschlaggebenden Rolle im Arbeitsprozess bewusst zu werden, überzeugten ihn überhaupt nicht. Was sagte das schon, die Arbeiterklasse, ein Haufen Einzelner, die doch nur an sich dachten, die schwer zu lenken seien. Gelächter in den Kneipen, Zynismus in den Werkskantinen. Die sozialistische Demokratie interessiere die doch überhaupt nicht. »Nur wer technisch spitze ist, gewinnt den Wettlauf der Systeme«, hielt Harry mir immer wieder entgegen; den alten Traum einer Emanzipation aller Werktätigen hatte er beizeiten aufgegeben.

Trotz Harry Kirchners Skepsis bezüglich der maroden technischen Ausstattung der volkseigenen Wirtschaft strahlte der Silberstreif am

Horizont in meinem Leben 1963/64 viel heller als in jedem späteren Jahr der DDR. Bei einer derart optimistischen Grundstimmung erhebt sich unweigerlich die Frage: Wie kann das sein, wenn doch zwei Jahre zuvor gerade die Berliner Mauer errichtet wurde? Was mich betrifft, kommt hinzu, dass ich auch Kandidat der SED wurde. Brauchte es dafür besonders große Scheuklappen? Oder gab es Gründe, ausgerechnet zu jener Zeit sich der Partei anzuschließen?

Man darf rückblickend nicht die für die ganze DDR-Geschichte einmalige Situation Anfang der Sechziger übersehen. Nur einmal, und zwar genau in dieser Phase, drängten ja der Generalsekretär der SED und mit ihm viele Funktionäre gemeinsam mit gestandenen Wirtschaftsfachleuten, landesweit verehrten Künstlern, reformwilligen Juristen, großen Gruppen der wissenschaftlich-technischen Intelligenz und der Belegschaften in den volkseigenen Betrieben auf die radikale Modernisierung des DDR-Sozialismus. Selten wurde in Deutschland so viel gedacht und Neues geplant! Nichts stimmte mehr, was jahrelang gepredigt worden war. Das theoretische Fundament des Ganzen wurde federführend von dem zum Minister beförderten früheren Mitarbeiter Wernher von Brauns, Erich Apel, konzipiert und auf der im Juni 1963 veranstalteten Konferenz zur Einführung des Neuen Ökonomischen Systems der Planung und Leitung abgesegnet. Auf der Grundlage der Konferenzmaterialien verabschiedeten Volkskammer und Ministerrat schrittweise eine Reformgesetzgebung, die dem Eigensinn der gesellschaftlichen Sektoren Wirtschaft, Wissenschaft, Recht, Kultur und Bildung besser Rechnung tragen sollte. Fachleute aller Bereiche, Kulturschaffende, große Teile der Belegschaften der volkseigenen Unternehmen im Bündnis mit reformwilligen Kadern der SED auf der einen Seite, bremsend auf der anderen Seite die stalinistischen Bonzen im Partei- und Staatsapparat – so stellte sich für mich die Frontstellung der politischen Kräfte in der von Walter Ulbricht höchstpersönlich angezettelten Schlacht dar.

Selbst an den verdammten Mauerbau knüpfte ich Hoffnungen! Vielleicht entfaltete sich ja jetzt endlich die Spezifik der sozialistischen Warenproduktion, ungestört von einkaufswütigen Westberlinern und flüchtenden Ingenieuren, deren Fachwissen in den Fabriken so dringend gebraucht wurde. Alle Kümmernisse, die den sozialistischen Alltag beschwerten, würden ihre Lösung finden, womit in absehbarer Zeit die beschlossenen Grenzmaßnahmen überflüssig würden. Wie sehr die geschlossene Grenze schon bald jedes Dasein entstellen würde und am Ende das zum Einsturz brachte, was sie eigentlich festigen sollte, mochte ich mir gar nicht vorstellen.

Hoffnung hegte weiß Gott nicht nur ich. In meinen letzten Sommerferien nach dem Abitur verdiente ich mir ein bisschen Geld als Transportarbeiter auf dem Werdauer Güterbahnhof. Mit den dort beschäftigten Arbeitern wuchtete ich vormittags Apfelsinenkisten auf LKWs und schaufelte nachmittags die Aschekuhlen in den Kammgarnspinnereien leer. Bereits bei dieser Gelegenheit war mir aufgefallen, wie die Kollegen gegenüber den angekündigten Maßnahmen erstaunlich aufgeschlossen reagierten, diese jedenfalls nicht nur als Propagandatrick abtaten. Kleine Verbesserungen und Erleichterungen ihres beschwerlichen Alltags erwarteten sie durchaus.

Kritischer diskutierten die Bergleute in den Parteiversammlungen, an denen ich im Martin-Hoop-Werk teilnahm. Für sie stand die Ausgestaltung des Leistungsprinzips, das zukünftig konsequenter durchgesetzt werden sollte, im Mittelpunkt ihres Interesses. Solange darüber nur abstrakt gestritten wurde, verlief die Debatte in sachlichen Bahnen. Was die Gemüter erhitzte, war die regelmäßig erhobene Forderung nach einer drastischen Reduzierung der aufgeblähten Verwaltungen im Betrieb. Hier erst schieden sich die Geister. Denn die Schachter wollten die auf ihre Kosten nassauernden Funktionärscliquen der SED, des FDGB und der DSF reduziert wissen, die alle im Werk ihre aufwändigen Büros unterhielten.

Sicher, die Bergleute entdeckten nicht über Nacht ihre Liebe zur SED, ganz gewiss nicht. Instinktiv spürten sie jedoch: Nach dem 13. August 1961 steckte die Partei außen- wie innenpolitisch in der Klemme und riskierte durch das propagierte Neue Ökonomische System der Planung und Leitung der Volkswirtschaft (NÖS) überraschend einen ernst gemeinten Befreiungsschlag, der den Interessen der Allgemeinheit entgegenkam und nicht nur ihrem Machterhalt diente. Gerade in ihren eigenen Reihen würde es viele Verlierer geben, wenn das

Geplante erfolgreich durchgeführt würde. Dass die Partei selbst das von ihr geschaffene Wirtschaftssystem auf den Prüfstand stellte, und das so gründlich, wie es kein Reformer in der DDR danach jemals wieder gewagt hat, imponierte den Arbeitern. Hoffnung kam auf, es könnte vielleicht doch klappen, die nach jahrelanger Kommandowirtschaft ramponierte Industrie des ersten deutschen Arbeiter-und-Bauern-Staates zu sanieren.

An Kantinentischen, in Brigadeversammlungen ebenso wie in den verräucherten Kneipen, in die wir nach der Schicht einkehrten, wusste auf einmal jedermann Bescheid, worum es ging, sobald Erich Apels Zauberformel NÖS beschworen wurde: Eigenverantwortlichkeit der bislang rein zentralistisch geleiteten Betriebe, Beweglichkeit der Planung, Nutzung der Marktgesetze und schnelle Überführung wissenschaftlicher Erkenntnisse in die Produktion. Eigentlich war die Sache simpel. Ökonomische Hebel wie Selbstkosten, Preis, Gewinn, Kredit, Leistungslohn und Prämie sollten wieder genutzt werden. Das leuchtete ein. Und tatsächlich: Erste Fernsehapparate, Kühlschränke und Waschmaschinen hielten Einzug in die bessergestellten Haushalte meiner Freunde. Es ging in kleinen Schritten bergauf! Und Walter Ulbricht sah sich als Modernisierer, der für den Großen Bruder im Kreml neue ökonomische Lehrsätze in petto hielt. Obwohl doch die Doktrin »Von der Sowjetunion lernen, heißt siegen lernen« genau das Gegenteil behauptete.

Haben wir den Spitzbart unterschätzt? Gestaunt habe ich jedenfalls, als ich nach 1989 in den Dokumenten zur Deutschlandpolitik eine handschriftliche Notiz Honeckers gelesen habe, aus der zu entnehmen war, wie weinerlich Breschnew sich im Juli 1970, da verblasste der Silberstreif am Horizont bereits wieder, bei ihm über Ulbricht beklagt hat: »Du weißt, damals 1964 Datscha (Döllnsee). Er stellt einfach meine Delegation auf die Seite (Tichonow etc.), presst mich in ein kleines Zimmer und redet, redet auf mich ein, was alles falsch ist bei uns und vorbildlich bei euch. Es war heiß. Ich habe geschwitzt. Er nahm keine Rücksicht. Ich merkte nur, er will mir Vorschriften machen, wie wir zu arbeiten, zu regieren haben. Lässt mich gar nicht erst zu Wort kommen. Seine ganze Überheblichkeit kam dort zum Ausdruck, seine Missachtung des Denkens, der Erfahrung anderer. Hat die SU, die KPdSU nicht die Welt verändert?« Der designierte Kremlchef von Walter Ulbricht in den Schwitzkasten genommen. Chapeau! Wer hätte das gedacht? Ich nicht. Erkannte Ulbricht womöglich als einziger marxistischer Parteiführer damals, dass die deutsche revolutionäre Tradition nur gegen die Sowjetunion fortgeschrieben und den voranschreitenden Erzeugungskräften entsprechend vollzogen werden konnte?

Auch in der Freizeit bestimmte jetzt ein flotter Rhythmus den Takt, in dem wir atmeten, in dem unsere Herzen schlugen; die Beatles mit ihren Ohrwürmern »She Loves You« und »I Want to Hold Your Hand«. Wie sie mit lockerer Hand ihre Titel raushauten, zwei Gitarren, ein Bass, ein Schlagzeug – das war einfach toll. Ich spürte die Berauschtheit einer Welt, die sich scheinbar auf eine Weise wandelte, wie nicht nur ich es ersehnte. Ich fühlte mich pudelwohl. Eine Einstellung, die alles von sich gewiesen hätte, was damals meine Sehnsüchte erregte, wäre mir wie ein Verzicht auf Leben, wenn nicht gar wie eine Verneinung des Daseins selbst vorgekommen.

Vielleicht lag es ja wirklich an der Musik, nach der wir jetzt tanzten? Im Jugendklubhaus jedenfalls, wo wir an den Wochenenden schwoften, versuchten alle Bands, die Beatles zu kopieren. Nur kurz vor Toresschluss, sobald die unausweichliche Damenwahl angesagt wurde, schmalzten die Jungs auf der Bühne bei schummeriger Beleuchtung und unter Einsatz ihrer Rumba-Rasseln weiterhin die »Capri-Fischer«. Und alle johlten mit: »Wenn bei Capri die Rote Flotte im Meer versinkt …« Man zog die Vergötterte in ihren Perlonstrümpfen, die sich wie eine zweite erotisierende Haut das Bein hochzogen und lockend unter dem Rocksaum verschwanden, zärtlich schnaufend zu sich heran und bekam eine Erektion, die das Mädchen in der Bauchgegend spürte. War der Tanz vorüber, steckte man lässig eine Hand in die Hosentasche, um dieses aufdringliche Zeichen persönlicher Lust zu tarnen. Am Tisch angekommen, deutete man knapp eine Verbeugung an. Sie dankte hoheitsvoll wie die Prinzessin auf der Erbse, und man wusste nie so recht, ob für den Tanz oder weil sie gespürt hatte, wie sehr man sie in dieser Nacht begehrte.

Nach Ansicht des Zentralrats der Freien Deutschen Jugend (FDJ) war der auf »die Prozesse der technischen Revolution« zurückgehende veränderte »Gitarren-Sound eine progressive Erscheinung der Tanzmusikentwicklung«, in der sich »das neue Lebensgefühl der Menschen, besonders der Jugend«, widerspiegelte. Es wurde wild auseinander getanzt. Nur der bullige Wirt in der Tonhalle von Reichenbach, ein ehemaliger Deutscher Meister im Ringen, wollte sich mit unserem Gezappel nicht abfinden. Offenbar hatte der Kraftprotz das im Oktober 1963 verabschiedete Jugendkommuniqué nicht gelesen, in dem ausdrücklich die Bevormundung und Gängelung der Jungen durch die Alten kritisiert und die Geschmacksapostel zu mehr Toleranz verdonnert worden waren. Er forderte stur, unbeeindruckt durch den neuen Kurs der Partei, die Tanzenden auf dem Parkett immer wieder auf, sich gefälligst so zu bewegen, wie sie es in der Tanzstunde gelernt hätten. Folgte man dem nicht sofort, schubste er einen rüde auf der Tanzfläche herum. Ihm dafür mal einen Schwinger zu verpassen, traute sich niemand. Der Mann hatte kraft Muskelmasse das Gewaltmonopol auf seiner Seite.

Saale-Athen, im Tale liegend – 11. September 1964

Nach der im März bestandenen Aufnahmeprüfung (ich musste Westberlins völkerrechtlichen Status auseinanderklamüsern, also begründen, warum die von Amerikanern, Engländern und Franzosen besetzte Hälfte der Stadt nicht zur Bonner Republik gehörte) fieberte ich an jenem Freitag dem auf 10 Uhr angesetzten Festakt in der Universität entgegen. Heute kommt mir das ganze Getue ziemlich spießig vor. Wir schlurften brav, die Herren im Anzug, mit Perlonhemd und Lederschlips, die Damen in ihren weißen Blusen und mit toupiertem Haar, steif wie Zuckerwatte, hinter dem eine Art Zepter tragenden Pedell her. Vor uns trotteten in ihren Talaren die Professoren. Weinrot die Juristen, violett die Philosophen, schwarz die Theologen, blutrot die Mediziner. Es ging einmal um die gotischen Mauern der Universität herum, bevor sich der ganze Tross im Auditorium Maximum Günther Drefahls Rede anhörte.

Rektor Drefahl, der immer eine abgedunkelte Brille trug, verkündete mit bemühtem Pathos das Übliche. Jeder, der sich anstrenge, der nur unbeirrbar und beharrlich genug sei, könne alles werden: Forscher, Lehrer, Richter, Chemiker, Arzt. Wir müssten aber im Geiste von Karl Marx, Friedrich Engels und Lenins auch an der sozialistischen Umgestaltung fleißig mitwirken. Entscheidend sei dabei das richtige Bewusstsein. Bewusstsein! Das Wort kam öfter vor. Drefahl gehörte zu der hofierten Spezies der parteilosen DDR-Humanisten. Mit deren Hilfe wollte die SED die Reputation des Landes international aufbessern. Er amtierte von 1969 bis 1989 als Präsident des Friedensrates der DDR.

Drefahls Rede war stinklangweilig. Mich beeindruckte jedoch das berühmte Wandbild Ferdinand Hodlers an der Stirnseite des Saals, welches den Auszug der Jenenser Studenten in den Freiheitskrieg 1813 gegen Napoleon zeigt. Das ging mir nahe! Mich überwältigte ein ähnliches Gefühl wie bisweilen im Musikunterricht. Wenn wir da Theodor Körners von Weber vertontes Lied »Lützows wilde, verwegene Jagd« schmetterten, hatte mich das auch jedes Mal in einen patriotischen

Taumel versetzt. Soll ich gestehen, wie sehr mich der Anblick dieser Freischar in ihrer schwarzen Montur, mit den geschulterten Gewehren und den Pferden faszinierte? Ich fühlte mit diesen Jünglingen. Wie sie ihre humanistische Erziehung hinter sich lassen; sie abwerfen wie ein Hengst den scheuernden Sattel. Wie sie über Jahre ein gewalttätiges und ausschweifendes Leben führen, um schließlich in der entscheidenden Schlacht, die aus den Besiegten Sieger machen wird, zu triumphieren oder zu sterben. Zum Abschluss der Feierstunde sangen wir die Nationalhymne. Die in den ersten zwei Reihen sitzenden Professoren erhoben sich, und wir intonierten mit ihnen: »Auferstanden aus Ruinen und der Zukunft zugewandt ...«

Danach bummelte ich durch Jenas Gassen. Die ruhmreiche Tradition der alten Universitätsstadt, auf Schritt und Tritt stieß man hier darauf, wirkte auf mich wie ein Zuruf. Ich pilgerte zum Griesbachschen Auditorium im Löbdergraben, wo im Mai 1789 Schiller seine Antrittsvorlesung »Einführung in die Universalgeschichte« gehalten hatte. Sah mir die Büsten und Denkmäler berühmter Professoren in der Goetheallee an, wie der Fürstengraben damals hieß. Auf Emailleschildern und bronzenen Erinnerungsplaketten an den Häuserwänden las ich die Namen der Unsterblichen, die in der Stadt gewohnt und gelehrt hatten: Goethe, Schiller, Fichte, die Gebrüder Schlegel, Humboldt, Klopstock ... Beim Lesen erging es mir wie Heine in Berlin, den bei dem Gedanken, da oder dort könnte Lessing einmal entlanggelaufen sein, stets ein Schauer überlief.

Wie viel wussten wir Grünschnäbel eigentlich darüber, was mit der Juristerei auf uns zukommen würde, als wir im Hörsaal das erste Mal unseren Sperrholzsitz herunter- und das dazugehörige Schreibpult krachend heraufklappten? Viel war das nicht. Aber jedes Studium verwandelt uns. Besonders die Juristerei suggeriert ihren Adepten Problemlösungen, die scharf in den Gesellschaftskörper einschneiden, womit zugleich Überzeugungen indoktriniert werden, die das Weltbild eines Studenten und seine Vorstellungen über Freiheit, Sicherheit und Gerechtigkeit prägen. Erst zu einem späteren Zeitpunkt habe ich in jenen Diskursen die vielen Borniertheiten entdeckt, die mein Dasein in seinen Möglichkeiten begrenzt haben. Da wunderte ich mich, wie oft

Rolf Henrich (2. Reihe, Mitte), davor von links: Steffen Hultsch, Dieter Jacobi, Reinhart Zarneckow im Lager für vormilitärische Ausbildung, Tambach-Dietharz, 1965

ich immer wieder das schillernde Farbenspiel der Welt für die dürftige Siebenzahl der Grundfarben preisgegeben habe.

Blicke ich heute auf mein Studium zurück, meine ich sicher zu sein, dass es neben denen, die von vornherein nur einen juristischen Brotberuf anstrebten, mit mir unter den zwei Dutzend Kommilitonen meines Semesters manchen idealistisch Gesinnten gegeben hat. Reinhart Zarneckow zum Beispiel, der später im ersten Landtag Brandenburgs eine wichtige Rolle im Stolpe-Ausschuss spielte, Steffen Hultsch, der es bis in den Bundestag schaffte, oder Suzanne Salomon, die sich als Rechtsanwältin in Berlin nach 1990 einen Namen durch ihre couragierte Verteidigung höherer SED-Chargen erworben hat. Ohne Zweifel gehört auch German Walter dazu, der sich zu Tode getrunken hat, als er mit der Verlogenheit der sozialistischen Verhältnisse nicht mehr klarkam. Ob meine Kommilitonin Brigitta Kögler, die als Mitbegründerin des Demokratischen Aufbruchs politisch avancierte, in der Umbruchszeit opportunistisch oder gesinnungsethisch handelte, vermag ich nicht einzuschätzen. Allerdings war ich ziemlich überrascht, wie überheblich sie 1990 in der Volkskammer auftrumpfte. Während des Studiums war sie ein Mauerblümchen. Und juristische Sachkunde konnte man ihr leider nie bescheinigen.

Wie unreif und blauäugig erscheint heute das, was wir seinerzeit in den Sechzigern gedacht und gefühlt haben? Aber steckte darin nicht auch ein kindlich-naiver Glaube, dem es im Kalten Krieg der Ideen und der Militärblöcke oftmals um Heiligeres und Höheres ging, weshalb derselbe Glaube immer wieder nach Zeiten der Anpassung und des üblen Mitmachens gegen die zementierten Verhältnisse revoltierte? Im Januar 1990 besuchte mich Rudolf Bahro. Bis nach Mitternacht debattierten wir am Küchentisch sitzend darüber, wie wir als Genossen in einen so feindlichen Widerspruch zur Parteilinie geraten sind. Es gehört ja zu den auffälligsten Erscheinungen, dass die SED in ihren Reihen immer wieder Feindschaften erzeugt hat, die an ihrer Macht rüttelten, weil sie gar nicht daran dachte, anfangs nur geringfügig abweichende, aber wohlwollende Kräfte zur Erhaltung ihrer eigenen Gestaltungsansprüche sinnvoll einzubinden. Wir dachten dabei an Wolfgang Harig, Walter Janka, Robert Havemann, Jürgen Fuchs und manchen anderen Geächteten. In dem Gespräch mit Rudolf geisterte das verdunkelnde Wort vom »Idealismus in den Köpfen« zwischen uns herum, der wohl bei ihm und bei mir eine Rolle im Leben gespielt hat. Wie wir uns bescheinigten, liebten wir dieselben metaphysischen Konstruktionen. Die wir geschluckt haben wie ein Narkotikum, das unentbehrlich gewesen ist, um die Tristesse des Sozialismus besser zu ertragen. Von A wie Antifaschismus bis Z wie Zoon politikon war es dieselbe Leier gewesen.

Als Rudolf sich schlafen gelegt hatte, bin ich noch einmal vor unser Haus getreten, um den in dieser Nacht klaren Sternenhimmel zu bewundern. Zurückgekehrt ins Wohnzimmer schlug ich das Büchlein auf, welches er mir als Gastgeschenk mitgebracht hatte. Es trägt den Untertitel: »Das Beispiel Beethoven/und sieben Gedichte«, worunter er die Widmung eingetragen hat Für Rolf, mein Anlauf zur Opposition. Das machte mich neugierig. Wehmütig las ich da einen Vers, den Bahro genau in der Zeit getextet hat, über die ich hier berichte:

Rolf Henrich und Rudolf Bahro im Rathaus Eisenhüttenstadt, 1990

Meerfahrt war uns das Leben: Es lockte fern
der ewige Silberstreifen am Horizont.
Es trieb uns jene ungeheure Sehnsucht,
dass Edles nur, Schönes nur sei.

Man will es heute nicht mehr wahrhaben, aber es ist so: Der Weg ins Paradies der Arbeiter und Bauern war mit literarisch ambitionierten Versen gepflastert. Mit einem Reim auf den Lippen, am liebsten mochten wir Wolf Biermanns Gesänge, schritt die Unschuld mit ihrem blutigen Lächeln im Gleichschritt dem Morgenrot entgegen. So oder so, die Erde wird rot – das plapperten wir dem Schnauzbart wie einen Kinderreim hinterher. Und jedes zweite Wort hieß Menschheit. Wir zielten ins Allgemeine, und wir trafen immer ins Schwarze! Tollwütig vor guten Absichten. Bahro liebte Hölderlin. Seine vom großen Meister inspirierten Worte drücken trefflich jene lyrische Gestimmtheit aus, die ihn, mich und viele andere rebellische Streuner im Ländchen der Arbeiter und Bauern beseelte.

Heute kann man sich darüber lustig machen – aber vergessen wir nicht: Selbst Robespierre hat, bevor er Todesurteile unterzeichnete, zierliche Verslein geschmiedet. Und die Kellerratte Marat verzapfte nicht nur kommunistische Manifeste. Auch dieser allseits bekannte Protagonist des Menschheitsfortschritts blamierte sich wie andere Revoluzzer mit einem sentimentalen Roman. Gibt es hier einen verborgenen Quellgrund, dessen wir uns gar nicht bewusst waren? Milan Kundera hat dafür den Ausdruck »lyrisches Alter« erfunden (»… ich kann mich bis heute sehr gut in eine begeisterte lyrische Verzückung hineinleben, die, ihrer selbst trunken, unfähig ist, ob der eigenen Pracht den Nebel Welt zu sehen«). Auch ich konnte erst erwachsen werden, als diese Altersstufe hinter mir lag, und nachdem ich den Mut aufbrachte, über die ganze verkorkste Mixtur aus Kitsch, Rücksichtslosigkeit, Streben nach Vollkommenheit und revolutionärer Eiferei zu lachen, um so den Weg durch die Nebelschwaden der Welt hindurch zu finden.

Gesellschaftswissenschaftliches Grundstudium als Misstrauenstraining

Die Seligkeit, die mich noch am Tag meiner Immatrikulation hatte schwärmen lassen, wich nach meinem Umzug in die Saalestadt schnell einem Lebensgefühl, welches durch die prekären Existenzbedingungen des studentischen Daseins in Jena eingetrübt wurde. Studentenbuden gab es hier nur in sehr begrenzter Zahl. Angesichts der landesweiten Wohnraumnot war das nicht verwunderlich. Um dennoch eine ungenutzte Dachkammer aufzuspüren, rannte ich abends von Haus zu Haus, klingelte willkürlich bei irgendeinem Mieter, um ihn nach leerstehendem Wohnraum auszufragen. Meine Suche blieb erfolglos. Obwohl ich es ursprünglich auf keinen Fall wollte, musste ich mich notgedrungen in den ersten zwei Semestern mit einer Doppelstockbettstelle im Männerwohnheim Lobeda zufriedengeben. Lobeda, fünf Kilometer südlich des Jenaer Stadtkerns gelegen, war in der Nachkriegszeit eingemeindet worden; es bewahrte aber als Ortsteil bis zum Aufbau der Trabantenstadt Neulobeda, der sich bis in die achtziger Jahre hinzog, seinen ländlichen Charakter. Hundert Meter vom Wohnheim entfernt endete die Straßenbahnlinie. Inmitten eines Kornfeldes fuhr die Tram hier ihre Wendeschleife und danach zurück in die Innenstadt.

Praktisch an meinem Quartier war die Nähe zur Autobahn. Sonnabends nach Vorlesungsschluss kam man schnell zu Fuß zur nächstliegenden Auffahrt. Da ich meistens per Anhalter fuhr, wenn ich meine Mutter in Werdau oder Harry Kirchner in Leipzig besuchte, war das ein Vorteil; der aber leider nicht die katastrophalen Zustände aufwiegen konnte, denen man in dieser Wohnstätte ausgesetzt war. Wacklige, quietschende Bettgestelle, verkeimte und muffige Matratzen, ein mickriger Tisch für bis zu zehn Zimmergenossen, dazu ein paar Hocker und drei, vier Blechschränke; von der Decke herab baumelte an der Elektroleitung eine Glühbirne in jedem Zimmer. Etwa 150 Studenten hausten auf engstem Raum zusammengepfercht, unterschiedlichste Fakultäten, bunt durcheinandergewürfelt. Dienstags kneipten die Physiker, mittwochs die Chemiker, donnerstags die Landwirte – so ging es in einem fort. Kehrten die Burschen von ihren Zechtouren zu mitternächtlicher Stunde zurück, krakeelten sie noch ewig auf den Fluren herum.

Um diesem Radau nicht ständig ausgeliefert zu sein, trieb ich mich lieber selber mit Kommilitonen in den Kneipen der Innenstadt herum – bevorzugt becherten wir in der »Sonne« am Markt oder im »Roten Hirsch«. Schlossen unsere Stammlokale, zogen wir weiter zur Mitropa-Gaststätte im Paradiesbahnhof. Überall kostete das Bier 45 Pfennig. Öfter mal auf ex zu trinken, wodurch der Alkoholspiegel rasch angehoben wurde, animiert durch obszöne Sprüche wie »Zur Mitte, zur Titte, zum Sack, zack, zack!«, galt als studentisch und männlich. Und je mehr schaumgekrönte Seidels die schwitzenden Kellnerinnen herbeischleppten, desto lauter lärmten wir. Mit den leergetrunkenen Gläsern klopfte und rieb man knarzend auf der Tischplatte.

Äußerst beliebt war das »Stiefeltrinken«. Bei dieser Übung kreiste ein gläserner biergefüllter Stiefel. Jeder am Tisch trank zwei, drei Schluck. Höllisch achtgeben musste man, wenn in der Stiefelspitze nur noch ein Rest übriggeblieben war, dass einem beim letzten Zug das Bier nicht ins Gesicht schwappte. Setzte man den Stiefel falsch herum an, war ein solches Malheur unvermeidlich. Den mit diesem Brauch nur ungenügend vertrauten Frauen am Tisch passierte dieses Missgeschick immer wieder. Oft dachten sie nicht daran, dass die Stiefelspitze nach oben zeigen musste. Aber ausgerechnet ihnen wurde hinterhältig meist der letzte Schluck angeboten. Passierte es dann, johlte die ganze Runde. Taktgefühl oder gar gute Manieren waren verpönt. So was galt als sentimental und spießig. In Mode war, grobianisch aufzutreten. Obwohl mir das gar nicht so selten widerstrebte, ich ließ mich da mit hineinziehen, um nicht als Spaßverderber zurückzustehen.

Bei dieser Lebensweise beschränkte sich das Lernen außerhalb der Vorlesungen und Seminare – viel mehr als ein Querlesen der uns aufgegebenen Pflichtliteratur und hektisches Pauken für die angesetzten Klausuren war das sowieso nicht – zumeist auf die wenigen Stunden, in denen wir uns nachmittags im Collegium Jenense aufhielten. Im zweiten Stock hatte hier die rechtswissenschaftliche Fakultät ihren Sitz. Für die Angehörigen der Fakultät stand das auf derselben Etage gelegene

 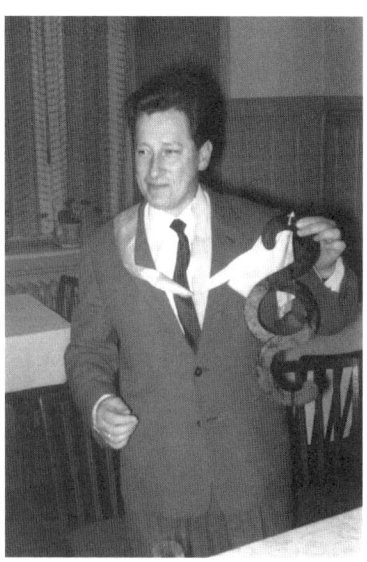

Gerhard Haney bei der Feier anlässlich der Ernennung zum Professor für Staats- und Rechtstheorie (links) und Gerhard Riege, der zum Professor für öffentliches Recht berufen wurde, Jena 1966

Georg-Sauter-Zimmer offen. Ein mit Sesseln und bescheidenem Komfort eingerichteter kleiner Bibliothekssaal, benannt nach dem Maler Georg Sauter (1866–1937), der in den Dreißigern die Innenausstattung der Geschäftsräume des Dekans gestaltet hatte. Dieser Saal ist in der ersten Zeit der einzige Ort gewesen, wo ich Ruhe fand. Hier konnte ich auch meinen persönlichen Leseplan abarbeiten und, so wie Lore Nagel es mir empfohlen hatte, meine Hegelkenntnisse vertiefen. Die ansonsten miserablen Arbeitsbedingungen gefährdeten jedoch keineswegs einen erfolgreichen Studiengang. Für »hervorragende Leistungen« bekam ich auf Vorschlag meiner Seminargruppe nach dem ersten Studienjahr ein Zusatzstipendium von monatlich 65 Mark. Viel Geld damals.

Angehende Juristen mussten obligatorisch ein Grundstudium durchlaufen. Damit sollten sie ideologisch gefestigt werden, bevor kritische Fragen nach dem Recht und der sozialistischen Gesetzlichkeit sie in Zweifel stürzen konnten. In welchen Vorlesungen und Seminaren man sich blicken ließ – all das wurde aufmerksam registriert, und anonymes Mitschwimmen war weder erwünscht noch dem eigenen Status und Lernerfolg zuträglich. Schlage ich mein Studienbuch auf, welches die Hochschulnummer 34883 ausweist, dann ist dort für das erste Semester lediglich eine juristische Vorlesung mit vier Wochenstunden bei Professor Heinz Paul im Arbeitsrecht verzeichnet. Außer dieser Kostprobe aus dem Corpus iuris standen auf dem Lehrplan Staats- und Rechtstheorie (4 Stunden), Politische Ökonomie des Sozialismus (2), Entwicklung der Arbeiter-und-Bauern-Macht (2), Dialektischer und historischer Materialismus (4), Geschichte der Arbeiterbewegung (2) und Politische Ökonomie des Kapitalismus (2). Im Frühjahrssemester kamen Zivilrecht (3 Stunden), LPG-Recht (3) und Staatsrecht (3) hinzu.

An die Schwerpunkte meines Grundstudiums kann ich mich nur noch bruchstückhaft erinnern. Im Fach Dialektischer Materialismus wurde beispielsweise in epischer Breite das Verhältnis von Bewusstsein und Materie durchgekaut. Mit kleineren Einschränkungen und mancherlei Hinweisen auf neurodynamische Strukturen zielte natürlich alles auf das voraussehbare Ergebnis ab, dass die Materie als das Primäre zu gelten hatte, weshalb alles Denken, Fühlen und Wollen letztlich als ein Entwicklungsprodukt derselben anzusehen war. Wer sich im Rahmen dieser Betrachtungsweise gedanklich darauf einstellte, dass sämtliche juristischen, politischen, philosophischen und religiösen Vorstellungen und Institutionen der Menschheit aus ihren wirtschaftlichen Lebensbedingungen abgeleitet werden konnten, befand sich auf der sicheren Seite. Dabei folgte die Argumentation der ideologischen Linienrichter durchaus einer rigiden Beweisführung, die aber stets etwas Abgekürztes und Gewaltsames an sich hatte und mehr auf den Willen als den Verstand der Hörer setzte. Es war ein disziplinierendes Wissen, mit dem wir traktiert wurden, ein Wissen, dessen Zweck darin bestand, uns genauestens die Leitplanken aufzuzeigen, die wir im politischen Diskurs nicht streifen durften.

Bewegte man sich brav in der Spur, brauchte man einen Zusammenprall mit den marxistisch-leninistischen Gesinnungswächtern nicht zu fürchten. Anderenfalls drohte einem schnell die Entlarvung als »Revisionist«. Oder man wurde gar zu einem Anwendungsfall für die durch

Rolf Henrich bei der Festrede auf die Professoren Haney und Riege

Lenin entdeckte »Kinderkrankheit der kommunistischen Bewegung« erklärt, den Linksradikalismus. Was mich betrifft, sollte es noch vier Jahre dauern, bis die Gralshüter der unbefleckten Lehre mich erstmalig in eines ihrer Schubfächer steckten.

Die geballte Ladung der gängigen Dogmen, die von den meist aus anderen Fakultäten ausgeliehenen Leninisten auf uns abgefeuert wurde, erweckte bei mir den Verdacht, dass es im universitären SED-Kollektiv mächtige Kräfte geben müsse, welche überhaupt nicht daran dachten, den in der DDR mit dem NÖS von oben eingeläuteten Kurswechsel in ihrer Lehrtätigkeit ernsthaft zu berücksichtigen. Wie viele von den schönen Blumen, die ich so prächtig blühen sah, würden das durch sie verspritzte Gift unbeschadet überstehen? Woher nahmen diese Sturköpfe eigentlich das Recht, jedes reformfreudige Denken ideologisch zu verteufeln?

Reinhart Zarneckow, mit dem ich über derlei Fragen diskutierte, war überzeugt, es gäbe in der DDR zwei grundsätzliche Strömungen des Zeitgeistes. »Eine Fraktion setzt ihr Vertrauen auf die Schöpferkraft der Menschen«, meinte er, »und die andere geht davon aus, dass der gewöhnliche Mensch eher eine starke Hand braucht, weil er von selbst niemals das Richtige tut.« Logischerweise, darin stimmten wir überein, wollten die in den Reihen der Gesellschaftswissenschaftler überwinternden Stalinisten nicht so einfach das Feld räumen, schon gar nicht zugunsten philosophierender Juristen. Sie schürten deshalb jeden nur denkbaren Verdacht: gegen angebliche Skeptiker und Revisionisten, gegen Existenzialisten, Anarchisten, Pazifisten, linksradikale Abweichler. Ihnen allen trauten sie infernalische Tricks zu. Höchst verdächtig waren damals die Konvergenztheoretiker, die einer Annäherung der gesellschaftlichen Systeme in Ost und West das Wort redeten und einen dritten Weg ausfindig machen wollten. Ein Gefühl des Betrogenwerdens lag in der Luft, wenn die Parteiarbeiter mit ihrer Suche nach Klassenfeinden in den eigenen Reihen auf sie zu sprechen kamen. Stundenlang wurden wir mit Wörtern, Wendungen und Lehrsätzen traktiert, wenn sie uns auf die »Parteilichkeit« zugunsten der »Arbeiterklasse« einzuschwören versuchten. Nicht selten waren die dabei vermittelten Lehrinhalte unverhüllte Anklagen gegen jede rechtliche Formalität und jeglichen Eigensinn des juristischen Denkens, so dass ich mich häufig fragte, ob ich in die falsche Vorlesung geraten sei. Es hörte sich an wie das feindselige Knurren und Fauchen von Hunden und Katern, wenn die Parteiarbeiter uns eintrichterten, niemals zu vergessen, dass die Beschlüsse des Politbüros der KPdSU bei allen Reformanstrengungen in der DDR nach wie vor die ausschlaggebende Richtschnur für jedes klassenbewusste Denken und Tun in jeder Staats- und Rechtspraxis seien.

Unparteilichkeit, so wurden uns eingetrichtert, sei doch nur ein heuchlerischer, verhüllter, passiver Ausdruck der Zugehörigkeit zur Partei der Satten und Ausbeuter, wie bereits Lenin festgestellt hatte. Jede noch so harmlose Wortmeldung wurde daraufhin abgeklopft, ob man mit ihr auch ja den richtigen Klassenstandpunkt ausdrückte. Wörter wie »demaskieren« oder »entlarven« waren in starkem Gebrauch. Man hatte den Eindruck, an einer Art akademischem Misstrauenstraining teilzunehmen. Die Sorge, Opfer von Täuschung oder einer Überwältigung durch den allgegenwärtigen Klassenfeind zu werden, beherrschte die Vortragenden in den Gesellschaftswissenschaften. Alles, was uns begegnete, konnte schließlich ein Umgehungsmanöver der kriegslüsternen amerikanischen Imperialisten oder ihrer Bonner Verbündeten sein.

Eine üble Rolle spielte in Jena der Philosoph Georg Mende (noch 1985 wurde ausgerechnet nach ihm eine Straße benannt; ein Fehlgriff, der 1991 korrigiert wurde). Mende bekämpfte – beauftragt durch die Universitätsparteileitung – den mit den soeben neu herausgegebenen »Pariser Manuskripten« von Marx sich damals unter den Studenten ausbreitenden Existenzialismus. Wer wie ich seine Propagandabroschüren durchblätterte, mutete sich den Quark, den der Mann breittrat, meistens allein deshalb zu, weil man bei ihm seitenlange Zitate des französischen Gottseibeiuns lesen konnte, den er unbedingt widerlegen wollte. Mende war unbestritten der verbissenste Scharfmacher an der Universität. Es ging ihm überhaupt nicht um eine Diskussion der Lehre Sartres. Als Hausphilosoph der stalinistischen Fraktion veröffentlichte und begründete er, wobei er sich auf eine antifaschistische Biografie berief, auftragsgemäß nur die in geheimen Sitzungen gefällten Verdammungsurteile. Hans Hiebsch, den Sozialpsychologen, bei dem ich überhaupt erst verstanden habe, wie einflussreich eine wissenschaftlich begründete Psychopolitik sein konnte, beschuldigte Mende ebenso wie den Internisten Walter Brednow oder den Germanisten Hans Kaufmann wegen ihrer angeblich bürgerlichen Einstellungen und revisionistischen Abweichungen.

Akademisch verbrämt wurde da natürlich auch um Pfründe gerungen. Das unterhalb der Gürtellinie geführte Hauen und Stechen der Koryphäen spielte sich für uns aber hinter den Kulissen ab. Keiner wusste genau, woran er war. Mir und meinen Kommilitonen fehlte jede Durchsicht. Die Vertreter der Parteilichkeit an unserer Fakultät, die das Recht klassenkämpferisch auslegen wollten, bildeten eine nur schemenhaft erkennbare Front gegenüber den Hochschullehrern, die beim Fach zu bleiben und unsere Aufmerksamkeit auf die klassischen juristischen Lehrinhalte zu lenken versuchten. Letztere pochten auf den 1963 verabschiedeten Rechtspflegeerlass, der eine grundlegende Reform des Strafgesetzbuches und der Strafprozessordnung verlangte. So begann mein akademisches Dasein mit einer verwirrenden Kakophonie, die sich in den fünf Jahren, die ich in Jena und Berlin studierte, öfter mal wiederholen sollte.

Martin Posch und die Generalklausel Treu und Glauben

Eine Zeit lang sah es danach aus, als ob die Reformer und Spezialisten den rechtswissenschaftlichen Diskurs bestimmen würden. Ein mir unvergessliches Beispiel dafür lieferte der Dekan unserer Fakultät, Professor Martin Posch. In seiner ersten Vorlesung im Frühjahrssemester 1965 zum BGB Allgemeiner Teil überraschte er uns damit, dass er ankündigte, bei ihm würden nur jene Hörer eine Chance haben, durch die Prüfung zu kommen, die sich ausreichend anhand des Palandt-Kommentars ins Zivilrecht einarbeiten würden. (Erwähnen sollte ich vielleicht in diesem Zusammenhang, weil sich daran kaum mehr ein Jurist erinnert: Die westlichen Palandt-Autoren der Nachkriegszeit zitierten – man hielt an der deutschen Rechtseinheit fest – wie selbstverständlich auch Leitsätze aus Urteilen des Obersten Gerichts der DDR.) Uns nun ausgerechnet den bundesrepublikanischen BGB-Kommentar zu empfehlen, den wir ja nur über Verwandte oder Bekannte in Westdeutschland bekommen konnten, war in den Augen der Klassenkämpfer ein starkes Stück. Selbstverständlich wusste Posch das. Gegen den Verdacht, die bei ihm Studierenden mit bürgerlichen Rechtsauffassungen zu infizieren, sicherte er sich ab. Wie er das machte? Zum Beispiel so: Die Generalklausel Treu und Glauben (§ 157 BGB), die bei der Auslegung von Verträgen im Rechtsverkehr ja eine erhebliche Rolle spielt, wandte Posch fortschrittlich an. Den Inhalt des Grundsatzes Treu und Glauben, den der Jurist laut Palandt bei der Anwendung an den »im Bewusstsein der Gemeinschaft (…) verankerten Anschauungen von Recht und Gerechtigkeit« ausrichten soll, mussten wir – jedenfalls verbal – auf die »sittlichen Vorstellungen der Arbeiterklasse« stützen. Was das genauer heißen sollte, und worin denn nun der Unterschied bestand, ließ Martin Posch offen.

Das moralische Empfinden der Arbeiterklasse anstelle einer Ethik der ganzen Rechtsgemeinschaft zu beschwören, erschien mir wie ein Taschenspielertrick. Ob Martin Posch seinen Hörern damit eine prak-

Professor Martin Posch, Jena 1966, bei einer Feier in der »Rose«

tische Lektion erteilen wollte, die weit über das Juristische hinausging? Ich weiß es bis heute nicht. Seine Maxime schien mir aber schlüssig zu sein: Wer die Kaltblütigkeit aufbrachte, eine gegen ihn sprechende Situation umzudeuten, sie zu seinen eigenen Gunsten auszulegen, trat aus der Zone des Verdachts heraus – innerhalb einer Kultur des Denunziatorischen war das praxistauglich, keine Frage.

Das orthodoxe Denken war, mir schien das Mitte der Sechziger jedenfalls so, an der juristischen Fakultät ins Wanken geraten. Die Würfel lagen im Becher, der Becher wurde geschüttelt, aber niemand wusste, wie die Würfel am Ende des Tages fallen würden. Die Unruhe nahm spürbar zu, und die Frage war, worauf die ganze Kontroverse eigentlich hinauslief. Wer zog in seiner Lehrtätigkeit fachlich einleuchtende Konsequenzen aus der Richtlinie für das Neue Ökonomische System der Planung und Leitung der Volkswirtschaft? Und das vor allem bezüglich der Demokratie und des Rechts. Wie musste das Verhältnis von zentraler Leitung und relativer Selbstorganisation der unteren Einheiten in Staat und Wirtschaft neu justiert werden, um den gewünschten

Übergang von einem administrativen zu einem ökonomisch fundierten Leitungssystem durchzusetzen?

Die sowjetwissenschaftliche Vorstellung vom Eisenbahnfahrplan (Eugen Paschukanis) als Prototyp des sozialistischen Systems der Leitung und Planung der Volkswirtschaft hatte ausgedient. Das wunderte niemand. Wie Stalin hatte Paschukanis das ökonomische Dasein wie ein Uhrwerk aufgefasst und in den Partei- und Staatsorganen die Antriebsräder der Lebensuhr gesehen. Die Ware-Geld-Beziehungen sollten durch naturalwirtschaftliche Kategorien ersetzt und alle Rechtsformen in administrativ-technische Leitung überführt werden. Wer kann das heute noch nachvollziehen? Es herrschte Dürre in dieser Art Vorstellungen vom Recht. Obwohl kein Widerspruch in der Logik zu finden war. Mit seiner Rechtstheorie stiftete Paschukanis erhebliche Verwirrung.

Sogar die Zahl der Jurastudenten reduzierte man theoriegläubig vorgreifend auf die von Paschukanis prophezeite Überwindung der juristischen Formen. Wir waren nicht einmal 30 Studierende in unserem Jahrgang. Zukünftig sollte nun aber, so der seit dem NÖS beförderte reformatorische Denkansatz, durch die Aufwertung der Rechte der verselbstständigten Produzentenkollektive die bedrückende Kommandowirtschaft überwunden und die individuelle ebenso wie die gemeinschaftliche Selbstentscheidung und Initiative gestärkt werden. Selbst an gesellschaftliche Räte in den Fabriken hatte man gedacht (»Bei den Vereinigungen volkseigener Betriebe werden gesellschaftliche Räte gebildet«, schrieb ich begeistert in einem Brief an Hartmute T., eine Genossin in Bremen. Hartmute hatte ich näher kennengelernt, als sie mit einer westdeutschen Studentendelegation eine Woche lang in Jena an der Universität zu Gast war. Über den mit der Delegation diskutierten Umbau der DDR-Staatswirtschaft in eine sozialistische Marktwirtschaft waren wir unterschiedlicher Ansicht. Sie befürchtete eine Restauration kapitalistischer Verhältnisse bei uns, während ich auf die neue Generallinie setzte: »Die Entwicklung, ausgelöst durch das NÖS, schreitet voran und wird auf dem VII. Parteitag sicherlich noch forciert werden. Hoffnung, Hoffnung immer grün ...«). Basisdemokratische Mitwirkung an der staatlichen Planung als staatsbürgerliches Recht!

Das hörte sich toll an. Die volkseigenen Betriebe sollten als warenproduzierende Einheiten weitreichende Rechte erhalten, die sie notfalls auch gegenüber der zentralen staatlichen Leitung vor den zu Wirtschaftskammern ausgebauten Staatlichen Vertragsgerichten durchfechten durften.

In Jena hielt Professor Hans Oberländer unter den Juristen das reformatorische Banner hoch. Ein mutiger Mann! Oberländer entwickelte die Grundlinien eines Wirtschaftsgesetzbuches, womit die durch das NÖS zugesicherten Freiräume der volkseigenen Unternehmen abgesichert werden sollten. Professor Gerald Haney versuchte Oberländer entgegenzutreten. Er reduzierte die Funktion des Rechts auf die planmäßige Beeinflussung der Menschen durch Aufgabennormen, von denen jedoch kein Mensch wusste, wie sie durchgesetzt werden sollten. Irgendwie hoffte Haney scheinbar darauf, die sozialistischen Rechtsgenossen würden ihre durch die vermeintlich objektiven Gesetzmäßigkeiten gestellten historischen Aufgaben – klarsichtig geworden durch ein erneuertes Bewusstsein – bewusst und gewollt freiwillig erfüllen. Traumtänzerei war das.

Was mich in dieser unübersichtlichen Situation hoffen ließ? Stalins These von der gesetzmäßigen Verschärfung des Klassenkampfes während der Zeit des Aufbaus des Sozialismus, mit der bis dahin jede staatliche Gräuelmaßnahme gerechtfertigt wurde, verlor ihre Gültigkeit. Andrej Januarjewitsch Wyschinski, der Dramaturg der Stalin'schen Schauprozesse, wurde zur Unperson. Und Hilde Benjamin, die Rote Guillotine, die es zwanghaft drängte, alle vermeintlich fortschrittlichen juristischen Prinzipien unseres östlichen Mutterlandes, der Sowjetunion, auf die deutsche Gerichtsbarkeit zu übertragen, büßte erkennbar an Einfluss ein und musste schon bald ihren Stuhl als Justizministerin räumen.

Eine von Hegel durchsäuerte Generation – ergriffen vom ehernen Gang der Geschichte

Meine philosophische Bildung, deren Schmalbrüstigkeit Lore Nagel mit mildem Lächeln kommentiert hatte, wäre vermutlich in der geistfeindlichen Zone des Grundstudiums um keinen Deut erweitert worden, wenn ich nicht auf Lehrer gestoßen wäre, die meinen Heißhunger nach Klärung und Erkenntnis angesprochen hätten. Gern erinnere ich mich heute noch an drei meiner Dozenten, die mir durch ihren Freimut imponiert haben: einen marxistischen Denker namens Gerhard Schmiedel, den Theologen Hans-Georg Fritzsche und den Rechtsgeschichtler Gerhard Buchda.

Schmiedel arbeitete als Oberassistent an Professor Haneys Lehrstuhl. Er bemühte sich nicht ohne Erfolg, uns in den dialektischen und historischen Materialismus einzuführen. Philosophie, darauf beharrte er, ist Philosophieren, unser eigenes menschliches Besinnen, und kein bloßes Sammeln von Kenntnissen oder Nachplappern vorgegebener Losungen. Erst denken, dann zitieren, belehrte Schmiedel mich öfter mal, wenn ich ihm meine neuesten Lesefrüchte auftische. Oft schien es mir so, als wollte er uns immunisieren gegen all die propagandistischen Tendenzen, denen wir in den gesellschaftswissenschaftlichen Fächern tagtäglich ausgeliefert waren. Feige Juristen gehörten für ihn zum Schlimmsten, was uns das stalinistische System eingebrockt hatte.

Was mir nach mehr als einem halben Jahrhundert aufstößt: Damals dachte ich, ohne dass es mir bewusst gewesen wäre, viel unkritischer, als ich lange geglaubt habe. Weil mich das Wortgeklingel in den Vorlesungen zur Politischen Ökonomie und zur Geschichte der Arbeiterbewegung ständig zum Widerspruch reizte, lebte ich in der Gewissheit, ein kritischer Geist zu sein. Was meine Blauäugigkeit betrifft, beruhte diese aber in nicht geringem Maße ausgerechnet auf jener durch Schmiedel angeregten Lektüre und Bewunderung Hegels und der Athleten des marxistischen Denkens. Schmiedel vermied kurzatmige Phrasen. Bei ihm war nicht das letzte Parteitagsdokument, sondern die Französische Revolution der Dreh- und Angelpunkt aller neueren Geschichte. Und wir, die junge Garde der proletarischen Revolution, sollten jetzt den nächsten Schritt gehen, also die bürgerlichen Freiheiten überbieten und die Vertilgung allen Unterschieds durchsetzen, von der Hegel in seiner Analyse der Jakobinerherrschaft gesprochen hat. Das konnte nur eins bedeuten: An die Stelle der Freiheit des Eigentums musste die Befreiung vom Eigentum treten, an die Stelle der Gewerbefreiheit die Befreiung vom Egoismus des Gewerbes, und die Religionsfreiheit konnte selbstverständlich nur durch die Befreiung von der Religion überboten werden. So wie es Karl Marx in seiner Schrift »Zur Judenfrage« durchdacht hatte.

Was meine geistige Entwicklung anbelangt, war diese Abhandlung neben der »Kritik der Hegelschen Rechtsphilosophie« und der Schrift »Die deutsche Ideologie« der Text aus dem Schwitzkasten des marxistischen Denkens, dessen Lektüre mich am meisten beeindruckt hat. Das war der Lesestoff, bei dem ich Feuer fing. In ihm drückte sich ein verstiegener Wille aus, den unbefriedigenden Verlauf der Geschichte zu bezwingen, ein überschüssiges Wollen, sich selbst einzuschalten, um jeden Preis etwas Neues hervorzurufen. Ich begeisterte mich für eine Betrachtungsart, welche den Weltprozess aus der Perspektive Hegels, Marx' und Engels' als sich radikalisierende Stufenfolge und Weltgericht interpretierte. Wie ein Fieber packte mich jene Ergriffenheit vor dem ehernen Gang der Geschichte.

Allen von Hegel »durchsäuerten Generationen«, wozu ganz sicher beachtliche Teile meines Jahrgangs zu rechnen sind, wurde auf dieselbe Weise ihr historischer Sinn getrübt, wie Nietzsche richtig gesehen hat. Zu Nietzsches »Historisch-Kranken« zählte ich mich jedoch ganz und gar nicht – im Gegenteil! Kraft einer vermeintlich tieferen Einsicht in den epochalen Geschichtsverlauf rechnete ich mich jenen zu, die fest daran glaubten, eine Avantgarde speziell auch gegenüber den besoldeten SED-Betonköpfen zu repräsentieren. Aber wohin mit unserem brillanten Narrengeist der Hoffnung, wohin mit der aus dieser Quelle der Selbstgerechtigkeit sprudelnden Raserei, wenn man kein leeres Stroh dreschen mochte? Wie jeder andere Held benötigte ich eine Aufgabe, welche die leere Idee der Grenzüberschreitung mit Inhalt füllen konnte.

Bei aller Genugtuung darüber, dass der historische Materialismus in mir Wurzeln schlug, und trotz meiner stichfest argumentierenden Seminararbeiten, in denen ich das gründliche Deutschland, wie es bei Marx heißt, als das kommende Subjekt einer die bürgerliche Revolution emanzipatorisch überholenden, anfänglichen Revolution hervorhob, welche die ganze Freiheit gebären sollte, entsprach ich wohl nicht unbedingt dem Typus des Justizkaders, den man aus mir formen wollte. Ein Funktionär zeichnet sich ja durch seine immer mechanischer werdende Verwendbarkeit aus, welche ihn letztlich zum bloßen Befehlsempfänger und Handlanger qualifiziert. Für jemand wie mich, der hinter der blauen Blume herhechelte, wäre das natürlich purer Horror gewesen, denn ich verstand mich bei all meinem Geschmack an der Begeisterung, Verzückung und Tollheit viel zu sehr als freie Intelligenz und Aktivist eines geschichtlichen Werdens. Darin lagen zwangsläufig viele Unvereinbarkeiten. In ihnen steckte von vornherein, dass ich mich bald zwischen allen Stühlen wiederfinden sollte.

Neben Schmiedel gehören noch zwei weitere Lehrer zu den Dozenten, welche in meinen ersten Semestern stark auf mich eingewirkt haben: Fritzsche, Theologe von Haus aus und allzeit leidenschaftlich philosophierend, hatte an der Humboldt-Universität das akademische Feld zugunsten des parteifreundlichen Hanfried Müller räumen müssen. Im großen Hörsaal der theologischen Fakultät las er nun in Jena wöchentlich zwei Stunden über vormarxistische Philosophie. Reinhart Zarneckow, der ihn schon in Berlin gehört hatte, meinte, ich müsse ihn unbedingt kennenlernen. Als wir das erste Mal bei den Theologen auftauchten und diese erfuhren, wer wir waren, musterten sie uns misstrauisch. Aber der unausgesprochene Verdacht, wir seien vielleicht nicht nur zwei philosophisch interessierte Juristen, sondern in Fritzsches Vorlesung geschickte Lauscher, löste sich schnell in Wohlgefallen auf, da zwei oder drei Studenten Reinhart kannten und wussten, dass sein Vater in Greifswald als Superintendent amtierte.

Meine Erwartungen wurden übertroffen. Bereits die erste Vorlesung – der Auftritt des Meisters wurde mit Trampeln und Klopfen gewürdigt –

genügte, um mir vom intellektuellen Format dieses Theologen ein überzeugendes Bild zu vermitteln. Fritzsche hatte erkennbar politische Neigungen, doch blieb er im Kern stets Theologe und Philosoph, und diesbezüglichen Fragen ging er vor allen anderen nach. Bei ihm fand ich vieles von dem, wonach ich gierte: Ausführungen über das Wesen des Daseins als Existenz; menschliche Schwächen sah er als das Holz an, aus dem wir alle geschnitzt sind.

Platons Höhlengleichnis und die von Kant abgesteckten Grenzen der menschlichen Urteilskraft nahm Fritzsche zum Anlass, das Wahrheitsmonopol der Materialisten zu bezweifeln. Für ihn stellte der Marxismus kein geschlossenes System dar, und schon gar nicht widersprach sein christlicher Glaube den herrschenden Eigentumsverhältnissen! Was habe denn die Frage, ob es Privateigentum an den Produktionsmitteln geben solle oder nicht, damit zu tun, ob wir an Gott in Jesus Christus glauben, räsonierte Fritzsche einmal gut gelaunt. Nicht selten gefiel Fritzsche sich darin, die grübelnden Theologen mit seiner unkonventionellen Meinung aufzuscheuchen. Technikgläubigkeit sah er beispielsweise ausgesprochen positiv. Als moderne Menschen nähmen wir teil am Schöpfungshandeln Gottes, und zwar genau in dem Maße, wie wir selber zu Technikern würden. »Na, was sagen Sie dazu?« Es gab ein paar Wortmeldungen, überwiegend zweifelnde.

Wenn Hans-Georg Fritzsche mit historischen Beispielen operierte, war es leicht, aktuelle Bezüge herzustellen. Die antike Polis hob er beispielsweise als vorbildlich für jeden Ursinn eines sich selbst politisch bestimmenden Gemeinwesens hervor, und das nicht nur, weil sie vielleicht die Stätte gewesen ist, wo Philosophie und Herrschaft sich erstmals auf eine geglückte Beziehung eingelassen hatten. Weit wichtiger war aber, so seine These, dass hier erstmalig die Verantwortlichkeit einer Bürgerschaft für eine praktikable Demokratie erwacht sei. Natürlich richtete sich der Geist von Fritzsches Erörterungen allemal gegen den beklagenswerten Zustand der öffentlichen Angelegenheiten in der DDR! Man konnte die nur oberflächlich versteckte Bedeutung seiner Botschaft gar nicht überhören. Anhand historischer Beispiele – meistens musste die Pariser Kommune dafür herhalten – wurde in der DDR ja bereits seit ihrer Gründung über die jeweils aktuelle Lage gerauft.

Darin war unsereiner geübt. Auch sonst nahm Fritzsche kein Blatt vor den Mund, und er ermunterte seine Hörer, es ihm gleichzutun.

Nachdem Fritzsche zwei Jahre später wieder an die Humboldt-Universität zurückkehren durfte, verlor ich ihn leider aus den Augen. 1986 verstarb er an einem Herzinfarkt. Und 20 Jahre später sah ich mich mit dem Skandal konfrontiert, dass dem von mir Verehrten in Theologenkreisen angekreidet wurde, seine in vielen »Büchern und im universitären Alltag zur Schau gestellte Nonkonformität bloß gespielt« zu haben. Zwecks Aufrechterhaltung einer geheimdienstlich ausgeheckten Legende vom »kritischen Kirchenmann«. Bin ich auf einen Hochstapler hereingefallen? Als ich dieses Gerücht erstmalig hörte, dachte ich sofort, wenn es stimmen sollte, hätten die Tschekisten ein hübsches Eigentor geschossen. Linientreue Studenten sind Fritzsches Hörer nämlich sicher nicht geworden. Und hätte es mehr Männer oder Frauen wie Fritzsche gegeben, das Geistesleben in der DDR wäre weniger trostlos und konformistisch gewesen.

Man kann Fritzsches angeblicher Zusammenarbeit mit den Geheimen sicherlich mit Skepsis begegnen. Wer ihn gehört hat, möchte seine Vorlesungen trotzdem nicht missen. Mögliche geheimdienstliche Verwicklungen, in die er sich vielleicht verstrickt hatte, wurden ja wettgemacht durch einen geistigen Freiraum, den er uns großzügig öffnete, in dem wir mal durchatmen konnten. Bestätigt in meiner Dankbarkeit gegenüber Hans-Georg Fritzsche wurde ich noch einmal viele Jahre später durch Friedrich Schorlemmer. Der hatte, wie er mir im Dezember 2012 bei einem Besuch in Hammerfort berichtete, fast zeitgleich mit mir Fritzsches Vorlesungen in Halle gehört und dabei »Einblicke in den Kosmos der Philosophie« bekommen, von denen er ein Leben lang gezehrt hat, wie er beteuerte.

Eine weitere mutige und ehrliche Stimme, die sich dem aufgeregten Gerenne um den festesten Klassenstandpunkt beharrlich entzog, will ich hier noch nennen. Gerhard Buchda, der Rechtsgeschichtler, scherte sich überhaupt nicht um die neuesten Töne der Parteiposaunen. Seine zweistündige wöchentliche Vorlesung war fakultativ. Buchda wurde widerwillig geduldet, weil man auf sein internationales Renommee nicht verzichten mochte. Er las über Eike von Repgow und dessen »Sachsenspiegel«. Selten warteten mehr als ein halbes Dutzend Studenten auf ihn im Hörsaal, wenn er, gestützt durch seine Frau, das Katheder betrat, seine Armbanduhr vom Handgelenk löste, noch einmal überprüfte, ob sie nicht stehengeblieben war, um dann das gute Stück rechts vor sich auf dem Pultdach abzulegen. Bei ihm kam ich mir vor wie auf einem anderen Stern, wenn er über »der sassen recht« sprach. Seine Worte hatten, sicher auch belehrt durch persönliche Erlebnisse in der Nazizeit, eine langjährige Besinnung auf die Natur des Rechts in einer Epoche zur Voraussetzung, in der die Macht nicht um jeden Preis darauf aus war, noch ihr letztes Gegenüber zu unterwerfen.

Als Buchda mit uns über den Prolog des Spieglers sprach, in dem es heißt, letztlich stamme das Recht von Gott selbst, denn Gott sei selber Recht und liebe das Recht: Got is selve recht, dar umme is em recht lef – hing uns, die wir bis dahin nur das genaue Gegenteil gehört hatten, die Kinnlade herunter. Für unsereinen, der das Recht lediglich als Teil des sich aus der ökonomischen Struktur heraus entwickelnden juristischen Überbaus zu sehen gelernt hatte, war die Idee eines unveränderlichen, mit dem Menschen geborenen Rechts, das noch dazu ein Gedanke Gottes sein sollte, unglaublich exotisch. In jenen Jahren, in denen man in Ost und West gleichermaßen unter dem Einfluss der Soziologie studierte, hatte das nachgerade etwas Abenteuerliches.

Wenn ich mich frage, wodurch Gerhard Buchda als Lehrer auf mich gewirkt hat, so war es erst einmal seine verständnisvolle Art der Betrachtung alles Vergangenen. Jede Besserwisserei und auch das notorische Richter-Bedürfnis, wie es uns ständig vorgeführt wurde, waren ihm fremd. Man erfuhr bei ihm beispielhaft anhand des »Sachsenspiegels« immer wieder von einer Normativität, die man erst für sich selber erkunden musste, denn es handelte sich ja um ein Bekenntnis zum Recht, an dessen Voraussetzungen der moderne Mensch nicht mehr teilhatte. Buchda kam es darauf an, uns den Zugang zur Natur des Rechts auf einer ursprünglicheren Ebene zu vermitteln, und zwar so, dass dadurch ein freieres Gesamtverständnis des geltenden Rechts vorbereitet wurde. Eike von Repgows Rechtsverständnis erschien mir dabei wie ein Antidot zu dem schwer zu ertragenden Rechtsnihilismus, der uns von den Leninisten präsentiert wurde.

Gammler und zottelige Mähnen

Im zweiten Studienjahr rückte das Handwerk der Juristerei in den Mittelpunkt. Vorlesungen und Seminare waren fortan darauf ausgerichtet, uns zum juristischen Argumentieren zu befähigen. Wir verglichen, was bestimmte Formulierungen in Muster-Verträgen bedeuteten, untersuchten, wie das Oberste Gericht im Hinblick auf den uns vorgegebenen Sachverhalt diesen oder jenen Paragrafen ausgelegt hatte. Fälle, immer wieder Fälle! Mangelhafte Plattenspieler, nicht erfüllte Lieferverträge zwischen den volkseigenen Betrieben, nachehelicher Unterhalt, geschuldete Inventarbeiträge der LPG-Mitglieder und Schadensersatzansprüche aus Verkehrsunfällen: Wer will was von wem woraus? Alles im Leben drehte sich um Ansprüche und die dazu passenden Normen. Die Professoren murmelten ihre Kommentare und wir schrieben Notizen nieder oder taten wenigstens so; aus guten Lehrbüchern konnte man manchmal an einem Wochenende mehr lernen als in einer ganzen Vorlesungsreihe, aber man musste im Hörsaal sitzen und gesehen werden, wenn man die Prüfungen bestehen wollte. Ein Fazit aus meinen Mitschriften zu ziehen, die ich vor 40 Jahren angefertigt habe, möchte ich gar nicht erst versuchen. Wichtiger sind für mich Eindrücke, die über Jahre und Jahrzehnte bei mir haften geblieben sind.

Lebhafter als alles andere beschäftigten mich Fragen des Strafrechts. Der Entwurf des im Januar 1968 beschlossenen neuen Strafgesetzbuches wurde gerade debattiert. Man konnte es gar nicht übersehen. Hier wurden Weichenstellungen vorbereitet mit Konsequenzen für unser alltägliches Leben. Die politische Absicht der SED war klar ersichtlich: Richter und Staatsanwälte sollten künftig genauer die Schafe von den Böcken trennen! Also prüfen, wie in den Dokumenten der Partei betont wurde, ob es sich bei den Beschuldigten um Personen handelte, »die, obwohl sie gegen unsere Gesetze verstießen, doch nicht als außerhalb unserer sozialistischen Ordnung stehend betrachtet werden können«. Da sie nur aus »Undiszipliniertheit, aus Mangel an Verantwortungsbewusstsein einen Rechtsbruch begangen haben«. Harte Strafen sollten hingegen diejenigen bekommen, »die sich bewusst außerhalb unseres Staates stellten und als Staatsverbrecher die Fundamente unseres Staates angegriffen« hätten.

Ich kann nicht sagen, dass mir die Aussicht größeres Unbehagen bereitete, in diesem Sinne unterscheiden zu müssen. Es herrschte Kalter Krieg! Und Sabotagehandlungen gab es nun mal. Gleich einer der ersten Fälle, in denen ich später als Pflichtverteidiger beigeordnet wurde, war von diesem Kaliber. Ein Beschäftigter bei der Werkbahn des Eisenhüttenkombinats Ost hatte sich noch vor dem Mauerbau in Westberlin als Saboteur anwerben lassen. In den frühen Siebzigern wurde er durch eine codierte Mitteilung, die er in seinem Spint im Umkleideraum fand, aktiviert und zu dem Versuch angestiftet, eine Lok der Werkbahn entgleisen zu lassen und zusammen mit seinem Schwiegersohn Brände zu legen.

Kalte Füße bekam ich allerdings bei Tatbeständen wie der Landesverräterischen Nachrichtenübermittlung oder der Staatsgefährdenden Propaganda und Hetze. Das waren Bestimmungen, mit denen man jederzeit auch schriftstellernde Kritiker ausschalten konnte, die einen freiheitlicheren Sozialismus anstrebten. Ein ungutes Gefühl bereiteten mir hier die niedergeschlagenen Reformbestrebungen der jüngsten Vergangenheit. Von den Prozessen gegen den Philosophen Wolfgang Harig und den Verleger Walter Janka hatten wir ja läuten hören. Genaueres darüber wussten wir aber nicht. Und niemand schien besondere Lust zu haben, diesen Teil der deutschen Rechtsgeschichte deutlicher auszuleuchten. Ungerecht und geschichtsvergessen gegenüber dem, was in den Schauprozessen geschehen war, interessierte auch ich mich mehr für das, was zukünftig werden sollte.

(Walter Janka begegnete ich das erste Mal im Januar 1990 in einem Fernsehstudio in Westberlin. Nach der Aufnahme setzten wir uns in die Cafeteria. Er hatte meinen »Vormundschaftlichen Staat« gelesen. »Sie müssen jetzt ran«, sagte er zu mir. Minister für Justiz oder wenigstens Staatssekretär, das wäre die Funktion, die ich seiner Meinung nach ausüben sollte. Als ich ihm beichtete, wie sehr ich mich für meine frühere Gleichgültigkeit gegenüber dem Schicksal politisch Verurteilter schämte, winkte er milde lächelnd ab und meinte: »Denken Sie wirklich, mir geht es anders als Ihnen?«)

So etwas wie eine aussagekräftige Aufarbeitung des Stalinismus in der Justiz und Rechtswissenschaft der DDR hielt nach dem vollmundigen Bekenntnis des 20. Parteitags der KPdSU zur Gesetzlichkeit niemand für nötig. Wir brauchen keine Fehlerdiskussion, hieß es kurz und knapp, wenn man darauf mal im Seminar anspielte. Nachdem die Dampfwalze der Babelsberger staats- und rechtswissenschaftlichen Konferenz 1958 über die führenden Köpfe des Fachs hinweggerollt war, konzentrierten diese sich Mitte der Sechziger allein darauf, den parteipolitischen Missbrauch des Rechts durch fachliche Argumente zu begrenzen. Menschlich verständlich war das durchaus. Warum sollte ein Hochschullehrer wie Hans-Ulrich Hochbaum, den man nach der Babelsberger Konferenz für drei Jahre zum Dorfbürgermeister degradiert hatte, nach seiner Rückkehr an die Fakultät gleich wieder mit den Stalinisten herumzanken und den Kürzeren ziehen? Er taktierte lieber, deutete Kritik nur an. Wie die meisten Dozenten spürte er sicherlich die Unzulänglichkeit einer Betrachtung des Rechts, die sich selten ans Grundsätzliche heranwagte. Mit einem derart harmlosen Taktieren konnte die rechtspolitische Auseinandersetzung um den 1964 veröffentlichten Entwurf des Strafgesetzbuchs und der neuen Prozessordnung natürlich nie, wie ich zeitweilig hoffte, zu einem Kampf ums Recht werden. Dazu wäre eine Entschlossenheit erforderlich gewesen, die eine Konfrontation mit der Allein-richtigen-Lehre nicht gescheut hätte.

Kurzfristig gesehen zahlte sich die Leisetreterei der Juristen sogar aus. Die sich im Vorfeld des berüchtigten 11. Plenums der Partei in der zweiten Jahreshälfte 1965 entwickelnde Stimmung verlangte Zugeständnisse und Vorsicht. Wer das »Neue Deutschland« (ND) las – für Juristen gehörte das Blatt zur Pflichtlektüre –, konnte keinen Zweifel daran hegen, dass die Tauwetterperiode nicht mehr lange anhalten würde. Wie so oft gingen den Gesinnungswächtern die Nerven durch. All die Staatsposaunen, die noch vor kurzem die Beatles gefeiert hatten, begründeten jetzt, dass der teuflische Westen genau diese »Art Musik ausnutzt, um durch die Übersteigerung der Beat-Rhythmen Jugendliche zu Exzessen aufzuputschen«, wie Erich Honecker herausgefunden

Einsatz bei der Kartoffelernte im Kreis Grevesmühlen 1965

haben wollte. In der Beatmusik und ihrem Einfluss auf die Jugend zeige sich, wie ein Kommentator der »Leipziger Volkszeitung« befürchtete, sogar das Potenzial einer »neuen Kristallnacht«. Den Pfiff der Leitratte griff die Meute begierig auf: Gammler und zottlige, dreckige Mähnen sollten keinen Platz mehr in der sauberen sozialistischen Gesellschaft finden! Jugendliche Fans wurden unter dem Beifall Schaulustiger mit Gewalt von der Straße weg auf Polizeireviere verschleppt, um ihnen dort die Haare abzuschneiden. Höhnend berichtete die »Junge Welt« über sozialistische Arbeitskollektive, die Langhaarigen gewaltsam vernünftige Frisuren aufgezwungen hatten. Und keiner rührte sich! Augenzeugenberichte, die ich hörte, ließen mir wenig Raum für Zweifel.

Unheimlich an dem Geschehen war die Gleichgültigkeit gegenüber der vielerorts praktizierten Willkür. Jene Ungerührtheit, die einen Herrn Mustermann ruhig schlafen und sein Bierchen trinken lässt, während im Polizeirevier nebenan Menschen verprügelt werden. Warum war unser Mitgefühl so vage, so unsäglich schwach? Wie konnten wir eine solche Ideologie und Praxis staatlichen Handelns überhaupt ertragen? Von der vielerorts anzutreffenden hämischen Zustimmung ganz zu schweigen. Wären es nur die »Vopos« – so nannten wir die Volkspolizisten – und die drangsalierten Jugendlichen gewesen, die Täter auf der einen und die Opfer auf der anderen Seite, hätte man den Vorgang unter dem Gesichtspunkt staatlicher Willkür verstehen können. Aber wir wussten über unser eigenes Doppelleben und die Heuchelei bestens Bescheid und vermochten doch nicht, das Ganze richtig zu bewerten, geschweige denn mutige Entscheidungen zu treffen. Stattdessen jammerten wir über die Zeit, in der wir lebten. Sprachen von »Kinderkrankheiten« des Sozialismus, den Ungerechtigkeiten, die beim Aufbau einer neuen Gesellschaftsordnung leider unvermeidlich seien. Wir nahmen uns also ein Beispiel an jenem großen, flugunfähigen afrikanischen Vogel, der angesichts gefährlicher Bedrohungen erst einmal den Kopf in den Sand steckt. Nur mit einem ziemlich schlechten Gewissen kann ich an die damaligen Ereignisse denken.

Mit uns Studenten, die wir langhaarig und in unseren Parkas nicht anders herumliefen als die Lehrlinge und Schüler, ging man sehr viel vorsichtiger um. Um die zukünftige Intelligenz von ihrer Vorliebe für westliche Rhythmen abzubringen, setzte man bewährte Agitatoren ein. Aus Berlin reiste extra ein Redakteur des ND an, Harald Wessel. In der überfüllten Mensa der Universität referierte er über die Verwerflichkeit der Beatmusik. Anschließend trotzte er dem Hohn und Spott seiner Zuhörer, die sich ausnahmslos als Fans zu erkennen gaben. Eine attraktive Slawistin im Minirock keifte ihn an. Ob er sich denn nicht vorstellen könne, wie gestelzt das durch die Parteioberen favorisierte Lipsi-Gehopse wirke? So hieß ein Tanz aus der Retorte, der allein deshalb erfunden worden war, um die Spontaneität auf dem Parkett der Jugendklubhäuser in manierliche Bahnen zu lenken. Minutenlang trampelte und pfiff nach diesem Einwand der ganze Saal.

Im Dezember 1965 lieferten das 11. Plenum des ZK der SED und der Freitod Erich Apels, der sich im Haus der Ministerien mit seiner Dienstpistole eine Kugel in den Kopf geschossen hatte, die Schlagzeilen und uns den Stoff für hitzige Diskussionen. Prominente Künstler und Schriftsteller wie Stefan Heym, Robert Havemann, Werner Bräunig und Wolf Biermann sahen sich stellvertretend über Nacht öffentlich herabgewürdigt. »Wie soll denn«, pöbelte Erich Honecker, »eine Ideologie des ›spießbürgerlichen Skeptizismus ohne Ufer‹ den Werktätigen helfen? Den Anhängern dieser Ideologie, die halbanarchistische Lebensgewohnheiten vertreten und sich darin gefallen, viel von ›absoluter Freiheit‹ zu reden, möchten wir ganz offen erklären: Sie irren sich, wenn sie die Arbeitsteilung in unserer Republik so verstehen, dass die Werktätigen die sozialistische Gesellschaftsordnung aufopferungsvoll aufbauen und andere daran nicht teilzunehmen brauchen, dass der Staat zahlt und andere das Recht haben, den lebensverneinenden, spießbürgerlichen Skeptizismus als allein seligmachende Religion zu verkünden.« Das Dumme war, der von Erich Honecker gescholtene Skeptizismus überzeugte mich und die meisten meiner Freunde. Wogegen die hauptamtlichen Optimisten wenig ausrichten konnten.

In dieser aufgeheizten Atmosphäre wurden in unseren strafrechtlichen Seminaren vor allem Spezialfragen wie beispielsweise die Neuformulierung des Vorsatzes oder der Fahrlässigkeit diskutiert. Das aktuelle politische Leben in der DDR kam da so gut wie nicht vor. Nur am Biertisch debattierten wir abends in der am Jenaer Markt gelegenen Gaststätte Zur Sonne, was uns bewegte. Hier zerbrachen wir uns die Köpfe, ob vielleicht dem Angriff auf die Künstler auch noch eine Attacke auf die Rechtswissenschaftler folgen würde. Es war, rückblickend betrachtet, ein ziemlich duckmäuserisches Geschehen, was sich hier mehrmals in der Woche bis tief in die rauchgeschwängerte Nacht hinein abspielte: das Ausspinnen rechtsstaatlicher Reformen am Biertisch! Wir kamen natürlich zu keinerlei konkreten Ergebnissen, waren uns aber einig darin, dass alles relativ und vorübergehend sei, es keine absolute Gerechtigkeit geben könne, um schließlich auf dieser Basis jedes beliebige Vorkommnis irgendwie zu rechtfertigen. Hatte der Kellner uns abkassiert, schmetterten wir ihm noch aus voller Kehle ein »Gaudeamus igitur« oder »Ja in Jene lebt sich's bene« hinterher.

»Sind Sie Pontius Pilatus?«

Im Sommer 1967 bekam ich einen Vorgeschmack darauf, wie wenig in einem politischen Prozess Beweise zählen. Als Praktikant bei der Staatsanwaltschaft und am Gericht in Zwickau schrieb ich Anklagen und Urteilsentwürfe. Bei Vernehmungen saß ich neben dem Sachbearbeiter der Kriminalpolizei, für den ich das Protokoll führte – wochenlang passierte nichts Aufregendes. Bis ich dem für die politischen Delikte zuständigen Richter zugewiesen wurde. Seinen Namen habe ich vergessen. Der Mann war um die 40 und spindeldürr. Immer leicht zur Seite geneigt, war er mir bereits aufgefallen, wenn er mit leblos herabhängenden Armen in die Kantine des Gerichts kam. Im Vorstellungsgespräch fragte er mich gleich pikiert, warum ich das Parteiabzeichen nicht am Revers meines Jacketts angesteckt hätte. Seine Befragungen in den Prozessen zeichneten sich durch Gehässigkeit aus. Überall fand er eine staatsfeindliche Gesinnung heraus, was seiner Arroganz gegenüber den Beschuldigten Auftrieb verschaffte. Andersdenkende waren für ihn Feinde, selbst wenn sie darüber nachdachten, wie man am besten den Sozialismus aufbauen könnte.

Irgendwann kommt jeder in der Wirklichkeit an! Selbst wenn man sie nicht wahrhaben will. So ging es mir mit diesem Hohepriester der sozialistischen Gesetzlichkeit. Professor Haney hatte uns mit seiner Vorliebe für Gustav Radbruch auf eine Spur gesetzt, die in der Praxis zu Enttäuschungen führen musste. Wie stellte ich mir denn einen Richter vor? Radbruchs »Einführung in die Rechtswissenschaft« hatte ich mit Sympathie gelesen. Sie endet mit dem Bild eines alten Richters, der »mit seinem verständnisvoll und überlegen alles Menschliche überschauenden Auge, prinzipienstreng und doch von einer wortlos geübten Milde, unparteiisch über den streitenden Gesinnungen steht und doch in seiner unerschütterlichen Rechtschaffenheit selbst nicht gesinnungslos« ist. Mir war zwar klar, dass ich einen solchen Richtertyp in Reinkultur nicht mehr erwarten durfte. Aber einen schwachen Abglanz

Kreisgericht Zwickau und Sitz der Staatsanwaltschaft (ehemaliges königliches Landgericht), heutiges Finanzamt

von diesem Ideal hatte ich zu finden gehofft. Auf den Kotzbrocken, mit dem ich es in Zwickau zu tun bekam, war ich nicht vorbereitet. Zum Eklat kam es, nachdem er mir das erste Mal ein Bündel Strafakten hingelegt hatte mit der Weisung, schleunigst den Eröffnungsbeschluss für das betreffende Verfahren zu schreiben.

Angeklagt waren vier Bergleute aus dem Martin-Hoop-Werk. Wie ich den Akten entnehmen konnte, hatte ein Parteiveteran sie angeschwärzt, der mit ihnen zuvor im Kulturhaus Neue Welt aneinandergeraten war. Verärgert hatte dieser daraufhin die Gaststätte verlassen und hundert Meter davon entfernt auf die Straßenbahn gewartet. Seiner Aussage nach seien gegen Mitternacht alle Angeklagten aus dem Lokal gekommen und in entgegengesetzter Richtung abgezogen. Bei ihrem Abmarsch hätten die Schachter ein Lied gesungen, welches der Zeuge genau gehört haben wollte. »Es zittern die morschen Knochen der Welt vor dem großen Krieg. Wir haben die Schranken gebrochen, für uns war's ein großer Sieg ...« Das von Hans Baumann 1932 komponierte Lieblingslied des Reicharbeitsdienstes galt in der DDR als faschistisch. Wer es sang, musste mit Bestrafung rechnen. Im vorliegenden Fall hatte die Sache aber einen Haken, wie ich schnell herausfand. Da musste zunächst die Trunkenheit der Bergleute bedacht werden. Die Beschuldigten hatten am Tattage eine Prämie ausgezahlt bekommen, die sie in der Neuen Welt versoffen hatten. Und sie hatten, wie sie in ihren Vernehmungen gar nicht bestritten, auf dem Heimweg auch lautstark gegrölt. Allerdings hatten sie nach ihren übereinstimmenden Aussagen dabei einen gänzlich anderen Text verwendet, der zwar nicht gerade stubenrein war, aber meiner Beurteilung nach auch nicht faschistisch. Der Untersuchungsführer hatte sich bemüht, die beanstandete Stelle des Liedes in bestem Zwickauer Sächsisch zu Protokoll zu nehmen: »Es ziddern de morschen Gnochen där Weld vor dem großen Figg./ Mir ha'm noch nie so gesoff'n, für uns war's een großer Siech./ Mir werden weiter saufen, bis alles in Scherben fällt./ Denn heude hörd uns Zwigge und morchen de Neue Welt.«

War das nun faschistische Propaganda? Und musste strafrechtlich darauf mit Freiheitsstrafen reagiert werden? Darüber ließ sich streiten. Weil die Kumpel das Lied kontrafaktisch verballhornt hatten, sah ich ihr Tun nicht als Hetze an. Ich lehnte die von mir geforderte Verfahrenseröffnung ab mit der Begründung, der tatsächlich gesungene Text sei nicht strafbar. Nach meiner Auffassung habe der Rentner vorschnell von einer ihm vertrauten Melodie auf den Originaltext geschlossen. Wenn überhaupt, hätte die Kriminalpolizei im Übrigen vor Ort untersuchen müssen, ob bei den ermittelten Entfernungen der Beteiligten zueinander ein deutliches Hören unterstellt werden könne. Das war zu viel des Guten. In der dienstlichen Besprechung meines Beschlussentwurfs wurde ich vor den Schöffen vom Vorsitzenden abgekanzelt: »Was glauben Sie eigentlich, wer Sie sind? Pontius Pilatus?« Mein halbherziges Bemühen, den von mir gefertigten Entwurf anhand der Aussagen näher zu begründen, regte ihn nur noch mehr auf: »Eine Geschichte anders hinzubiegen versucht doch jeder, der seinen Arsch retten will!«

Die Quittung für meinen ersten Versuch, einen politisch heiklen Sachverhalt kritisch zu durchleuchten, wurde mir drei Wochen später präsentiert. Die Vorsitzende der Kammer für Familiensachen, eine gemütliche ältere Dame, die mich abschließend beurteilen musste, informierte mich über den ihr vorliegenden Zwischenbericht der Strafkammer, der ihr gar nicht gefallen wollte. Darin war vermerkt, der Stud. iur. R. H. sei nicht willens und bereit gewesen, an der strafrechtlichen Verurteilung von Feinden des Sozialismus mitzuwirken. Dem Praktikanten mangele es offensichtlich, wie sie mir bedenklich ihr Haupt wiegend mitteilte, am erforderlichen »Klassenstandpunkt«. Das war starker Tobak. Jetzt würde mein Name mit diesem Makel in der Personalakte verknüpft bleiben. Und selbst der letzte Subalterne im Justizministerium müsste bei der in zwei Jahren anstehenden Berufslenkung daraus schließen, ich sei ein unsicherer Kantonist, der als Bedenkenträger der Härte des Berufslebens nicht gewachsen wäre. Ich hätte dann später mal bei irgendeinem Konsum-Kreisverband in Seelow oder Reichenbach an Lieferverträgen drechseln können, auch dafür wurden ja Juristen gebraucht, aber das wäre alles gewesen. Ich schilderte also meiner Betreuerin, was vorgefallen war, erklärte ihr meine Bedenken bei der Abfassung des Eröffnungsbeschlusses. »Es scheint sich also um ein Missverständnis zu handeln«, seufzte sie erleichtert. Meine Zwischenbeurteilung landete zerknüllt im Papierkorb.

Gefährliche Parolen

Nicht ein Durchbruch ins Offene war für meine studentische Existenz typisch. Daseinsbestimmend war eher so etwas wie eine Art Bibliolatrie. Kafka und Sartre muss ich deshalb wenigstens kurz erwähnen. Sie kamen im Zusammenhang mit den »Pariser Manuskripten« von Marx, in denen das Thema der Entfremdung behandelt wird, seinerzeit groß in Mode. Kafkas Werke wurden wie eine Injektion gegen die parteiamtliche Schönfärberei eingesetzt, wonach die Entfremdung im Sozialismus längst überwunden sei, weil es in der DDR ja das gesellschaftliche Eigentum an den Produktionsmitteln gäbe. Die Kafka-Konferenz in Liblice und Alfred Kurellas Artikel »Der Frühling, die Schwalben und Franz Kafka« zogen viel Aufmerksamkeit auf sich. Kafka hatte die Entfremdung mit maximaler Intensität beschrieben. »Der Prozess« und »In der Strafkolonie« hauten mich um. Gott sei Dank gab Sartre einen leichtfüßigeren Daseinsvollzug vor. Wer mochte sich schon Mühe geben, vierundzwanzig Stunden am Tag unter der Entfremdung zu leiden? Sartre war lebbar. Schwarzer Rollkragenpullover, die Zigarette zwischen Ring- und Mittelfinger geklemmt, und dazu ein Blick wie Charles Aznavour. Das kriegte ich gut hin. Der Franzose ist die Lichtgestalt, die blendet.

Der in Saint-Germain-des-Près ausgeheckte Lebensentwurf, rund um die Welt gereist, vernebelte im beschaulichen Jena nicht nur mein Hirn. Jeder Mensch bestimmt darüber, wer er ist, und jeder verantwortet seine Existenz selbst! Möglichst viel aus dem herausholen, was die entfremdeten Verhältnisse aus einem gemacht hatten. Dagegen konnte Adam Schaff mit seinem Pamphlet »Marx oder Sartre?« nicht viel ausrichten. Wer wollte schon freiwillig als Individuum das dekretierte Ensemble der gesellschaftlichen Verhältnisse verkörpern? Oder schlimmer noch wie Tschechows Belikow Mensch im Futteral sein? Ich nicht. Existenzialistische Attitüden hatten Hochkonjunktur. Über Entfremdung wurde in jeder Studentenkneipe wichtigtuerisch geschwafelt. Unterschwellig ging es meistens darum, der am Tisch lauschenden Weiblichkeit zu imponieren. Über der ganzen Szenerie lag spürbar das Jämmerliche eines bloßen Unbehagens, das nur räsonieren konnte, wodurch die ganze Fragwürdigkeit und Belanglosigkeit unserer eigenen Existenz um kein Stück durchsichtiger oder etwa gar behoben wurde.

Mir genügte das nicht! Ich wollte nicht nur die Rolle des durch die Stimmen der revolutionären Ahnenwelt aufgescheuchten Erben spielen. Ernesto Che Guevara kam mir da mit seiner Propaganda der Tat angesichts des amerikanischen Krieges gegen das vietnamesische Volk viel mehr entgegen. Guevaras Predigt, den Krieg nicht zu fürchten und zur Verteidigung Vietnams die US-Imperialisten und ihre Helfer überall auf der Welt anzugreifen, fand ich hinreißend. Überhaupt Vietnam! Schreckliche Bilder aus dem fernen Land geisterten mir im Kopf herum. Zitternde kleine Mädchen – von Napalm gezeichnet – hörte ich um Hilfe rufen. Soli-Marken kleben? Sollte das alles sein, was man gegen die Kriegsverbrechen der Yankees tun durfte? Hatte Marx uns nicht gelehrt, die Waffe der Kritik könne die Kritik der Waffen nicht ersetzen? Die Gefahr dieser Maxime, welche ich mir zu eigen machte, bestand dummerweise darin, dass sie einerseits auf die provinziellen DDR-Verhältnisse überhaupt nicht passte und sie mich andererseits zur Überheblichkeit verleitete, da sie das Verlangen nach Außergewöhnlichkeit und einer Rolle im internationalen Klassenkampf in mir entfachte.

Es mag heute wie ein schlechter Witz klingen, aber Che Guevara sorgte bei mir nicht nur für ein schlechtes Gewissen, er stachelte auch meinen revolutionären Eifer an. Unter scheinbar lauter konformistischen Genossen, die sich bestenfalls Jeans und liberalere Verhältnisse wünschten, stolzierte ich bald schon wie ein kleiner Savonarola umher und faselte von einer Wahrheit, die aus den Gewehrläufen kommen würde. War das alles nur eine hohle Geste, betört von der Schicksalsgöttin des Fanatismus? Linker Zeitgeist im Osten wie im Westen? Grassierend unter all jenen, die ihre Hoffnung auf das letzte Gefecht um keinen Preis aufgeben mochten?

Als SDS-Genossen aus München, die uns 1966 an der Jenaer Universität besuchten, mir und den anderen für diese Begegnung ausgewählten

Kommilitonen in nächtelangen Gesprächen unter die Nase rieben, wir seien »durch Unterlassen« mitschuldig am Leid der Vietnamesen, weil der Warschauer Pakt den Vietcong im Stich lasse, fühlte ich mich beschämt. Ich konnte es nicht ertragen, von den Münchnern als Schlappschwanz und Feigling hingestellt zu werden. »Ihr habt die MiGs – und was tut ihr?« So lautete der Vorwurf der Brüder und Schwestern aus dem Westen, den ich heute noch im Ohr habe. Sie hielten die Mauer für okay, die antifaschistische DDR war selbstverständlich das bessere Deutschland, wir lagen gemeinsam in den Betten, nur dass wir nicht am Himmel und im Dschungel Vietnams gegen die Amis kämpften, das war unverzeihlich. Wie konnten wir uns erdreisten, einfach so auf unser Examen hinzuarbeiten, anstatt loszustürmen und die Bastionen des völkermordenden US-Imperialismus umzurennen?

In den Diskussionen kam ich mir manchmal vor wie jemand, der es sich in der Etappe gutgehen ließ, während die ehrlichen Genossen wacker an der Front kämpften. Unter dem Verdacht, ein Feigling zu sein, litt wahrscheinlich sonst keiner. Was uns die bajuwarischen Klassenkämpfer an den Kopf warfen, vor allem ihr Bejahen des Revolutionsterrors, frei nach dem Vulgärmotto »Wo gehobelt wird, fallen Späne«, verschlug mir oft die Sprache. Aus politischen Gründen Leute umzulegen hielten einige von ihnen für unumgänglich. Revolutionäre Gewalt! Lenin! So wie Jean-Paul Sartre, der ja noch Jahre später, 1973, in einem Interview auf die Frage, ob er die Todesstrafe für die Gegner der Revolution befürworte, frank und frei erwiderte: »Ja, ... eine Revolution muss eine gewisse Anzahl von Menschen, die für sie eine Gefahr darstellen, loswerden, und ich sehe dafür keine andere Lösung, als sie zu töten; aus einem Gefängnis kann man immer herauskommen.«

Gewalt war für die sich zum antiimperialistischen Sturmtrupp aufplusternden Töchter und Söhne des westdeutschen Bürgertums nicht nur das Losungswort im Kampf um die Weltherrschaft. Sie mussten, wie sie uns haarklein belehrten – schließlich hatten sie und nicht wir bittere Erfahrungen machen müssen –, darüber hinaus auch noch der braunen Flut Paroli bieten, die bei ihnen zu Hause hinter jeder Straßenecke lauerte. Was diesen Punkt anbelangt, staunte ich. So richtig hatte ich dem alarmistischen Gerede eines Karl-Eduard von Schnitzler und denen, die seinen propagandistischen Müll nachbeteten, bis dahin nie getraut. Aber nun hörte ich, die Lage sei viel dramatischer. Und stündlich spitze sie sich weiter zu. Er stehe wieder vor der Tür!

Lese ich heute die Briefe, die ich später bekam, legten die westdeutschen Genossen offenbar größten Wert darauf, mir über die faschistische Gefahr in Westdeutschland die Augen zu öffnen. Anfang Juni 1967 erhielt ich einen Brief aus München, in dem mir der stellvertretende AStA-Vorsitzende Hans-Peter M. schrieb: »Welch schönes westdeutsches Leben. Konsumiere, auf Teufel komm raus, VWs, Kunststoffartikel, Polizistenblei und Hartgummi. Die Alternativen sind heute auf eine reduziert – Faschismus … Die Rollen sind verteilt, das System der Werte und Repressionen funktioniert wie im Lehrbuch, stabil.« Heute klingt so etwas überzogen. Aus der abgeklärten Distanz eines halben Jahrhunderts mag man vielleicht sogar annehmen, wer damals so dachte, sei nicht ganz bei Trost gewesen. Aber auch 20 Jahre später machten dieselben Gespensterseher mir noch einmal Vorwürfe. Da besuchte mich eine Delegation westdeutscher Richter, Notare und Rechtsanwaltskollegen, die sich 1989 für eine Aufhebung des mir nach der Veröffentlichung des »Vormundschaftlichen Staates« auferlegten Berufsverbotes engagierten. Ich hätte mich leider nicht mit den faschistoiden Tendenzen in der BRD auseinandergesetzt, warfen die Kollegen mir da vor. Sie, die sich seit Jahrzehnten für diejenigen hielten, auf deren Schultern die Last des Kampfes gegen die braune Gefahr in Westdeutschland ruhte, sahen darin ein unverzeihliches Manko meines Buches. Mit meiner Antwort, ich hätte für meine Mitbürger in der DDR geschrieben, mochten sie sich nicht zufriedengeben.

Zum Einsatz an der unsichtbaren Front im Operationsgebiet West geeignet

Menschen, die sich einer kämpferischen Ethik verpflichtet fühlen, benötigen eine Aufgabe, die sie aus ihrer gewöhnlichen Mitwelt hervorhebt. Mir ging es nicht anders. Als vermeintlicher Held musste man schließlich wissen, welche Grenzen man überschreiten wollte, um sich von den weniger bedeutenden, vergänglichen Zufallswesen um einen herum abzusetzen. Nun wurde ich ausgerechnet zu jener Zeit, als ich meinen Verstand auf dem Altar der Revolution opfern wollte – ich möchte fast sagen: im passenden Augenblick –, von zwei Staatssicherheitsoffizieren namens Götze und Eismann angesprochen. Sie duzten mich, nannten mich Genosse, und ich fand, es konnte gar nicht anders sein. Jedenfalls mussten Götze und Eismann keinerlei Überredungskünste bemühen, um mich für ihren Geheimdienst zu rekrutieren. Es reichte aus, dass Oberleutnant Götze mir mit hochgezogenen Augenbrauen sagte, seine Behörde würde mich gern im »Operationsgebiet West« einsetzen. Mir, der ich im Kampf der Systeme ein Niemand war, schmeichelte das. Ich war ja voller Ungeduld und begierig darauf, doch endlich, endlich einmal im internationalen Klassenkampf mitzumischen.

Wie aus Eismanns dokumentierten Aktenvermerken zu entnehmen ist, hatten die Herren der Bezirksverwaltung Gera/Abteilung II/2 bereits bei ihrem ersten Treffen mit mir so ihre Absichten: »Es ist geplant, den Kandidaten in Richtung äußere Abwehr einzusetzen. Dabei ist vorgesehen, ihn aufgrund seiner Möglichkeiten als Ermittler auszubilden. In der Perspektive soll der Kandidat nach entsprechender Vorbereitung und Bewährung zeitweilig im Operationsgebiet eingesetzt werden.« Was Götze und Eismann mir offerierten, sah auf jeden Fall spannender aus als bloßes Nichtstun.

Überlege ich es mir richtig, dann war das, was mich reizte, die Aussicht, an der geheimnisumwitterten unsichtbaren Front, »feindwärts«, wie die Genossen betonten, im Kampf der Systeme nach dem Vorbild Richard Sorges mitzumischen.

Eismann schlug seinem übergeordneten Leiter in der Bezirksverwaltung bald darauf vor, mich verbindlich anzuwerben. Zu diesem Zweck holte er mich am 29. März 1966 mittags in Jena ab. Mit seinem Wartburg fuhren wir ins nahegelegene Weimar, wo »in einem Zimmer des Hotels Schwarzer Bär das Werbungsgespräch durchgeführt wurde«, wie es in den Akten heißt. Tatsächlich saßen wir in dem für den Publikumsverkehr zugänglichen Gastraum. Auf 12 Mark »Verzehr« summierte sich Eismanns Spesenabrechnung. Zum Inhalt unseres Gesprächs notierte Eismann: »In diesem Zusammenhang wurde mit dem Kandidaten über die Notwendigkeit der konspirativen Zusammenarbeit und über Fragen der ihm dabei auferlegten Schweigepflicht gesprochen. Die Gesprächsführung mit dem Kandidaten wurde in dieser Richtung durch politische Probleme untermauert. Außerdem wurde die Notwendigkeit der Zusammenarbeit des Kandidaten anhand verschiedener Prozesse gegen Agenten des imperialistischen Geheimdienstes und des westdeutschen GD im Besonderen aufgezeigt. Dabei verhielt sich der Kandidat im allgemeinen zustimmend, und er äußerte auch seine eigenen Gedanken. So zum Beispiel war er der Meinung, dass das Urteil gegen den KZ-Mörder Fischer gerecht wäre. Im Vergleich zu Globke sei es aber zu hoch ausgefallen.«

Horst Fischer, der stellvertretende Standortarzt in Auschwitz, war gerade kurz zuvor vom Obersten Gericht zum Tode verurteilt worden. Als Gegner der Todesstrafe hielt ich diese Entscheidung für ein rein politisches Signal gegenüber dem Westen. Kein Wunder also, dass Eismann und ich darüber gesprochen haben. Meiner »Meinung« nach hätte man die Todesstrafe gar nicht mehr verhängen dürfen, allein schon deshalb, weil abzusehen war, dass sie ohnehin über kurz oder lang abgeschafft werden würde. Nachdem wir dann noch über Hans Globke, jenen heute fast vergessenen Staatssekretär im Bundeskanzleramt, gestritten haben, gegen den 1963 vor dem Obersten Gericht der DDR ein Verfahren in absentia durchgeführt worden war, unterschrieb ich eine Verpflichtungserklärung. Eismann kündigte mir an, er werde zukünftig Briefe an mich mit »Ede« unterschreiben, und ich sollte den Decknamen »Streit« verwenden. Zwei Telefonnummern bekam ich ebenfalls genannt.

In der Warteschleife

Wie sah nun meine Lehrzeit bei den Geheimen aus? Wurden meine Erwartungen erfüllt? Genosse Eismann, bei dem es sich um einen korpulenten Mittvierziger handelte, wertete unsere Zusammenkünfte immer wieder künstlich auf, indem er mit strenger Miene auf die Beachtung der Konspiration hinwies. Was konkret nur darauf hinauslief, in der jeweiligen Gaststätte in Apolda, Weimar oder Jena, wo wir ein, zwei Stunden beisammensaßen, einen abseits stehenden Tisch auszuwählen, an dem wir uns ungestört unterhalten konnten. Dort aßen wir eine Thüringer Rostbratwurst, pafften Zigaretten und schwadronierten ausgiebig über Politik. Dies geschah ein Dutzend Mal in den folgenden zwei Jahren, manchmal im Abstand von einem Monat, bisweilen sahen wir uns ein halbes Jahr nicht. Thematisch kreisten unsere Gespräche meist um die gegebenen Möglichkeiten, jenseits des Eisernen Vorhangs für die Bezirksverwaltung Gera aktiv zu werden. Lang und breit wurde dabei meine Übersiedlung nach Westdeutschland erörtert und die eventuelle Einrichtung einer Rechtsanwaltskanzlei mitsamt Ehefrau in München besprochen.

Bedenken, mit Oberleutnant Eismann über Personen zu sprechen, hatte ich keine, da es Eismann, wie er mir ausdrücklich versicherte, nur um »positive Personen« ging, die nach meiner Einschätzung vielleicht selbst an einer Mitarbeit bei der Abwehr interessiert sein könnten. Ich Kindskopf glaubte ernsthaft, ich täte den benannten Personen damit einen Gefallen – entsprechend positiv fielen die gelieferten Charakterzeichnungen aus: K., meine Freundin, habe ich als klassenbewusste Studentin geschildert, die mit beiden Beinen im Leben steht, Mut hat und sich für Judo, Brecht und klassische Musik begeistert. Sie hasst Hurrapatriotismus. Ist stolz darauf, Mitglied der Partei zu sein. H., der Parteisekretär ist, kann 100 Meter in 11,7 Sekunden laufen. Er ist gesellig und ruhender Pol in der Parteigruppe. Blockfreund F. ist Fotoamateur, handelt aus Überzeugung und ist sehr genau in allem, was er tut. R. ist äußerst intelligent, fleißig und verdient volles Vertrauen. Er spielt verschiedene Musikinstrumente, unterschätzt sich aber manchmal ... Ob Eismann damit etwas anfangen konnte, weiß ich nicht.

Überzeugt vom Nutzen der mit mir geführten Unterredungen war ich nicht, wie Eismann in einem seiner ersten Treffberichte vermerkt hat. Schon bald fand ich unsere Zusammenkünfte stinklangweilig. Wenn Eismann mir gegenüber am Tisch Platz nahm, fragte, was es Neues gebe, was so los sei »unter den Studenten«, wie es mit der Juristerei bei mir vorangehe, dachte ich immer öfter, das Ganze sei reine Zeitverschwendung. Die Akten widerspiegeln unsere Differenzen. Wie ich zunehmend gereizt reagierte. So vertrat ich Eismann gegenüber die Auffassung, »dass es doch lächerlich« sei, wenn sich die Sicherheitsorgane wegen der Vorliebe irgendwelcher Studenten für die Beatles Sorgen machten. Was ging sie das überhaupt an? Für mich sei »dies nicht Aufgabe des MfS«, darauf beharrte ich. Eismann sah das anders. In seinem Rapport tauchen jedenfalls mehrfach Formulierungen auf, in denen er seine Überzeugungsarbeit mir gegenüber ausdrücklich hervorhebt: »Es wurde versucht, dem Kandidaten klarzulegen, dass wir als Sicherheitsorgan uns auch für diese Angelegenheiten interessieren müssen, um die Partei allseitig informieren zu können, wozu auch seine Hinweise beitragen sollen. Infolge der Kürze der Zeit, kann diese Frage als noch nicht ausdiskutiert betrachtet werden.« Irgendwann hat er aufgegeben, mich überzeugen zu wollen.

Oberleutnant Eismann wollte mich bei der Stange halten. Er hielt mich für talentiert. Instinktiv spürte ich es. Bloß, warum ging es in der Sache selbst nicht voran? Heute weiß ich, Eismann und Götze haben vorsorglich ihre klandestine Überwachungsmaschinerie in Betrieb gesetzt, um mich zu durchleuchten. Das komplette Programm. Und das brauchte Zeit. Sie kontrollierten meine Post und forderten von der Kreisdienststelle des MfS in Jena Berichte über die Person des Stud. jur. R. H. an. Was ihnen daraufhin zugetragen wurde, ergab jedoch kein klares Bild. Wie ich den schriftlichen Beurteilungen meiner Person entnehme, zeichnete ich mich angeblich durch ein »sehr vorteilhaftes Äußeres« aus. Anderen Hobbypsychologen erschien ich »ruhig« und »überlegt«, jedoch voller »Tatendrang«.

Biermanns »Drahtharfe« von 1965 kam als Geschenk einer westdeutschen Kommilitonin in die DDR

Wie die Operativgruppe Universität aufgeregt meldete, sei ich »brennend interessiert an westlicher Literatur«. Das war verdächtig. Aber es kam noch dicker. Ein unter dem schönen Decknamen »Ritter« operierender Informant entrüstete sich über mein parteischädigendes Verhalten: »Henrich gehört zu den Studenten, die der Auffassung sind, dass man aus Informationsbedürfnis westliche Sender hören müsse. H. vertrat mehrfach öffentlich die Auffassung: Wir sind in der DDR informatorisch abgeschnitten. Für das Auftreten des H. ist charakteristisch, dass ihn alles Verbotene anzieht wie ein Magnet.« Da ich Hartmute T. gebeten hatte, mir Wolf Biermanns Gedichtband »Die Drahtharfe« zu schenken, wurde ich als Raffke abgestempelt, der nur auf seinen persönlichen Vorteil aus wäre. Überhaupt sei ich für »negative Einflüsse« anfällig. Wie Oberleutnant Eismann angesichts dieser einander widersprechenden Charakterzeichnungen ein geometrisches Gleichgewicht zwischen den ermittelten, sehr unterschiedlichen Eigenschaften bei mir hergestellt hat, bleibt mir schleierhaft. Vielleicht liegt die Lösung darin, dass er selbst der Zuträgerei keine Bedeutung beimaß und hellsichtig Vertrauenszonen von Gebieten des Misstrauens abzugrenzen wusste.

Auf, auf zum Kampf

Unmittelbar vor meinem Wechsel 1967 an die Humboldt-Universität in Berlin wurde es spannend. Eismann wünschte mich dringend zu sprechen. Wie üblich kam er mit seinem Wartburg. Wir fuhren nach Weimar. Hier hatte Eismann im Hotel Elephant einen Tisch bestellt. Bevor uns das Essen gebracht wurde, schaute er mich an, als wolle er mir im nächsten Augenblick einen Vaterländischen Verdienstorden an die Brust heften: »Rolf, die Sache ist durch. Es geht los«, sagte er mit feierlicher Stimme. Schleunigst solle ich ihm Negative für die Anfertigung von Passbildern schicken. In groben Zügen erläuterte er mir meinen bevorstehenden Einsatz im Westen. In München würde ich einen Druckereiangestellten namens Herbert G. treffen. Bei G. handele es sich um einen Vorlaufkandidaten der Bezirksverwaltung, der als Schriftsetzer arbeite und unter dem Decknamen »Angela« mit der Staatssicherheit kooperiere, sich aber lange nicht mehr gemeldet hätte. Der Mann sei verheiratet und habe sich in Thüringen in eine Frau verknallt, die ein Kind von ihm erwarte. Ich sollte ihn zu einer Reise nach Gera überreden.

So banal hatte ich mir mein geheimdienstliches Debüt nicht vorgestellt. Wenn ich an den Größenwahn meines damaligen Ichs zurückdenke, kommt es mir immer noch vor, als hätte ich einen Tritt in den Allerwertesten bekommen. Eismann sah mir meine Enttäuschung an. Zunächst müsse ich erst mal das Einsatzgebiet kennenlernen, tröstete er mich. Und ob ich denn nicht wüsste, wo der westdeutsche Geheimdienst sitze? Pullach. Organisation Gehlen! »Da hocken die alten Nazischweine, die ihre Sauereien gegen unsere Republik aushecken.« Eismann erklärte mir, dass General Reinhard Gehlen, Leiter der Abteilung Fremde Heere Ost unter Hitler, gegen Ende des Krieges sein komplettes Archiv die sowjetischen Freunde betreffend nach Bayern geschafft und dort vergraben hätte. Mit den Amis habe er dann ausgekungelt, sein ganzes Agentennetz überzuleiten, wenn man ihn als Chef eines antisowjetischen Nachrichtendienstes unter amerikanischem Befehl einsetzen würde: »So ist die Organisation Gehlen entstanden. Die müssen wir bekämpfen.«

Die folgenden Treffen hatte Eismann gründlich vorbereitet. In einem zwischen zwei Dörfern abseits gelegenen Gasthof namens Waldschlösschen, welcher von einem älteren Ehepaar bewirtschaftet wurde, zwei zuverlässigen Antifaschisten, wie Eismann mir versicherte, wurde mir an drei Tagen ein letzter Schliff verpasst. Als Erstes musste ich eine fiktive Biografie auswendig lernen und sie in simulierten Vernehmungssituationen verteidigen. Was mir nicht schwerfiel. Ich übte Nachrichten zu codieren, Treffs vorzubereiten, tote Briefkästen anzulegen. »Insbesondere wurden Probleme des Grenzübertritts, Kontrollen durch westdeutsche Staatsorgane, das Aufsuchen von Übernachtungsstätten u. ä. Fragen behandelt«, heißt es in Eismanns Ausbildungsbericht. Er machte mich auch mit speziellem Kartenmaterial vertraut. Im vorderen Streckmetallzaun an der Grenze gab es Öffnungen, von denen ich mir zwei einprägen musste. In Bereitschaft befindliche Grenzoffiziere würden hier an drei Tagen den Grenzzaun für mich öffnen, wenn meiner planmäßigen Rückkehr über Westberlin etwas entgegenstünde.

Wenig überzeugend erschien mir die für den Fall meiner Festnahme ausgetüftelte Legende. Zunächst sollte ich die erfundene Biografie herunterbeten, dann aber, sobald meine bundesdeutschen Vernehmer genügend Beweismaterial im Hinblick auf meine wahre Identität beibringen würden, ernsthaft behaupten, mir hätten Funktionäre der westdeutschen Linken den gefälschten Pass zugespielt, da sie in München über Aktionen im antiimperialistischen Kampf mit mir beraten wollten. Die Geschichte schien allzu weit hergeholt, auch wenn sie einen doppelten Boden hatte, da sie offenließ, ob sich nicht anstelle der ins Spiel gebrachten revolutionären Genossen eventuell ein alliierter Geheimdienst um mich bemühte. Westdeutschland sei ein Tummelplatz für Agenten aus aller Herren Länder, da wisse man nie so genau, wer eigentlich die Fäden spinne, witzelte Eismann. Meine Finanzen waren sparsam bemessen. Ich quittierte den Empfang von 600 D-Mark (Fahrtkosten von Bebra nach München 60 DM/Rückflug München–Berlin 130 DM/Übernachtungen 100 DM/Tagesspesen 100 DM/Anschaf-

Humboldt-Universität, Maiparade 1968, im obersten Stockwerk des rechten Seitenflügels hatte die juristische Fakultät ihre Räume

fung von Gegenständen für zukünftige Einsätze 110 DM / Reservegelder 100 DM).

Eismann begleitete mich am 13. März 1968 zum Weimarer Bahnhof. Das Wetter war an diesem Morgen noch einmal mit der Frostklammer unterwegs. Und die Kälte raubte den Leuten ihr letztes Lächeln. Handschlag, grobes Schulterklopfen auf dem Bahnsteig. »Mach's gut, Genosse!« Eismann verabschiedete mich, als wäre ich sein Sohn. Er gebärdete sich ein bisschen theatralisch, was mir peinlich war. Mit einer Fahrkarte bis Bebra stieg ich um 10.05 Uhr in den D 190. An meinen Grenzübertritt verschwendete ich keinen Gedanken. Ich war mir sicher, dass die Spezialisten der Bezirksverwaltung für mein ungehindertes Passieren der Demarkationslinie alles gut vorbereitet hatten. Umso verblüffter war ich, als ausgerechnet mich ein Unterleutnant nach einer kurzen Passkontrolle barsch aufforderte, ihm zu folgen. Er führte mich in einen verwahrlosten Warteraum, der mit Sprelacarttischen, ein paar Stühlen und einem verschlossenen Kiosk ausgestattet war. Durch die Fenster konnte ich beobachten, wie Grenzsoldaten Schäferhunde auf die Gleise dirigierten, sie unter jedem Waggon herumschnüffeln ließen. Als sie ihre Suche beendet hatten, erhielt der Zug freie Fahrt. Und ich saß da. Niemand kümmerte sich um mich.

Nachdem der nächste Zug abgefertigt worden war und wieder ohne mich losfuhr, wurde mir das Warten zu lang. Ich plusterte mich dem Diensthabenden gegenüber auf und behauptete, wichtige Termine zu versäumen, wenn ich nicht weiterfahren dürfe – ohne jeden Erfolg. Am Nachmittag eskortierten mich schließlich zwei Grenzsoldaten in ein fensterloses Verhörzimmer. An der hinteren Wand des mannshoch mit hellgrüner Ölfarbe gestrichenen Zimmers stand eine Pritsche. In die Mitte hatte man einen Tisch und zwei Stühle gestellt. Ich musste mich bis auf die Unterhose ausziehen. Penibel wurde jedes Kleidungsstück untersucht. Eine Stunde später kam ein Hauptmann herein. Er forderte mich auf, ihm gegenüber am Tisch Platz zu nehmen. Anfangs versuchte er es auf die sanfte Tour: Erzählen Sie mir mal, wer Sie sind, wen Sie in Jena besucht haben, was das so für Leute sind, und ob Sie noch andere Städte in der Republik kennengelernt haben. Ich rückte mit meinen Antworten nur scheibchenweise heraus, wobei ich mir kleinere Aufsässigkeiten erlaubte. »Überprüfen Sie doch, was ich Ihnen sage, wenn Sie mir nicht glauben!« Mit dieser Aufforderung nervte ich. Passieren konnte mir ja nichts. Was mir Sorgen bereitete, war der Zeitplan meiner Reise, denn ich sollte ja noch vor Mitternacht in München eintreffen.

Wie sich schließlich alles klärte und mein Fall gelöst wurde, weiß ich bis heute nicht. Spätabends wurden die Vernehmungen genauso willkürlich, wie sie begonnen hatten, abgebrochen. Mit dem letzten Zug überquerte ich gegen 22 Uhr die Grenze. In Gerstungen, auf der anderen Seite, war erst einmal Endstation. Hier warteten bereits zwei Beamte. Mitreisende aus meinem ersten Zug hatten sie offenbar davon informiert, dass man einen jungen Mann verhaftet hätte. Weil ich dachte, auf diese Weise weniger aufzufallen, schleppte ich den Koffer einer älteren Engländerin, mit der ich mich bekannt gemacht hatte. Aber aus dem Zug stiegen nur wenige Personen aus, und ich war der einzige jüngere Mann unter den Fahrgästen. Ich erklärte den Beamten, man habe bei mir ein verbotenes Buch gefunden und mich daraufhin den ganzen Tag über vernommen. Wir schimpften auf die DDR-Grenzer und verabschiedeten uns freundlich voneinander. An ein Hotelzimmer in Bahnhofsnähe war nicht zu denken. Dafür reichte meine Reisekasse nicht. Ich setzte mich in eine nahe gelegene Bar und genehmigte mir eine Cola und ein Gläschen Kognak. So viel Luxus musste sein. Den Rest der Zeit bis zur Weiterfahrt am nächsten Morgen vertrödelte ich im Wartesaal des Bahnhofs zusammen mit einem strubbeligen Penner, der im Viertelstundentakt eine Zigarette von mir schnorrte, und einer halbseidenen Dame, die mich partout abschleppen wollte.

In München mietete ich mich in der Theresienstraße in einer Pension ein. Der Wirtin zahlte ich gleich zwei Übernachtungen im Voraus. Dafür ersparte sie mir wortlos die Anmeldung. Schon auf dem Bahnhof hatte ich mir einen Stadtplan gekauft. Für mein Treffen mit G. wählte ich zwei geeignet erscheinende Punkte auf der Karte aus – einen vor dem Haus der Kunst, einen im Hofgarten. Dann erkundete ich das Terrain. Beide Treffpunkte schienen mir günstig zu sein, da dort einerseits wahrscheinlich viel Betrieb herrschte und sich andererseits nahebei ein Park befand, so dass es hier Wege gab, die bei Dunkelheit sicher nur von wenigen Fußgängern benutzt wurden. Nachdem ich mir ausreichende Ortskenntnisse verschafft hatte, begab ich mich nach Forstenried, um mir vor meinem Treffen mit G. noch das Mietshaus anzusehen, wo er wohnte. Laut meinem später auf Band diktierten Reisebericht fuhr ich »dann mit dem Bus in die Innenstadt zurück und rief Herbert G. an, dem ich sagte, ich sei in der DDR gewesen und hätte mit Helga gesprochen, von der ich ihm gern etwas ausrichten würde. G. war interessiert, sich mit mir zu treffen. Wir verabredeten uns zu 23 Uhr vor dem Haus der Kunst. G. wollte mit einem braunen Pkw Audi kommen, wie er mir sagte. Er kam pünktlich. Ich ging auf ihn zu, stellte mich ihm vor, ohne dabei meinen Namen in einer verständlichen Weise auszusprechen. Gemeinsam machten wir einen kleinen Spaziergang. Am Ende der Anlage, wo der Weg in den Park einbiegt, sagte ich ihm, dass es nicht nur um Helga ginge! Er müsse sich jetzt mal um sein Kind kümmern. G. fragte mich, was das heißen soll. Ich sagte ihm, dass er als Vater für das Kind verantwortlich wäre und mich diesbezüglich in der DDR Organe des Staates angesprochen hätten. Er müsse entweder Unterhalt zahlen oder andere Leistungen erbringen. Ich deutete G. an, man könne die

Sache, wenn er es möchte, auch gerichtlich vor dem Amtsgericht München im Rahmen einer Vaterschafts- und Unterhaltsklage klären lassen. Das wollte G. nicht. Wiederholt bot ich G. an, sofort zu gehen, wenn ihm das Ganze nicht zusagen würde. G. beteuerte, er wolle sich seinen Verpflichtungen nicht entziehen. Ihm sei es lieber, wenn er diese Verpflichtungen auf die von mir genannte Weise erfüllen könne. Ich gab ihm dann die vereinbarte Adresse. Da ich keinen Kugelschreiber dabeihatte, schrieb ich G. die Adresse mit einem abgebrannten Streichholz auf ein Stück Zeitungspapier.«

G. begriff sofort, dass die Staatssicherheit Unterhaltszahlungen für sein Kind nur dann übernehmen würde, wenn er kooperierte. Alimente mussten gezahlt werden. Das war im Osten nicht anders als im Westen. Formal gesehen gab es daran nichts zu rütteln. Aber die schöne Helga verkörperte natürlich die klassische Falle, gewissermaßen eine thüringische Honigfalle, speziell für G. aufgestellt, klebrig-süß, und der war prompt auf den ältesten Trick der Welt hereingefallen. Auf dem Rückflug nach Berlin-Tegel grübelte ich über mein Tun. Seit Kindheitstagen trieb mich wie ein Fluch der Wunsch nach Abenteuern an; jetzt hatte mich dieser Hang in ein zwielichtiges Unternehmen verwickelt. Das Erpresserische, die Nötigung, die darin lag, gefiel mir nicht. Es wurmte mich, dass durch meine Beihilfe ein mir harmlos erscheinender Typ wie eine Schachfigur in einem abgekarteten Spiel hin- und hergeschoben wurde. Das entsprach so gar nicht meinen Erwartungen. Mir wäre es lieber gewesen, G. hätte aus reinster Überzeugung mitgemacht. Gab es nicht genügend westdeutsche Genossen, die darauf brannten, den in ihren Augen erstarkenden Faschismus und den Stamokap in der Bonner Republik Schulter an Schulter mit uns zu attackieren?

Damals dachte ich in solchen Bahnen. Wie hätte ich zugeben können, dass mich vielleicht mehr als jede politische Überzeugung der Wunsch beseelt hat, die Routine des humorlosen Alltags zu unterbrechen, um irgendwie einen Beweis meiner Existenz zu bekommen? Was Eismann angeht, glaubte ich ja wirklich, er und seinesgleichen seien eine Art Wächter der sozialistischen Revolution hierzulande. Mein Fanatismus und meine Borniertheit – sie sind mir heute vollkommen fremd. Aber es ist passiert. Scheinbar geht das meiste Unglück wirklich von Menschen aus, wie ich einer gewesen bin, von überspannten Jünglingen, die Lehren eines wie immer gearteten Befreiungskampfes anhängen und sie unbedingt in die Tat umsetzen wollen. Wenn ich heute daran zurückdenke, kommt es mir beinahe so vor, als erinnerte ich mich an das Leben einer mir fremden Person. Ein Reisender, den ich nur misstrauisch betrachten kann, denn mit meinem jetzigen Dasein bin ich woanders, meilenweit davon entfernt.

Nach Ostberlin zurückgekehrt, lieferte ich noch am selben Abend ein hölzernes Whiskyfässchen, das ich als Geschenk für Micha, den Mann meiner Freundin Suzanne, gekauft hatte, bei ihm ab. Micha diente als Oberleutnant beim Wachregiment. Da wir freundschaftlich verbunden waren, sah ich trotz meiner Schweigeverpflichtung keinen Grund, ihm und Suzanne nicht zu erzählen, was ich in München getrieben hatte. Eismann bekam den oben zitierten Reisebericht, der ihn zufriedenstellte. Wäre es nach ihm und den Strategen in Gera gegangen, hätte mein nächster Einsatz an der unsichtbaren Front bereits im Herbst 1968 stattfinden sollen. »Ich habe für Ende Oktober/Anfang November eine Aufgabe für Dich, die einige Zeit in Anspruch nehmen wird«, schrieb er mir. Wieder sollte es nach Süddeutschland gehen. Den dafür ausgearbeiteten Einsatzplan hatte Eismann bereits durch den Stellvertreter Operativ der Bezirksverwaltung Gera genehmigen lassen. Mit G. zusammen sollte ich danach »Personen, Kfz sowie Feststellungen anderer Art am und im Objekt der BND-Zentrale« in Pullach ausspionieren. Das wäre sicher ein anspruchsvollerer Einsatz im inneren Kreis der Geheimniskrämerei geworden. Was Eismann nicht ahnte: In Berlin war ich angeeckt, weshalb sich seine Amtsbrüder in der Hauptstadt seit geraumer Zeit um mich kümmerten. Die waren nämlich, ganz im Gegensatz zu ihm, nicht bereit, über meine ideologischen Kapriolen hinwegzusehen.

Die letzten Semester in der Hauptstadt

In Berlin hatte ich mir auf eigene Faust ein Zimmer besorgt, da ich um keinen Preis ins Wohnheim nach Biesdorf ziehen wollte. Die Bude war dunkel und feucht. Zuletzt hatte hier ein Vergewaltiger gehaust, der jetzt eine ihm auferlegte Freiheitsstrafe abbrummte. Ein Rattenloch! Es gab nur ein schmales Fenster zum Innenhof. Kein Bad. Die Toilette lag auf der halben Treppe. Aber die Lage war bestens, denn vom Monbijouplatz bis ins Hauptgebäude der Humboldt-Universität Unter den Linden, an den stoisch ihre Karabiner präsentierenden Soldaten der Alten Wache vorbei, benötigte ich zu Fuß nicht länger als eine Viertelstunde. Und bis zu dem in der Linienstraße gelegenen Studentenclub war es auch nicht weiter. Zwei Stühle, alte Sessel und ein Bretterregal für meine Bücher holte ich mir vom Sperrmüll; die Matratze, auf der ich schlief, stammte aus einer Haushaltsauflösung. Ich lebte im Provisorischen, wie nur Studenten leben können. Aber ich fühlte mich trotz aller Widrigkeiten sofort näher am Puls der Zeit.

In Westberlin skandierten die Achtundsechziger ihre Parole Enteignet Springer; die Botschaft an uns vom Ufer der Moldau lautete anders: Sozialismus mit menschlichem Antlitz. Im tschechoslowakischen Pavillon gegenüber dem Bahnhof Friedrichstraße, einem hässlichen Flachbau, bekam man kostenlos die deutschsprachige »Prager Volkszeitung« und unterschiedlichste Informationsblätter. Hier konnte man sich Klarheit darüber verschaffen, was die böhmischen Reformer wie Alexander Dubček, Josef Smrkowský, Jiří Hajek oder Eduard Goldstücker dachten. Zwei- oder dreimal in der Woche ging ich dorthin, um die neuesten Prager Nachrichten aus erster Hand zu erhalten. Im Pavillon und davor wuselten ständig jede Menge Leute herum. Man war unter seinesgleichen. Erkannte sich auf den ersten Blick. Niemand kümmerte sich um die bestellten Aufpasser. Dass die Tschechen und Slowaken den Versuch riskierten, ihren Sozialismus mit der Freiheit des gesprochenen und geschriebenen Wortes zu verbinden, machte Mut. Es

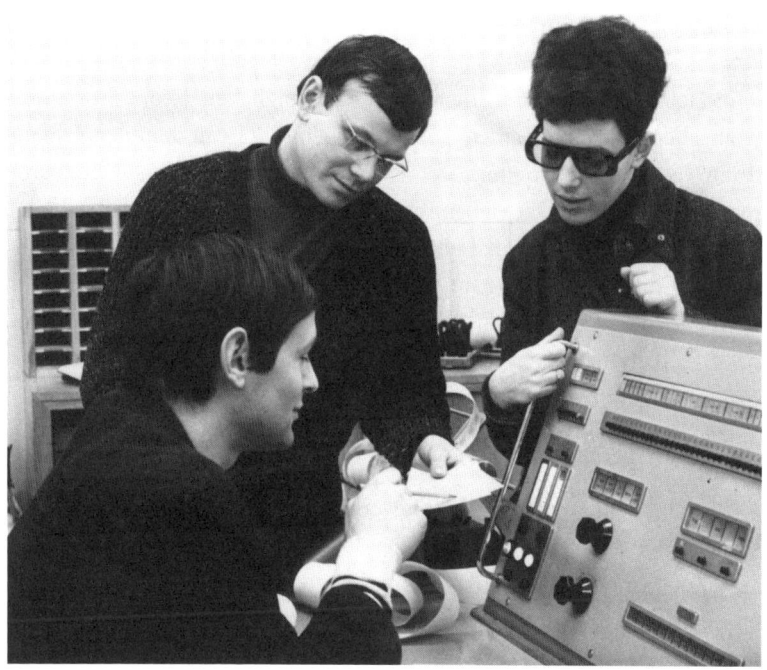

Rolf Henrich (sitzend), Dieter Zietz und Suzanne Kossuck am ersten Großrechner der Humboldt-Universität, 1968

schien mal wieder alles offen zu sein, vieles möglich, wenn es nur richtig angegangen wurde, und in Prag waren die Menschen scheinbar dabei, die versteinerten Verhältnisse umzukrempeln.

Was der tschechische Chefökonom Ota Šik damals plante, war nicht weit entfernt von Erich Apels NÖS. Ota Šik wollte die volkseigenen Betriebe zu Mitarbeitergesellschaften umbauen. Unser Dozent im Fach Politische Ökonomie sah darin ebenfalls den einzigen Weg, um die Antriebsschwäche der sozialistischen Wirtschaft zu überwinden, weshalb er uns Ota Šiks im Dietz Verlag Berlin veröffentlichtes Werk »Ökonomie – Interessen – Politik« als maßgebliches Lehrbuch empfahl. Für mich persönlich waren vor allem jene Abschnitte des Buches wichtig, in denen Ota Šik das Alltagsverhalten der Leute mit einem annähernd wirklichkeitsgetreuen Blick untersucht. Sehr viele, ja die meisten der

Argumente, die man uns als Beweis dafür auftischte, dass der Mensch von Natur aus ein soziales Wesen sei, waren zwar anrührend, hatten aber keinerlei Wert; sie waren nicht aus der alltäglichen Beobachtung des Menschen gewonnen, einem sozialistischen Alltag, in dem der Schlendrian vorherrschte, sondern der parteilicherseits befohlenen Sozialromantik geschuldet. Das viel gepriesene Klassenbewusstsein der Arbeiter und Bauern – auf diesem Fundament sollte das ersehnte Wunderland des Kommunismus ja erbaut werden – bestand nur in der Phantasie naiver Ideologen. Was den Arbeitern am Sozialismus gefiel, war doch, dass sie hierzulande öfter als ihre westlichen Brüder und Schwestern mal ein Zigarettenpäuschen einlegen konnten, wenn ihnen die Maloche zu viel wurde. Von wegen: Mein Arbeitsplatz, mein Kampfplatz für den Frieden!

Da ich selber gerade im Wettbewerb der Studenten und jungen Wissenschaftler der DDR zu Ehren des 150. Geburtstages von Karl Marx an einer rechnergestützten Studie arbeitete, in der ich die Verinnerlichung von Rechtsnormen empirisch untersuchen und philosophisch näher begründen musste, gehörte das Werk Ota Šiks monatelang zu meiner bevorzugten Lektüre. In meine Studie investierte ich viel Zeit und Energie. Ich wollte mir damit die Möglichkeit offenhalten, gleich im Anschluss an das bevorstehende Staatsexamen im Fach Rechtsphilosophie zu promovieren. (Erwähnenswert ist vielleicht an dieser Stelle, dass ein pfiffiger Jurastudent namens Gregor Gysi ebenfalls zu Ehren von Karl Marx zur Feder gegriffen hat. Im Katalog zum Wettbewerb lese ich: »Der Verfasser erbringt den Beweis der direkten Einflussnahme und Weiterentwicklung des Einflusses der DDR auf die Kampfkraft und das Bewusstsein der westdeutschen Arbeiterklasse.« Mit drei Jahrzehnten Verspätung hat Gregor Gysi die seinerzeit abstrakt behauptete Einflussnahme höchstpersönlich und medienwirksam eingelöst.) Meine Arbeit lieferte ich fristgerecht vor den Sommerferien ab, nachdem sie durch die Philosophin Toni Hahn, eine ausgewiesene Leninistin, begutachtet worden war. Sie fand daran nichts auszusetzen und war des Lobes voll. Meine Sorge, mit der von mir verfochtenen philosophischen Begründung eventuell in eines der überall ausgestellten Fettnäpfchen getreten zu sein, war scheinbar unbegründet.

Als Aushilfskellner in Ahlbeck

Im Juli 1968 trampte ich bei strahlendem Sonnenschein an die Ostsee, um in Ahlbeck in einem FDGB-Heim zu kellnern. Ich benötigte Geld. Mein Stipendium in Höhe von 210 Mark reichte in Berlin nicht hinten und nicht vorn. Etwas zu verdienen war wichtig für mich, denn nur so konnte ich die Unabhängigkeit von meiner Mutter erreichen, die selbst nicht viel hatte, mir aber immer wieder Geld schickte.

In den Ostseebädern hausten die Saisonkräfte in halb zerfallenen Geräteschuppen oder in ausgebauten Hühnerställen. Aber das störte mich nicht. Gemeinsam mit vier jungen Frauen meines Alters servierte ich – weißes Jackett, frisch gestärkte Serviette über dem Unterarm – stockstelf den ungeduldig wartenden Urlaubern wochenlang ihre Mahlzeiten. Nachmittags um drei gab es Kaffee und Kuchen, manchmal Eis. Im Küchenbereich drängelten sich die Kolleginnen hinter mir. Sie stupsten mich mit ihren Brüsten, so dass ich mir schon am zweiten Tag lebhaft vorstellen konnte, wie sich das weiter entwickeln würde. Wenn wir die Tische abgeräumt und frisch in Weiß eingedeckt hatten, gingen wir gemeinsam an den Strand. Und nach unserem täglichen Bad in der Ostsee cremten ein oder gleich zwei der Damen mich ein, was ich mir gern gefallen ließ.

Verzwickt war allerdings das Beziehungsgeflecht zwischen mir und den hübschen Sächsinnen. Die Frauen betrachteten mich als ihren Hahn im Korb, über den nur sie verfügen durften. Besuchten wir abends eines der vielen mit Netzen, kupfernen Positionslampen, Paddeln, Ankern und weiterem Krimskrams aus vergangenen Seemannszeiten dekorierten Tanzlokale an der Strandpromenade, durfte ich es mir nicht erlauben, eine fremde Frau zum Tanz aufzufordern. Scheele Blicke und die Frage, was denn das für »eine Schnepfe« sei, waren die unvermeidliche Folge. Trotzdem mochte ich jede meiner Kolleginnen, nicht nur weil sie hübsch anzusehen waren, sie hatten auch etwas Selbstständiges, waren schlagfertig und fest entschlossen, ihren Aufenthalt am Meer in

Berlin, Oktober 1968

vollen Zügen zu genießen. Leider war ich in unserer Runde am wenigsten trinkfest. Während meine Begleiterinnen nach drei, vier Bieren und zwei Gläsern Wein nur kurz ihre Lippen nachschminkten und danach erst richtig loslegten, war bei mir das Maß oft gestrichen voll. Meistens kümmerte eine der Frauen sich dann intensiver um mich, indem sie das Gefühl von Nähe beim Wange-an-Wange-Tanzen steigerte; wir zögerten den Augenblick des Aufstehens vom Tisch etwas hinaus, tranken den Rest einer Flasche Wein, rauchten die letzte Zigarette und verabschiedeten uns von den anderen.

Verdattert fragte ich mich öfters, wie meine Kolleginnen sich untereinander darüber abstimmten, wer von ihnen mit mir ins Bett gehen mochte. Wahrscheinlich hätte ich in meinem Alter gar nicht mehr so überrascht gucken dürfen. Erkundigte ich mich mal danach, antworteten sie nur mit einem ironischen Grinsen und taten so, als seien dies Praktiken, über die man doch eigentlich Bescheid wissen müsse. Erstaunt waren sie nur, dass ich mit ihnen, bevor wir uns einander näher zuwandten, manchmal noch Betrachtungen über das Leben anstellen wollte und dabei Rilke oder Trakl zitierte, deren Namen sie nie gehört hatten. Die Wirkung meiner durch Lesefrüchte angereicherten Anmache war traumhaft. Sie schnurrten wie Kätzchen, als würde geradewegs ihre Seele gestreichelt und emporgehoben. So gern meine vier Grazien sich von mir lyrisch berieseln ließen, von Politik mochten sie kein Wort hören. Versuchte ich es mal, legten sie mir nur lächelnd ihre Hand auf den Arm, drückten ein bisschen zu. Und guckten mich mit hochgezogenen Augenbrauen an: »Rolf, was soll der Mist?« Überhaupt war der Ostseestrand eine politikfreie Zone. Schaltete jemand mal ein Radio ein, wurde sofort der Sender gewechselt, wenn die Nachrichten kamen. Den Gästen des Ferienheims gefiel das. Auch sie wollten ja nur eins: wenigstens einmal im Jahr in jeder Hinsicht abschalten.

Panzer in Prag oder das Ende der »politisch-ideologischen Sorglosigkeit«

Die Botschaft vom Einmarsch der Warschauer-Pakt-Panzer in Böhmen stellte schlagartig klar, dass es eine pluralistische Gesellschaft, welche souverän über ihren eigenen Weg entscheiden durfte, nirgendwo im roten Archipel geben würde. Ohne Zweifel war das mutige Zwischenspiel, die sozialistische Ordnung im benachbarten Bruderland mit mehr Freiheitlichkeit und Demokratie auszustatten, damit beendet. Persönlichkeiten der Tschechoslowakischen Sozialistischen Republik hatten die Kremlherren um Hilfe gebeten – »einschließlich der Hilfe durch bewaffnete Kräfte«! In bester Absicht. Um die Konterrevolution niederzuschlagen. Was sonst? Alle Anhänger des Prager Frühlings mussten jetzt Sanktionen fürchten. Wie sie ausfallen würden, ließ sich nicht genau vorhersagen, aber sicher würde es unangenehm werden. Dass es sich bei der Okkupation um den Präzedenzfall der am 3. Juli 1968 öffentlich verkündeten Breschnew-Doktrin über die begrenzte Souveränität der sozialistischen Staaten handelte, habe ich nicht gleich verstanden. Ich weigerte mich einzusehen, dass eine Kamarilla machtbewusster Politbürokraten, die sich als Protektoren des Sozialismus aufspielten, so mir nichts, dir nichts dazu imstande sein sollte, die internationalen Normen des Völkerrechts über den Haufen zu werfen.

Wieder in Berlin, hörte ich Völkerrecht bei Bernhard Graefrath. Er erläuterte uns die vertragliche Praxis des Rates für Gegenseitige Wirtschaftshilfe und die darin verankerte Entwicklung der sozialistischen Integration auf einmal so, als ob es sich bei dem ganzen Vorhaben um einen Staatskonzern mit Sitz in Moskau handeln würde, der in seiner tschechischen Niederlassung mal eben aufgeräumt hätte. »Viele Genossen verstehen leider immer noch nicht«, meinte Graefrath unter Hinweis auf die Ereignisse in der ČSSR, »dass die Rechtsnormen des Völkerrechts zwischen den sozialistischen Ländern heute auf ganz neuen Fundamenten beruhen – den Erfordernissen des internationalen Klassenkampfes.« Der sowjetische Einmarsch, den Graefrath völkerrechtlich rechtfertigen wollte, folgte insofern nur der zwingenden Logik des Klassenkampfes.

Na ja, eins wusste unsereiner: All jene, die mit dem Prager Frühling sympathisiert hatten, mussten sich jetzt schleunigst Asche aufs Haupt streuen. Reichte es aus, einfach nur feige zu sein, um den angestrebten Studienabschluss zu erreichen? Einstweilen hielt der Allerhöchste gönnerhaft seine schützende Hand über mich. Aus den Sommerferien zurückgekehrt, fand ich eine Einladung in meinem Briefkasten. Prorektor Rudolf Maetzing teilte mir darin mit, die Verleihung der Diplome an die Preisträger der Karl-Marx-Leistungsschau und die Ehrung der Fichtepreisträger 1968 finde anlässlich des Konzils der Humboldt-Universität am 23. September statt. Höflichst wurde ich darum gebeten, »um 13.45 Uhr vor dem Haupteingang des Kinosaals Aufstellung zu nehmen«. Zur vorgegebenen Stunde stand ich also in einer Zweierreihe vor dem Kinosaal. In die für uns Studenten reservierten Bankreihen eingewiesen, lauschten wir der Laudatio Professor Maetzings. Dann stiegen wir auf die Bühne. Der Prorektor schüttelte jedem die Hand und überreichte allen Gewinnern der Karl-Marx-Leistungsschau – ich gehörte dazu – eine mit blauem Samt gepolsterte Schatulle, in der sich eine handtellergroße Medaille aus Meißner Porzellan mit dem Porträtrelief von Karl Marx befand. Als diese Prozedur beendet war, folgte die Bekanntgabe der Fichtepreisträger. Im Stillen hatte ich zwar darauf gehofft, den begehrten Fichtepreis – damals die höchste wissenschaftliche Auszeichnung der Humboldt-Universität – zu bekommen. Aber nach der Niederschlagung des Prager Frühlings passte die von mir eingereichte Arbeit wohl nicht mehr in die politische Landschaft. Bereits in den Straf- und Staatsrechtsseminaren des laufenden Semesters war ja das krampfhafte Bemühen der Dozenten unverkennbar gewesen, uns Studenten das Recht wieder als Instrument der Partei- und Staatsführung näherzubringen. Zu einer solchen Richtungsänderung passten Strafverschärfungen, nicht aber die psychologisierende und den Eigensinn des Rechts betonende Betrachtungsweise, der ich in meiner Studie das Wort geredet hatte. Umso mehr freute es mich, als dann doch mein Name aufgerufen wurde und ich den begehrten Fichtepreis erhielt.

Karl Mollnau, Lehrstuhlinhaber im Fachbereich Rechtsphilosophie, bot mir an, im Rahmen eines Forschungsstudiums bei ihm zu promovieren. Anstelle der sonst üblichen Diplomarbeit sollte ich gleich meine mit dem Fichtepreis ausgezeichnete Studie zur Dissertation ausbauen. An der von mir aufgeworfenen Fragestellung der Verinnerlichung sozialistischer Rechtsnormen zeigte Mollnau Interesse. Während meine Freunde überzeugt waren, damit seien die Weichen für meine akademische Laufbahn gestellt, und mich beglückwünschten, blieb ich misstrauisch. An der Fakultät kursierten die tollsten Gerüchte. Die Stimmung war gereizt. Und wie der Buschfunk meldete, gab es in der Parteileitung einflussreiche Stimmen, die meinen preisgekrönten Aufsatz als revisionistisch einstuften. Durch die Psychologisierung des Rechts, der ich mit meiner Arbeit Vorschub geleistet hätte, würde das Strafrecht zu einem stumpfen Schwert und der »normierte Wille der Arbeiterklasse« verfälscht. Zu allem Überfluss verdächtigte man mich auch noch, das in der Zeitschrift des Prager Schriftstellerverbandes »Literárni listy« veröffentlichte Manifest der 2000 Worte vor der Universität verteilt zu haben. Die »2000 Worte« waren das erste Manifest des Prager Frühlings, in dem die radikale Demokratisierung der sozialistischen Gesellschaft gefordert wurde. Ich hatte mir den Aufruf zwar im tschechoslowakischen Pavillon besorgt und darüber mit befreundeten Kommilitonen freimütig diskutiert. Ihn aber nie in der Öffentlichkeit verteilt.

Vielleicht waren meine Sorgen auch übertrieben. Es war schwer zu sagen. Anders als in Jena war es mir in Berlin nie gelungen, die verschlungene Machthierarchie an der Fakultät zu durchschauen, daher irrte ich mich leicht in der einen wie der anderen Richtung. Offen gestanden waren die Genossen meiner Grundorganisation hier auch nicht die Art Leute, mit denen ich gern freundschaftliche Beziehungen unterhalten hätte. Sie kamen aus allen möglichen Sicherheitsorganen, dem FDGB oder dem Zentralrat der FDJ, und der größte Teil von ihnen hatte sich nur deshalb – bei Fortdauer ihrer Bezüge – für ein Studium entschieden, weil ihnen ein juristisches Diplom in ihrer Funktionärslaufbahn helfen konnte. Inmitten solcher Kader galt unsereiner natürlich als unzuverlässiger Intellektueller. Das hatte mich bis dahin nicht gestört: Die Freundschaft solcher Funktionärscharaktere hatte ich noch nie gebraucht. Aber ich musste auf der Hut sein.

Mollnau konnte mir in meiner Lage nicht beistehen, da er selbst wegen seiner Habilitationsschrift und einem mit Hermann Klenner verfassten Entwurf eines Lehrbuchs unter Revisionismusverdacht gestellt worden war. Sie wollten das sozialistische Recht nicht länger nur als Machtinstrument der Partei verstehen, sondern es unter Berufung auf Grundsätze der Kybernetik zum Regulator sozialer Beziehungen mit ihren Interessengegensätzen und Konflikten entwickeln, ein Husarenstreich. Ulbricht höchstpersönlich verdammte ihre Thesen als »unmarxistisch und in ihrem Wesen revisionistisch«. Mollnau leistete daraufhin vor Studenten des ersten Studienjahres die von ihm verlangte Selbstkritik. Er stellte sich als Dümmling dar, der unfähig gewesen sei, die Parteibeschlüsse in seiner wissenschaftlichen Arbeit richtig anzuwenden. Wie brenzlig die Lage damals gewesen ist, lässt sich heute anhand der inzwischen zugänglichen parteiamtlichen Berichterstattung besser beurteilen. Jene Papiere kannten wir damals aber nicht. »Der Klassengegner konnte in unsere Sektion einbrechen«, berichtete die Grundorganisation am 10. Dezember 1968 an die SED-Kreisleitung. In das Verhalten der Genossen habe sich »politisch-ideologische Sorglosigkeit« eingeschlichen, »Blindheit gegenüber revisionistischen Positionen, theoretische Selbstgefälligkeit und damit verbunden schließlich Überheblichkeit gegenüber den Beschlüssen der Partei«.

Als erste Maßnahme zur Behebung unserer Blindheit wurden wir zu einer weltanschaulich-politischen Nachschulung vergattert, die unter dem irreführenden Titel »Grundfragen des Marxismus-Leninismus« veranstaltet wurde und für jeden Studenten des Studienjahrs verbindlich war. Nina Piprek, eine extra aus Leningrad eingeflogene Koryphäe der ruhmreichen Sowjetphilosophie, mühte sich ab, uns, die verirrten Schafe, wieder auf den rechten Weg zurückzubringen. Ich habe sie als zierliche, ständig frierende Frau in einem dicken Pelzmantel, den sie nie auszog, in meiner Erinnerung behalten. Und sehe sie noch vor uns, wie sie mit ihren fettigen langen Haaren ängstlich auf ihrem Stuhl kauerte und irgendwie immer den Eindruck erweckte, als wolle sie die ihr übertragene Aufgabe schnellstmöglich hinter sich bringen. Ihre Gedankenführung war schlicht. Die Behauptung, dass die Tschechen sich aus dem sozialistischen Lager davonstehlen wollten, begründete sie beispielsweise mit dem Hinweis auf zwei Prager Diplomaten, die sich von ihren russischen Ehefrauen hatten scheiden lassen. Und die materialistische Auffassung der Erkenntnis als Widerspiegelung der objektiven Realität im menschlichen Bewusstsein erläuterte sie uns anhand eines mit Kreide an die Wandtafel gemalten chinesischen Schriftzeichens für das deutsche Wort Regenschirm. Die Ähnlichkeit, die das Zeichen mit dem, was es bezeichnete, aufwies, betrachtete sie als schlagenden Beweis für ihre theoretische Position. Was wir uns von dieser Philosophin anhören mussten, bestärkte bei mir den Eindruck, dass es mit der hochgelobten Sowjetphilosophie nicht weit her sein konnte.

Offenbar bemerkten die für unseren Nachhilfeunterricht verantwortlichen Funktionäre selbst, welchen Fehlgriff sie sich mit Nina Piprek geleistet hatten. Ende Februar stand jedenfalls plötzlich Professor Peter Schulz auf dem Katheder und informierte uns, dass er beauftragt sei, »ab sofort die Lehrveranstaltungen der krankheitshalber nach Leningrad zurückgekehrten Genossin Piprek« zu übernehmen. Schulz eilte der Ruf eines 150-prozentig linientreuen Parteiarbeiters voraus. Ursprünglich in Westberlin ansässig, hatte er in der Aufbauphase an der Humboldt-Universität Jura studiert und es dann an der gesellschaftswissenschaftlichen Fakultät zum Professor gebracht. Ich konnte keine Sympathie für ihn aufbringen. Für mich verbindet sich mit diesem Hochschullehrer aber die aufgeheizte Atmosphäre in der Frontstadt Berlin Anfang des Jahres 1969. Denn damals, als Schulz uns mit seinen politischen Tiraden beeindrucken wollte, wurde die Ost-West-Balance gerade wieder für einen Augenblick fast aus dem Gleichgewicht geworfen. Wer Nachrichten hörte, hatte plötzlich das Bild eines brodelnden Vulkans vor Augen, der jederzeit ausbrechen konnte.

»Bonn wählte die Provokation«, brüllte im März das »Neue Deutschland«. In der Ostpreußenhalle am Funkturm im Westen der Stadt und somit außerhalb des BRD-Hoheitsgebietes sollte die Bundesversammlung Gustav Heinemann zum Präsidenten wählen. Der Warschauer Pakt hatte auf die Ankündigung dieser Wahl mit breit angelegten Truppenbewegungen reagiert und durch endlose Militärkolonnen auf der Autobahn die Zufahrtswege von und nach Westberlin planmäßig verstopft. Schulzens Philippika am Vormittag der Bundesversammlung strotzte vor militantem Glaubenseifer: Jetzt müssten wir doch erkennen, was von der »neuen Ostpolitik« zu halten sei; diese Wahl, an der erstmalig Nazis, die Thadden-Leute, teilnehmen würden, und das auf den Tag genau 36 Jahre nach einer anderen Wahl, beweise schließlich glasklar den friedensfeindlichen, faschistischen Charakter der Bonner Republik. Schulz schäumte. Fauchend übertönte genau in diesem Augenblick das infernalische Geröhre tieffliegender MiG-Düsenjäger, die unweit entfernt über dem Reichstag die Schallmauer durchbrachen, seine geifernde Brandrede. Man konnte kein Wort mehr verstehen. Peter Schulz stockte, blickte zur Decke des Hörsaals und erhob sich abrupt. Wie somnambul stimmte er aus voller Kehle die Internationale an. So als könnten wir in einer Art Sängerkrieg den Krach der sowjetischen Jagdflieger übertönen, stimmten wir lauthals die von Degeyter vertonte Hymne des Weltproletariats an: Völker, hört die Signale!/Auf zum letzten Gefecht! Die Internationale/erkämpft das Menschenrecht! …

Aus der zeitlichen Distanz mag diese Szene ausgesprochen komisch, wenn nicht sogar lächerlich erscheinen. Ich fürchte nur, rückschauend auf die damalige Zeit wird heute die einschüchternde militärische Ost-West-Konfrontation allzu oft unterschätzt. Aber die Auslegung der Wirklichkeit als Krieg bestimmte jedes alltägliche Leben. Man konnte den Zeichen der Zeit gar nicht ausweichen. Selbst in der Abgeschiedenheit Hammerforts, Jahre später, sind sie mir noch nahe gewesen, wenn die Düsenjäger tieffliegend über unser Haus hinwegjagten und die Schallmauer durchbrachen. Es war so, als ob sie die alten Gemäuer mit einem brutalen Faustschlag traktierten. Oder wenn jenseits des nahe gelegenen Oder-Spree-Kanals im Sommer Rauch aus den Wäldern aufstieg und davon kündete, dass im sowjetischen Sperrgebiet wieder mal ein Großbrand ausgebrochen war, den die deutsche Feuerwehr nicht löschen durfte. Nachts hörten wir das Fauchen von Kurzstreckenraketen.

Nach meinem Studium traf ich Peter Schulz nie wieder. Irgendwann erreichte mich die Nachricht, auch er habe sich das Leben genommen.

So überzeugt von der sozialistischen Zukunft, wie der Mann sich uns gegenüber auf dem Katheder gebärdet hatte, kann er nach Achtundsechzig wohl nicht mehr gewesen sein. Abgenommen haben ihm seine fanatischen Glaubensbekenntnisse ohnehin nur wenige. Wie weit sein bitteres Ende schicksalhaft durch die Zerrissenheit der deutsch-deutschen Verhältnisse nach Kriegsende beeinflusst gewesen ist, wird man kaum sagen können.

(Dass sich in Peter Schulz die Jahrgangsgeschichte der zu meiner Zeit habilitierenden HJ-Generation widerspiegelte, mit ihrem verhängnisvollen Bestreben – nach Deutschlands Untergang –, erneut Anschluss an eine weltanschaulich begründete Marschordnung zu finden, darauf bin ich erst gekommen, als sein Name mir in Joachim Fests Erinnerungsbuch »Ich nicht« wiederbegegnete. Fest schildert darin, wie er inmitten der Trümmerlandschaft Berlins mit Peter Schulz, der zur Untermiete im selben Haus wie er in Neukölln wohnte, abends stundenlang über Deutschlands Zukunft debattierte. Stellten sie dabei ihre Systemvergleiche an, habe Schulz »nach Juristenart kühl und zugleich zynisch« stets den Kommunismus favorisiert: »Peter Schulz setzte große Erwartungen in den Kommunismus und vertrat die Ansicht, dass vom kapitalistischen Westen nur ein schönes Lügenbild verfertigt werde. ›Die haben ihre Fachleute dafür!‹, wiederholte er oft. Die Zukunft jedenfalls gehöre dem Osten: ›Da geht die Sonne auf!‹ Spätestens in sechs oder acht Jahren sei der Sozialismus in allem vorn. ›Und die Freiheit?‹, fragte ich. ›Die kommt danach‹, meinte er. Freiheit sei nur eine Folge des Wohlstands, nicht dessen Voraussetzung. Das sei ›eine der Latrinenparolen der Kapitalisten‹. Auf die Frage, wie er sich verhalten werde, falls seine Rechnung nicht aufgehe, hatte Peter Schulz nur eine wegwerfende Geste. Ganz einfach, erwiderte er. Wenn er in Westberlin bleibe und die Russen übernähmen die Stadt, schickten die ihn in ein Bergwerk: ›Ende! Lampe aus!‹ Mache er aber in den Osten rüber und werde vom Westen übernommen, müsse er höchstens einen ›Reeducation-Kurs‹ besuchen, vielleicht auch zwei. Da komme er dann als Patentdemokrat wieder raus. Und nach kurzem Nachdenken: ›Ist schließlich keine Sauerei, die ich mir da leiste. Obwohl ich's bei der HJ gelernt habe. Vaschtehste?‹«)

Das Tribunal

Damals habe ich die Genossen meiner Parteileitung wiederholt auf mich betreffende Gerüchte angesprochen. Meine angeblichen Kampfgefährten verdrehten jedes Mal die Augen und sahen mich an, so wie man einen Provokateur betrachtet, dem man keine Antwort schuldet. Sie verweisen auf die anberaumte Vollversammlung unserer Grundorganisation, auf der ich mich ja für mein »parteischädigendes Verhalten« rechtfertigen könne. Welche Verfehlungen damit konkret gemeint waren, verriet mir niemand. Offenbar hatten die von mir Angesprochenen selber die Hosen voll. Wollten mit mir nicht im vertraulichen Gespräch gesehen werden. Dabei war ich längst bereit, ihnen die übliche Selbstkritik zu liefern, je nach Bedarf. Wenn sie es eher reumütig haben wollten, kein Problem, ich hätte aber auch den Verführten auf Lager gehabt, den gläubig Suchenden, und wenn das nicht zog, den greinenden Unverstandenen. Ich wollte nur nicht im laufenden Examen geschasst werden und zur Bewährung in die Produktion gehen müssen. In einem Reichsbahnausbesserungswerk jahrelang an einer Drehbank stehen zu dürfen, bis mir gnädig durch eine Betriebsparteileitung wegen guter Führung erlaubt würde, mein Studium zu beenden – solcherlei Aussichten versetzten mich in Panik. Man durfte den Zweck der Übung nicht aus den Augen verlieren. Es ging schließlich weder um Wahrheit noch um die Tschechen und um mich schon gar nicht. Wir sollten ideologisch wieder auf Vordermann gebracht werden. Um das zu bewerkstelligen, mussten zwei, drei Studenten exemplarisch abgestraft werden, so lief das nun mal. Ich dachte, ich sei kaltblütig genug, um das Procedere innerlich unbeschadet durchzustehen. Das war ich leider nicht.

Das Podium des Tribunals – denn als solches sollte die angesetzte Vollversammlung dienen – war bestückt mit drei Kreisleitungsfunktionären und zwei grauköpfigen Antifaschisten, die mit der Fakultät nichts zu tun hatten. Letzteren sah man an, dass Jahre des Überlebenskampfes in Lagerhöllen ihren grimmigen Willen gestählt hatten. Blutlose Lippen waren in ihre Proletariergesichter wie scharfe Striche gezogen. Sie erhielten als Erste das Wort und erklärten allen Anwesenden umständlich, wobei einer der beiden im Minutentakt mit der Faust vor sich auf die Tischplatte haute, wofür sie ihr Leben im Kampf gegen den Hitlerfaschismus eingesetzt hätten; nämlich für den ersten Arbeiter-und-Bauern-Staat auf deutschem Boden, die größte geschichtliche Errungenschaft, die gewissenlose Elemente in den eigenen Reihen durch ihr schändliches Tun neuerdings in Gefahr brächten: »Wer – Wen! Wenn ihr das nicht begreift, gehört ihr nicht an diese Universität!«

Damit war die *Machtfrage* gestellt. Es wurde nicht argumentiert, es wurde verdonnert und verdammt. Wer eine vergleichbare Geschichte des Widerstands und des Leidens nicht vorweisen konnte – ich konnte das nicht, denn ich wurde ja erst 1944 geboren –, der fühlte gleich sein schlechtes Gewissen als Deutscher. Widerspruch gegenüber den zeternden antifaschistischen Helden war tabu. Die Einbindung der beiden KZ-Insassen diente natürlich dazu, uns moralisch einzuschüchtern. Dafür eigneten sie sich hervorragend. Ansonsten waren sie auch nur geduldet; denn Walter Ulbricht hatte am 14. Mai 1945 in einem Brief an Wilhelm Pieck bereits klargestellt, die aus der Haft oder Illegalität zurückgekehrten Genossen dürften nicht die Parteiarbeit prägen. Als Grund hatte er angeführt, die Mehrzahl von ihnen sei »sektiererisch« eingestellt.

Der Tiefpunkt war mit dem Auftritt der beiden Überraschungsgäste aber noch nicht erreicht. Erst als Charly loslegte, ein vom Zentralrat der FDJ zum Studium der Rechtswissenschaften weggelobter älterer Student, mit dem ich das ganze Semester keine drei Worte gewechselt hatte, wurde diese Messlatte gerissen. Nicht mal seinen Nachnamen kannte ich. »Du hast 'ne Eins im Völkerrecht«, kreischte er plötzlich aus seiner hinteren Bankreihe mit puterrotem Gesicht in meine Richtung. Woraufhin sich alle verdutzt zu ihm umdrehten, weil kein Mensch verstand, was er mir damit anhängen wollte. Gute Studienleistungen – was sollte daran schlecht sein? War das nicht der parteiamtliche Kampfauftrag an die akademische Jugend? Nach einer quälend langen Pause brach es stotternd aus Charly heraus: »Ich habe die Völkerrechtsprüfung mit Vier gemacht – aber im Gegensatz zu dir weiß ich, dass die Lumpen in Prag Konterrevolutionäre sind!«

Nach diesem peinlichen Gefühlsausbruch folgte der Auftritt der ideologischen Scharfrichter. Von schroffen Gesten mit dem Zeigefinger begleitet, bezichtigten sie mich und zwei weitere Kommilitonen des Verrats am Sozialismus, da wir die führende Rolle der SED angezweifelt hätten. Jetzt lernte ich am eigenen Leibe jene Art der Auseinandersetzung kennen, bei der es nicht im Geringsten um irgendein Argument geht, sondern allein um das Fertigmachen des anderen. Grob gesprochen war das Ziel der Übung, mir das moralische Rückgrat zu brechen, ein weißes Blatt zu fabrizieren, auf welches man die aktuelle Parteilinie einzeichnen konnte. Zu bereuen, das war seinerzeit modern. (»Ich selbst werde alle meine Fehler erkennen,/ Ergründen und tiefer ausloten./ Ich weiß sie aus dem Gedächtnis zu nennen –/ Und verzichte mit Dank auf die Noten …« So hatte im Jahr zuvor Alexander Twardowski gedichtet.) Und Professor Mollnau hatte uns ja das verlangte Melodrama exemplarisch vorgeführt. Ich dachte, ich könnte das auch. Doch ich habe, soweit ich mich überhaupt noch erinnere, nur wirres Zeug gestammelt. Man musste bußfertig nach der eigenen Schuld fahnden, um die Vorwürfe der Ankläger zu untermauern. Das gelang mir nicht. Es war mir übel von allem, und es gab keinen Winkel, in den ich mich hätte verkriechen können.

Suzanne, meine liebste Freundin, die mit mir von Jena nach Berlin gewechselt war, saß an diesem Tag neben mir. Sie wurde beschimpft, weil sie sich mit mir – dem gewissenlosen Element – eingelassen hatte. Was in ihrem Fall besonders verwerflich war, da ihr Mann als Offizier bei den bewaffneten Organen diente. »Was hat denn Micha damit zu tun?«, hörte ich sie neben mir schluchzen. Das gab mir den Rest. Ausgespuckt und wie betäubt, absolut unfähig, auch nur einen einzigen klaren Gedanken zu fassen, verließ ich das Universitätsgebäude durch den Hinterausgang. Im Innenhof setzte ich mich auf eine Bank und rauchte eine Zigarette nach der anderen. Bitter und voller Selbstmitleid gelang es mir nicht, meine Fassung zurückzugewinnen. Alle Viertelstunde musste ich eiligst wieder ins Hauptgebäude zu den Toiletten rennen, um einen dünnen Schwall flüssiger Scheiße loszuwerden. An diesem Abend zerbrach bei mir der Glaube, mein persönliches Dasein sei nur lebenswert als Teil jener kämpfenden Vorhut, welche, durch den deutschen Zusammenbruch historisch belehrt, das sozialistische Himmelreich auf die Erde herunterholen wollte.

Wie ein geprügelter Hund schleppte ich mich zu Reinhart Zarneckow ins kirchliche Sprachenkonvikt. Dort, in der Borsigstraße, versuchte ich in einem langen Gespräch mit ihm mein Gleichgewicht wiederzugewinnen. Wenigstens mein Durchfall beruhigte sich. Auf dem Weg nach Hause soff ich mir in einer Kaschemme in der Oranienburger meinen letzten Grips aus dem Kopf. Wie ich danach zum Monbijouplatz in meine Bude gekommen bin, ist mir heute noch unerklärlich. Ich versank in bitterem, vergangenheitsbesessenem Trübsinn, blieb in meinem Zimmer, sah tagelang keinen Menschen, trank viel und hatte vor allem das Gefühl, merklich an Substanz zu verlieren.

Mein amtliches Sündenregister

Welche Schandtaten tatsächlich in mein Sündenregister eingetragen wurden, erfuhr ich erst, als ich Akteneinsicht bei der Gauck-Behörde bekommen habe. Es stimmt, ich erinnere mich, dass ich, nachdem das »Neue Deutschland« Che Guevaras Tod in Higuera gemeldet hat, vorgeschlagen habe, eine Gedenkfeier für mein von der Soldateska gemeucheltes Idol zu veranstalten. Ich erklärte mich bereit, über Guevaras Rolle im revolutionären Kampf zu referieren. Mein Seminargruppensekretär, Unterleutnant Bernd Lubnow, hielt meinen Vorstoß für keine gute Idee, wie ich seiner stasiinternen Meldung entnehmen muss: »Da zu diesem Zeitpunkt noch keine ausführlichen Veröffentlichungen in der sozialistischen Presse erschienen waren«, mäkelte er herum, »war die Parteileitung der Meinung, dass noch keine kritische, allseitige und parteimäßige Analyse dazu gegeben werden konnte. Weil die Parteiarbeit für wichtige aktuelle Belange, wie die Auswertung der Partei- und Staatsdokumente, die Hochschulreform u.a. genutzt werden musste, wurde dieser Vorschlag abgelehnt.«

»Häufigster Ausgangspunkt der durch Henrich geführten Diskussionen«, heißt es in Lubnows Bericht vom 27. Mai 1969 an die Hauptabteilung II/2 weiter, »war seine Bewunderung für die Partisanenaktionen in verschiedenen lateinamerikanischen Ländern, in denen er den Weg der sozialistischen Revolution im Weltmaßstab sah. Nachdem man geneigt war, hier einen gewissen jugendlichen Romantismus [sic] oder revolutionäre Ungeduld zu sehen, zeigte sich bald, dass dieser Haltung tiefe ideologische Unklarheiten zugrunde lagen. So war er der Meinung, dass der Schwerpunkt der revolutionären Bewegung sich in den Bereich der Dritten Welt verlagert habe. Er negierte die führende Rolle der Arbeiterklasse ebenso wie die Bedeutung des Aufbaus der neuen Gesellschaftsordnung in den sozialistischen Ländern.« »Wenn es in Diskussionen mit Henrich um Fragen der Parteidisziplin, den demokratischen Zentralismus in der Partei und dgl. ging, vollzog sich bei ihm ein Umschlag nach ›rechts‹, wie ihn schon Lenin als für den ›Linksradikalismus‹ typisch charakterisierte. So äußerte er in einem Gespräch wörtlich, dass er unter einem gewissen ›Meinungsterror‹ stünde, da er seine Auffassungen nicht jederzeit frei und offen äußern könne. Zur Frage der Orientierung an den für alle Genossen richtungsweisenden und bindenden Parteibeschlüssen brachte er zum Ausdruck, dass die Parteilinie nicht von ›oben‹, sondern von ›unten‹ bestimmt werden müsse.«

Die Hoffnung, dass aus dem fernen Lateinamerika die ersehnten Impulse bis zu uns ausstrahlen würden, ein revolutionärer Sturm, der die kapitalistischen Metropolen Paris, London, Rom oder Frankfurt am Main ebenso wie die miefige DDR durcheinanderwirbeln würde, hatte ich tatsächlich. Zu meinem Bildungsroman gehörte es nun mal, auch in diese Falle zu tappen. Aber warum entwickelte ich den Ehrgeiz, den Genossen meiner Parteileitung damit auf die Nerven zu gehen? Musste ich ihnen unbedingt aufs Butterbrot schmieren, dass sie in meinen Augen lahme Enten waren? Riskierte ich hier unbewusst vielleicht den großen Knall? Die führende Rolle der Partei in Abrede zu stellen, war ja in jener Zeit ein probates Mittel, sich die berufliche Karriere zu verbauen.

Helmut Tichter, auch er ein bewährter Tschekist, bemühte sich ebenfalls, mir Steine in den Weg zu legen. Er haute, wie ich seinem Bericht vom 31. März 1969 entnehme, in dieselbe Kerbe wie Lubnow: »Die Durchsetzung der führenden Rolle der Partei und das Prinzip des demokratischen Zentralismus werden von Henrich letztlich abgelehnt, wenn es in Diskussionen um konkrete und aktuelle Probleme des Klassenkampfes geht.« Tichter beließ es aber nicht bei dieser Anscheißerei. In Absprache mit dem zuständigen Referatsleiter der Abteilung XX des MfS und der Parteileitung der Juristischen Fakultät intervenierte er gegen den für mich geplanten Einsatz als Assistent und vermasselte mir so die Promotion. Weil die vorgesehene Tätigkeit in der Wissenschaft seiner Einschätzung nach »eine Gefährdung der klassenmäßigen Erziehung der durch Henrich auszubildenden Studenten bedeutet hätte«.

Bernd Lubnow und Helmut Tichter berichteten auf Befehl Hauptmann Koristkas. Dem ging es aber gar nicht so sehr um meine politischen Aufsässigkeiten an der Fakultät. Er wollte abschließend einschätzen, ob ich noch als Kundschafter für eine Übersiedlung in das Operationsgebiet West geeignet wäre. Mit Koristka hatte ich seit unserer ersten Begegnung keinen gemeinsamen Nenner gefunden. Er sah das genauso. Nachdem er mich am 20. Februar 1969 letztmalig in der Monbijoustraße aufgesucht hatte, vermerkte er enttäuscht in seinem Treffbericht: »Wie bei den vorangegangenen Treffs, jetzt aber ganz deutlich, brachte Henrich zum Ausdruck, dass er nicht gewillt sei, irgendwelche kleinen oder nichtigen Aufträge des MfS durchzuführen. Ihm sei von den Geraer Genossen zugesichert worden, dass er für eine große Aufgabe in Westdeutschland vorgesehen sei. Unterzeichneter erläuterte ihm geduldig, wie bedeutsam jede noch so kleine Aufgabe für die Sicherung unseres Staates sein kann. Als sich Unterzeichneter über seine Bekannten in Berlin unterhielt, wollte H. keine Charakteristik zu diesen geben. Er betonte, dass er es auch ablehne, irgendwelche Bekannten in Westdeutschland, mit denen er Verbindungen unterhält, für das MfS aufzuklären. Es zeigte sich, dass er nicht nur im Studium, sondern auch in der Zusammenarbeit mit dem MfS Unklarheiten hat. Von der von den Geraer Genossen vorgesehenen Übersiedlung und auch von Einsätzen im Operationsgebiet sollte Abstand genommen werden.« Koristkas Geduld mit mir war vorbei. Wechselseitig verdächtigten wir uns, den hehren Traum des Sozialismus falsch zu verstehen. Koristka attestierte mir noch von Amts wegen »fehlende tschekistische Charaktereigenschaften« und schickte mit dieser Beurteilung alle meinen Fall dokumentierenden Akten nach Gera zurück. Dort erging der Beschluss für das Einstellen eines GI-Vorganges. Meine soeben erst begonnene Karriere als Kundschafter endete in einer »gesperrten Ablage« – offenbar hofften die Geheimen Jahre danach auf einen Wandel meiner Renitenz. Und tatsächlich: Ein halbes Jahrzehnt später klingelte ein Leutnant namens Klopper an meiner Bürotür. Ich war bereits in Eisenhüttenstadt und anwaltlich tätig. Unter Hinweis auf meine Schweigepflicht schickte ich den Mann dahin zurück, woher er gekommen war. Klopper vermerkte dazu am 15.8.1975 in einer Aktennotiz: »Über seine Mandanten möchte und kann er aus gesetzlichen Gründen keine Informationen geben.«

Von Stalin lernen

Zu der von mir befürchteten Exmatrikulation kam es nicht. Aus meinem Studienjahr musste nur ein Student in das Elektroapparate-Werk in Treptow, um sich dort zu bewähren. Plötzlich klang alles wieder ganz anders: Nein, beteuerten die führenden Genossen, Klassenfeinde gebe es nicht an der juristischen Fakultät. Sicher, da seien einige Kader auf die schiefe Bahn geraten, aber denen müsse kameradschaftlich geholfen werden, zum parteilichen Standpunkt zurückzufinden. Die Aufgeregtheit an der Fakultät legte sich. Ich wurde in das Sekretariat der Sektionsleitung einbestellt. Als ich mich dort meldete, teilte mir die Sekretärin des Dekans mit, die für mich vorgesehene Doktorandenstelle sei gestrichen worden. Ich bekäme aber die Gelegenheit, der »Herr Dekan« lasse mir das ausrichten, mich anhand der Bearbeitung eines besonderen Themas im Rahmen meiner Diplomarbeit »ideologisch zu bewähren«. Das war zwar ärgerlich, weil mir damit die Verwendung der Arbeitsergebnisse aus meiner Fichtepreis-Studie verwehrt wurde. Aber es gab Schlimmeres.

Anfang März wurde mir endlich mitgeteilt, welches Thema ich bearbeiten musste. Wer sich den Titel der mir verordneten Strafarbeit ausgeschwitzt hat, habe ich bis heute nicht in Erfahrung bringen können. Er lautet: »Die Bedeutung von Lenins Schrift ›Die nächsten Aufgaben der Sowjetmacht‹ für die Weiterentwicklung der Lehre von der Diktatur des Proletariats«. Der zuständige Oberassistent aus dem Bereich Staatstheorie, der meine Arbeit betreuen musste, erklärte mir griesgrämig, worauf es ihm ankam: Ich solle gefälligst »in der Theorie« nachweisen, was ich aus den politischen Auseinandersetzungen der zurückliegenden Monate »gelernt« hätte. Nachsitzen, eine Strafarbeit schreiben – anders konnte ich es nicht verstehen. Man verlangte von mir also die Teilnahme am Lobgesang auf die Diktatur des Proletariats! Um den Chor der Einsichtigen in das Wesen des sozialistischen Staates kraft- und klangvoller jubeln zu lassen. Warum nicht? Auf meine Stimme kam es nicht an. Man musste nur jede Scham fallen lassen.

Aus der Bibliothek holte ich mir Stalins im Dietz Verlag Berlin 1951 erschienenes Buch »Fragen des Leninismus«. In den folgenden Wochen kupferte ich die darin enthaltenen zwei Aufsätze »Über die Grundlagen des Leninismus« und »Zu den Fragen des Leninismus« ungeniert ab, ohne jedoch den Gottvater aller Völker wörtlich zu zitieren. Stalins aus Lenins Schriften entnommene Zitate ersetzte ich durch Weisheiten Walter Ulbrichts oder beliebter Propagandisten der Partei. So bediente ich mich ausgiebig bei Karl-Heinz Schöneburg, der in der Zeitschrift »Staat und Recht« 1967 eine Hymne auf den Leninismus in die Welt gesetzt hatte. Daran konnte ich nicht vorbeigehen (1993 avancierte derselbe Schöneburg auf Vorschlag der PDS zum Verfassungsrichter des Landes Brandenburg). Wie immer man das von mir zusammengeschusterte Plagiat betrachtet, es war der schlimmste Müll, den ich jemals in meinem Leben verzapft habe – aber das Ganze zeichnete sich durch einen von keinerlei Bedenken getrübten, kristallklaren Klassenstandpunkt aus. Und genau der war gefordert. Wie hätte ich anders meinen Kopf aus der Schlinge ziehen können? Benotet wurde der Schund mit einer glatten Eins. Womit ich einen Zensurenspiegel erreichte, der mir ein »Sehr gut« für mein Staatsexamen sicherte.

Was tun?

Ein Plus bei der anstehenden Berufslenkung brachte mir mein Opportunismus nicht ein. Meine Eins im Staatsexamen nützte mir gar nichts, denn wo und wie wir als Absolventen eingesetzt wurden, darüber entschied die Justizverwaltung, und die stimmte sich mit der Fakultätsparteileitung ab. Der mit meiner Beaufsichtigung beschäftigte Genosse Tichter, er hatte mit Unterleutnant Bernd Lubnow bereits mein Forschungsstudium an der Universität erfolgreich torpediert, war nun mit der ehrenvollen Aufgabe betraut worden, gemeinsam mit dem zuständigen Sachbearbeiter im Ministerium meine Eingliederung in ein »politisch gefestigtes Richter-Kollektiv« zu gewährleisten.

Mit allen möglichen Offerten für meinen beruflichen Einsatz hatte ich gerechnet – damit nicht. Der Sachbearbeiter, der mir im Justizministerium in der Clara-Zetkin-Straße den hinterrücks ausgeheckten Plan unterbreitete und dem nicht entgangen war, mit welch gequältem Gesicht ich da vor ihm saß, dachte wahrscheinlich, ich sei entsetzt über das mir von ihm angetragene Kreisgericht in Grevesmühlen. In einen Grenzbezirk wollte ja freiwillig niemand gehen, das wusste der Mann, denn da war man strengsten Meldepflichten unterworfen. Eine Weile blätterte er mit gespielter Interessiertheit in meiner vor ihm liegenden Personalakte herum, dann legte er seine Brille beiseite, hob lobend meine Eins im Staatsexamen hervor und schilderte mir die blendenden Karriereaussichten, die gerade mit diesem, wie er sagte, »zugegebenermaßen nicht gerade attraktiven Gerichtsbezirk« verbunden seien. »Mit einer solchen Diplomnote hast du beste Chancen, den amtierenden Kreisgerichtsdirektor zu beerben, der in zwei Jahren in Rente geht.« Was bedeutete das nun wieder? Ich kam aus dem Staunen nicht mehr heraus.

Dass die Versetzung an Gerichte in der Provinz schon immer ein probates Mittel der Kaderdisziplinierung gewesen ist, habe ich erst während meiner Anwaltstätigkeit erfahren. Wer als Richter am Obersten

Gericht in Berlin nicht spurte, der wurde nach Frankfurt an der Oder versetzt, wie der Fall Walter Zieglers zeigt, der sich als Stellvertreter des Präsidenten des OG dort »bewähren« durfte. Da half es ihm nicht, dass er im Schauprozess gegen Walter Janka, Gustav Just, Heinz Zöger und Richard Wolf eine gelungene Kostprobe seiner Parteilichkeit im Richteramt gegeben hatte. Walter Zieglers Justizlaufbahn wäre sicher ein eigenes Kapitel wert. Hier nur so viel: Jahrgang 1912 und vor 1933 Mitglied der Kommunistischen Partei, trat der Mann nach der Machtergreifung der Nationalsozialisten dem Richter- und Rechtswahrerbund bei, um schließlich in der DDR als antifaschistischer Saint-Just politisch erwünschte Todesstrafen auszusprechen.

Für mich stand fest: Ich wollte auf keinen Fall Richter oder Staatsanwalt werden, in Berlin nicht und schon gar nicht in Grevesmühlen. Das Gerichtspraktikum in Zwickau hatte mir die Augen geöffnet. Um den sichtlich bemühten und freundlichen Berufslenker nicht zu verärgern, überlegte ich krampfhaft, mit welchem Wort, mit welcher Geste ich ihn milde stimmen könnte. Schließlich beharrte ich darauf, ich sei mit meinen gerade mal 25 Jahren für das Richteramt überhaupt nicht reif genug. Ein solcher Einwand erschien ihm albern. »Was soll das, Genosse? Denke mal an die Volksrichter nach '45. Sie kannten nicht mal die Gesetze, die sie anwenden mussten. Daran gemessen ist dein Alter völlig nebensächlich.« Er wollte nicht aufgeben: Sollte ich es mir anders überlegen, könnte ich mich jederzeit bei ihm melden.

Die Ungeklärtheit meiner beruflichen Perspektive entmutigte mich. Das monatelange Hin und Her an der Universität hatte mich kleinmütig werden lassen: wie mich meine eigene Partei gedemütigt hatte, die mit Stalins Schriften verplemperte Zeit – eine Sackgassenwelt war das, die nirgendwo hinführte. Ich hatte ein Diplom, mit dem ich mich sehen lassen konnte, und den Fichtepreis in der Tasche, aber keine Perspektive. Mein Dasein erschien mir in düsterem Licht, als etwas Leeres, Unsinniges. Es gab Augenblicke, in denen ich von einem ordentlich dotierten Anstellungsvertrag in einem volkseigenen Betrieb und einer hübschen, frisch frisierten Sekretärin träumte. Aber ich konnte mich mit einer solchen Laufbahn, wie verlockend sie in meiner Lage auch sein mochte, nicht anfreunden.

Umgang hatte ich jetzt nur noch mit Suzanne Kossack. Die anderen mit mir von Jena nach Berlin gewechselten Kommilitonen besetzten in Sachsen, Thüringen oder Mecklenburg Posten bei der Staatsanwaltschaft oder den Gerichten, welche ihnen durch das Ministerium zugewiesen worden waren. So wie in den ersten Monaten nach meiner Einschreibung an der Humboldt-Universität, besuchte ich wieder zwei- oder dreimal in der Woche das Berliner Ensemble. Auf dem Weg dahin lief ich auf der Friedrichstraße eines Abends Professor Ludwig Penig in die Arme. Penig arbeitete als Chefjustiziar in einem Industrieministerium. Er war Jenenser. Pragmatiker und Reformer! Bei ihm hatte ich Staatsrecht der Wirtschaftsleitung gehört. Penig fragte mich, was ich jetzt werden wolle. Ich erzählte ihm von meinem Kadergespräch im Ministerium der Justiz. Wie sich herausstellte, suchte Penig einen Assistenten für eine soeben neu zusammengestellte Arbeitsgruppe an der Akademie für Staats- und Rechtswissenschaften in Babelsberg. Die Ausgleichsansprüche volkseigener Unternehmen bei ungerechtfertigten Eingriffen übergeordneter Organe in deren wirtschaftliche Tätigkeit sollten wirtschaftsfreundlicher normiert werden. Penigs Angebot, an diesem Projekt mitzuarbeiten, entsprach ganz bestimmt nicht meiner rechtsphilosophischen Vorliebe. Aber es eröffnete mir eine Chance auf eine wissenschaftliche Laufbahn. Drei Tage später unterschrieb ich im Büro des Kaderleiters der Akademie einen Arbeitsvertrag. Mein Anfangsgehalt betrug 680 Mark. Das war weniger, als ich im vorausgegangenen Sommer mit meiner Kellnerei in Ahlbeck verdient hatte.

Ich hatte mich noch gar nicht eingearbeitet, da wurde ich von Professor Michael Benjamin zu einer Aussprache gebeten. Benjamin! Als ich diesen Namen hörte, schrillten bei mir sämtliche Alarmglocken. Der Sohn der »roten Hilde« galt im Kreis der Staats- und Rechtswissenschaftler als eingefleischter Parteigänger der Orthodoxie (Studium in Moskau – nach 1989 war er bis zu seinem Ableben Spiritus Rector der Kommunistischen Plattform in der PDS). Wie mir Benjamin, ohne um den heißen Brei herumzureden, gleich nach meinem Eintreten in sein Büro mitteilte, sei für mich eine Mitarbeit in der neu gebildeten Arbeitsgruppe Professor Penigs »nicht das Richtige«. In Professor Gert Eglers Institut sei ich »besser aufgehoben«. Politische Unklarheiten bei mir könnten in der alltäglichen Zusammenarbeit mit dem Genossen Egler schnellstens ausgeräumt werden. Benjamin war offenkundig informiert über meine Konflikte an der Humboldt-Universität.

Gert Egler war mir aus der Fachliteratur bestens bekannt. 1958 hatte er eine scharfmacherische Rolle auf der berüchtigten Babelsberger Konferenz gespielt. Als Held im Kampf »um die Überwindung des Nurfachstandpunktes« brüstete er sich mit der von ihm betriebenen Exmatrikulation der Studenten Felgner und Heyden, wie ich in den Protokollen gelesen hatte. Stolz hatte er dem anwesenden Walter Ulbricht berichtet, die »Unpolitischen« hätten es nach diesem Exempel »nicht mehr so leicht, sich in den Schlupfwinkeln ihres Privatlebens zu verstecken«. Offenbar war Egler in den Augen Benjamins für mich der geeignete Bewährungshelfer.

Bevor es diesbezüglich zur Nagelprobe kommen konnte, entwickelten sich die Dinge jedoch in eine gänzlich andere Richtung. Zwei oder drei Wochen nach dem Kadergespräch mit Benjamin lag ein Einberufungsbefehl zur Nationalen Volksarmee in meinem Briefkasten. Die Genossen Tichter und Lubnow hatten sich darüber beschwert, dass ich entgegen ihrer ausdrücklichen Warnung, mich nicht in der Wissenschaft arbeiten zu lassen, an der Akademie eingestellt worden war. Ihre Intervention war erfolgreich. So leicht sollte ich ihnen nicht entkommen.

Heiner Müller

Vor meinem Eintritt in die Volksarmee besuchte mich Hartmut Lück, der in Bremen beim Rundfunk arbeitete. Hartmut war der klügste Kopf unter den westdeutschen Studenten gewesen, die ich in Jena kennengelernt hatte. Seit wir uns angefreundet hatten, trafen wir uns hin und wieder in Berlin, wenn er beruflich dort zu tun hatte. Er wollte sich wegen einer Literatursendung abends mit Heiner Müller im Johannishof treffen. Ich begleitete ihn. Müller wartete schon. Ein Glas Bier vor sich, Zigarette in der Hand, hockte er in einem der im Foyer aufgestellten braunen Kunstledersessel – ein schmales Männlein mittleren Alters in dunkler, ausgebeulter Hose mit zerknautschtem Jackett, darunter ein Nicki, wie damals die T-Shirts hießen. Putzig fand ich seine Mokassins mit zierlichen Bommeln auf dem Spann, die mir so gar nicht zu dem proletkultischen Charme passen wollten, den er ausstrahlte. Im Gespräch ging es gleich um die Russen, ihre Literatur, und wie man sie für das Verständnis der Weltlage ausschlachten könne. Raskolnikow sei uninteressant, nur einer dieser verstörten Mörder-Liebhaber, die durch die Weltliteratur geisterten, spöttelte Müller. Aber die Dämonen und Stawrogin, das sei Material, brauchbar nicht nur für die Bühne. Che Guevara sei »der Stawrogin des Südens«, meinte Müller. Seine historische Mission sei es gewesen, die US-Imperialisten herauszufordern und die westliche Politik gegenüber den Ländern der Dritten Welt bloßzustellen.

Was Müller von sich gab, kam mir sehr vertraut vor. Was mich daran jedoch faszinierte, war, wie er Literatur und Weltlage gedanklich ineinander verrührte und dann das Ganze auf seine eigene Arbeit als Dramatiker bezog. Vor Mitternacht fiel uns gerade noch rechtzeitig ein, dass Hartmut zurück nach Westberlin musste. Es goss in Strömen, und die Pfützen auf dem Bürgersteig waren zu kleinen Seen angewachsen. Müller sprang wie Rumpelstilzchen in seinen Mokassins von einer Seite des Bürgersteigs auf die andere, um den Pfützen auszuweichen. Vor dem Tränenpalast in der Friedrichstraße hatte die Polizei bis zur

Abfertigungshalle auf den letzten 50 Metern durch Absperrgitter eine Art Korridor eingerichtet. Er durfte nur von denen betreten werden, die nach Westberlin ausreisten. Wir gingen da ein paar Schritte mit Hartmut hinein. Wie aus dem Nichts kamen zwei Grenzer angestürmt, die Müller und mich anblafften. Woran erkannten sie, dass Müller und ich DDR-Bürger waren? »Einem richtigen Wachhund macht niemand was vor«, meinte Müller lakonisch, als ich mich darüber wunderte.

Nachdem wir Hartmut Lück verabschiedet hatten, kehrten Heiner Müller und ich noch in die G-Bierbar ein. Schon im Johannishof hatte Müller bemerkt, dass er mit mir einen diplomierten Juristen vor sich hatte. Was ich von der Todesstrafe hielte? Als ich ihm sagte, sie sei antiquiert in einer Epoche des nachstalinistischen Sozialismus, spöttelte er: Ohne Todesstrafe sei das Strafrecht doch keinen Pfifferling wert. Meine Argumentation, warum man die Todesstrafe schnellstmöglich abschaffen sollte, hielt er für einen Beweis des schlechten Gewissens der Juristenzunft. Um einer solchen Dekadenz entgegenzuwirken, müsse unbedingt Brechts Lehrstück »Die Maßnahme« als »Arkanwissen« allen Richtern und Staatsanwälten eingetrichtert werden. »Juristen sollten Bescheid wissen über das Fabrikationsgeheimnis der Diktatur des Proletariats«, meinte Müller grinsend. Man müsse das marxistische Denken von der verweichlichenden ethischen Mitgift reinigen, die ihm langweilige Interpretatoren christlicher Herkunft zugeführt hätten. Ich hatte den Inhalt des Lehrstücks nur vage in Erinnerung. Geradezu verrückt fand ich die Stelle, wo ein junger Genosse – »Ja sagend zur Revolutionierung der Welt« – seiner eigenen Exekution zustimmt und in eine Kalkgrube geworfen wird. »Wir brauchen nicht Netschajews Katechismus. Was uns in der DDR fehlt, sind durchsetzbare subjektive Rechte gegenüber dem Staatsapparat«, hielt ich Müller entgegen.

Müller löcherte mich noch mit Fragen zur Vollstreckung der Todesstrafe. Leider wusste ich dazu wenig zu sagen. Über Details hatte man uns in den Strafprozessvorlesungen nicht aufgeklärt. Dafür konnte ich aber mit Einzelheiten über die Hinrichtung des Königsmörders Damiens 1757 in Paris aufwarten, da ich zu diesem Thema gerade das Buch Eberhard Schmidhäusers »Vom Sinn der Strafe« gelesen hatte. Dass der Henker mit seinen Gehilfen die Tortur einleitend Damiens Hand, an die man aus symbolischen Gründen ein Messer gebunden hatte, über ein Feuer hielt, bis das Fleisch abfiel, ihm dann mit einer Schlosserzange die Brustwarzen herausriss und in die entstandene offene Wunde geschmolzenes Blei goss, bevor vier Pferde den Mann in Stücke rissen, gefiel Heiner Müller außerordentlich. »Das waren echte Künstler«, kommentierte er meine Schilderung. Dagegen sei eine Kalkgrube das reinste »demokratische Nichts«. Das könne schließlich jeder! Man musste nicht lange mit Müller zusammensitzen, um zu verstehen, dass er alles, was irgendwie nach bürgerlichem Zeitgeist roch, aus tiefstem Herzen verabscheute, ja, dass er dies alles wirklich hasste.

Obwohl mich Müllers Ätzereien amüsierten, schien es mir aber doch ziemlich schizophren zu sein, wie wir beide in der G-Bierbar, der halboffiziellen ersten Schwulenkneipe im Osten (das Café Peking stand an zweiter Stelle), ungerührt darüber schwadronierten, auf welche mörderische Weise die bolschewistische Revolution ihre Ziele durchgesetzt hatte. Stalin war tot. Müller hatte man aus dem Schriftstellerverband gefeuert. Sein Geniestreich »Die Umsiedlerin« (1961) hatte den Mitwirkenden und für die Aufführung dieses Stückes Verantwortlichen sage und schreibe 32 Parteistrafen eingebracht. Auch mir hatte man Maß genommen. Warum waren wir nicht voller Abscheu über die Menschenverachtung des Stalinismus, seine Brutalität bei der Umgestaltung der Welt? Was gab es da, wovon wir sentimental gestimmt nicht loskamen? Vor Ausschankschluss trat ein Blumenverkäufer mit einem Spankorb unter dem Arm an unseren Tisch, der Müller – mit einem vielsagenden Kopfnicken in meine Richtung – Veilchen unter die Nase hielt: »Für den hübschen Knaben nich' en Sträußchen?«

Umrüstung vom Zivilisten zum Soldaten

Meinem Gestellungsbefehl folgend, meldete ich mich zum Ehrendienst in der Nationalen Volksarmee am 3. November 1969 um 6 Uhr früh auf dem Hof einer nahe der Friedrichstraße gelegenen Schule. Als ich dort ankam, waren der Gehsteig und die Fahrbahn vor dem Tor durch Menschentrauben blockiert. Etliche Rekruten waren mit ihren aufgemotzten Bräuten erschienen, manche hatten ihre jüngeren Brüder und Schwestern mitgebracht. Der Abschied von ihren Liebsten, die hemmungslos schluchzten, wurde den künftigen Vaterlandsverteidigern versalzen. Ein Dutzend Polizisten, die kläffende Schäferhunde mit sich führten, versuchten, den Menschenauflauf zu ordnen. Das Hundegebell, durch die Häuserschlucht gewaltig verstärkt, dazu die hupenden Autos, die sich die Durchfahrt erzwingen wollten, ließen einen das eigene Wort nicht mehr verstehen.

Im Innenhof schnurrte derweil hochtourig die NVA-Rekrutierungsmaschinerie. Namentlich registriert, wurde man von einer Sekunde zur nächsten zum Erfassten, Eingezogenen, stand da in der Rührt-euch-Stellung, den Kopf in den Nacken gelegt, und dachte, dass man sich das ganze Brimborium genauso vorgestellt hatte, wie es einem hier bereits in der ersten Stunde begegnete. »Sie sind für das Mot.-Schützenregiment in Karpin vorgesehen, Genosse Soldat!« Karpin? Wo genau dieses Kaff lag, wusste niemand. Irgendwo im Norden nahe der deutsch-polnischen Grenze, hieß es.

Die Fahrt dahin in einem nur mit Vaterlandsverteidigern vollgestopften Reichsbahn-Sonderzug war der reinste Höllenritt. Literweise schütteten die Jungs Nordhäuser Doppelkorn, Wodka, billigen Wein der Marke Gamza oder schales Bier in sich hinein. Auch wer nicht zur Sauferei neigte, griff irgendwann nach der kreisenden Flasche. Aushalten konnte man es nur, wenn man sich mal eine kleine Auszeit gönnte. Da unser Zug dreimal auf einem Nebengleis irgendeines Provinzbahnhofs stundenlang warten musste, riss der Nachschub an Spirituosen nicht ab. Zwar versuchten die uns eskortierenden Unteroffiziere und Soldaten des Kommandantendienstes, einer Art Militärpolizei, verzweifelt, den weiteren Kauf von Alkoholika zu unterbinden; sie kapitulierten aber schnell und beschränkten sich auf das Einfangen von Randalierern, die sich auf den Bahnsteigen mit Reisenden oder Reichsbahnangestellten prügeln wollten. Wie man sehen konnte, blätterte der zivilisatorische Lack des ins Räderwerk der Militärmaschinerie geratenen zivilen Subjekts von einem Halt zum nächsten spürbar ab.

Abends kamen wir in Spechtberg an. Am Ende des Bahnsteigs stand ein grün lackierter Lautsprecherwagen. Unteroffiziere verschiedenster Waffengattungen lümmelten rauchend mit dem Rücken an dessen Seitenwand. Offenbar warteten sie schon ewig auf uns. Kalter Wind fegte über die Gleisanlagen. 50 Meter entfernt drängelte sich hinter einem Zaun eine Gruppe Landser, die uns lautstark als Spritzer, Pisser und Tagesilos verhöhnten. Über krächzende Lautsprecher wurden wir angewiesen, getrennt nach Waffengattungen, in Dreierreihen auf dem Bahnhofsvorplatz anzutreten. Die Mot.-Schützen-Karpin wurden zu einer Laderampe befohlen. Als der Name Karpin fiel, brüllten die sich an unserem Empfang ergötzenden Landser höhnisch: »Karpin, das ist Knast!« Bei dieser Begrüßung nicht die Fassung zu verlieren, war gar nicht so einfach. Wir kletterten auf die bereitstehenden Ural-Laster. Der Kasernenkomplex Karpin, wo das Mot.-Schützenregiment 9 neben einer Panzer- und Artillerieeinheit stationiert war, lag kilometerweit entfernt, versteckt inmitten dichter Kiefernwälder. Es erschien mir gleich wie das Ende der Welt. Und dann noch diese Zugabe, ein skurriles Bild, unvergesslich in meine Erinnerung eingebrannt: Vor dem Wachhäuschen stand ein kleiner, ungefähr sechs Jahre alter Knabe, mager wie ein Schwindsüchtiger, am Straßenrand stramm, das eine Glas seiner Brille mit schwarzem Lenkerband verklebt, einen Papp-Stahlhelm auf dem Kopf, der uns stolz sein Spielzeuggewehr präsentierte.

Sollte ich das Erleben meiner ersten Monate in der Kaserne mit einem einzigen Wort ausdrücken, so kommt mir nur das Wort Demütigung in den Sinn. Gleich in der Ankunftsnacht fing es mit der medizinischen Untersuchung an. Im Schlafanzug mussten wir vor unseren Doppelstockbetten strammstehen und die Hosen herunterlassen. Wir husteten auf Befehl, demonstrierten, dass sich aus unseren Schwänzen keine tripperverdächtigen Tröpfchen pressen ließen, wir beugten uns vor und zogen die Pobacken auseinander und fragten uns, wonach die suchten. Jeder hatte zwar schon mal was von Hämorrhoiden gehört, aber keiner wusste, was das ist. Untersucht wurden wir von Schwulen, die im Med.-Punkt ihren Wehrdienst ableisteten und uns auch während der kommenden 18 Monate medizinisch betreuten.

Am nächsten Morgen stellte sich uns Stabsfeldwebel Duske vor: »Guten Morgen, ihr Schlafmützen. Ich bin euer Stabsfeldwebel, und das heißt euer Vater und eure Mutter. Ich soll aus euch Schwächlingen Soldaten machen. Wenn ich euch so sehe, ist das eine schwer zu lösende Aufgabe.« Duske versicherte uns, dass er uns zu »Männern« machen würde: »Eure Weiber werden mir dankbar sein.« Was wir dann erlebten? In der Grundausbildung exerzierten wir erst einmal bis zum Umfallen; Griffe kloppen, links um, Augen rechts, 15 Meter in die eine Richtung marschieren, 20 Meter in die entgegengesetzte, tagelang. Als das endlich hinter uns lag, wurden wir in die Handhabung der Kalaschnikow und des leichten Maschinengewehrs eingewiesen, zerlegten unsere Waffen hunderte Male in ihre Einzelteile und setzten sie, gesäubert und geölt, wieder zusammen. Kraxelten über die Eskaladierwand. Robbten durch kotverschmierte Betonröhren. Nach dem Abendessen schälten wir in einem nach Fäulnis stinkenden Kellerraum tonnenweise Kartoffeln.

Die uns drillenden Unteroffiziere waren ein, höchstens zwei Jahre älter als die Wehrpflichtigen. Ihre auf wackligen Beinen stehende Autorität versuchten sie durch eine gespielte Neigung zu Brutalität und Sadismus zu festigen. Liegestütze, Robben, Klimmzüge, marsch, marsch im Laufschritt und Ansprachen wie: »Sie Witzbold haben mir in meiner Sammlung noch gefehlt!« – Aus den vor ihnen strammstehenden Menschen wollten die Subalternen einen Untergebenen schmieden, der angebrüllt und als Adressat einer x-beliebigen Fehlleistung behandelt werden konnte, denn irgendetwas machte man ja immer falsch. Mal saß das Schiffchen nicht korrekt auf dem Kopf, dann wieder war die Grußerweisung nicht zackig genug. Man durfte die Schikanen nicht persönlich nehmen. Besser fühlte man sich, wenn man die Schurigelei gar nicht erst an sich heranließ und sich sagte: Der Kerl braucht das. Sieh hinweg über den Armen, er muss im Verhältnis zu dir die doppelte Zeit in dieser Sandwüste aushalten. Das schaffte Distanz.

Für mein Verständnis des Ganzen war es hilfreich, dass ich mir vor meiner Einberufung Brechts Lustspiel »Mann ist Mann« mit Hilmar Thate in der Hauptrolle des Galy Gay am Berliner Ensemble angesehen hatte. In dem Theaterstück wird ja das Politische verkörpert durch die Kriegsordnung von Kilkoa. Einer Kriegsordnung, die ihre Stütze im Exerzierreglement des Sergeanten Bloody Five findet. Sie ist für den Sergeanten »das Einzige, an das man sich als Mensch halten kann, weil es einem Rückgrat gibt und die Verantwortung vor Gott übernimmt«. Das Programmheft, in dem neben lesenswerten Ausführungen Karl Mannheims zum Militärapparat längere Zitate aus Brechts Stück enthalten sind, hatte ich mit nach Karpin genommen. Es diente mir als Stundenbuch. Ich besitze das schmale Heftchen heute noch. Wenn die abendlichen Schimpfkanonaden meiner Zimmergenossen über die Schleiferei vor der Nachtruhe ihren Höhepunkt erreichten, deklamierte ich unter zustimmendem Gejohle meiner Leidensgefährten, getränkt von Stonsdorfer oder anderem Hochprozentigen, aus dem berühmten Zwischenspruch der Witwe Leokadja Begbick:

> Hier wird ... ein Mensch wie ein Auto ummontiert
> Ohne dass er etwas dabei verliert.
> Dem Mann wird menschlich nähergetreten
> Er wird mit Nachdruck, ohne Verdruss gebeten
> Sich dem Lauf der Welt schon anzupassen
> Und seinen Privatfisch schwimmen zu lassen.

Solcherlei Bemühungen, meine Stubengenossen für ihre Lage zu sensibilisieren, führten dazu, dass sie mir den Spitznamen »Professor« anhängten. Da ich fünf Jahre älter war als sie, also ein »alter Knabe« in ihren Augen, stellten sie mich generös vom Putzdienst frei.

Als nach Wochen der Gefechtsdienst begann, atmeten alle erleichtert auf. Wenn es nicht gerade in Strömen goss, stellte das befohlene Übungsschießen eine willkommene Abwechslung dar. Wir trainierten

Als Vaterlandsverteidiger mit Pickelhaube während der Wehrpflichtzeit bei der NVA im Ausgang, Sommer 1970

das Zusammenwirken in der Gruppe (3 MP, 1 LMG, 1 Panzerfaust, 1 Funkgerät) und im Zug, übten den Ausstieg aus den Schützenpanzerwagen und das gefechtsmäßige Vorrücken mit T64-Panzern bei der Bekämpfung der Übungsziele. Am Ende meines ersten Diensthalbjahres wurde ich zum Bataillonsschreiber ernannt. Ich erhielt den Schlüssel für die Schreibstube. Abends und an dienstfreien Wochenenden konnte ich mich von nun an jederzeit verkriechen, ungestört lesen oder Briefe schreiben. Ein Privileg höchsten Ranges! Wie mir schnell klar wurde, war der Posten des Schreibers zudem mit Macht ausgestattet. Ich nahm die Urlaubsanträge entgegen, wobei ich strikt darauf achten musste, dass nicht zu viele Angehörige des Bataillons in Urlaub gingen, da die befohlene Sollstärke nicht unterschritten werden durfte. Wer sein Gesuch zu spät einreichte, hatte Pech, ganz unabhängig vom Dienstgrad. Aber natürlich ließ sich da immer was drehen. Man konnte das Gesuch ja vorziehen, dann waren andere die Pechvögel. Als letzte Möglichkeit blieb mir noch, an der dem Regimentsstab von mir täglich gemeldeten rechnerischen Kampfstärke des Bataillons ein paar Zahlen zu manipulieren.

Jeden Morgen um 7 Uhr meldete ich jetzt also auf einem Formblatt die Gefechtsstärke unseres Bataillons. Zu diesem Zweck ermittelte ich abends die Zahl der Erkrankten im Med.-Punkt und erkundigte mich in der Werkstatt nach der ausgefallenen und reparaturbedürftigen Kampftechnik. Wer sich im Urlaub befand, war mir ohnehin bekannt, da die Urlaubsscheine ja bei mir eingereicht werden mussten. Das von mir verlangte Zahlenwerk bekam ich mühelos in einer halben Stunde zusammen. Hatte ich unsere Kampfstärke beim Regimentsstab eingereicht, blieb es mir überlassen, wie ich den Rest des Tages verbummelte. In der ersten Zeit bildete ich mir ein, ich hätte mit der Schreibstubentätigkeit das große Los gezogen. Während meine Kameraden Geländedienst schieben mussten und sich über die Eskaladierwand quälten, saß ich beim Küchenbullen im Trockenen und schlürfte Kaffee. Das dabei empfundene Wohlbehagen hielt jedoch nicht an. Denn der Augenblick, in dem die Langeweile mich in das Jammertal meines Karpiner Daseins zurückholte, ließ nicht auf sich warten. Länger, immer quälender zogen sich die Tage hin. Es gab nichts, womit man sie füllen konnte. Wochenlang las ich Nietzsches »Menschliches, Allzumenschliches«, schrieb seitenlange Briefe an Freunde und meine Verflossenen. Es half nicht. Bisher hatte sich die Zeit mir immer nur als Gegenwart gezeigt, die voranschreitet und in rasender Eile die Zukunft verschlingt. Wie schnell war meine Studienzeit vergangen! Jetzt auf einmal erschien die Zeit mir ganz anders. Im Kasernenleben war sie eine quälende Hingehaltenheit. Endlos-Zeit.

Gespräche mit Hauptmann Kröger, für den ich manchmal auf einer klapperigen Schreibmaschine Befehle oder andere Schreiben tippen musste, konnten die bedrückende Leere nur zeitweilig füllen. Im gedanklichen Austausch mit Kröger ging mir aber einiges auf. So habe ich zum Beispiel die Hasspropaganda anfangs völlig überschätzt. Das Wunschbild eines fanatischen Kämpfers mag vielleicht die Pädagogik des Politunterrichts bestimmt haben. Aber an die Phrasendrescherei, die einem durch die Politniks aufgetischt wurde, glaubte kein Mensch. Ungehemmt wurde darüber gelästert. Durch die Unterhaltungen mit Hauptmann Kröger ist mir klar geworden, dass in der militärischen Welt ein Schlag Offiziere die Effizienz gewährleistete, für die kriegerische Auseinandersetzungen zu einem technisch lösbaren Problem zusammengeschrumpft waren.

Hauptmann Kröger verkörperte diesen Typus. Sein soldatisches Selbstverständnis war unideologisch. Ich fragte ihn mal, ob Deutsche im Ernstfall auf Deutsche schießen würden. Mich bedrückte das. »Es haben doch viele von uns Verwandte in Westdeutschland«, hielt ich ihm vor. Kröger sah die Sache nüchtern: »Wird auf die Truppe geschossen, schießt sie zurück«, meinte er nur. Ihm ging es allein um die Gefechtsbereitschaft des Bataillons. Den Politoffizier unserer Einheit, der uns zwei Stunden wöchentlich zur Liebe zum sozialistischen Vaterland und zum Hass auf den imperialistischen Klassenfeind erziehen sollte, hielt er für überflüssig. Als dieser sich mal bei ihm beschwerte, die »Kämpfer« des 1. Zuges – die Elite unseres Bataillons – würden seinen Unterricht »provokatorisch für ein Nickerchen nutzen«, lächelte Kröger nur, so als hielte er den Politnik für einen Schafskopf. »Vielleicht hat der Geländedienst sie ja mal angestrengt? Genau das brauchen die Kerle doch.« Ehe der Mann kapiert hatte, was Kröger ihm andeuten wollte, folgte der Befehl »Wegtreten«.

Schon zuvor hatte Kröger mich auf dieselbe Weise belehrt, als er mir mal sagte, einen Panzer bekämpfe man mit einer Panzerfaust oder einer Haftladung, nicht aber mit Hass. Wozu brauchte es Hass? Die Raketen zielten auf eine gesichtslose Masse Mensch, ohne jeden Hass. Dass der Soldat in Ost und West nahtlos in ein Gefüge komplexer Waffensysteme und atomarer Apparaturen eingebunden war, darin sah Kröger das eigentliche Dilemma seiner beruflichen Existenz. Er bezweifelte die Kompetenz der Planungsstäbe. »Die wissen doch gar nicht mehr, was sie tun, wenn sie den Angriffsbefehl geben«, sagte er mal zu mir. In dieser Lage konnte unsere Ausbildung nur mehr darauf ausgerichtet sein, dem uniformierten Menschen-Material den Glauben an eine Überlebenschance in einem Atomkrieg einzuimpfen. So erklärte ich mir die absurden Übungselemente in unserer Grundausbildung – Achtung!

Atomschlag von links. Flach hinlegen. Füße in Richtung Abwurfstelle, Hände über den Kopf. Worüber wir fatalistisch spotteten, bekam auf einmal einen verborgenen Sinn.

Im Manöver »Waffenbrüderschaft« sollte unser Bataillon aus Sicht der gemeinsam mit sowjetischen Panzerverbänden angreifenden 1. Schweriner Mot.-Schützendivision die vorderste Linie der sich verteidigenden Nato-Streitkräfte simulieren. Wir hoben Stellungen aus, tarnten unsere Kampftechnik. Als die ersten Panzer auf dem Gefechtsfeld auftauchten, zündeten wir Feuerwerkskörper und verschossen Übungsmunition. Die Knallerei, die wir damit erzeugten, war nichts gegen die dröhnenden Panzermotoren. Auf uns zufahrend rasselten und kreischten die Ketten der sich einnebelnden stählernen Ungetüme. Unter unseren Füßen zitterte buchstäblich die Erde. Unheimlich war jedoch etwas anderes. Kurz nach Beginn des Panzerangriffs stieg hinter uns ein riesiger Atompilz geräuschlos in den Himmel. Minutenlang hing das voluminöse Gebilde aus Rauch unter den Wolken. In das Horrorszenario eines Atomschlags war Kröger als Stabschef nicht eingewiesen worden. In der Nacht danach saß ich mit ihm zusammen im Stabszelt vor dem Kartentisch. Wir schlürften beide Kaffee. Hinter uns bullerte ein Kanonenofen. Völlig übermüdet trug ich mit Farbstiften die Gefechtslage in das ausgelegte Kartenmaterial ein. Plötzlich klingelte das Feldtelefon. Am Apparat war der Stabschef der NVA. Er wollte von Kröger hören, wie seine Männer auf den Atompilz reagiert hätten. Kröger sagte mit einer Grabesstimme, wie ich sie von ihm bis dahin nie gehört hatte, alle hätten befehlsgemäß ihre Schutzmonturen angelegt; bei den Brillenträgern habe es Probleme gegeben, da sie nicht ausreichend mit Militärbrillen versorgt worden seien.

»Man kann nicht aufhören, daran zu denken«, sagte ich Minuten später. Kröger nickte resigniert. Zum ersten Mal sah ich ihn niedergeschlagen. Seine Nüchternheit und schneidige Pose verschwanden in diesem Moment, und ich hatte beinahe den Wunsch, ihn zu mögen. »Gestorben wird immer«, meinte er leise. Und nach einer Pause: »Wir sind Techniker, drücken Knöpfe und betätigen Hebel, taub für alles, was dabei herauskommt … es gibt keine Garantie, dass es heute oder morgen nicht losgeht …«. Wir spürten beide, wie banal diese Rede klang.

Kröger knöpfte sich seine Uniformjacke zu, er hielt einen Augenblick die Hand an den Knöpfen – wie, um sich selber zur Ordnung zu rufen – und sagte dann: »Warum sollten wir in einem Krieg mit der Nato warten, bis die nach einem Durchbruch unserer Panzerverbände in Bedrängnis gerät und Atomwaffen einsetzt?«

Ich gebe zu, ich war verwirrt. So desillusioniert hatte mit mir noch niemand gesprochen. Die Frage war ja wirklich: Warum sollten die Generale überhaupt ernsthaft einen konventionellen Krieg denken, wenn durch einen unausweichlichen nuklearen Schlag der Nato dieser Krieg sowieso in kürzester Frist ein atomarer werden würde? Wäre da nicht jede Seite darauf aus gewesen, die entscheidende Überlegenheit von vornherein herbeizubomben? Wofür druckte man sonst das Besatzungsgeld? Wozu hielt man 8000 Scharnhorst-Orden bereit? Und weshalb waren die Kader für die ersten Stasi-Dienststellen in Westdeutschland bestimmt worden? An konkreten Planungen gab es – in Ost und West – keinen Mangel. Erinnern wir uns: 1969 wurden 56, 1970 61 und 1971 43 Atomtests gezündet.

Bloß weg

In der Einöde Karpins hatte ich 18 Monate lang Zeit, mir den Schädel zu zermartern, um ein bisschen mehr Klarheit zu erlangen. Der mit der Akademie geschlossene Arbeitsvertrag war ein Fehlgriff, das musste ich mir eingestehen. Er fesselte mich an eine Truppe, mit deren Rechtsverständnis ich nichts mehr zu tun haben wollte. Das durfte ich so natürlich nicht als Grund für die gewünschte Auflösung meines Arbeitsvertrages angeben, da ich mir dann die Beurteilung vermasselt hätte. Für mein Fortkommen als Jurist – mit einer nicht ganz lupenreinen Kaderakte – wäre das nicht förderlich gewesen. Anfang Herbst 1971 meldete ich mich bei Professor Benjamin zu einem Kadergespräch an. Es war unsere zweite Begegnung. »Ich habe im Urlaub eine Frau kennengelernt, die ein Kind von mir erwartet«, erklärte ich ihm mit zerknirschter Miene und fügte hinzu, dass wir demnächst heiraten würden.

Verliebt und heiratswillig waren Heidelore und ich tatsächlich. Während ich sonst immer einen Grad kälter blieb als die Frauen, die mit mir verkehrten, war es bei Heidelore, die ich auf Suzanne Kossacks Geburtstagsfete kennengelernt hatte, gänzlich anders. Die Sache mit der Schwangerschaft war aber ungewiss. Sie erleichterte mir jedoch, mit Benjamin parteikonform zu reden. Damit konnte ich plausibel begründen, warum ich eine Arbeit brauchte, die mir ein höheres Einkommen einbrachte. Mit meinem Assistentengehalt von 680 Mark konnte man ja keine Familie ernähren. Und eine Familie mit zwei adretten Kindern, einer 60-Quadratmeter-Wohnung, Schrankwand und Waschmaschine – das waren Wünsche, die unsereiner haben durfte. Egoistisch und eines Genossen unwürdig wäre es nur gewesen, mehr für sich und die Seinen zu verlangen, einen Pkw Lada zum Beispiel. Da gab es Wartezeiten.

Benjamin bot mir, nachdem er sich meine Bitte um eine einvernehmliche Vertragsauflösung angehört hatte, eine Tasse Kaffee an. Er stellte mir eine Reihe von Fragen, aus denen ich entnehmen musste, dass er sich über mich auf dem Laufenden gehalten hatte. Ich sei ein philosophischer Kopf, schmeichelte er mir mit seiner sanften Jesuitenstimme, und davon gäbe es an »unserer Akademie« leider nicht viele. Das war natürlich ein zweischneidiges Kompliment. Talentierte Leute galten ja jederzeit als Risikofaktoren. Sein Lob machte mich verlegen. Zwar hatte ich im Auftrag von Professor Egler eine kritische Besprechung der von Haney in Jena vertretenen Lehre zu den subjektiven Rechten der Bürger im Sozialismus geschrieben, doch sah ich darin keinen Grund zum Hochmut und war auch nicht besonders stolz darauf. In meinen Augen war das nicht mehr als eine Fingerübung gewesen. Was ich bisher an der Akademie geleistet hatte, war in Wahrheit ein Bruchteil von gar nichts.

Benjamins unerwartete Schmeichelei löste gemischte Gefühle in mir aus. Als er mir am Ende des Gesprächs noch den Vorschlag unterbreitete, mich für zwei Jahre an das Institut für Gesellschaftswissenschaften beim ZK der SED zu delegieren, damit ich dort schnellstens und mit einem besseren Gehalt promoviere, wollte ich fast glauben, dass er recht hatte. Ich erinnere mich an meine Verlegenheit, aber auch daran, dass sich wie zwei Jahre zuvor im Justizministerium letztlich alles in mir gegen ein derartiges Angebot sträubte. Sicher, ich hatte mit Hoffnungen begonnen und gedacht, ich könnte in der Rechtsphilosophie reüssieren, ich hatte geglaubt, ich würde eines Tages etwas schreiben, das die Menschen bewegt und ihnen ihr Leben durchsichtiger macht. Aber inzwischen war mir die Aussichtslosigkeit eines solchen Unterfangens an der Akademie für Staats- und Rechtswissenschaften klar geworden. Benjamin ließ mich ziehen.

Neubeginn in Eisenhüttenstadt

Es war ein mein weiteres Leben in neue Bahnen lenkender Vorschlag, der mir von Klaus Klasen, einem jovialen, übergewichtigen Endvierziger mit silbergespültem Haar, seines Zeichens Vorsitzender des Kollegiums der Rechtsanwälte im Bezirk Frankfurt (Oder), im November 1971 unterbreitet wurde. Ich stellte mich bei ihm an einem Montagmorgen vor. Klasens Kanzlei war in einer heruntergekommenen Gründerzeitvilla im Buschmühlenweg untergebracht. Sein Büro diente zugleich als Sitz des Kollegiums im Oderbezirk. Wie bei allen Gebäuden in dieser Gegend war auch hier der Putz großflächig abgeblättert. Wegen Einsturzgefahr durften die Balkone des Hauses nicht betreten werden. Klasen wartete bereits auf mich. Ein Keksteller und zwei Kaffeetassen auf dem Besprechungstisch signalisierten mir, dass er das Bewerbungsgespräch in einer lockeren Atmosphäre führen wollte.

Bereitwillig berichtete ich über meinen Werdegang. Schilderte meine familiären Verhältnisse, an welchen Universitäten ich studiert und wo ich meinen Wehrdienst geleistet hatte. Klasen nahm sich Zeit. Mit Heidelore als Sekretärin – wir wollten ja, wie ich Klasen zu verstehen gegeben hatte, im kommenden Jahr heiraten – könne ich eine Kanzlei in Eisenhüttenstadt eröffnen. Nach einem vorgeschalteten Praktikum in Fürstenwalde und Bernau. Mit dem wissenden Lächeln eines Funktionärs, der seine Fäden zu ziehen weiß, deutete Klasen mir ganz nebenbei an, er und die anderen Vorsitzenden in den Bezirken, an die ich ebenfalls Bewerbungsschreiben geschickt hätte, seien sich mit ihm auf ihrer letzten Tagung in Berlin einig gewesen, dass die Versorgung mit anwaltlichen Dienstleistungen in der Stahlstadt vorrangig sei. Mit einem positiven Bescheid auf meine weiteren Bewerbungen solle ich deshalb besser gar nicht erst rechnen. Eisenhüttenstadt hätte 50 000 Einwohner, aber nur einen dort ansässigen Rechtsanwalt. Da sei Not am Mann.

Eisenhüttenstadt kannte ich nur vom Hörensagen. Es gab dort ein großes Metallurgiekombinat, so viel wusste ich natürlich. Dass die Stadt als erste sozialistische Stadt Deutschlands bis 1961 den Namen Stalinstadt getragen hatte, fand ich exotisch. Welcher Stoff für eine Parabel des Kalten Krieges und Deutschlands Teilung in ihre kurze Geschichte eingeflossen war, hat sich mir aber erst mit der Zeit erschlossen. Allein schon die Gründe, welche ursprünglich mal für die – auf den ersten Blick überraschende – Wahl dieses abgelegenen Industriestandortes ausschlaggebend gewesen sind, erzählen viel darüber. Die Augen geöffnet hat mir dafür der langjährige Hochofenchef Karl-Heinz Ziegler, ein Metallurge der ersten Stunde, den ich im Zusammenhang mit einem Gerichtsverfahren näher kennenlernte. Gemeinsam mit Walter Ulbricht hatten Ziegler und andere Stahlfachleute sich 1950 über eine Deutschlandkarte gebeugt und beraten, ob man das dringend benötigte Hüttenwerk besser in der Nähe von Greifswald oder in Unterwellenborn bauen solle. Ulbricht habe schließlich nach einem Zirkel gegriffen und einen Halbkreis von den im Bayerischen gelegenen Basen der U.S. Air Force nach Unterwellenborn geschlagen. »Bis dahin bleiben uns nur drei Minuten Vorwarnzeit«, habe Ulbricht gesagt. Und bis Greifswald seien es von den in Norddeutschland gelegenen Militärflugplätzen aus gesehen gerade mal sieben Minuten. Schließlich habe Ulbricht den Zirkel bis an den am weitesten östlich gelegenen Punkt der DDR aufgespannt. Und zufrieden festgestellt, dass man bis dahin bei einem Anflug der Bomber mit einer Vorwarnzeit von 15 Minuten rechnen könne. Sein in die Karte gestochener Punkt lag 30 Kilometer südlich von Frankfurt (Oder) inmitten einer Wald- und Heidelandschaft. »Also damit das klar ist«, soll Ulbricht gesagt haben, »dort und nirgendwo anders bauen wir das Werk hin. 15 Minuten sind schließlich genug Zeit, um einen Angreifer in der Luft abzuschießen.« Wie Ziegler sich lebhaft erinnerte, seien die versammelten Stahl-Spezialisten alle verdattert gewesen, und einer habe schüchtern eingewandt, man könne eine solche Begründung wohl kaum der Öffentlichkeit anbieten. Auf gar keinen Fall dürfe man so reden, habe Ulbricht bestätigt, und die Parole ausgegeben: »Das Eisenhüttenkombinat wird mit sowjetischem Erz aus Kriwoi Rog und polnischer Steinkohle, die von Schlesien her auf der Oder transportiert wird, arbeiten. Es wird also ein Friedenswerk sein, so werden wir argumentieren, ja?« Sowjetisches Erz/Polnischer

Koks/Deutscher Friedensstahl – bis zum Ende der DDR blieb das die plakatierte Losung in der Stahlstadt.

Wie in der Stalinallee in Berlin haben die Erbauer Eisenhüttenstadts versucht, sozialistische Wohn-Utopien architektonisch umzusetzen. Unter der Federführung des Architekten Kurt Leucht waren großzügige Wohnviertel mit wunderbaren Laubengängen und Innenhöfen gebaut worden. Kunstvoll gestaltete Springbrunnen, Kinderspielplätze, Planschbecken, an jeder Ecke Bronzeskulpturen – man sah durchaus, was die planende Hand anfänglich mal gewollt und mit welcher Utopie im Hinterkopf man gearbeitet hatte. Ende der Sechziger versiegte der menschenfreundliche Ehrgeiz der Planer. Das Geld reichte nicht mehr. Seitdem errichtete man auch hier im Zuge des Wohnungsbauprogramms dieselben gesichtslosen Plattenbauten wie überall in der DDR.

Was mich und Heidelore reizte, warum wir Klasens Angebot angenommen haben, waren vor allem die mit dem anwaltlichen Metier verbundenen Möglichkeiten, denn hier würden wir berufsbedingt mit spannenden Lebenssachverhalten zu tun haben, die aus dem allgemeinen Gang der Dinge herausfielen – und dazu kam noch die damit gebotene einmalige Chance einer freiberuflichen Tätigkeit, die es uns ermöglichen würde, unseren Verdienst sowie unsere Arbeitszeit selber zu bestimmen. Suzanne, meine Jenaer Studienfreundin, hatte gleich beim Berliner Kollegium angeheuert. Von ihr wusste ich, dass man mit anwaltlicher Tätigkeit leicht einen Verdienst von über 3000 Mark erzielen konnte. Mehr als das Doppelte von dem, was ein Richter verdiente. Und keine Vorgesetzten zu haben, dies allein verlieh dem Anwaltsdasein eine ungeheure Attraktivität. Bei unserem Sinn für ausgefallene Situationen schreckte uns nicht einmal mehr der Gedanke ab, dass wir in Eisenhüttenstadt von allem abgeschnitten sein würden und weit entfernt von den kulturellen Angeboten Berlins. Unser Verliebtsein würde uns schon darüber hinweghelfen. Auf Theaterbesuche oder das eine oder andere Jazzkonzert mussten wir eben verzichten, bis wir uns ein Auto leisten konnten.

Erste Tuchfühlung mit der Praxis

Als Praktikant assistierte ich in den ersten Monaten meiner Ausbildung zum Rechtsanwalt 1972 bei Alfred Wegewitz in Fürstenwalde. Wichtig war jetzt mein kundenfreundliches Auftreten. Ich gab mein Bestes, um mich den befremdlichen Gepflogenheiten im Kollegium anzupassen, und das gelang mir auch. »Herr Kollege«, hieß es nun. Die Anrede »Genosse« wurde ausschließlich in Parteiversammlungen gebraucht. Und der in Verwaltungen und Betrieben übliche sozialistische Gruß sollte in den Schreiben, die ich jetzt fertigte, durch die Floskel »mit kollegialer Hochachtung« ersetzt werden. Anwälte legten allergrößten Wert darauf, in ihrem Erscheinungsbild stets eine gewisse Bürgerlichkeit zu demonstrieren. Was häufig affig wirkte, da wir uns ja in den volkseigenen Betrieben, bei den Gerichten und in den Verwaltungen in demselben sozialistischen Milieu bewegten wie alle anderen Berufsgruppen.

Meine Anpassung an das gestelzte Getue ging so weit, dass ich bald nur noch mit meinem lindgrünen Hochzeitsanzug (Marke Präsent 20) herumrannte. Den Anzug hatte ich mir im Hochzeitsausstatter gekauft, wozu man seinerzeit extra einen Beleg über die bevorstehende Trauung vorlegen musste. In meiner Kostümierung sah ich zwar aus wie ein Gigolo. Heidelore meinte aber, das gute Stück wäre immer noch besser als gar kein Anzug. Womit sie recht hatte. Korrekt gekleidet hinter einem Schreibtisch zu sitzen und älteren Herrschaften Lektionen zu erteilen, war eine Arbeit besonderer Art; aber die Leute vergaßen angesichts meiner gestelzten Formulierungen schnell, dass ich noch ein blutiger Anfänger war und keinerlei Prozesserfahrung besaß. Meine Aufgabe – und es gelang mir oft, sie zu erfüllen – bestand ja im Wesentlichen darin, den Mandanten die Angst vor dem Gericht zu nehmen. Meine juristischen Fähigkeiten konnten sie sowieso nicht einschätzen.

Von nun an streute ich also Sand ins Getriebe der sozialistischen Menschengemeinschaft. Fertigte Schriftsätze wegen Mietstreitigkeiten mit dem VEB Gebäudewirtschaft, in Bausachen, bei Verkehrsunfällen, in unterschiedlichsten Strafsachen und Nachbarschaftsstreitigkeiten an. Die meiste Zeit beanspruchten die Rücksprachen in Ehe- und Familiensachen. Was mich anfangs sehr wunderte, war die Rechthaberei und die bemerkenswerte Unfähigkeit der Leute, ihre persönlichen Streitigkeiten gütlich zu regeln. Die sozialistische Persönlichkeit, über die unsere Professoren an der Universität stundenlang theoretisiert hatten, das sich im Prozess der gesellschaftlichen Arbeit selbst gestaltende und entwickelnde Individuum, das in Gemeinschaft mit anderen Menschen seinen Lebensprozess in ständig wachsendem Maße unter Kontrolle nimmt, war, wie mir schnell klar wurde, nichts weiter als eine akademische Kopfgeburt. Wie zu allen Zeiten drückte die Bosheit immer noch die Redlichkeit, und der neue Mensch war kein anderer als der alte Shylock. Es sah ziemlich schlimm in vielen Ehen aus. Die Scheidungswilligen, denen ich im Praktikum begegnete, waren oft von Lügen und gegenseitigen Hassgefühlen zerfressen. Im besten Fall vom alltäglichen Entschwinden all dessen, was die Leute einmal aneinander geliebt hatten. Es war eben zu einer Veränderung gekommen, so wie der Winter kommt. – Derart unprosaisch hatte ich mir das Leben in der kleinsten Zelle der sozialistischen Gesellschaft nicht vorgestellt.

Wer Anwalt werden will, muss wissen, mit wem er es zu tun hat, so lautete der erste Ratschlag, den mir Alfred Wegewitz mit auf den Weg gab: »Ihr schlimmster Feind ist der eigene Mandant.« Dass man jederzeit mit Verfolgern rechnen müsse, die nichts anderes »in ihrer Birne« hätten, als ihrem Prozessbevollmächtigten eins auszuwischen, sobald die Sache einmal nicht in ihrem Sinne laufen würde, mit dieser Weisheit wusste ich zunächst nicht viel anzufangen. Solche Auftraggeber, belehrte Wegewitz mich, dulden keine Zwanglosigkeiten ihres Prozessbevollmächtigten, auch kein scherzhaftes Abrücken von ihrem egoistischen Standpunkt. Eine realistische Sicht der Dinge sei nun mal nicht gefragt. Ich fand das zunächst übertrieben, konnte mir jedoch schon bald denken, was er damit gemeint hatte.

Ankunft in der Stahlstadt

5. Januar 1973. An jenem Freitag verstauten wir in aller Herrgottsfrühe die paar Habseligkeiten, welche Heidi und ich besaßen, auf der Ladefläche eines Lkw Robur, den wir mit Fahrer gemietet hatten. Unser Freund Rolf Kerstin half uns dabei. Zwei Matratzen, jede Menge Bücher, Regale, Geschirr, drei alte Sessel. Mehr kam nicht zusammen. Es war ein kalter, garstiger Wintermorgen. Da in der Fahrerkabine nur für einen Beifahrer Platz war, setzten Rolf und ich uns auf die Ladefläche – Heidi war bereits mit der Bahn unterwegs. Nach zwei Stunden Fahrt über die Autobahn kamen wir durchgefroren in Eisenhüttenstadt in der Pawlowallee 12 an. Heidi erwartete uns schon. Vor dem Hauseingang hatte der VEB Kohlehandel die telefonisch bestellten 40 Zentner Braunkohlebriketts abgekippt. Als Erstes schafften wir in Eimern die Kohlen in den Keller. Danach weißten wir zügig die Räumlichkeiten. Als wir am späten Sonntagabend fertig waren, schraubten wir noch das Namensschild der Kanzlei neben dem Hauseingang an. Die uns zugewiesene, ofenbeheizte Zweizimmerwohnung sollte in der Anfangszeit Kanzlei und zugleich Schlafstätte sein. In dem größeren der beiden Räume stellten wir meinen Schreibtisch und eine Schrankwand auf, die uns das Kollegium vorfinanziert hatte. Für die Mandanten standen auf dem Flur vier Stühle. Das kleinere Zimmer, in dem Heidi ihren Arbeitsplatz mit der Schreibmaschine hatte, nutzten wir auch als Wohnzimmer.

Größere Räumlichkeiten oder gar ein respektables Büro konnte die örtliche Verwaltung angeblich nicht bereitstellen. In der ersten sozialistischen Stadt der DDR wollte man Ärzte, Lehrer und Ingenieure anlocken, für die es jederzeit Wohnungen gab, nicht aber einen zweiten Rechtsanwalt. Hätte nicht die SED-Bezirksleitung ein Machtwort gesprochen, wären überhaupt keine Räume zu bekommen gewesen. Sicher, die Partei mochte Anwälte genauso wenig leiden wie die Verwaltung, die sich unabhängige Berater und Vertreter der Bürger am liebsten vom

Eisenhüttenstädter Ausflugsgaststätte »Huckel«, im Hintergrund Stadt und Werk, 1973

Halse halten wollte. Die SED wusste jedoch, dass sie Advokaten wenigstens pro forma dulden musste, wollte sie den Schein einer sozialistischen Rechtsstaatlichkeit wahren. Rechtlich geordnete Verfahren unter Mitwirkung eines Rechtsanwalts konnten, das hatten die intelligenteren Parteichargen in den Siebzigern bei aller Borniertheit begriffen, in erheblichem Maße zur Legitimation von verbindlichen Entscheidungen beitragen.

Meine Aufgabe war es nun, mit dieser Lage so raffiniert umzugehen, dass für die Leute, die mir eine Vollmacht unterzeichneten, greifbare Vorteile dabei herauskamen. Dem unter meinen Kollegen verbreiteten Selbstverständnis, sich selber als Organ der Rechtspflege zu verstehen, konnte ich nichts abgewinnen. Mir schien eine solche bürokratische Berufsauffassung von vornherein auf eine Anpassung der anwaltlichen Tätigkeit an die staatlichen Bedürfnisse hinauszulaufen. Wer von den wackeren Streitern für Recht und Gerechtigkeit sich nicht mit Staatsanwälten oder Ämtern anlegen wollte, konnte dies nur allzu leicht mit seiner Rolle als Organ der Rechtspflege rechtfertigen.

Mein erster Mandant, unvergessen

Werbung für die neu eröffnete Anwaltskanzlei zu lancieren, war mir strengstens untersagt. Das Kollegium schickte eine knappe Mitteilung an die Lokalzeitung »Neuer Tag«; ansonsten konnte ich nur darauf hoffen, dass Spaziergänger auf der Pawlowallee in ausreichender Zahl mein Namensschild lesen würden. Diese Situation befriedigte mich überhaupt nicht. Einerseits musste ich nun wie ein Unternehmer selbst für Umsatz sorgen, andererseits durfte ich nicht mal ein paar Zettel in der Stadt verteilen. Was ich mir so schön als eine Befreiung aus den Zwängen jeder beruflichen Weisungsgebundenheit vorgestellt hatte, erwies sich erst einmal als Quelle einer kurzzeitigen Verunsicherung. Reguliertes Studium, Angestelltendasein, bezahltes Praktikum und jetzt mit 29 in die Selbstständigkeit – darauf hatte der sozialistische Bildungsgang, in dem ein persönliches Risiko ja gar nicht vorkam, einen nicht unbedingt vorbereitet.

Rückblickend weiß ich natürlich: Meine Sorgen waren übertrieben, denn die Umsätze meiner Kanzlei stiegen rasch an; aber in den ersten zwei Wochen lauerten Heidi und ich darauf, dass mal jemand an der Bürotür klingelte, als ginge es um Sein oder Nichtsein. In der ersten Woche passierte überhaupt nichts. Am darauffolgenden Mittwoch stand endlich der erste Mandant, der mir eine Prozessvollmacht erteilte, vor der Tür. Ich hätte ihn am liebsten umarmt. Ein gewisser Peter L. Sein Auftritt war filmreif. Wie der schwarze Lockenkopf ins Büro kam, bekleidet mit einem kackbraunen ASK-Trainingsanzug, die Beine meterweit auseinandergespreizt auf mich zuwatschelnd und dabei grinsend, dachte ich im ersten Augenblick, der Mann sei debil. Im Gespräch mit ihm stellte sich aber schnell heraus, warum er seine Beine auseinanderhielt. »Mein Hodensack darf nicht die Oberschenkel berühren«, erklärte mir L., wobei er grimassierend mit dem Zeigefinger in Richtung seines Geschlechtsteils wies.

Herr L. war vormittags aus dem Kreiskrankenhaus entlassen worden, in das er in der Silvesternacht eingewiesen worden war. Wie L. mir berichtete, hatte er mit seiner Lebensgefährtin die letzten Stunden vor dem Jahreswechsel, nur mit Unterhemd und Nylonslip bekleidet, auf dem Sofa gelegen, ein bisschen geschmust und das Fernsehprogramm verfolgt. Um Mitternacht sei er dann in seiner Parterrewohnung zum Fenster gegangen, da er sich das Feuerwerk ansehen wollte. Wenige Sekunden nachdem er das Fenster geöffnet habe sei eine Rakete, die Herr M. – ein Polizist – von der gegenüberliegenden Seite der Pawlowallee abgefeuert hatte, bei ihm durchs Fenster geschossen und im Wohnzimmer funkensprühend hin und her gesaust. Er und seine Lebensgefährtin hätten zwar versucht, dem Feuerwerkskörper auszuweichen, indem sie unter den Couchtisch gekrochen seien, aber das Ding habe ihn schließlich mit voller Wucht an seiner empfindlichsten Stelle erwischt. Durch den geschmolzenen Nylonslip habe er Verbrennungen zwischen den Oberschenkeln und am Geschlechtsteil davongetragen. Freiwillig wolle der Verursacher des Unglücks kein Schmerzensgeld zahlen. Es hätte an der Rakete und nicht an ihrer Handhabung gelegen, habe er L. durch seine Frau ausrichten lassen.

Mir kam es bei meinem ersten Fall darauf an, meine Sache gut zu machen. Drei Tage Krankenhausaufenthalt, die verbrannte Haut – das war schon was. Selbst das Gehen war ja für meinen Mandanten, wie jeder sehen konnte, zu einer schmerzhaften Angelegenheit geworden. Das Ganze konnte man gerichtsfest leicht als Paradebeispiel für eine berechtigte Schmerzensgeldforderung darstellen. Die erfolgte Neuregelung des Schmerzensgeldes im Zivilgesetzbuch der DDR wollte einem Kläger ja kein Geld mehr für erlittene Schmerzen zubilligen. Schmerzempfindungen wären nicht mit Geld aufzuwiegen. So sei nur im bürgerlichen Recht gedacht worden. Hierzulande ging es stattdessen seit kurzem um den Ersatz für entgangene Lebensfreude, was sich zwar weniger nach Geld anhörte, aber im Ergebnis auf dasselbe hinauslief. In meiner neunseitigen Klageschrift begründete ich also haarklein, wie viel Lebensfreude dem in seiner Sexualität beeinträchtigten Kläger entgangen war und warum es der Zahlung von 1600 Mark bedurfte, um das Malheur auszugleichen.

In der Verhandlung wartete ich begierig darauf, der Vorsitzenden,

Frau Erika Rußig, noch einmal den Kern meiner brillanten juristischen Anspruchsbegründung zu erläutern. Für seinen Auftritt vor Gericht hatte mein Mandant sich extra eine Gehhilfe besorgt, mit der er unbeholfen herumstakste. Wir waren, wie jeder sehen konnte, ein perfektes Gespann. Als mir endlich das Wort erteilt wurde und ich loslegen wollte, fiel mir die Richterin sofort ins Wort. »Ich habe Ihre Klagebegründung gelesen, Herr Rechtsanwalt, möchten Sie Ihrem Schriftsatz noch irgendetwas hinzufügen?« Selbstverständlich wollte ich das: »Frau Vorsitzende, wenn ich bitte den Sachverhalt …« Bevor ich meinen Satz zu Ende sprechen konnte, wurde ich wieder unterbrochen: »Ich glaube, ich verstehe, was Sie uns sagen wollen, Herr Rechtsanwalt!« Ich hatte mich auf eine Galavorstellung vorbereitet, ein halbes Dutzend Urteile des Obersten Gerichts studiert, aber mein ganzer Starauftritt geriet recht kümmerlich. Dass L. das von mir beantragte Schmerzensgeld bekam, half mir, über die schnippische Behandlung seitens der Richterin hinwegzusehen. Nachdem ich diesen mir unvergesslichen ersten Fall vertreten hatte, verbesserte sich die Auftragslage von Woche zu Woche. Was nicht verwunderlich war bei nur zwei Anwälten in einer Stadt mit über 50 000 Einwohnern. Heute wären das mindestens 30.

Ein Ort vertraulichen Gesprächs –
Die Schleusenmeisterei in Hammerfort

Es war Winter und heftiger Schneefall drohte Eisenhüttenstadt unter sich zu begraben. Ich saß in der Kanzlei und wartete auf meinen letzten Klienten. Passable Büroräume standen mir inzwischen in der Friedrich-Engels-Straße zur Verfügung. Woran es haperte, war ein Heidelores und meinen Wünschen entsprechender Ort zum Leben, möglichst ein eigenes Haus, das nicht nur ein bloßer Behälter für das Wohnen sein durfte. Wir wollten unbedingt aufs Land. Wenn schon Provinz, dann richtig! In Eisenhüttenstadt kannten mich nach zwei Jahren Anwaltstätigkeit viele Leute, so dass ich hier allzu oft im Interesse der Kanzlei den seriösen Advokaten geben musste. Jeden Mandanten, der vom Dorf kam, löcherte ich deshalb mit der Frage, ob nicht in der Gegend, wo er lebte, irgendein leer stehendes Gehöft zu haben sei. An diesem Abend war es der ehrenamtliche Bürgermeister von Weißenspring, ein ehemals von den Nationalsozialisten verfolgter und nun ergrauter Altkommunist namens Albrecht, der sich mit mir beriet. Ich musste seinen Enkel verteidigen, der sich wegen eines Verkehrsvergehens unter Alkoholeinfluss zu verantworten hatte. Der Fall hatte für Ärger gesorgt und war in der Lokalzeitung ausführlich besprochen worden, weil dabei eine junge Mutter tödlich verunglückt war. Wir erörterten meine Verteidigungsstrategie, die ich Albrechts Sprössling beim Besuch in der Untersuchungshaftanstalt empfehlen wollte.

Auch bei Albrecht erkundigte ich mich nach einem »leer stehenden Bauernhaus oder Vorwerk«. Ideal wäre ein geräumiges Wohnobjekt, das auch in den Wintermonaten bewohnbar wäre. »Nee, Bauernhöfe gibt es bei uns nicht«, sagte Albrecht; aber eine alte Schleusenmeisterei am Friedrich-Wilhelm-Kanal in Hammerfort stehe seit Monaten zum Verkauf. Ich hatte bis dahin nie gehört, dass es zwischen dem Brieskower See an der Oder und dem Werchensee, einer Ausbuchtung der Spree, eine stillgelegte Kanalverbindung gab, die bereits unter der Regentschaft des Kurfürsten Friedrich gebaut worden war. Wie mir der historisch beschlagene Albrecht erklärte, war der »Neue Graben« in den sechziger Jahren des 17. Jahrhunderts angelegt worden, um für den Handelsverkehr mit Schlesien das lästige Frankfurter Niederlagsrecht zu umschiffen. Seit Kriegsende seien die Schleusentore aber zerstört und das Kanalbett streckenweise zugewachsen.

Eine Stunde später fuhren Heidelore und ich durch Groß Lindow in Richtung Schlaubehammer. Niedrige Siedlungshäuser, entlang der kopfsteingepflasterten Dorfstraße aneinandergereiht, waren hier zu sehen. Dahinter windschiefe Bretterschuppen und Hühnerställe. Alles schien ein bisschen ungepflegt. In einfallsloser Gleichförmigkeit hingebaut. Die Straße endete in einer Baustelle. Weiter ging es über eine kurze Schotterpiste. Und dann wurde es schwierig. Auf dem unbefestigten, matschigen Dammweg zwischen Schlaubehammer und Hammerfort musste ich alle meine Fahrkünste aufbieten, um mit unserem Trabi nicht ins Kanalbett zu rutschen. Der Schnee schoss waagerecht durch die Lichtkegel der Scheinwerfer. Alle paar Meter heulte der Motor protestierend auf, wenn ich mit der Frontpartie eine Schneewehe durchfurchte. Ich weiß noch, wie sie plötzlich – einem Märchenschloss ähnlich – aus dem Dunkeln auftauchte: die verschneite Schleusenmeisterei Hammerfort. Ich schaltete den Motor aus und kurbelte das Seitenfenster herunter. Das leise Plumpsen, wenn sich ein Schneeklumpen von den Ästen der Bäume löste, und das Plätschern der alten Schlaube, die hier in eine Wehranlage mündet, waren die einzigen Geräusche, die man hörte. Wir staunten über einen Baumriesen, der nur 20 Meter entfernt gegenüber der Schleusenmeisterei sein kahles Geäst hoch in den Nachthimmel reckte und alles andere weit überragte. »Eine Ulme«, stellte Heidi freudig fest, nachdem sie das feuchte Herbstlaub unter dem Schnee mit einem Stöckchen durchwühlt und begutachtet hatte. Dass die damals gefürchtete Ulmenpest nicht bis zu diesem Ort vorgedrungen war, nahmen wir als gutes Omen.

Es war Liebe auf den ersten Blick. Das backsteinerne Wohnhaus. Daneben ein Stallgebäude. Beide Bauwerke durch eine Mauer mit aufgesetzten Zinnen verbunden. Hinten im Garten ein alter Backofen, an dem der Zahn der Zeit genagt hatte und aus dem jetzt eine Ulme wuchs. Und vor dem Ganzen die etwas unheimliche, drei Meter tiefe

Schleusenkammer mit ihren unterirdischen Gängen und Eichentoren. Überzeugt hat uns vor allem die Abgeschiedenheit! Wo, wenn nicht an einem solchen Ort, wo ungebeten nur der Wind durch die Gartenpforte pfiff, abseits der Zumutungen des klein- oder großstädtischen Betriebs des Real-Sozialismus, konnte unsereiner zur Ruhe kommen? (Hammerfort kostete uns 12 000 DDR-Mark. Ein Spottpreis, der zeigt, wie sehr die Ware-Geld-Beziehungen in der DDR aus dem Lot geraten waren. Für den gebrauchten Pkw Trabant, den wir kurz vorher gekauft hatten – der Tacho wies die stattliche Laufleistung von 75 000 Kilometern aus –, mussten wir einen Wahnsinnspreis von 37 000 Mark hinblättern, was annähernd dem dreifachen Neuwert der alten Karre entsprach.)

Halb im Verborgenen

Zum ersten Mal eine Handbreit eigenen Boden unter den Füßen und nahebei die alte Schlaube mit ihrem plätschernden Wehr zu haben – einer engen Beziehung zur Natur stand in Hammerfort nichts im Wege. Die Schleusenmeisterei erwies sich aber als ebenso romantisch wie komfortlos. Von den Härten des Alltags, der uns da erwartete, hatten wir nicht die geringste Ahnung. 1859 erbaut, war hier seitdem kaum mehr etwas verändert worden. Was uns im Winter einiges abverlangte. Es gab nur ein Trockenklo im Stallgebäude. Anfangs holten wir unser Wasser in Eimern von einer im Garten stehenden Pumpe ins Haus; es dauerte geraume Zeit, bis wir endlich eine Hauswasserleitung und ein Badezimmer installiert hatten.

Wie eine Versuchsstätte, wo unterschiedlichste Daseinsweisen ausprobiert werden, so wünschte ich mir mein Wohnen in Hammerfort. Und tatsächlich nahm unser Leben schon bald durch seinen räumlichen Abstand zum städtischen Betrieb und hingewendet zur Natur und Kunst einen freieren Charakter an. Wir durchstreiften in tagelangen Wanderungen das Schlaubetal und die Groß Lindower Heide, nur begleitet von einem deutschen Boxer namens Alf, lernten die Tiere, Pflanzen und Gewässer kennen; frönten im Sommer der sich am nahe gelegenen Helenesee gegen den Willen der Gemeindevertreter ausbreitenden Freikörperkultur; sorgten für den Winter vor: sägten, spalteten und stapelten Holz. Die Abgeschiedenheit wurde für mich zu einer Schutzhülle, einer Zuflucht, die mich stärkte. Die ausgedehnten Waldgebiete um Hammerfort herum gewährten uns Momente jener Naturfreiheit, von der Eichendorff gesungen hat – »jene uralte, lebendige Freiheit, die uns in großen Wäldern wie mit wehmütigen Erinnerungen anweht«.

Zugleich gemahnte uns jeder Waldgang aber auch an den letzten Krieg. Denn alle naselang stieß man auf Spuren der Schlacht um Berlin. Deutsche und russische Stahlhelme rosteten hier vor sich hin und erinnerten mit ihren Einschusslöchern daran, welches Schicksal ihre Träger in den letzten Tagen des Krieges ereilt hatte; in verwitternden Schützenmulden fanden wir Fetzen von Uniformen, Leberwurst-Dauerkonserven und Munitionsreste. Die vermeintlich überwundene Schattenlast des Krieges – hier war sie überall noch sichtbar. Marschall Schukows 1. Weißrussische Front hatte in dieser Gegend im April '45 mit der 9. Armee gerungen. Die Landschaft um uns herum stellte Fragen, mit denen ich mich bisher nur auf ideologischer Ebene beschäftigt hatte – tiefer berührt hatten sie mich selten. Mit welcher Einstellung konnte man nun aber den in diesen Wäldern Gefallenen gerecht werden? Bis heute habe ich darauf keine Antwort gefunden. Jahrelang flüchtete ich mich in eine Marotte, die mir im Nachhinein seltsam vorkommt. Auf dem Waldboden legte ich Holzkreuze aus, um damit der Toten zu gedenken, die unmittelbar vor meiner Haustür ihr Leben gelassen haben. (Nachtrag April 2015: Der Munitionsbergungsdienst sucht bei uns in der Nähe ein ungefähr fünf Hektar großes für den Holzeinschlag bestimmtes Waldgebiet nach Fundmunition ab. Fünf gefallene Soldaten und eine Kinderleiche wurden dabei gefunden.)

Bei aller Schicksalshaftigkeit des blutgetränkten Bodens um Hammerfort herum – jede Tragödie verliert, wenn sie zur Vergangenheit verblasst, schleichend ihren grauenvollen Charakter und wird umrisshaft. Sie lähmt dann nicht länger. Und so kamen die Freude und der Spaß am Leben in unserem neuen Domizil nie zu kurz. Unbefangen loteten Heidi und ich bereits im ersten Sommer unseres Schleusenwärterdaseins mancherlei Möglichkeiten aus, die sich dem Laien durch die Liebe zur Malerei, Fotografie oder Holzschnitzerei bieten. Die Freunde, mit denen wir Umgang pflegten, brachten künstlerische Fähigkeiten mit und verwandelten durch ihre Einfälle oftmals Hammerfort in einen Spielplatz phantastischer Geschichten. Wenn ich an alle die schrägen Vögel denke, die hier leicht bekleidet, gern auch mal nackend paddelnd in einem Waschzuber im Kanal, ihren Ambitionen frönten, dann war es genau dieser bunte Reigen, der mich die Langweiligkeit der sozialistischen Lebenswelt zeitweilig vergessen ließ.

Etwa der spindeldürre Karl Heintze mit seiner Angela-Davis-Frisur. »Kalle« hatte in Babelsberg an der Filmhochschule studiert und schlug

Der Asso-Maler, Graphiker und Buchillustrator Gerhard Goßmann im Garten in Hammerfort, 1980

sich als freischaffender Maler durch. Seine Frau – sie war Ärztin – arbeitete in Beeskow im Krankenhaus. In Hammerfort blühte Karl künstlerisch auf. Wie besessen malte er, offen für die herbe Schönheit der Heidelandschaft, hier seine großformatigen Landschaftsbilder. Ich mochte das verschattete Blau, die Kornblumen und den Klatschmohn in seinen Werken. Oftmals nächtigte Karl auf dem Heuboden unseres Stallgebäudes. Weil er den Sonnenaufgang »erwischen« wollte. Das »richtige Licht zum Malen« wurde bei ihm zur Obsession. Unter seiner Anleitung pinselte ich, die Rotweinflasche in greifbarer Nähe, mein erstes Ölgemälde. Rolf Kerstin fotografierte derweilen immer wieder Heidelore, die er abgöttisch liebte. Wie ihr Bauch während ihrer Schwangerschaft mächtig anschwoll und sie madonnenhaft in Erwartung des freudigen Ereignisses jeden zunehmend verklärt anlächelte. Rolf führte uns in die Geheimnisse der Fotografie ein.

Eine Mitgliedschaft im Verband Bildender Künstler konnte in dieser Runde nur Jo Doese vorweisen. Als Absolvent der Kunsthochschule in Weißensee besaß er eine Steuernummer und bekam öffentliche Aufträge. Im Haus der Gesundheit in Berlin sollte er eine Wand in der Eingangshalle künstlerisch gestalten. Kunst am Bau – noch war die DDR nicht pleite. Um dafür benötigte Materialien aufzutreiben, suchte Jo die Müllkippen der umliegenden Dörfer nach Blechreifen, Holzfässern, Keramikkacheln, entsorgten Maschinenteilen und verschrotteten landwirtschaftlichen Geräten ab. Was sich bei dieser Gelegenheit auf unserem Grundstück an Schrottteilen ansammelte, war enorm. Die letzten Reste der Sammelwut Jos entsorgten wir nach der Wende.

Abends saßen wir beisammen. Oft kam unser Anwaltsfreund Zarneckow aus Frankfurt dazu, auch der Chirurg Georg Schollmeier und der Gartenarchitekt Dierk Evert besuchten regelmäßig Hammerfort; hin und wieder gesellte sich daneben Gerhard Goßmann zu uns, ein großer Trinker und Maler aus Fürstenwalde, der seinerzeit als Vorsitzender im Verband Bildender Künstler im Bezirk Frankfurt (Oder) amtierte und mich als Sammler seiner Bilder schätzte. Wenn es das Wetter zuließ, zündeten wir im Freien vor der Backofenruine ein Feuer an. Hockten mit Decken über den Schultern auf kippligen Campingstühlen und Bierkästen um den flackernden Schein der Flammen herum. Rotwein trinkend brutzelten wir Würstchen, Bratkartoffeln mit Speck oder rösteten einfach nur Brotscheiben und diskutierten über Philosophie und Literatur, stritten über das Verhältnis von Kunst und Leben. Und Karl begleitete auf seiner Gitarre oder mit der Mundharmonika unsere Gesangseinlagen.

Karl Heintze wird einbestellt

Heidi und ich, wir hatten es nicht darauf abgesehen, in den Westen zu gehen. Zwar erörterten wir in der Möglichkeitsform hin und wieder, was alles dafür oder dagegen sprach. Der Schluss, zu dem wir kamen, war jedoch jedes Mal der gleiche. Ohne Not wollten wir unser in Hammerfort errichtetes Bollwerk nicht so einfach räumen. Abseits von jedem Gemeinschaftsgetue der sozialistischen Lebenswelt und distanziert gleichermaßen gegenüber Ost wie West organisierten wir uns lieber in der Einöde eine uns angemessene Existenz. Als »Eheleute Henrich« lebten wir unser Dasein gewissermaßen zweigeteilt, einmal eher konformistisch in Eisenhüttenstadt und nach Büroschluss freizügig in Hammerfort. Auf Dauer konnte das nicht gut gehen. Mochten in der Abgeschiedenheit auch riskante Manöver möglich sein, so war es doch nur eine Frage der Zeit, bis die sozialistische Realität einen auch hier einholte und desillusionierte.

Zur schikanösen Sicherheitsdoktrin der DDR gehörte es, Menschen, die unlizenziert schreiben oder malen wollten, ohne dass sie in einem offiziellen Arbeitsrechtsverhältnis standen, der Arbeitsscheu zu bezichtigen. Man duldete zwar widerwillig in Leipzig und Berlin solche Freischaffenden. In der Provinz aber bekämpften die kleinen Möchtegern-Diktatoren der Abteilung Innere Angelegenheiten in den Räten der Kreise bis in die achtziger Jahre hinein inbrünstig jedes abweichende Verhalten. Wer unbedingt malen wollte, durfte nach getaner Arbeit im volkseigenen Betrieb seinem Hobby in einem Malzirkel nachgehen. Das war erlaubt und sogar erwünscht. Maler sein ohne feste Anstellung und ohne Mitgliedschaft im Verband Bildender Künstler erregte hingegen den Verdacht einer arbeitsscheuen Lebensweise. (Für Schriftsteller galt übrigens dasselbe. Reiner Kunze erinnert sich in seiner Biografie: »Ich musste etwas verdienen und gegenüber dem Rat des Kreises Einkünfte vorweisen, damit ich nicht als ›arbeitsscheues Subjekt‹ eingestuft werden konnte.«)

Arbeitsscheu lag nach dem herrschenden Rechtsverständnis vor, wenn man sich aufgrund einer verfestigten negativen Einstellung zu gesellschaftlich nützlicher Tätigkeit einer geregelten Arbeit widersetzte. Das galt automatisch als eine »Beeinträchtigung der öffentlichen Ordnung und Sicherheit durch asoziales Verhalten«. Der gleichnamige Tatbestand im Strafgesetzbuch der DDR (§ 249) war ein Gummiparagraf. Gewissermaßen die Allzweckwaffe, mit der Saubermänner auf breiter Front gegen »Arbeitsbummelei«, »Prostitution«, »wiederholtes Übernachten in Anlagen, Parks, auf Bahnhöfen« und so weiter vorgingen, um die gewünschte sozialistische Lebensweise zu erzwingen. Leider fand das Beifall bei Teilen der Bevölkerung. Ermuntert durch kleinkarierte Spießer, schikanierten Bonzen der örtlichen Abteilungen für Innere Angelegenheiten auf der Grundlage der Gefährdeten-Verordnung vom 19. Dezember 1974 in Ausübung der ihnen aufgetragenen »Erziehungsaufsicht« tausendfach junge Menschen, die sich nach ihrer Schulzeit oder Lehre nicht gleich mit dem für sie geplanten Entwicklungsgang in der volkseigenen Wirtschaft zufriedengeben wollten.

Ich weiß heute nicht mehr, ob ich den ganzen Irrsinn der praktizierten »staatlichen Kontroll- und Erziehungsaufsicht« damals durchblickt habe. Die Betroffenen suchten selten anwaltlichen Beistand. Nach meinen beruflichen Erfahrungen hätte ich aber im Traum nicht damit gerechnet, dass es einen unbescholtenen Zeitgenossen wie meinen Freund Karl Heintze treffen würde. Ich krümmte mich vor Scham und Wut über die »sozialistische Gesetzlichkeit«, als mir Karl aufgeregt berichtete, er sei von der Abteilung Inneres einbestellt worden. Erst bei diesem Anlass stellte ich fest, dass schon ein »Aushaltenlassen« in der DDR strafbar sein konnte. Lebte Karl nicht auf Kosten seiner Frau? Sie brachte ja als Ärztin das Geld nach Hause. Während Kalle »nur« malte. Was die Scharfmacher der Abteilung Inneres allerdings übersehen hatten, war die auslegende Rechtsprechung des Obersten Gerichts. Um die Exzesse örtlicher Kleingeister zu zügeln, hatten die obersten Richter in Berlin sich nämlich auf Weisung der SED dazu durchgerungen, in einem Urteil (vom 24. Juli 1975) ausdrücklich festzustellen, dass es »kein Ausdruck von Arbeitsscheu« sei, »wenn ein Ehepartner im Einverständnis mit dem anderen, um den Haushalt zu führen oder die Kinder zu betreuen, keiner beruflichen Arbeit nachgeht«. Was in jeder anderen

Gesellschaft selbstverständlich war, bedurfte hierzulande einer höchstrichterlichen Rechtfertigung. Die Schutzschrift für Karl Heintze, die ich auf dieser Grundlage an den Rat des Kreises in Beeskow schickte, rüttelte sicher nicht an den Grundpfeilern des Staatsapparates, aber sie signalisierte, dass Mandant und Anwalt nicht alles widerspruchslos hinnehmen wollten: Was Karl betraf, saß der Schlag trotzdem. Sein Ausreiseantrag, den er bald darauf in derselben Abteilung Inneres einreichte, ging auf die erlittene Demütigung zurück. Ich konnte ihn gut verstehen.

Kafkaeske Politprozesse

Einen Einblick in die Spezifik politischer Strafverfahren bekam ich im Herbst des ersten Jahres meiner anwaltlichen Tätigkeit. Die Kenntnis der Prozessordnung nützte einem in diesen Fällen, wo grundsätzlich die Staatssicherheit ermittelte, nicht im Geringsten. Hier wurde nach Erich Mielkes hauseigenen Regeln gespielt. Im September beauftragte mich ein alter Bauer aus Kobbeln mit der Verteidigung des einen seiner beiden Söhne. Rechtsanwalt Werner Reimers sollte den anderen vertreten. Hagen K. und sein Bruder Dieter saßen in der Untersuchungshaftanstalt des MfS in Frankfurt ein. Von einer Polizeistreife waren sie nachts auf dem Leipziger Hauptbahnhof in der Mitropa-Gaststätte aufgegriffen worden. Ihre Bahnfahrkarten ins Erzgebirge hatten den Verdacht erregt, dass sie »das Hoheitsgebiet der DDR ohne die dazu erforderliche staatliche Genehmigung« verlassen wollten (so lief es in der weit überwiegenden Zahl aller Fälle ab, denn die mehr als 30 000 zwischen 1962 und 1989 verhafteten und später freigekauften »Republikflüchtlinge« sind meistens gar nicht bis ins Grenzgebiet gekommen). Da das »widerrechtliche Passieren der Staatsgrenze« in dem mir angetragenen Fall zu zweit – also »zusammen mit anderen«, wie es im Tatbestand heißt – versucht werden sollte, stand der »schwere Fall« des § 213 mit einer Strafandrohung von einem Jahr bis zu acht Jahren zur Debatte, wie ich Herrn K. senior erklärte. Der alte Herr schnaufte. »Ungeheuerlich«, das war alles, was er dazu sagte.

Ich schrieb an die Staatsanwaltschaft in Frankfurt, sprach dort auch vor, und telefonierte ergebnislos mit den Haftanstalten. Der zuständige Staatsanwalt für 1a-Sachen verfügte über keinerlei Informationen. Was er aber nicht zugeben wollte. Ich solle in zwei Wochen wieder anrufen. Zwar hieß es in der Strafprozessordnung, das Ermittlungsverfahren leite der Staatsanwalt, aber in 1a-Sachen lief es eben anders. Die im Gesetz verankerte »Aufsicht des Staatsanwalts über die Untersuchungsorgane« war nur ein schlechter Witz. Herr des Verfahrens war das MfS und niemand anders. Dem Staatsanwalt fiel die Funktion des untersten Türhüters zu, der die auflaufenden Bitten um Eintritt in das Gesetz möglichst lange ins Leere laufen lassen sollte.

Ich spiele an dieser Stelle bewusst auf Franz Kafkas Erzählung »Vor dem Gesetz« an, weil ich dankbar darauf hinweisen möchte, wie sehr mir der Prager bei meinem Bemühen, die geschilderte Situation mit der größtmöglichen Genauigkeit zu verstehen, die Augen geöffnet hat. Amtliche Lehrkommentare redeten irreführend nur um den heißen Brei herum. Und die Offiziellen wollten mit der Sprache nicht herausrücken. Der sachbearbeitende Staatsanwalt bekam in der ersten Hälfte der siebziger Jahre immer nur den komplett abgeschlossenen Vorgang zu Gesicht, eine Verfahrensweise, welche ab dem Ende der Siebziger modifiziert wurde. Von da an erhielten die Staatsanwälte der Abteilung 1a wenigstens Hausausweise des MfS (Dienstausweise der Staatsanwaltschaft akzeptierten die Tschekisten nicht als Einlassdokument zu ihren Haftanstalten), um in der Untersuchungshaftanstalt zumindest pro forma die vom Gesetz vorgeschriebenen prozessualen Handlungen durchzuführen.

Im Fall der Gebrüder K. dauerte es ewig, bevor ich eine auf »die Aussprache über die persönlichen Belange des Beschuldigten« beschränkte Sprecherlaubnis ausgestellt bekam. Wie ein müder Buddha hockte ein Ermittler des MfS in der Ecke des Besprechungszimmers, wenn ich nun zur Rücksprache mit dem Mandanten in der Otto-Grotewohl-Straße aufkreuzte, denn die Sprecherlaubnis durfte nur »im Beisein« eines Ermittlungsführers ausgeübt werden. Was wir besprochen haben, ich durfte mich ja anfangs nur über seine Person mit meinem Mandanten unterhalten, kannte der Vernehmer natürlich alles längst auswendig. Und man sah es seinem Gesicht an, wie ihn meine Fragerei nach der Herkunft und dem beruflichen Werdegang des Beschuldigten zu Tode langweilte.

Die Untersuchungshaftanstalt befand sich direkt hinter dem in der Otto-Grotewohl-Straße über hundert Meter langgestreckten Bürokomplex der Bezirksverwaltung der Staatssicherheit. Was mir hier gleich bei meinem ersten Besuch auffiel, ein Eindruck, der sich in den Folgejahren verstärkte, war nicht nur die technische Ausstattung (Ka-

Kreis- und Bezirksgericht sowie Staatsanwaltschaft Frankfurt (Oder), heute nur noch Staatsanwaltschaft

meras gab es nur dort), sondern, im krassen Gegensatz zur Haftanstalt des Ministeriums des Innern in der Gartenstraße, der sachbezogene Umgang zwischen dem Anstaltspersonal und den Inhaftierten. Es ging erkennbar zivilisierter zu. Das herrische Herumgeschnauze der Vorführer, wie es in der Gartenstraße üblich war, habe ich in der Grotewohlstraße weder bei meinem ersten Besuch noch später jemals gehört. Und bestialischen Gerüchen nach Schweiß, Bohnerwachs, Urin und Kalk, wie sie für die Verwahrlosung in den Untersuchungshaftanstalten des Ministeriums des Innern in Frankfurt, Cottbus und auch in Rummelsburg typisch gewesen sind, war man hier ebenfalls nicht ausgesetzt. Nur der Vollständigkeit halber: Über Handgreiflichkeiten der Bediensteten in der Grotewohlstraße hat kein Mandant mir gegenüber jemals geklagt. Was die Gartenstraße anbelangt, halfen meine Proteste gegen Prügelorgien, die dort vornehmlich während der Weihnachtsfeiertage stattfanden, leider überhaupt nicht. Untersuchungshäftlinge, die beim Ministerium des Innern einsaßen, fragten mich gar nicht so selten, ob es nicht eine Möglichkeit gäbe, in die Untersuchungshaftanstalt des

MfS überstellt zu werden. Erschienen mir die äußeren Umstände der Unterbringung in der Grotewohlstraße für den Mandanten vergleichsweise manierlich, war die mithilfe der Staatsanwaltschaft organisierte Behinderung der Verteidigerrechte umso skandalöser. Akteneinsicht und Sprecherlaubnis ohne Auflagen bekam ich erst zusammen mit der Ladung zwei Wochen vor der Hauptverhandlung. Eine Anklageschrift erhielt ich nicht zugestellt.

Nachdem die Beschränkungen aufgehoben worden waren, nahm ich sofort Akteneinsicht in der Geschäftsstelle des Bezirksgerichts. Laut Gerichtsakte hatten die Gebrüder K. in ihren Vernehmungen ohne Herumreden übereinstimmend ausgesagt, sie hätten Bahnfahrkarten ins Erzgebirge gekauft, weil sie dort über den Grenzzaun klettern wollten. Auf den spöttischen Vorhalt ihres Vernehmers, wie das denn gehen sollte angesichts der bekanntermaßen durch bewaffnete Posten, Wachhunde, Stacheldrahtzäune und Minen gesicherten Grenze, erklärten beide Brüder, darüber hätten sie vor ihrer Abreise nicht nachgedacht. Sie hätten sich spontan zur Flucht entschlossen, nachdem ein jahrelanger Streit zwischen ihrem Vater und dem örtlichen LPG-Vorsitzenden um die private Apfelplantage der Familie Ende des Sommers eskaliert sei. Um ihren Vater zur Herausgabe der landwirtschaftlichen Nutzfläche zu zwingen, hatte die Genossenschaft an einem Vormittag alle Apfelbäume mit schweren Traktoren herausgerissen. Wo solche Zustände herrschten, wollten sie nicht länger leben.

Natürlich fragte ich mich nach der Akteneinsicht, warum es bei der erkennbaren Geständnisfreudigkeit der Gebrüder K. eigentlich einer über vier Monate sich hinschleppenden Ermittlungstätigkeit des MfS bedurft hatte. Die zwei in den Unterlagen befindlichen inhaltsarmen Vernehmungen hätte jeder mittelmäßig begabte Untersuchungsführer an einem Vormittag protokollieren können. Es gab in der Akte aber zwei Punkte, die mich gleich beim ersten Lesen stutzig machten. Einmal war da ein handschriftlicher Vermerk, wonach eine vor Ort in Kobbeln ursprünglich vorgesehene Vernehmung einer 92-jährigen Rentnerin nicht durchgeführt werden konnte, da die alte Dame die Mitarbeiter des Untersuchungsorgans wüst beschimpft und jedes Gespräch mit ihnen kategorisch abgelehnt hatte. Zudem schienen mir die protokollierten Einlassungen meines Mandanten nicht unbedingt plausibel zu sein. Hagen K. war verheiratet und hatte zwei kleine Kinder. Angesichts dessen fand ich die behauptete Spontaneität bei allem Verständnis für sein Tun irgendwie doch verantwortungslos. Es passte einfach nicht zu der Persönlichkeit, wie sie mir sein Vater geschildert hatte.

Als ich meinen Mandanten danach fragte, was denn wohl die Ermittler durch die Vernehmung der alten Dame herausfinden wollten, merkte ich sofort, dass ihn meine Frage peinlich berührte. »In unserem Dorf gehen alle zu der Alten«, sagte K. nach kurzem Zögern, »nicht nur, wenn sie 'ne Warze von ihr besprechen lassen.« – »Aber was wollten Sie denn?«, unterbrach ich ihn. Mehr noch als die Einzelheiten, die Hagen K. mir auftischte, die Alte heilte wohl sogar Impotenzen und Gürtelrosen, wunderte ich mich über seinen Glauben an die schier unbegrenzten Fähigkeiten dieser Frau. Er und sein Bruder hatten nämlich, wie er mir erläuterte, die Alte aufgesucht, damit sie ihnen bei ihrer Flucht in den Westen helfe. »Wir vertrauten auf ihre Kräfte.« Mein Staunen wurde nicht geringer, als ich erfuhr, womit ihnen die Alte geholfen hatte. »Sie hat mir als Talisman einen Fetzen Seide gegeben. Darauf waren mit Tintenschrift geheimnisvolle Zeichen gekritzelt.« Angeblich wäre das ein Brief gewesen, der 1674 in Holstein vom Himmel gefallen sei. Hagen K. führte den Brief in seiner Unterwäsche versteckt mit sich, und er hatte über den obskuren Hintergrund des Ganzen seinem Vernehmer treuherzig Auskunft gegeben. Die Spezialisten der Staatssicherheit misstrauten ihm jedoch. Immer wieder habe der Vernehmer ihn aufgefordert, die geheimnisvollen Hieroglyphen zu entziffern. Sonst würde man auf seine Kosten teure Wissenschaftler in Berlin einschalten. Was die Untersuchungsführer letztlich dazu gebracht hat, den Hokuspokus der in Holstein vom Himmel gefallenen Briefe ad acta zu legen, habe ich nie in Erfahrung gebracht.

Nachdem die Rolle der Alten leidlich geklärt war und ich mit meinem Mandanten dessen weitere Aussagen erörterte, meinte Hagen K. plötzlich, es sei zwar richtig, dass er ursprünglich zusammen mit seinem Bruder habe abhauen wollen. Auf der Bahnfahrt seien ihm jedoch Gewissensbisse wegen seiner zwei Kinder gekommen. Und in der Mitropa-Gaststätte auf dem Leipziger Hauptbahnhof habe er seinem Bruder schweren Herzens klargemacht, er für seinen Teil werde mit dem Zug am nächsten Morgen wieder nach Eisenhüttenstadt zurückfahren. Davon stand nun allerdings kein Wort in der Akte! Es gab für mich keinen Grund, an der Glaubwürdigkeit meines Mandanten zu zweifeln. Hagen K. war kein Trickser. Nach der herrschenden Lehre erfüllte das von ihm geschilderte Verhalten eindeutig die Tatbestandsmerkmale des Rücktritts vom Versuch. Ich erläuterte ihm also den § 21 Abs. 5 StGB, der besagte: Von Maßnahmen der strafrechtlichen Verantwortlichkeit ist abzusehen, wenn der Täter freiwillig und endgültig von der Vollendung der Tat Abstand nimmt. Und ich bat ihn, noch einmal den seine Sache bearbeitenden Untersuchungsführer zu kontaktieren, damit in diesem Punkt eine ergänzende Richtigstellung zur Akte genommen werden konnte. Hagen K. befolgte meinen anwaltlichen Rat noch am selben Tag. Und der für ihn zuständige Vernehmer informierte sofort Rau, den 1a-Staatsanwalt, der die Sache zur Anklage gebracht hatte.

Staatsanwalt Rau, ein mickriges Männlein, spielte im Gerichtsbezirk Frankfurt (Oder) in politischen Verfahren jahrzehntelang den Großinquisitor. Wer auch nur einen Gedanken daran verschwendete, das Arbeiterparadies ungenehmigt zu verlassen, war in Raus Augen nicht bloß ein Verbrecher. Menschen, die derlei Absichten hegten, stellten eine Gefahr für den Weltfrieden dar, da sie die friedenssichernde Wirkung des »antifaschistischen Schutzwalls« unterminierten.

Wie sehr mich dieser bis in die späten achtziger Jahre sein Unwesen treibende Hüter der sozialistischen Gesetzlichkeit zur Weißglut reizte, daran mag ich am liebsten gar nicht mehr denken. Der Mann hasste mich seit unserer ersten Begegnung. In der letzten Sache, die ich mit ihm 1988 vor dem Bezirksgericht Frankfurt verhandelte, klagte er fünf Motorradfreaks aus Eisenhüttenstadt an, die in Brno anlässlich eines Meisterschaftslaufes mit westdeutschen Freunden das Deutschlandlied gesungen hatten. Die »Bonner Hymne« bei einem Motorradrennen in einem sozialistischen Bruderland zu singen, war in Raus Augen eine unverzeihliche Provokation des Bruderbundes mit der ČSSR, da mussten noch einmal langjährige Freiheitsstrafen her. Was Rau nicht wusste, war, dass der DDR-eigene Akademie Verlag die Noten des Hoffmann-Haydn'schen Liedes druckte und ungeniert in alle Welt verkaufte, um

Devisen für den Not leidenden Staat zu erwirtschaften. Darauf hatte mich mein Freund Paul-Gerhard Schumann hingewiesen. Als ich Rau die Heuchelei in seiner Anklageschrift vorhielt und in meinem Plädoyer mit den Notenblättern, die mir Schumann ausgeliehen hatte, herumwedelte, platzte der Mann vor Wut aus allen Nähten: »Wir wissen ja, was wir von Ihnen zu halten haben, Herr Henrich!« Das war unser letzter Zusammenstoß. Da wirkte er schon wie ein Gespenst aus einer fernen Vergangenheit. Ein Jahr später konnte ich mich dann aber vor Lachen kaum mehr halten, als ich sein Bild in der Bezirkszeitung »Neuer Tag« sah; Rau mit Prinz-Heinrich-Mütze und zerknirschter Miene, wie er missmutig das Gebäude der Bezirksverwaltung der Staatssicherheit in Frankfurt (Oder) auf Anordnung der ihn umringenden Montags-Demonstranten versiegeln musste. Was er in diesem Moment gedacht hat, in dem all die düsteren Befürchtungen, die ihn vier Jahrzehnte lang geplagt hatten, zur bitteren Wahrheit geworden waren, hätte ich allzu gern wissen wollen.

Am Tag der Hauptverhandlung gegen die Gebrüder K. zeigte Staatsanwalt Rau sich mir exakt so, wie ihn die Kollegen – mich warnend – beschrieben hatten. Ich hatte mich um eine Viertelstunde verspätet, da mein Trabant morgens nicht gleich angesprungen war. Heidi und ein Nachbar mussten mich im Schnee anschieben. Keuchend hetzte ich die Treppe zum Verhandlungssaal im zweiten Stockwerk des Gerichtsgebäudes hinauf. Oben angelangt, giftete der auf den Verhandlungsbeginn wartende Rau mich sofort vor meinem Mandanten und dem Vorführkommando überfallartig mit der Bemerkung an, wir würden uns noch »an anderer Stelle« wiedersehen. Was er damit meinte? Anschwärzen! Bei der Bezirksleitung der SED. Was anderes konnte das nicht heißen. Rau ließ niemals zu, dass ein Verteidiger – und sei es auch nur in einem Detail – ihm gegenüber recht haben könnte und er selbst vielleicht mit seinem Sachverhaltsvortrag in der Anklageschrift schiefliegen würde. Schroff und grobschlächtig qualifizierte er in der Hauptverhandlung bereits im Anklagevortrag die zur Akte nachgereichte, ihn verärgernde Aussage meines Mandanten als »billige Schutzbehauptung« ab, mit der man das Gericht »nicht hinters Licht« führen könne. Über einen Rücktritt vom Versuch solle das Gericht besser gar nicht nachdenken.

Hagen K. sei ein »bestechlicher Mensch«, der auf die »Verlockungen des Klassenfeindes« hereingefallen sei. Rau mühte sich ab, meinen Mandanten lächerlich zu machen. Und da es keine Öffentlichkeit gab, denn die war, wie in allen politischen Verfahren, zu Beginn der Verhandlung ausgeschlossen worden, brauchte er bei seinen Tiraden keinerlei Rücksicht auf den gesunden Menschenverstand zu nehmen. Dass ein Vater zweier minderjähriger Kinder Abstand nimmt von einem ursprünglich mal gefassten Entschluss, mit dem Bruder in den Westen zu flüchten, hielt Rau jedenfalls für »völlig abwegig«. Das Gericht unter dem Vorsitz des Oberrichters Peter Schmitt sah in dem drei Stunden später mündlich verkündeten Urteil (eine Zustellung der schriftlichen Urteilsgründe gab es nicht) Raus Sach- und Rechtsvortrag für bewiesen an und verdonnerte meinen Mandanten antragsgemäß zu einer Freiheitsstrafe von einem Jahr und drei Monaten.

Kopfgeldjägerei oder salonfähiger Menschenhandel?

Verteidigung im Kriminalprozess bedeutete anfangs für mich: Als Anwalt musste ich dafür sorgen, dass die Strafe, wenn ein Freispruch nicht zu erreichen war, möglichst gering ausfiel. Eine klare Sache. Warum allerdings, wenn jemand wegen versuchter Republikflucht – offiziell hieß das »Ungesetzlicher Grenzübertritt gem. § 213 StGB« – angeklagt wurde, eine solche Zielstellung in der Regel nicht taugte und es oft sogar darauf ankam, auf keinen Fall eine Freiheitsstrafe unter einem Jahr zu erhalten, musste ich erst begreifen. Denn wer mit einer Freiheitsstrafe von unter einem Jahr in so einem Verfahren davonkam, riskierte, in die DDR entlassen zu werden. Für viele das Schlimmste, was ihnen passieren konnte. Bis ein Gefangener auf die zwischen Rechtsanwalt Jürgen Stange und Wolfgang Vogel ausgehandelte Liste des Häftlingsfreikaufs gesetzt wurde, dauerte es nämlich meist etwas mehr als ein Jahr. Schließlich musste erst um das »Kopfgeld« gefeilscht werden. Neben dem »einfachen Satz« von durchschnittlich 40 000 D-Mark für einen einfachen Gefangenen gab es für »gravierende Fälle« – das konnten Ärzte oder Inhaftierte mit besonderen technischen Qualifikationen sein – durchaus schon mal ein Preisgeld von bis zu 200 000 D-Mark aus Bonn. Erst in den frühen Achtzigern vereinbarten die sogenannten Beauftragten in humanitären Angelegenheiten eine Pauschale von 95 847 D-Mark pro Person. Damit sei endlich, so kommentierte Herbert Wehner den Kuhhandel, das Ganze »salonfähiger« geworden.

Mit den Jahren wurden die Fallzahlen der 213er-Sachen, welche ich in meiner anwaltlichen Tätigkeit bearbeitet habe, zunehmend weniger. Rechtsanwalt Wolfgang Vogels quasiamtliche Zuständigkeit in humanitären Angelegenheiten sprach sich von Jahr zu Jahr mehr herum. Nach dem Fall Hagen K. habe ich bis in die achtziger Jahre insgesamt nur noch in 17 solcher Verfahren verteidigt, wie sich aus meinem Prozessregister ablesen lässt. Haften geblieben sind bei mir natürlich vor allem spektakuläre Fluchtversuche. Da war zum Beispiel Rochus L., der unter tätiger Mithilfe eines Ingenieurs aus dem Eisenhüttenkombinat einen Fesselballon gebastelt hatte. Oder ein Mandant aus Rüdersdorf. Er hatte bereits einen funktionsfähigen Unterwasserscooter erfolgreich in einer Kiesgrube getestet, aber nicht damit gerechnet, dass seine Frau unter der Wasseroberfläche unkontrollierbare phobische Reaktionen zeigen würde; sie musste sich während des Schnorchelns dauernd übergeben. Eine körperliche Reaktion, die sich in der Verhandlung jedes Mal wiederholte, wenn der Richter sie näher nach dem Fluchtapparat befragen wollte (vorsorglich hatten die Herren des Vorführkommandos auf Hinweis des Vernehmers einen Stapel Einkaufstüten mitgebracht, in denen das Erbrochene Aufnahme fand).

Ich kann im Rückblick nicht behaupten, dass mich das unter Mithilfe der Bediensteten des MfS, die jedem Inhaftierten gezielt Ratschläge im Hinblick auf den auszuwählenden Verteidiger erteilten, von Jahr zu Jahr perfekter organisierte anwaltliche Vertretungsmonopol Wolfgang Vogels neidisch gemacht hätte. Vogel war nun mal des Teufels General in Angelegenheiten des Häftlingsfreikaufs, er hatte Verbindungen, über die unsereiner nicht verfügte. Man tat deshalb den Angehörigen der Mandanten, die einen mit der Bitte um Vertretung ihrer inhaftierten Söhne aufsuchten, Töchter bildeten die Ausnahme, keinen Gefallen, wenn man in dieses Geschäft drängte. Lukrativ waren die 213-er Sachen ohnehin nicht. Hagen K. zu verteidigen, brachte mir 732,95 DDR-Mark in die Kasse. Rechtsanwalt Vogel wurde mit Westmark vergütet. Ein weiteres kam hinzu. Sosehr ich mich mit jedem einzelnen Mandanten auch gefühlsmäßig verbunden fühlte, führte doch jedes Verfahren unausweichlich in eine moralische Niederlage. Als beauftragter Anwalt konnte man dem nicht ausweichen. Die Entwürdigung der Angeklagten, die zur Ware eines deutsch-deutschen Kuhhandels degradiert wurden, das ganze Als-ob-Getue der Richter und Staatsanwälte, die lächerliche Geheimhaltung und Wichtigtuerei waren nur schwer auszuhalten. Mit strafrechtlicher Verteidigung hatte das alles wenig zu tun. Ich konnte mich auch nicht damit beruhigen, dass in den Folgejahren die meisten Klienten ihre Fluchtchancen bereits selber unter Kosten-Nutzen-Gesichtspunkten kühl durchkalkuliert hatten. Nach dem Motto: Stelle ich einen Ausreiseantrag, warte ich drei Jahre.

Werde ich bei der Flucht erwischt, bin ich in gut einem Jahr in der Bundesrepublik. Die Berechnung, die hinter einer solchen Kalkulation steckte, bewies mir ja nur die Verkommenheit der DDR-Justiz und die Aussichtslosigkeit der politischen Verhältnisse, in denen jemand wie ich als Alibi herhalten sollte.

Woran ich hier erinnern will, ist, dass alle Prozessbeteiligten in den 213er-Sachen, das gilt selbstverständlich ebenfalls für die Angehörigen der Angeklagten, ihre Freunde und Arbeitskollegen, in diesem Zusammenhang das hautnah erlebten, was ich in Umkehrung des bekannten Buchtitels von Niklas Luhmann eine »Delegitimation der DDR durch Verfahren« genannt habe! Selbst die treuesten MfS-Ermittler mussten ja schlucken, dass die freigekauften Inhaftierten den angeblichen Sinn und Zweck ihres Kampfauftrages, nämlich Flucht und Ausreise zu verhindern, auf groteske Weise ad absurdum führten. So dumm und hörig, wie Erich Mielke die Männer und Frauen in den Ämtern der Staatssicherheit augenscheinlich einstufte, konnten sie gar nicht sein. Jedenfalls mag ich nicht glauben, dass der Armeegeneral die nagenden Zweifel unter seinen Tschekisten mit seiner direktiv ausgegebenen Vulgärargumentation jemals hätte ausräumen können. Wen wollte Mielke mit seiner Hetzerei denn überzeugen? Glaubte der Mann wirklich, was er sagte? »Ja, wir lassen sie sitzen, wenn es notwendig ist. Aber andererseits sind wir natürlich keine Dummköpfe und lassen unsere Gefängnisse voll mit irgendwelchen Schmarotzern, die wir sowieso nicht brauchen. Warum sollten wir den nicht wegjagen? Was soll der denn bei uns hier sitzen und frisst hier bei uns? Das kann ich euch sagen: Weil ich ökonomisch denke für unsere Republik, Mensch!« Was der Armeegeneral, der offenbar einzig das berühmte Generalsekretärs-Konto 0628 der Staatsbank im Blick hatte, worauf die Einnahmen aus dem Häftlingsfreikauf flossen, bei seiner Sprachregelung völlig übersah, war, dass selbst seine eigenen Leute niemals nur seelenlose Automaten gewesen sind. Die Untersuchungsführer der Staatssicherheit wussten schließlich besser als jeder andere, wer da bei den Befragungen in den Haftanstalten vor ihnen saß. Ehrbare Leute, die man weiß Gott nicht guten Gewissens als nutzlose Fresser und Schmarotzer verunglimpfen durfte.

Es bleibt für mich in der rückschauenden Betrachtung eines der unangenehmsten Kapitel der deutschen Teilung, wie es den Politikern in Ost und West, Namen will ich hier nicht nennen, denn jeder kennt sie, so viele Jahre gelingen konnte, weite Teile der Öffentlichkeit davon zu überzeugen, dass das Unrecht und Würgend-Ekelhafte ihres ausgekungelten Menschenhandels eine humanitäre Praxis gewährleiste, die in erster Linie darauf abziele, den Inhaftierten aus ihrer existenziellen Notlage herauszuhelfen. Eine solche Augenwischerei mag zeitweilig unvermeidbar gewesen sein. Unmittelbar nach dem Mauerbau waren die Interventionsmöglichkeiten eingeengt. In der Gorbatschow-Ära zeugte eine solche Politik aber nur mehr davon, wie konfliktscheu und feige die Entscheidungsträger im Westen Deutschlands agierten. Nicht ein mutiger Vorstoß ist überliefert, die Entwürdigung der Gefangenen durch die beschriebene Praxis zu skandalisieren. Die Verantwortlichen im Osten, und mit ihnen an vorderster Stelle alle führenden Juristen, stehen selbstverständlich keinen Deut besser da! Wie gespenstisch die Debatte darüber heute anmutet, wie dreist die Rechtfertigungen und Schutzbehauptungen erscheinen, dafür steht in meiner persönlichen DDR-Rechtsgeschichte beispielhaft ein Justizfunktionär wie Günther Sarge, 1. Vizepräsident des Obersten Gerichts seit 1978, Präsident ab 1986. Als Zeuge vor der Großen Strafkammer beim Landgericht Schwerin im April 1993 wird er, nach den hohen Freiheitsstrafen gegen Flüchtlinge und dem nachfolgenden Häftlingshandel befragt, folgende Aussage zu Protokoll geben:

»Wie war Ihre Haltung zu diesen Geschäften?«

»Mir waren sie zutiefst zuwider, und ich habe nie verstanden, dass die DDR-Führung in diese Falle gelaufen ist. Da die DDR-Justiz damit nichts zu tun hatte, war es allerdings nicht meine Aufgabe, dagegen anzugehen.«

Was soll man dazu sagen? Ausreden wie diese folgen dem immer gleichen Muster. Entscheidungs- und Tatenlosigkeit aufgrund mangelnder Zuständigkeit! So war das mit der Binde vor den Augen der Justitia sicher nicht gemeint. Schön nur, dass in der juristischen DDR-Erinnerungsliteratur, dieser meist übel riechenden Schwindelmaterie (Günther Sarges Autobiografie trägt den großkotzigen Titel »Im Dienste des Rechts«), solche Bekenntniskapseln auffindbar sind.

Aber was ist mit mir? Nun, was die von mir geführten Strafverteidigungen in den 213er-Sachen angeht, habe ich nie einen vorzeigbaren Ausweg aus dem Dilemma gefunden. Ich wüsste auch heute nicht, wie ich meinem Auftrag als Strafverteidiger in der konkreten historischen Lage hätte besser gerecht werden können. Mein Bemühen war ehrlich. Aber meine Bilanz ist ernüchternd. Es gibt nur einen kleinen Pluspunkt, den ich mir in meiner Lebensbuchhaltung anrechne. Von jeder Kumpanei habe ich mich freigehalten. Es ist schwer zu sagen, welches die praktischen, sichtbaren Konsequenzen meiner Haltung bei diesem Sturz in den Dreck gewesen sind. Während ich an diesem Kapitel schrieb, stieß Heidelore zufällig im Internet auf ein Opfer-Diskussionsforum, in dem ein Mandant sich über mich als Verteidiger geäußert hat. Er hatte mich im August 2001 bei Sabine Christiansen im Fernsehen gesehen und sich erinnert:

»Rolf Henrich war mein Anwalt, als ich wegen § 213 verurteilt wurde. Ausgesprochen mutig hat er sich damals mit dem Staatsanwalt angelegt, ich dachte, sie führen ihn später ab. Er konnte zwar meine Verurteilung nicht verhindern, gab mir aber das Gefühl, nicht alleine vor diesem Pack zu sitzen.«

Mehr war nicht drin. Heute denke ich immer noch, dass in einer 213er-Sache die subversive Gleichgestimmtheit mit dem eigenen Schutzbefohlenen sowie die illusionsfreie Erörterung der Verfahrensmechanismen mit ihm das Einzige gewesen ist, worauf es wirklich ankam.

Das Ministerium wollte nicht gestört werden

Zwar stand mein berufliches Dasein nach meinen ersten 213er-Sachen unter keinem guten Stern mehr, aber das Leben ging weiter. Meine anfängliche Euphorie, was die anwaltliche Rolle betraf, wich zunehmender Ernüchterung. Das Anwaltsleben bescherte mir weitere Desillusionierungen, mit denen ich nicht gerechnet hatte. Während ich mir als Strafverteidiger in politischen Prozessen die Hörner schnell abgestoßen hatte, blieb ich in den von mir geführten Zivilverfahren ziemlich blauäugig. Hier erwartete ich immer noch, dass sich die Richter selbst in den für die Partei- und Staatsmacht unbequemen Fällen an das geltende Recht halten würden. Alltägliche Konflikte des Gemeinschaftslebens wurden durch die Kreisgerichte in der überwiegenden Zahl der Fälle ja auch in einer Weise entschieden, die sich rein äußerlich von einer formal-rechtsstaatlichen Urteilspraxis nicht unterschied. Es gab jedoch zu jeder Zeit auch im Zivilrecht ein ungeschriebenes, diktatorisches Durchgriffsrecht der zentralen Staatsorgane, mit dem jede rechtskräftig gewordene Entscheidung über den Haufen geworfen werden konnte. So sicher und beschirmt von den Paragrafen des Gesetzes, wie es mir nach meinem Einstieg in das Berufsleben zunächst schien, konnte ich mich jedenfalls auch auf diesem Gebiet schon bald nicht mehr fühlen.

Im Februar 1975 suchte mich Fritz F. aus Bad Saarow-Pieskow in meiner Sprechstunde auf. Er hatte die Fahrt nach Eisenhüttenstadt auf sich genommen, weil er von mir manches Gute gehört hatte. Fritz F. war, wie er mir berichtete, vor Jahren wegen seiner angeschlagenen Gesundheit aus der LPG »Ernst Thälmann« in Jacobsdorf ausgeschieden und berentet worden. Die Mitgliederversammlung seiner Genossenschaft hatte daraufhin beschlossen, dass ihm, da er eine im Zuchtbuch eingetragene wertvolle Rinderherde als zusätzlichen Inventarbeitrag in die LPG eingebracht hatte, ratenweise jährlich 4000 Mark gezahlt werden sollten. Jahrelang beglich die LPG die geschuldeten Raten. Vor zwei Jahren hatte sie jedoch ihre Zahlungen überraschend eingestellt und dies damit begründet, ihr seien weitere Überweisungen durch den Rat des Kreises – Abteilung Landwirtschaft und Nahrungsgüterwirtschaft – strikt verboten worden.

Reine Formsache, sagte ich zu F. Ich versprach ihm, kurzfristig beim Kreisgericht in Fürstenwalde zu klagen. Da ich dort schon in der folgenden Woche Termine hatte, gab ich meine Klageschrift persönlich in der Geschäftsstelle ab und vereinbarte gleich noch einen Termin mit dem Richter. Alles lief perfekt. In der kurz darauf stattfindenden mündlichen Verhandlung fragte Richter Zühlsdorf den Justiziar der Genossenschaft unter Hinweis auf den vorliegenden Beschluss der Mitgliederversammlung lediglich, ob er sich angesichts der unstreitigen Anspruchsgrundlage nicht doch lieber vergleichen wolle. Da er dies ablehnte, verkündete Zühlsdorf im Anschluss an die Sitzung ein meiner Klage stattgebendes Urteil.

Ein paar Tage später ging bei mir überraschend die dagegen gerichtete Berufungsschrift der LPG ein. Inhaltlich enthielt sie nichts Neues. Und das Bezirksgericht wies, so wie von mir meinem Mandanten beruhigend vorausgesagt, das eingelegte Rechtsmittel zurück. Was anderes wäre mir auch nicht in den Sinn gekommen. Trotzdem freute ich mich über den Erfolg in dieser Sache. F. war mir im Laufe des Verfahrens sympathisch geworden. Von ihm erfuhr ich, dass es – durch ihn tatkräftig unterstützt – auf der Marienhöhe bei Bad Saarow ein Dutzend Idealisten gab, die im Verborgenen Widerstand gegen die forcierte Chemisierung der DDR-Landwirtschaft leisteten, indem sie auf ihrem anthroposophisch geführten Gut biologisch-dynamischen Ackerbau betrieben.

Bedeutsam war das erstrittene Urteil in der Sache F. vor allem deshalb, weil es die Behördenwillkür, wie sie sich in der Weisung der Abteilung Landwirtschaft widerspiegelte, in die Schranken wies. Wie ein Lauffeuer verbreitete sich der Urteilsspruch unter den Genossenschaftsbauern in Ostbrandenburg. Ihre Ansprüche aus der Einbringung zusätzlicher Inventarbeiträge waren durch das Gericht in dem verhandelten Fall ernst genommen worden. Ihr herkömmliches Vertrauen auf Recht und Gesetz war damit bestätigt worden. In Brandenburg kannte schließlich jeder Bauer die Geschichte von Friedrich dem Großen, die den kaum zu ruinierenden guten Ruf der Zivilgerichtsbarkeit mit begründete: Wie Fridericus Rex beim Bau Sanssoucis die klappernde Windmühle in seiner Nachbarschaft weghaben wollte und dem Müller ein Kaufangebot unterbreitete. Welches der Müller ablehnte, weil er seine Mühle nicht hergeben wollte. Und wie Friedrich drohte, er werde den Müller enteignen lassen. Wie der, sich seiner Sache sicher, nur erwiderte: Ja, Majestät – wenn das Kammergericht in Berlin nicht wäre!

Meine Zufriedenheit über das erstrittene Urteil währte keine zwei Monate. 1975 brauchte nicht einmal der Generalsekretär der SED sich darum zu bemühen, den knieweichen Seelchen der Richter am Obersten Gericht ordentlich einzuheizen und sie gegen den rechtskräftig gewordenen »skandalösen Urteilsspruch aus Fürstenwalde« in Marsch zu setzen. Ein Telefonat zwischen dem Justiziar des Ministeriums für Land-, Forst- und Nahrungsgüterwirtschaft und dem Vizepräsidenten des Gerichts, Dr. Werner Strasberg, reichte völlig aus, wie ich heute weiß. Als ich damals den Kassationsantrag des Präsidenten des Obersten Gerichts las, mit dem die Sache F. nicht nur neu aufgerollt, sondern der ausgeurteilte Zahlungsanspruch meines Mandanten offenbar vom Tisch gewischt werden sollte, war mir zumute, als ob der Teppich, auf dem mein Stuhl stand, von einer Sekunde zur nächsten ruckartig zur Seite gerissen wurde. Gab es denn nichts mehr, worauf man vertrauen durfte?

Fritz F. war verständlicherweise enttäuscht. Er blieb aber auch in dieser unerfreulichen Lage der vornehme alte Herr, den ich kennengelernt hatte. Den Ausgang der Kassationsverhandlung nahm er mir nicht übel. Er hatte Schlimmeres erlebt. Während wir beide in Berlin aus dem Gerichtsgebäude auf die Littenstraße heraustraten, um unsere erlittene Schlappe in der schräg gegenüberliegenden Gaststätte Zur letzten Instanz vor unserer Rückfahrt kurz zu beraten, flüsterte er nur kaum hörbar vor sich hin, dass das Oberste Gericht für ihn soeben zum verlängerten Arm des Unrechts in diesem Staat geworden sei. Wahrscheinlich sah man mir nicht an, welche nicht wiedergutzumachende Kränkung ich erlitten hatte. Ich hielt nach freien Plätzen Ausschau und bestellte zwei Kognaks, dazu Kaffee mit Milch und Zucker.

Wie ungeniert hinter den Kulissen gekungelt worden ist, hätte ich niemals erfahren, wenn nicht einer meiner Kontrahenten im Kassationsverfahren 35 Jahre später brieflichen Kontakt mit mir aufgenommen hätte. Gerd Janke, dem seinerzeit in der Verhandlung die undankbare Aufgabe zugefallen war, den Präsidenten des Obersten Gerichts zu vertreten, schrieb mir, was er in der geschilderten Angelegenheit erlebt hatte:

»Als ich den Auftrag zur Terminswahrnehmung bekommen hatte, nahm ich Verbindung zu den Richtern am OG Dr. Thoms und Latka auf und erklärte ihnen, dass das Urteil des Kreisgerichts meines Erachtens richtig und dessen Kassation gesetzwidrig wäre. Beide Richter erklärten, dass ›die Sache zwischen dem zuständigen Vizepräsidenten des OG, Dr. Strasberg, und der Rechtsabteilung des Ministeriums für Land-, Forst- und Nahrungsgüterwirtschaft abgesprochen‹ wäre. Das genannte Ministerium wollte bei der weiteren Umgestaltung der Landwirtschaft, der Schaffung von ›Groß-LPGs‹ nicht durch die Tätigkeit der Gerichte ›gestört werden‹.«

Gerd Janke hat seine Mitwirkung an der Rechtsbeugung im Fall F. eingeräumt und mich gebeten, meinem »Mandanten bzw. dessen Angehörigen« sein Bedauern mitzuteilen. Und er hat den geschilderten Fall sowie weitere Kassationssachen unter Berücksichtigung seiner beruflichen Erfahrungen am Obersten Gericht beispielhaft in einer Zeitschrift für Rechtsgeschichte dargestellt. Mit seiner selbstkritischen Rückschau auf die Rolle des Obersten Gerichts der DDR steht Janke ziemlich allein auf weiter Flur. Denn andere Juristen, wie zum Beispiel der bereits erwähnte Präsident des Obersten Gerichts Günter Sarge, versuchen bis heute, ihre angebliche richterliche Unabhängigkeit zu verteidigen. Während der drei Jahrzehnte seiner Tätigkeit beim OG, behauptet Sarge, habe »nicht ein einziges Mal« die Führung der SED oder ein zentrales Staatsorgan von ihm »oder den Richtern des Obersten Gerichts verlangt, gegen die Verfassung oder das geschriebene Gesetz zu handeln, weil man es für politisch opportun gehalten hätte«.

25. August 1977 – mein Thermidor

Über den Ausgang des Kassationsverfahrens in der Sache F. wütete ich wie ein schnaubender Eber. Gegenüber Klaus Klasen polterte ich in der kindischen Hoffnung, als mein gewählter Standesvertreter würde er gleich in der nächsten Sitzung des Rates der Vorsitzenden die skandalöse Kassationspraxis des Obersten Gerichts ansprechen. Hans Hörath, dem für die Staatsorgane, Gerichte und Rechtsanwälte zuständigen Funktionär der Bezirksleitung der SED – wir nannten ihn unseren Pater ignatius – stellte ich meinen Fall in einer Aussprache, um die ich ihn gebeten hatte, als rechtspolitische Willkür dar, wodurch der Justiz ein nur schwer wiedergutzumachender Ansehensverlust zugefügt worden sei. Aber sowohl Klasen als auch Hörath wollten sich keine abweichende Meinung leisten. Für sie war die Sache F. nur ein Einzelfall, nichts Typisches, wahrscheinlich ein Fehlurteil, wie es nun mal überall auf der Welt passierte. Daraus dürfe ich keine falschen Schlüsse ziehen, rieten sie mir. Im Ergebnis stand ich da, als hätte ich die Spielregeln nicht begriffen: Ich hatte nach Gerechtigkeit dort gesucht, wo man nicht an Gerechtigkeit, sondern nur am ökonomischen Nutzen interessiert war.

1975 war ich noch zu staatsfromm, um aus so einem Erleben radikale Konsequenzen zu ziehen. Nicht etwa weil das riskant gewesen wäre. Sondern auch weil ich von meinen Illusionen nicht so einfach lassen konnte. Noch immer hoffte ich darauf, es würden führende Genossen ihre Stimme erheben gegen die Verlogenheit des Ganzen. Wartend, mit vielerlei Vorbehalten meine anwaltlichen Aufträge erfüllend, führte ich mein Dasein bis zu jenem in meinem Schicksalskalender denkwürdigen 25. August 1977. Von einem Termin ins Büro zurückgekehrt, las ich im »Neuen Deutschland« auf der Seite 2 unter der Überschrift Weiterer Spion des Geheimdienstes der BRD verhaftet die hintereinander gesetzten ADN-Meldungen: Von den Sicherheitsorganen der DDR wurde ein weiterer Spion des Bundesnachrichtendienstes festgenom-

Rudolf Bahros Buch in der Erstauflage von 1977

men./ Am 23. August 1977 wurde von den Sicherheitsorganen der DDR Rudolf Bahro wegen des Verdachts nachrichtendienstlicher Tätigkeit festgenommen. Bereits die Textzusammenstellung und Namensnennung in der zweiten Meldung wiesen jeden geübten ND-Leser darauf hin, dass hier eine Warnung verkündet wurde. Nachrichtendienstliche Tätigkeit – das war ja die Peitsche an der Wand, jener spezielle Tatbestand des Strafrechts, durch den alle Selbstdenker generalpräventiv von öffentlicher Kritik und deren Publikation im Westen abgeschreckt werden sollten. Mielkes Spürhunde hatten also wieder einen erwischt.

Wollte die SED die Klassenkampfjustiz der fünfziger Jahre neu beleben? Reichte ihr der Ansehensverlust, den sie durch Biermanns Ausbürgerung erlitten hatte, nicht aus? Robert Havemanns Gerichtsverfahren im Jahr zuvor hatte ich aufmerksam verfolgt und seine Verurteilung zur Aufenthaltsbeschränkung durch das Kreisgericht Fürstenwalde so verstanden, dass die Zeit langjähriger Freiheitsstrafen, um widerspenstige Geister zu disziplinieren, der Vergangenheit angehörte. Strafverfahren –

und noch dazu wegen landesverräterischer Nachrichtenübermittlung, wofür es bis zu zwölf Jahre gab – konnte sich die Partei doch gar nicht mehr leisten. Aber wer war Rudolf Bahro? Seinen Namen kannte ich nicht. Am Abend hörte ich im Radio, der Mann habe ein Buch mit dem Titel »Die Alternative. Zur Kritik des real existierenden Sozialismus« geschrieben und im Westen veröffentlicht.

Wenn in einem Land staatlich organisierter Lobhudelei ein Einzelner den Mund aufmacht, nicht um die übliche politische Litanei zu wiederholen, sondern weil er etwas weiß und sagen will, entsteht zwangsläufig der Eindruck eines Paukenschlags. So war es mit Bahro. Das war im ersten Augenblick seine Wirkung. Es musste jemand hervortreten, der – wie Max Stirner oder Franz Jung – zur Provokation begabt war, aber auch einen gedanklichen Schritt wagte, der bis dahin hierzulande vermieden worden war: nämlich die Herkunft des Sowjetsystems aus der asiatischen Produktionsweise und der damit einhergehenden orientalischen Despotie abzuleiten. Ich kann gar nicht ausdrücken, wie viele Ungereimtheiten in meinem Verständnis des alltäglichen Sozialismus sich für mich durch diesen Rückgriff Bahros auf das marxistische Denken mit einem Schlag geklärt haben. Der undemokratische und unfreiheitliche Grundcharakter der DDR konnte danach nicht mehr länger als bloße Deformation einer im Prinzip gegenüber dem Kapitalismus höheren Qualität der Gesellschaftsentwicklung angesehen werden, wie beispielsweise Robert Havemann und sein Anhang immer wieder vorwurfsvoll reklamierten. Er war in erster Linie dem Export des Sowjetsystems durch die Rote Armee und der asiatischen Form der industriellen Mobilmachung geschuldet. Als ich die ersten Buchbesprechungen im Westradio hörte, entstand bei mir gleich der Eindruck, dass Bahro eine Sichtweise entwickelt hatte, die mir vielleicht helfen könnte, die uns bedrückenden Widersprüchlichkeiten besser zu verstehen.

Bahros »Alternative« war genau das, was man jetzt lesen musste! Aber wie an das Buch herankommen? Die SED fürchtete ja Bücher wie keine andere menschliche Erfindung. Und sie hatte im konkreten Fall durch die genannte ADN-Meldung unmissverständlich klargestellt, dass bereits die Weitergabe der Schrift Bahros als Verbrechen der staatsfeindlichen Hetze bestraft werden würde. Das Verleihen systemkritischer Literatur blieb bis in die achtziger Jahre gefährlich und war – je nachdem, um welchen Titel es sich handelte – ein Akt des Widerstands. Jörg Kürschner, der Vorsitzende des Fördervereins der Gedenkstätte Berlin-Hohenschönhausen, erinnerte in einem Leserbrief an die FAZ daran, dass er 1980 wegen staatsfeindlicher Hetze inhaftiert und zu sechs Jahren Haft verurteilt wurde, weil er Rudolf Bahros »Alternative« an Freunde verliehen hatte. Christa Wolf meinte einmal, es habe in der DDR Zeiten gegeben, in denen Bücher wie Taten wirkten.

Die Freiheit kann man jemandem nehmen, indem man ihm Handschellen anlegt und ihn ins Gefängnis steckt. Oder man kann damit drohen. Freilich lässt man ihm dann eine Wahl, nämlich die, sich einschüchtern zu lassen und verbotene Bücher keinesfalls zu verleihen. Wolfgang Sabath hat im »Freitag« darüber berichtet, wie 1978 unter den Redakteuren der Wochenzeitung »Forum« Bahros Buch zirkulierte und die Staatssicherheit davon Wind bekam. Die Geheimen drohten mit Ermittlungsverfahren – und da, sagt Sabath, »reihten wir uns diszipliniert fast alle wieder ein. […] Jetzt waren wir ruhiggestellt. Für lange Zeit.« Wer eine derartige Disziplinierung nicht selbst oder im Freundeskreis erlebt hat, kann nur schwer den Mut der vielen Namenlosen würdigen, die sich um die Beschaffung der »Alternative« bemühten. Die Geschichte des Aufbegehrens gegen die Unwissenheit, diesen Wächter und Büttel der niedergehaltenen Staaten (Voltaire), ist im Hinblick auf die DDR bisher nicht geschrieben worden. Wie viele Rentner werden es gewesen sein, die, weil ihre Enkel sie darum gebeten haben, verbotene Bücher über die deutsch-deutsche Grenze schmuggelten? Man kann es bestenfalls ahnen.

Ich selber hatte leider keine Großmutter, welche ich diesbezüglich einspannen konnte. Und ein erster Versuch von Freunden, mir das Buch über Prag zukommen zu lassen, scheiterte an wachsamen Zöllnern, die das in der Zugtoilette versteckte Exemplar entdeckten und konfiszierten. Um aber über das vorgefertigte Auslegungsverständnis der Kritik Bahros, wie es durch die Rezensionen des Rundfunks und Fernsehens im Westen nahegelegt wurde, zu einem eigenen Verstehen der Alternative vorzudringen, musste ich das Buch in die Hand bekommen. Das bodenlose Gerede über Bahro, welches die Diskussionen in meinem

Bekanntenkreis zeitweilig beherrschte, war ich bald leid, denn es war zum Teil bloß der Gier nach Neuem geschuldet.

Das politische Getratsche, welches in Intellektuellenkreisen gepflegte wurde, hechelte ja ständig jeder letzten Meldung hinterher. War es im August noch das Buch Bahros, zog im Januar 1978 schon das im »Spiegel« veröffentlichte »Manifest des Bundes Demokratischer Kommunisten« alle Aufmerksamkeit auf sich. Anfänglich glaubte ich fast, es handele sich bei den mir unbekannten Verfassern um SED-Mitglieder, die, durch Bahros Inhaftierung wachgerüttelt, Farbe bekennen wollten. Immerhin drückte das Manifest unter Bezugnahme auf Bahros Thesen eine in der Partei rumorende Stimmung aus. Misstrauisch machte mich aber die Sprache des Pamphlets. Sie war so, wie Lieschen Müller sich den Seelenschmerz einer innerparteilichen Fronde vorstellte, die um öffentlichen Beifall buhlte. Wie manche vermuteten, handelte es sich um einen Versuchsballon ohne Name und Adresse, gestartet in der Absicht, angesichts der verbreiteten Wut über Bahros Inhaftierung und Biermanns Ausbürgerung künstlich eine Widerstandsbewegung zu entfachen.

In der ersten Maiwoche 1978 war es endlich so weit. Rolf Kerstin hatte seinen Besuch angekündigt. Rolle, so nannten wir ihn unter uns, hatte einen Ausreiseantrag laufen, der genehmigt worden war. Vor seiner Ausreise wollte er sich verabschieden. Die Stimmung bei Heidi und mir war, dem Anlass entsprechend, im Keller. Daran konnte selbst der strahlende Sonnenschein an jenem Vormittag nichts ändern. Als Rolle an unserer Gartenpforte vor mir stand, wurden mir die Augen feucht. Was sollte man mit der verbleibenden Zeit des Zusammenseins anfangen? Über alte Zeiten reden? Letztmalig gemeinsam zum Helenesee pilgern? Bevor ich ihn fragen konnte, sagte er mit einem spitzbübischen Lächeln zu mir: »Ich habe dir was mitgebracht.« Er streckte mir ein sorgfältig in Zeitungspapier eingeschlagenes Buch entgegen, Bahros »Alternative«. Nach Rolles Abschied konnte ich es kaum erwarten, mich zum Lesen zurückzuziehen.

Als ich Sätze las, die mein Befinden ausdrückten, weil sie an meine eigene politische Existenz anknüpften, fühlte ich mich sofort angesprochen: »Was war das für ein besseres Leben, das wir schaffen

Rolf Kerstin (Rolle), 1978

wollten? War das nur jener mittelmäßige, in sich selbst perspektivlose Wohlstand, mit dem wir dem Spätkapitalismus so erfolglos den Rang abzulaufen suchen […]?« Fragten sich das inzwischen nicht viele, ob Genosse oder nicht? Bahro traf genau den Ton einer landesweit verbreiteten Gestimmtheit. Doch je eingehender ich mich an diesem Tage mit Bahros Sicht der Dinge vertraut machte, umso mehr beschlich mich der Verdacht, dass »Die Alternative« zwar ein brillanter und mutiger, aber untauglicher Versuch der Rettung einer Sache war, die ich für die großartigste der Welt gehalten hatte, was sie auf dem Papier vielleicht war, in der Wirklichkeit aber leider ganz und gar nicht. Mich irritierte Bahros naive Gläubigkeit, die Geschichte sei mit uns. Was sollte der Appell an die Leser, sich vorzustellen, »wie sehr unsere vom Kapitalismus gereinigte Gesellschaft auf eine erneuerte Kommunistische Partei wartet!«?

Enttäuscht war ich zu guter Letzt vor allem deshalb, weil Bahro den Bürger- und Menschenrechten gleichgültig gegenüberstand. Welche praktische Bedeutung für die alltäglichen Lebensverhältnisse einer unabhängigen Justiz und verlässlichen Rechtsstaatlichkeit zukamen, davon hatte Bahro entweder keine Ahnung, oder aber er hielt das Ganze, wie viele Marxisten seiner Generation, tatsächlich für eine nebensächliche Erscheinung des Überbaus (die »platteste, konstruktiv gehaltloseste« Position, wie er mal sagte). Mir ging es aber inzwischen um unser faktisches Dasein in der DDR und nicht mehr um das abstrakte Glück einer anonymen Menschheit, für die zu kämpfen nur wieder der erträumte Auftrag einer selbsternannten Avantgarde sein konnte. Und zu einem gelingenden Lebensvollzug gehörten nun mal subjektive Rechte! Wo die Menschenrechte nicht als juristische Ansprüche gegenüber den staatlichen Institutionen und Machthabern verstanden wurden und allen Bürgern stattdessen großmäulig ein unverbindliches Recht auf Mitgestaltung der politischen, wirtschaftlichen und kulturellen Entwicklung der Gesellschaft verbrieft sein sollte, da waren Menschenrechte, so wie es einst Jeremy Bentham formulierte, reiner »Unsinn auf Stelzen«.

Gregor Gysi, Advocatus Diaboli?

Verteidiger Bahros war Gregor Gysi. Gundula, Rudolf Bahros geschiedene Frau, hatte ihn darum gebeten. Ich kannte Gysi nicht nur aus der gerichtlichen Tätigkeit. Wie ich gehörte er zu einer Gruppe junger Anwälte um Suzanne Kossack. In dieser Runde war er einer der anregendsten Menschen – und auch einer der anstrengendsten. Er redete in einem fort, ob wir uns auf einer Geburtstagsfeier trafen, Silvester gemeinsam in einem Ostseebad verbrachten oder eine Gartenparty bei uns in Hammerfort oder in Groß-Muckrow feierten. Es war immer dasselbe: Hatte er als Verteidiger in seinem letzten Fall vor dem Stadtgericht Berlin gerade ein kleines Antragsfeuerwerk gezündet oder irgendwelche Protokollstreitigkeiten angezettelt, durfte man sicher sein, dass er diese Story alsbald am Abend in epischer Breite ausmalte, ob es einen interessierte oder nicht. (Gysi über sich selbst: »Ich rede gerne, und andere Dinge mache ich nicht so gerne.«) Seine Mimik beschränkte sich dabei auf unterschiedlichste Grinsstufen. Nichts bereitete ihm Schwierigkeiten. Berufliche Ärgernisse bewältigte er spielend. Ethisch mit leichtem Gepäck unterwegs, war Gysi innerhalb und außerhalb des Gerichtssaals unter den Anwälten der unbestrittene Matador schneller Wendungen und chamäleonartiger Verwandlungen. Wenn mir die perfekte Verkörperung des Homo ludens je begegnet sein sollte – in Gregor Gysi hatte sie Gestalt angenommen. Wo unsereiner sich nur schwer von der anerzogenen Ernsthaftigkeit befreien konnte, machte Gysi munter seine Witzchen.

Aber wie kam er nun mit dem Fall Bahro zurecht? Das interessierte mich natürlich ungemein. Die SED-Oberen statuierten ja mit der Personalie Bahro ein Exempel, welches allen aufmüpfigen Mitgliedern der Partei zeigen sollte, dass sie bei einem öffentlichen Aufbegehren gegen die Parteidoktrin keinesfalls mit Milde rechnen durften. Anders als bei widerspenstigen Literaten, Schauspielern oder Malern, die mit Reisepässen oder anderen Privilegien ruhiggestellt wurden, ging es im Pro-

Angeklagter Rudolf Bahro mit seinem Verteidiger Gregor Gysi vor dem Stadtgericht Berlin, 1978

zess gegen Rudolf Bahro um die Disziplinierung der eigenen Leute. Im August kam ich endlich dazu, Gregor in Berlin zu besuchen. Wir hatten uns auf einen Kaffee verabredet. Wochen vorher hatte ich mir bei ihm Wolfgang Leonhards Buch »Kreml ohne Stalin« ausgeliehen, welches ich wieder zurückgeben wollte. Gysi hatte das Buch von seinem Vater, der bis 1978 DDR-Botschafter in Italien war. Der versorgte ihn großzügig mit verbotener Literatur. Hemmungen, einen Leonhard oder andere Kostbarkeiten aus seiner Bibliothek zu verleihen, kannte Gysi nicht. Auch an exklusiven Informationen, die er von seinem Vater bekam, ließ er andere teilhaben. Von ihm hörte ich das erste Mal Genaueres darüber, wie schwer es die DDR inzwischen hatte, benötigte Devisen-Kredite zu bekommen. Eingedenk solcher ermutigenden Erfahrungen mit Gregor Gysi hielt ich es nicht für ausgeschlossen, ja vermutlich hoffte ich sogar darauf, dass auch er nach der schändlichen Behandlung Bahros danach fragte, was man überhaupt noch politisch bewirken könne oder ob man sich nicht sogar von der SED lösen müsse, um sich selbst die Treue zu halten.

Gysis Kanzlei befand sich in einem Mietshaus in der Frankfurter Allee. Im Flur lärmten Kinder, und es roch nach Suppenküche. Als ich die Treppe hinaufstieg, befürchtete ich an diesem Nachmittag nichts so sehr, als Gregor in launiger Quasselstimmung anzutreffen. Ihm hatte ja das Bahro-Mandat den Ruf eines Staranwalts eingebracht. Zwar hatte er ein Urteil wegen Sammlung und Übermittlung von Nachrichten und Geheimnisverrat kassiert – acht Jahre Haft –, welches schlimmer nicht hätte ausfallen können. Aber das lasteten die Leute ihm nicht an. Für sie blieb Gysi der Filou aus gutem Hause, der in erregten Zeiten, in denen ein Regime seine Feinde glaubte niederschlagen zu müssen, mutig und trickreich gegen eine willfährige Justiz aufbegehrte. Als ich mich bei ihm nach dem Verlauf des Prozesses erkundigte, merkte ich schnell, dass die Sache ihm, anders als von mir befürchtet, gefühlsmäßig zu schaffen machte. Er versuchte gar nicht erst, seine Frustration hinter irgendwelchen schnoddrigen Redensarten zu verbergen. »Geheimnisverrat, Nachrichtenübermittlung«, stöhnte er resigniert, bevor er mit Wut in der Stimme fortfuhr: »Weißt du, was mich auf die Palme bringt? Wer wie Bahro über verbesserte Verhältnisse nachdenkt, wird härter bestraft als jeder Saboteur.« Gysi sah, was für ein Gesicht ich machte. »Und wir? Funktionieren wir nicht so, wie man es von uns erwartet?« Das sagte ich nicht anklagend. Eher wie jemand, der mal geglaubt hatte, als Verteidiger berufsmäßig auf der richtigen Seite zu stehen, und der in Wirklichkeit in eine Riesenschweinerei verwickelt ist. Gregors sonst durch Ironie unterfütterte Distanz gegenüber den Dingen war an diesem Tag wie weggeblasen. Bahro hatte ihn scheinbar – ganz im Unterschied zu Havemann – menschlich tief beeindruckt. So kannte ich ihn nicht. Mag sein, dass bis dahin alles von ihm abgeglitten war, als wäre er ein Teflon-Mensch. An diesem Nachmittag schien er mir angeschlagen. Und er hatte von der Juristerei den Kanal gestrichen voll. Meine Einschätzung unserer Rolle als Anwälte hörte er sich kommentarlos an. Und er überlegte ernsthaft, ob er nicht den Anwaltsberuf an den Nagel hängen sollte. Der allseits bewunderte Advokat dachte tatsächlich darüber nach, ob er nicht lieber im diplomatischen Dienst seine Brötchen verdienen solle.

Zu gewinnen gab es im politischen Prozess überhaupt nichts: Wer sich auf die ungeschriebenen Regeln einer solchen Schmierenkomödie einließ, hatte von vornherein verloren. Denn noch die geringste juristische Argumentation, die man als Anwalt zur Verteidigung des eigenen Mandanten vortrug, spielte automatisch den Richterdarstellern in die Hände, welche krampfhaft einen rechtsstaatlichen Schein erzeugen wollten. Die Szene wird zum Tribunal nur, wenn man in solcher Lage die einem zugedachte Rolle strikt zurückweist! Wenn man den Richtern sagt oder ihnen durch unzweideutiges Verhalten zu verstehen gibt, warum sie Befehlsempfänger, bezahlte Lakaien der Diktatur sind. Fürchtete man sich vor diesem Schritt, blieb man eine Kreatur des Systems. Zweifellos wäre das im Fall Bahro für Gregor Gysi der große Schnitt gewesen! Ob ich an seiner Stelle das Rückgrat und den dazu erforderlichen Schneid aufgebracht hätte, kann ich nicht sagen. Das Zurückschrecken vor den Würgegriffen der Geheimdienst- und Justizmaschinerie im politischen Prozess war mir durchaus ein bekanntes Gefühl. Wie hätte ich mich da über Gysi erheben können? Wenn Gregor Gysi aber seine Verteidigung im Fall Bahro heute als Kampf für das Recht darstellt – er will mit Bahro »gemeinsam gekämpft« haben – und ausgerechnet dem Vorsitzenden des Gerichts, Heinrich Hugot, »Fairness« bescheinigt, kann ich nur den Kopf schütteln. Nachträglich enttäuscht bin ich darüber, dass Gysi, damals hat er mir das anders erzählt, nicht einmal in allen Anklagepunkten Freispruch für Bahro beantragt hat. Mit der bei Anwälten beliebten windelweichen Bitte um eine geringere als die vom Staatsanwalt beantragte Freiheitsstrafe ist er unter dem geblieben, was jedem Verteidiger möglich gewesen wäre. Heute kann man sich im Internet Gysis Plädoyer anhören. Wie er da – unter Ausschluss der Öffentlichkeit – verteidigt hat, peinlichst darauf bedacht, es sich bloß nicht mit der SED-Obrigkeit zu verscherzen, hätte ich, wenn mir das damals ein Prozessbeobachter erzählt hätte, nicht geglaubt.

Es war zu langweilig!

»Ja, Herr Pfarrer, sehen Sie, die Langeweile!, die Langeweile! o, so langweilig! (…) Die meisten beten aus Langeweile, die anderen verlieben sich aus Langeweile, die dritten sind tugendhaft, die vierten lasterhaft, und ich gar nichts, gar nichts, ich mag mich nicht einmal umbringen: es ist zu langweilig!«

Georg Büchner, »Lenz«

So heftig wie Büchners Lenz habe ich mich zwar nicht gelangweilt. Aber eine mich periodisch anfallende existenzielle Langeweile kannte ich sehr wohl. Und in der späten DDR bedrückte sie mich immer öfter. Deshalb würde ich sagen, dass der Kreis, mit dem ich ab Ende der siebziger Jahre viele Wochenenden bei mir in Hammerfort oder im nahe gelegenen Oegeln auf dem Grundstück von Achim Maaz verbracht habe, auch eine kollektive Anstrengung gewesen ist, der peinigenden Grundstimmung der Leere und Langeweile zu entfliehen. Ich war keine 40. Hatte ein Einkommen, von dem die meisten meiner Nachbarn nur träumen konnten, mehr als jeder Minister! Es fehlte mir an nichts, außer an einem greifbaren Sinn des eigenen Lebens.

Wir lebten eben nicht nur in der langweiligsten DDR der Welt, wie die Leute witzelten, wir verkörperten sie auch – natürlich jeder auf seine Weise. Wir bäumten uns ständig dagegen auf. Aber das Grundmuster blieb: aufstehen, Morgentoilette, sich ankleiden, essen, Notdurft verrichten, malochen – und immer wieder dieselben Konflikte, dieselben Gespräche. Im Urlaub an die Ostsee, nach Prag oder zum Balaton. Das kümmerliche Angebot im Reisebüro verdarb einem schon die Laune, wenn man sich nur dessen Schaufenster ansah. Eine der allerersten Forderungen ein Jahrzehnt später auf den Transparenten der Montagsdemonstranten brachte alle unerfüllten Wünsche auf den Punkt: Visafrei bis Hawaii! Aber noch war es nicht so weit. Noch mussten wir uns mit Filmen aus den Bruderländern zufriedengeben. Dazwischen ein abgelegter Hollywood-Streifen. Demütigendes Warten im Eingangsbereich der Gaststätten, bis der Kellner einen gnädigerweise platzierte.

Mein Leben gähnte mich an wie ein großer weißer Bogen Papier, den ich vollschreiben sollte. Aber das war gar nicht so einfach. Und ich habe keinen Zweifel, einer Menge Leute um mich herum erging es kaum anders. Als Frank Castorf ausplauderte, er habe 1988 in Karl-Marx-Stadt mal in der Theaterkantine gesessen und – sich langweilend – gedacht: »Wir brauchen ein neues Stahlgewitter«, galt er gleich als Mann mit »Kraftmeiersehnsüchten« und »Sympathie für Fascho-Gehabe«. Wie konnte er so etwas sagen? Überrascht haben Castorfs dadaistische Zynismen jedoch nur diejenigen, die der östlichen Langeweile nie ausgesetzt waren. (Am Theater wurde die Langeweile selbstverständlich schon viel früher angesprochen. In Volker Brauns Stück »Die Kipper« lästert die Hauptfigur Paul Bauch: »Das ist das langweiligste Land der Erde.« 1965 wurde eine geplante Inszenierung des Stücks am BE verboten. Seine Uraufführung fand 1972 an den Städtischen Theatern Leipzig statt.)

In der Provinz schlug das Hinhaltende und Leerlassende der Langeweile natürlich doppelt zu Buche. Da war es schon ein Abenteuer, wenn wir mal nach Zielona Góra zum Striptease fuhren. Was für ein Erlebnis: Wie sich die wohlproportionierte Polin auf Achims Schoß lümmelte und ihm ihren Busen ins Gesicht drückte; mein Gott, wir saßen da wie kleine Jungs mit roten Ohren. Besser konnte man die ganze Zählebigkeit beim Surfen vergessen. Wenn der Wind uns auf dem Helenesee um die Ohren pfiff. Und wir, wenn jeder sich auf seinem Brett ausgetobt hatte, in einer der windgeschützten Buchten lagen und erschöpft und schweigend zu den über uns dahinziehenden Wolken aufschauten. Da waren alle trüben Gedanken wie weggeblasen. In dem dann eintretenden Zustand träumerischen Vergessens fühlte ich mich frei und glücklich. Ganz so wie Hölderlin über eine Bootsfahrt im »Hyperion« spricht: »Ich gab mich hin, fragte nichts nach mir und andern, suchte nichts, sann auf nichts, ließ vom Boote mich halb in Schlummer wiegen, und bildete mir ein, ich liege in Charons Nachen.«

Die DDR der späten siebziger und frühen achtziger Jahre war vermutlich alles Mögliche. Eins war sie aber ganz sicher nicht – das, was

Rolf und Heidelore Henrich am Helenesee, 1977

Soziologen als Erlebnisgesellschaft bezeichnen. Auf eine solche Etikettierung wäre östlich der Elbe kein Mensch gekommen. Sie war eher eine Welt suspendierten Lebens, die durch das jedermann bekannte Gefühl des Es-ist-einem-langweilig grundiert wurde; man empfand, unwiderruflich in einer Zeitschleife gefangen zu sein, wodurch jedoch die Menschen hierzulande oftmals in gesellige Verbindungen getrieben wurden. Im Brandenburgischen, wo damals – zumeist von Berlinern – jede verlassene Kate aufgekauft und zum Feriendomizil umgebaut wurde, trafen sich auf solchen Grundstücken an den Wochenenden und in der Urlaubszeit unterschiedlichste Typen. Und gar nicht so selten wurde hier, wie ich immer wieder erfreut feststellen konnte, aus einer anfangs eher harmlosen und langweiligen Freizeitgesellschaft im Laufe der Jahre ein Hort politischer Opposition.

Die tiefe Langeweile als Nährboden des kleinen und großen Aufruhrs wird unterschätzt. Irgendwie ist das Thema peinlich. Als hätte man nichts mit der eigenen Lebenszeit anzufangen gewusst. Aber das behaupte ich gar nicht. Ich meine etwas anderes. Mir geht es um die Sehnsucht nach dem Ereignis, die in all dem rumorte. Oder, um es mit Walter Benjamin zu sagen, um den »Traumvogel, der das Ei der Erfahrung ausbrütet«. Natürlich hört es sich beeindruckender an, wenn man seinen Enkeln am Kaminfeuer erzählt, wir seien im Herbst '89 allein um der Freiheit und Gerechtigkeit willen auf die Straße gegangen, so wie richtige Helden es zu tun pflegen. Freiheit, Gerechtigkeit, Demokratie – das sind ernste Begriffe, die jedes Handeln adeln. Kommt da nun einer daher, der rückblickend auf die Quellgründe des Widerstands fragt, ob es nicht auch vielleicht die Langeweile als Ergebnis fehlender Gestaltungsmöglichkeiten gewesen sei, die uns mit der Staatspartei aneinandergeraten ließ, kann er nur Schelte ernten.

Manche meiner Mitstreiter aus der Zeit des Umbruchs werden mir wahrscheinlich vorwerfen, ich würde Nebensächliches überbewerten. Aber hat die Langeweile nicht in jedem Leben eine hervorstechende Rolle gespielt, und können das nicht hunderttausende Leidensgenossen bezeugen? Schon Arthur Schopenhauer konstatierte, dass »das Streben, die Last des Daseyns los zu werden, es unfühlbar zu machen, ›die Zeit zu tödten‹, d.h. der Langenweile zu entgehn«, moderne Menschen »in Bewegung setzt«. Heinrich Mann sah sogar das Scheitern der Weimarer Republik durch Langeweile verursacht. Im Volksheim DDR war es aber noch viel langweiliger. Überspitzt gesagt: Im Arbeiterparadies hat man sich vielerorts zu Tode gelangweilt.

(Insofern verkörperte die legendäre Montagsdemonstration in Leipzig – jedenfalls in wesentlichen Zügen – auch eine Form aufmüpfiger Geselligkeit. Man muss sich nur an die Sprüche derjenigen erinnern, die über den Ring marschierten: »Lasst uns sterben für die Weltrevolution und eine saure Gurke« – meine Lieblingsparole. Sofort sieht man dann, dass viele Demonstranten, besonders die Jungen, mit ihrem Protest auch gegen die gähnende Langeweile revoltiert haben. Ihr Leiden unter der geheimdienstlichen Repression hielt sich oft genug in Grenzen. Eine Rockband namens Pankow brachte das Ganze 1988 mit ihrem Song »Langeweile« auf ihrer Platte »Aufruhr in den Augen« musikalisch auf den Punkt.)

Auf der Suche/Ausweichmanöver Psychotherapie

In den Augenblicken tiefster Langeweile spürte man deutlich, dass man es kaum mehr hinbekam, der sozialistischen Welt etwas Positives abzugewinnen. Für Einsichten und Erkenntnisse stellte solch eine seelische Windstille einen guten Nährboden bereit, denn wenn man sich langweilte, fragte man ja gar nicht so selten danach, was das Leben eigentlich sein könnte. Das Lähmende der tiefen Langeweile durch kulturvolle Unternehmungen zu überbrücken, wurde jedoch immer schwieriger, und nicht selten versandeten unsere Bemühungen im Grillen von Kammfleisch, unverbindlichem Gerede über Politik oder gar Besäufnissen. Mir gefiel das nicht mehr. Seit sie Rudolf Bahro verknackt hatten, war bei mir der innere Drang, mein Leben in andere Bahnen zu lenken, neu entfacht worden. Um die Ernsthaftigkeit der in Hammerfort geführten Diskussionen zu stärken, schlug ich daher vor, nicht mehr über alles und nichts, sondern über ausdrücklich verabredete Themen miteinander zu sprechen. Ich erklärte mich bereit, über das von Bahro behandelte Phänomen eines nichtkapitalistischen Weges zur Industriegesellschaft und seine Überlegungen zur Subalternität zu referieren. Zwei Wochen später saßen wir also wieder auf wackligen Liegestühlen vor unserer Backofenruine. Diesmal war jedoch die Aufmerksamkeit meiner Gäste von einer gewissen Spannung gekennzeichnet. Achim und Bärbel Maaz waren von Oegeln herübergekommen, Ludwig und Erika Drees aus Stendal angereist. Reinhart Zarneckow, der als Anwalt in Frankfurt praktizierte, und der Psychiater Gerd Fischer aus Kleinmachnow vervollständigten unseren Kreis an diesem Nachmittag. Außer Erika, die angestrengt ihre Brille putzte, trugen alle eine Mischung aus demonstrativer Gelassenheit und interessierter Erwartung zur Schau. Keiner hat es ausgesprochen, doch jeder wusste es: Was wir veranstalteten, war subversiv. Heute hört sich das Ganze banal an. Die Beschäftigung mit Bahros Thesen, was konnte daran anstößig sein?

In meinem Vortrag ging ich dem Gedanken nach, dass, aus leninistischer Perspektive betrachtet, die Aufgabe der Kommunistischen Partei ursprünglich darin bestand, Russlands bäuerliche Massen in die Industrialisierung hineinzutreiben, die sie selber gar nicht unmittelbar wünschen konnten. Ich wollte aufzeigen, warum das in diesem historischen Zusammenhang entwickelte Modell einer industriellen Despotie, auf deutsche Verhältnisse übertragen, nur Subalternität erzeugen konnte und zwangsläufig alle subjektiven Antriebskräfte ersticken musste. Das gelang mir ganz gut. Als ich meine Ausführungen beendet hatte, folgte ein betretenes Schweigen. Erikas trotziger Hinweis, für sie sei die Friedensarbeit in ihrer Kirchengemeinde ein handfester Beweis für die Überwindung der von mir beklagten Subalternität, wirkte an diesem Nachmittag unpassend. Selbst Ludwig, ihr Ehemann, der in der Synode Sachsen-Anhalts eine führende Rolle spielte, bezweifelte, ob die pazifistischen Aktivitäten außerhalb der Kirchenmauern überhaupt jemanden interessierten. Für die meisten Menschen gehörte seiner Meinung nach das Gerede der Bischöfe und Pastoren über den Weltfrieden genauso zur Kirche wie die Verkündigung des proletarischen Internationalismus zur SED. Achim Maaz hielt unsere an diesem Nachmittag geführte Diskussion für ein Ausweichmanöver. »Wer aus einem Gefängnis herauswill«, hielt er uns höhnisch vor, »muss erst einmal einsehen, dass er sich im Gefängnis befindet!« Und direkt an Erika gewandt fuhr er fort: »Die Falle, in der wir stecken, ist unsere emotionale Struktur, unser Charakterpanzer.«

Unter Vorbehalt stimmte ich Maaz zu. Die alltägliche Daseinsweise in einer kaputten Gesellschaft war sicher zu einem nicht unerheblichen Teil seelischen Verkrüppelungen geschuldet, von denen wir selbst nicht frei waren. Solange wir uns bemitleideten und weigerten, die eigene Subalternität anzuerkennen, führte kein Weg aus der politischen Sackgasse heraus. Achim stützte sich an diesem Nachmittag ganz auf Wilhelm Reichs Deutung des autoritären Charakters. Konsequent folgte er seinem Meister, indem er der Familie in den ersten vier bis fünf Lebensjahren eine ausschlaggebende Bedeutung zuschrieb. Maaz zeigte aber auch einen Weg auf für den, der sich auf die von ihm dargestellte Sicht der Dinge einlassen wollte. Durch seine Argumente fühlte ich mich angesprochen. Wenn die moralische Hemmung der natürlichen Geschlechtlichkeit des Kindes die Ängstlichkeit und Autoritätshörigkeit mit sich brachte, dann erschien es ja nur logisch anzunehmen, dass es möglich wäre, dieses Geschehen psychologisch zu bearbeiten und rückgängig zu machen, wenn man in der eigenen Lebenspraxis darauf genügend achtete. »Aber wer von euch«, fragte Maaz provokatorisch, »will seine Verdrängungen überhaupt ernsthaft bearbeiten?«

Obwohl Achim überzeugend argumentierte, blieb ich ein bisschen skeptisch. Lockerungsübungen für Körper, Seele und Geist konnten mir aber sicher nicht schaden. Neugierig stürzte ich mich also erst einmal auf die von Maaz favorisierten Vaterfiguren seines Fachs: Reichs Buch »Die Massenpsychologie des Faschismus«, in dem die reaktionäre Macht in den Menschenmassen als allgemeine Angst vor Verantwortung und Angst vor Freiheit beschrieben wird, erweiterte meinen Horizont. Und Alexander Lowen wies mir mit seiner Bioenergetik einen praktischen Weg der Körperarbeit. Heidi und ich, experimentierfreudig, wie wir nun einmal waren, probierten das alles gewissenhaft aus, wobei uns Angelika und Frieder Pickert, die in Frankfurt als Psychoanalytiker praktizierten, fachlich begleiteten. Jürg Willis Überlegungen halfen uns, komplizierte Paarbeziehungen besser zu verstehen. Auch unsere eigenen. Das in der Therapie erlernte Beziehungswissen half uns, auftretende Spannungen in unserer Ehe zu lösen.

Aber auch beruflich profitierten Heidi und ich davon – Heidi hatte ihr Fernstudium an der juristischen Fakultät in Berlin abgeschlossen und arbeitete nun selbst als Anwältin. Willis Kollusionsmuster diente uns fortan als Schlüssel zum besseren Verständnis der Konflikte zwischen den Scheidungskandidaten. Auf einer Fachtagung für ärztliche Psychotherapie hielt ich darüber einen Vortrag, zu dem ich unter anderen die Vorsitzende für Ehesachen am Bezirksgericht, Helga Frohloff, einlud. Auch im Kollegium bemühte ich mich darum, Jürg Willis Verständnis der Paarbeziehungen zu verbreiten. Die dafür benötigte neueste Literatur lieh ich mir bei Frieder Pickert aus. Pickerts Frau hatte im Westen geerbt, und Frieder hatte es geschafft, die Zollbehörde zu überzeugen, ihm zu erlauben, unbegrenzt psychoanalytische Literatur in die DDR einzuführen. Innerhalb kürzester Zeit stapelten sich bei

Psychotherapeut Hans-Joachim Maaz bei einem Besuch in Hammerfort, 1978

ihm im Haus die Gesamtausgaben: Freud komplett, C. G. Jung, Adler, Watzlawick, Don D. Jackson, Richter, Willi, Laing und wie sie alle hießen. Frieders Hausbibliothek wurde für mich eine Art Leseparadies auf Erden.

Achim Maaz hat im Nachwort seines Buches »Der Gefühlsstau – Ein Psychogramm der DDR« (1990) die sehr innige Beziehung zu mir hervorgehoben, die ihn nachhaltig beeinflusst hat. Dasselbe kann ich von ihm sagen. Maaz war der erste Psychotherapeut, den ich näher kennenlernte. In der frühesten Selbsterfahrungsgruppe des Landes unter der Leitung von Jürgen Ott geprägt, hatte er bei dem Berliner Kurt Höck im Haus der Gesundheit gelernt, gruppendynamische Prozesse zu verstehen und therapeutisch zu begleiten. Achim wollte jedoch mehr. Er war überzeugt, dass nur eine psychische Revolution die Basis für einen anderen Anfang in der Gesellschaft schaffen könne. Maazens Hinwendung zu dieser Utopie war rückhaltlos, entschieden und einseitig.

Es war deshalb nicht verwunderlich, dass wir bei unseren Zusammenkünften in Oegeln streckenweise das Selbstverständnis einer therapeutischen Gruppe entwickelten.

Faszinierend war es, oftmals aber auch bedrückend, mit Achim in Oegeln an seinem Küchentisch zu sitzen, wo Menschen ihre frühesten Verletzungen, Bitteres, Schmerzliches und Trauriges offenbarten; man lernte sehr viel dabei, vor allem über sich selbst. Als ich das erste Mal meine Lebensgeschichte ausbreitete, kam natürlich schnell heraus, dass meine Mutter mich, den vaterlos Aufgewachsenen, vergötterte, mir jeden Wunsch von den Augen ablas und mir bis ins Alter die Schuhe putzte. Und ich, ihr Sonnenschein, dafür das mir aufgetragene Skript Sei mein kleiner Held in meinem Leben praktizierte, ohne jemals versucht zu haben, mich aus ihrer Umklammerung zu lösen. Was die hier nur angedeutete Mutter-Sohn-Beziehung für mein Verhältnis zu Frauen im Allgemeinen und zu Heidi im Besonderen bedeutete, durchschaute ich erst Jahre später. Es war Achim Maaz, der mir dabei half, mein Verhältnis zu den zahlreichen Müttern um mich herum zu erhellen.

Achim Maaz quittierte 1980 seinen Dienst in Beeskow, um als Chefarzt im Evangelischen Diakoniewerk Halle zu arbeiten. Wenn er jetzt nach Oegeln oder Hammerfort kam, begleiteten ihn neue Mitarbeiter: Pastor Klaus Cyranka, die Schwestern Marlitt und Christine, Oberarzt Martin Engelke und die Stationsärztin Gabriele Marx. Wie er mit ihnen gemeinsam sein patientenzentriertes Therapiemodell unter Einbeziehung der Lowen'schen Körperarbeit praktisch durchbuchstabierte und dabei immer wieder sein Tun kritisch hinterfragte, zeigte mir, wie sehr ihm tatsächlich die Entwicklung neuer Formen der Partnerschaft und der Konfliktbearbeitung am Herzen lag. Unter sozialistischen Verhältnissen war ein solches Unternehmen sensationell und auch wohl nur möglich, weil sich der Rektor der Diakonie, Dr. Reinhard Turre, schützend vor Achims Tätigkeit stellte.

Nachdem Maaz die klinischen Arbeitsabläufe in Halle geordnet hatte, sagte er, als wir wieder mal durch den Kiefernwald in Richtung Helenesee durchs Heidekraut stapften: »Rolf, wenn du an meiner Arbeit ernsthaft interessiert bist, gibt es nur eine Möglichkeit, sie richtig kennenzulernen – die stationäre Therapie.« Für mich hörte sich das an, als wollte Maaz unsere Freundschaft prüfen. Selber hatte ich einen solchen Schritt nie erwogen. Nach kurzer Bedenkzeit stimmte ich jedoch zu. Fachkundig an meinem Charakterpanzer kratzen zu lassen, den ich mir über die Jahre anerzogen hatte, schien mir ein lohnenswertes Experiment zu sein.

Ich reiste nach Halle in der Annahme, bei mir sei – abgesehen von der Beziehung zu meiner Mutter – alles in Ordnung. Eigentlich brauchte ich keine Hilfe. Die Therapie sah ich als eine Art Weiterbildung an. Worauf ich mich eingelassen hatte, stellte sich jedoch bereits in der ersten Sitzung heraus, als Maaz seine Behandlungsregeln verkündete: Ab sofort das Rauchen einstellen, kein Ausgang, kein Sex, Telefongespräche nur nach Genehmigung durch die Klinikleitung, kein Fernsehen! Am schwersten fiel es mir, auf das Rauchen zu verzichten. Ansonsten gab ich mir alle Mühe, mich vom ersten Tag an in die Gruppe einzufügen. Marlitt Neumann begleitete uns als Therapeutin. Sie enthielt sich strikt jeder Be- oder Verurteilung. Vollkommene Offenheit zu praktizieren, was unsere Gefühle betraf, denn nur so war ja die angestrebte Authentizität zu erreichen, war jedoch nicht leicht. Es entwickelte sich immer dieselbe Situation: Wir saßen da, konnten dem Druck kaum standhalten, minutenlang, bis sich Schweißgeruch ausbreitete. Nahm man nicht ehrlichen Herzens teil am Ritual des Bekennens, wäre das eine unverzeihliche Sünde gewesen. Also zögerte jeder seine eigene Wortmeldung hinaus.

Mein seelisches Elend einzugestehen und dabei in Tränen auszubrechen, fiel mir schwer. Das gefühlsbetonte Bekenntnis zum eigenen Leiden sollte aber der erste Schritt auf dem langen Weg der Heilung sein. Es war ein Spießrutenlauf. Rolf. Ja? Was ist mit deiner Ehe? Es läuft gut ... Hast du eigentlich das Gefühl, dich hier verteidigen zu müssen? Wieso? Na ja, du wehrst irgendwie alles ab, kannst du nicht einfach mal erzählen, wie es dir geht. Aber ich habe doch gesagt ... Jetzt machst du schon wieder zu und öffnest dich nicht deinen Gefühlen! – Das war der Fangschuss, der einen zum Verstummen brachte. Hatte man den abbekommen, saß man die restliche Stunde da wie eine beleidigte Leberwurst und starrte Löcher in die Luft. Natürlich wusste ich dank meiner Lektüre, dass ich einer Verteidigungsstrategie folgte, errichtet aus dem Sperrmüll des traumatisierten Inneren Kindes als Schutz vor Verletzung und Verlassensängsten. Mit anderen Worten, mein Verhalten war ein Schutzschild gegen zu viel Nähe, ein emotionaler Panzer zur Distanzgewinnung.

Manchmal, wenn es gut lief, kam es zu explosiven Gefühlsausbrüchen. Saß Maaz mit in der Runde, nutzte er solche Gelegenheiten geschickt zum Einstieg in die Körpertherapie. Lag der Betreffende auf der Matte, forderte er ihn auf, die Knie leicht anzuziehen und mit entkrampften Kinnbacken tief zu atmen. Die Mobilisierung von Empfindungen durch Atmen und andere Körperfunktionen, die Maaz durch seinen Zugriff gekonnt verstärkte, zeigte durchschlagende Wirkungen. Uralte Erlebnisse und Erinnerungen wurden auf diese Weise wachgerufen. Schließlich wollten wir alle auf die Matte. In der letzten Woche brach ich endlich selber ein Dutzend Mal in Tränen aus, was ich als Zeichen dafür wertete, dass ich auf dem besten Wege war, meine seelische Verpanzerung zu durchbrechen.

Maaz' psychotherapeutische Arbeit am Selbst erlebte ich als eine persönliche Bereicherung. Außerdem zog mich der von Achim Maaz geschaffene intellektuelle Freiraum an: Ungeniert nutzte er die verfügbaren Klink-Räumlichkeiten, um unter dem Deckmantel harmloser Weiterbildungsveranstaltungen Prominenz aus dem Westen einzuladen. Eva Renate Reich – die Tochter Wilhelm Reichs –, Walter Lechler, Michael Lukas Moeller, um nur sie zu nennen, stellten uns ihre analytisch geprägte Weltsicht vor. Über den Umweg einer Verallgemeinerung psychoanalytischer Erfahrungen konnte bei solcher Gelegenheit jeder Staat und Kirche kritisieren, ohne ein Blatt vor den Mund nehmen zu müssen. Wo sonst gab es das?

Was ich von der Psychotherapie erwartete, hielt sich bei aller meiner Begeisterung für das Fach aber in Grenzen. Denn der therapeutische Diskurs, jedenfalls wie wir ihn pflegten, vereinfachte allzu oft die Komplexität unseres eigenen Daseins. Je mehr Ursachen von Leid wir in der besprochenen Lebensgeschichte lokalisierten, desto besser verstanden wir das so zergliederte Selbst im Zeichen seiner Notlagen. Was mir dabei zu kurz kam, war die Dimension des Politischen und Historischen. Menschliches Leiden, welches die Leute gegen die spürbare Unterdrückung hätte aufbringen müssen, wurde durch die permanente Selbstbeschnüffelung banal und verwandelte sich zu einer Folge schlecht verwalteter Gefühle. Das Heilmittel gegen alles Elend hierzulande konnte nicht nur die Therapie sein, wie Achim Maaz es propagierte. Das Sich-Ändern, das Sich-Wehren blieb ein komplizierter, schwieriger Balanceakt. Jeder musste hier seinen individuellen Weg gehen. Billige Lösungen gab es nicht. Und Gründe für Überheblichkeit schon gar nicht. Wer jedoch einen Ausreiseantrag gestellt hatte, wurde automatisch von der hohen Warte der Therapie misstrauisch beäugt. Er geriet schnell in den Verdacht, sich nicht ausreichend an seinem psychischen Elend abgearbeitet zu haben und nur davor wegzulaufen.

Irgendwann habe ich dieser Sicht nicht mehr getraut. Im menschlichen Dasein nur Modifikationen des Versagens sehen zu wollen, erklärte alles und nichts. Und hatten nicht die ehrlichen und offenen Beziehungen, auf die ich, so wie jeder vermeintlich Therapierte, zeitweilig stolz war, in Wahrheit immer noch einen doppelten Boden? Wenn zum menschlichen Dasein der Schein gehört und keiner gänzlich davon loskommen kann, heißt das doch: Wir verbergen jederzeit etwas – wie viel und was auch immer. Und die ersehnte Authentizität ist nur als schmerzhafte Auseinandersetzung mit all den Lebenslügen zu haben, die unsere Existenz bestimmen. In letzter Instanz war das vielleicht die entscheidende Einsicht, die ich für mich gezogen habe: Wahrheit und Unwahrheit im Leben waren nicht einfach nur ein schlichter Gegensatz.

Schwerkraft der Legalität – östlich/westlich der Oder

Seit der Gründung des Komitees zur Verteidigung der Arbeiter (KOR) nach Streiks in Radom 1976 stand die gesellschaftliche Selbstverteidigung im Mittelpunkt oppositioneller Aktivitäten bei den Polen. Als nun in Danzig im Sommer 1980 Arbeiter der Lenin-Werft nach Preiserhöhungen für Fleisch- und Wurstwaren streikten, konnten sie sich bei ihren Verhandlungen mit der sozialistischen Staatsmacht auf die KOR-Intellektuellen stützen, die den Vertretern des Regimes argumentativ entgegentraten. Die von mir bewunderten KORowcys legten ihre Finger in die Wunden des maladen Sozialismus. Über ihren Kampf hielt mich Richard Kzeminski auf dem Laufenden. Richard amtierte eine knappe Stunde Fahrtzeit entfernt von mir in Krosno als Richter. Er sympathisierte mit den Widerständlern. Was diese Leute sich in ihrer Auseinandersetzung mit dem Regime einfallen ließen, ermutigte mich. Sicher ist es nur eine Nebensächlichkeit gewesen, aber am meisten beeindruckte mich, wie sie bei Verhaftungen reagierten. Aufsässige riefen im Zusammenhang mit ihrer Verhaftung auf dem Hausflur oder auf der Straße laut ihren Namen und Jacek Kurons Telefonnummer 393964, damit sie in einem von den Korowcys geführten Register eingetragen wurden. Sie konnten darauf vertrauen, dass sich Anwälte um ihre Freilassung bemühen und ihre Familien die Hilfe eines Netzes von Unterstützern erfahren würden. Ein genialer Schachzug! Niemand wurde vergessen.

Richterliche Sympathien für politische Untergrundtätigkeit, so etwas konnte man nur bei polnischen Kollegen erleben. In der DDR wäre Kzeminskis Einstellung unvorstellbar gewesen. In Krosno aber sah ich, wie über alle Parteigrenzen hinweg die politisch Interessierten sich hinter dem Schild des Katholizismus neu gruppierten. Wie eine Ikone prangte das Bild des Pontifex maximus in Kzeminskis Wohnzimmer an der Wand. Unter seinen Amtsbrüdern bildete er da keine Ausnahme. Durch die Messen Karol Wojtyłas im Jahr zuvor war der polnische Widerstandsgeist für jedermann sichtbar bis in die staatstragenden Schichten angestachelt worden. Wie Richard mir versicherte, wimmelte es im Land nur so von »Schiefen Kreisen« und »Widerspruchssuchern«.

Eine Delegation polnischer Anwälte, welche ich seinerzeit betreuen musste – sie kamen zum jährlichen Freundschaftsbesuch nach Frankfurt –, bestätigte mir Kzeminskis Einschätzung. Alle Kollegen trugen demonstrativ das Solidarność-Abzeichen an ihren Jacketts. Sie waren überzeugt davon, Polen würde gerade gewaltige Umwälzungen erleben und demnächst wieder international eine Rolle spielen. Selbst Klaus Klasen mochte sich angesichts von so viel Optimismus nicht offen dagegen wehren, als ihm sein Amtsbruder aus Słubice schmunzelnd das Solidarność-Emblem ans Revers steckte. Ein Parteiabzeichen der SED unter dem Solidarność-Schriftzug! Klasens verdruckster Blick auf uns, seine vermeintlichen Genossen, war unmissverständlich: Hütet eure Zungen!

Große Teile der Bevölkerung betrachteten leider die Vorgänge jenseits der Oder misstrauisch und von oben herab, besonders natürlich diejenigen, die nach der zeitweiligen Legalisierung der Solidarność im Oktober 1980 das Verbot der Gewerkschaft und die Verhängung des Kriegsrechts am 13. Dezember 1981 befriedigt aufgenommen oder gar wortreich verteidigt haben. Aber selbst jene linientreuen Sozialisten, die ich hinter ihren Schreibtischen nur selten beachtet hatte und denen auf einmal wieder das Wort Polacken herausrutschte, während sie geduldig Papiere bekritzelten und auf ihre Rente warteten, konnten die Zeichen der Zeit nicht einfach übersehen. Oft fragte ich mich damals, woher solcher Freimut in Polen und dieser verfluchte Untertanengeist bei uns kamen. Ausschlaggebend war wohl letztendlich die Schwerkraft der Legalität in uns selbst. Ein Rucksack voller Bedenken, den man mit sich herumschleppte. Jeder konnte davon sein eigenes Lied singen.

Wie lange habe ich mit mir darum gerungen, mich von den Fesseln der DDR-Legalität zu lösen und mir eine Bindung im Leben zu geben, die darauf keine Rücksicht mehr genommen hat? Aufwühlende Gespräche mit Heidelore und meinen Freunden, schmerzhafte Stunden der Selbstberatung und Selbstüberredung waren nötig, um mich selber zu einem handlungsfähigen und, das dürfte das Wichtigste gewesen sein, nicht ausrechenbaren Widerständler hochzurüsten. Es ist ja auch bei mir das Kleben an einer Legalität gewesen, welche mir ständig eine Richtschnur für jedes Tun und Unterlassen aufnötigte und das jederzeit penibel zu unterscheiden wusste zwischen legal und illegal! Selbst in unverfänglichsten Situationen wirkte der Legalitätsglaube. Wenn wir zum Beispiel gefeiert haben, wurde oft mit Inbrunst gesungen. Stundenlang. Oldies. Ironisierte Kampflieder. Brechtsongs. Zu später Stunde stimmte immer jemand den Kanon »Auf der Mauer, auf der Lauer, sitzt 'ne kleine Wanze« an. Reflexhaft dachte dann jeder sofort an die Mauer in Berlin. War das krankhaft?

Mag sein, dass ich durch meine Tätigkeit als Rechtsanwalt ein allzu feines Gehör für Untertöne entwickelt hatte. Das oberste Gebot, nicht die Grenzen der Legalität zu verletzen, beeindruckte aber jedes Gemüt, da bin ich mir ziemlich sicher. Der Legalitätsglaube registrierte jede sich vordrängende Aufsässigkeit. Beim Verlassen der Legalität saß nicht nur mir die Angst im Nacken. Die Sorge, zum Staatsfeind erklärt und den feindlich-negativen Elementen zugerechnet zu werden, ergriff jeden, der gegen das Unrecht und den Missbrauch staatlicher Macht, in welcher Form auch immer, exzeptionell rebellieren wollte. Es ging ja dabei auch nicht nur um mein Leben. Was würde mit unserem noch in den Kinderschuhen steckenden Sohn Falk passieren, wenn Heidelore und ich inhaftiert werden sollten? Falk-Florian in einem Heim? Von dieser Art war ein Alptraum, der mir manchmal den Schlaf raubte. Aber die Furcht hatte auch ihr Gutes! Sie stellte mir jedesmal die Erbärmlichkeit meiner Existenz so klar vor Augen, dass ich es am Ende nicht mehr aushalten konnte. Denn sie fragte mich ja, ob es richtig sei, so privilegiert, so gut besoldet, so bequem, so ohne Wagnis und Prüfung weiter zu leben – und allmählich in die bei Provinzanwälten beliebte Honoratioren-Rolle hineinzuwachsen, bis 60, bis 70, in den eingefahrenen Geleisen.

Bei allem, was ich mit der Zeit so im Schilde führte, kam ich mir erst einmal wie ein Gefangener von Vorbereitungen vor, welche nie zu ihrem Ende gelangten. Ein halbes Jahr werkelte ich an einem Theaterstück, in dem ich den Rattenfänger von Hameln, der mit seiner Lackpfeife 130 Kinder aus der Stadt entführt, zu einem Vorläufer moderner

Sophisten im Dienste des Marxismus-Leninismus stempeln wollte. Georg Schollmeier, ein theaterkundiger Freund aus Potsdam, dem ich mein Manuskript zu lesen gab, hielt es für misslungen. »Kopffickerei, mehr ist das nicht«, meinte er abfällig. Meine Dialoge seien viel zu verschlüsselt. So hoch entwickelt, wie ich es unterstellen würde, sei in der DDR die Kunst des Zwischen-den-Zeilen-Lesens gar nicht. Nachdem sich meine Enttäuschung über Schollis Verriss gelegt hatte, wurde mir klar: Das Ganze war, so wie mein ausuferndes Interesse an der Psychotherapie, wahrscheinlich nur ein Ausweichmanöver, um nicht mit dem Straftatbestand der Staatsfeindlichen Hetze in Konflikt zu geraten.

Ernsthaft überlegte ich, ob nicht vielleicht ein literarischer Amoklauf das Beste wäre. Mit einem Schlag alle politischen Bindungen kappen. Ein 30-Seiten-Essay, in dem ich als praktizierender Jurist mit der Verlogenheit des sozialistischen Justizsystems abrechne. Gespickt mit Erlebnissen aus meiner Gerichtspraxis. Veröffentlichung im »Spiegel«. Meinetwegen auch in der FAZ oder der »Süddeutschen«. Ausreiseantrag an den Rat des Kreises/Abteilung Inneres – anliegend das Mitgliedsbuch der SED. Aber die Geste, mit der ich mich auf diese Weise aus meinem allzu bequemen Lebensmuster befreit hätte –, wäre sie mehr als raffinierte Effekthascherei und Flucht gewesen? Und warum hätte ich das Feld freiwillig räumen, es den anderen überlassen sollen? Wir hatten hier unsere Freunde. Hammerfort war mir ans Herz gewachsen, Heimat geworden. Ich nahm mir also wieder meinen Vortrag über die Subalternität zur Hand. Las noch einmal Rudolf Bahros Buch »Die Alternative« und fragte mich (zum wievielten Mal eigentlich?), ob die Kritik von Staat und Recht, die Bahro nicht geleistet hatte, nicht ebenso wichtig sei wie die Durchleuchtung der sozialistischen Ökonomie. Nur in diesem Rahmen konnte ja der bestehende Zusammenhang zwischen der Mauer in Berlin und dem Treiben der Staatssicherheits- und Justizorgane systematisch offengelegt und entlarvt werden. Das war die Arbeit, die ich leisten musste.

»Was ist, wenn die Sache auffliegt?«, fragte ich Heidelore.

»Mach es«, antwortete sie nach einer kleinen Pause. »Wenn du kneifst, bereust du es später.«

Worauf es jetzt ankam, war ein planmäßiges Sich-Absetzen, das

Wollen und die Tat – wie unbekümmert hört sich eine solche Triade heute an! Aber als ich mein Buchprojekt »Der vormundschaftliche Staat« in Angriff nahm, konnte ich wochenlang nicht mehr ruhig schlafen. Das Schreiben regte mich derart auf, dass ich kaum etwas leserlich zu Papier bringen konnte. Ich musste mich in einem fort zur Ruhe zwingen. Der mit jeder Zeile einhergehende Gedanke des vollständigen Umsturzes meiner Existenz, die Vorstellung, vielleicht aufgrund irgendeines dummen Zufalls aufzufliegen, hielt mich und Heidi in Alarmzustand. Ich hatte es mir gleich angewöhnt, alle mein Buch betreffenden Notizen und schriftlichen Ausarbeitungen abends unter der Fußkonsole einer schweren Anrichte in unserem Wohnzimmer zu verstecken. (Uwe Johnson, »Begleitumstände«, Frankfurter Vorlesungen: »Bevor die Arbeit anfangen durfte, verlangte sie ein sicheres Versteck.«)

Nachdem die ersten Kapitel fertig waren, reichte mir das nicht mehr aus. Ich verstaute das Corpus delicti in einem Gurkenglas. Das Glas vergrub ich nächtens ungefähr einen Meter tief außerhalb unseres Grundstücks. Heidi stand Schmiere. Die Gefahr, dass Angler oder Jäger uns bei diesem in Abständen in den kommenden Jahren wiederholten Versteckspiel beobachteten, hielt sich in Grenzen. Auf unserem Grundstück wollte ich meinen Text nicht vergraben. Aus einer von mir geführten Strafverteidigung, bei der man nach einer Pistole gesucht hatte, war mir erinnerlich geblieben, dass sich die Ermittler nicht zu schade waren, das Grundstück meines Mandanten metertief umzuwühlen. Das war mir eine Lehre. (Bahro versteckte sein Manuskript in der Backröhre seines Küchenherdes. Alexander Solschenizyn hingegen zog es wie ich vor, alles Geschriebene unterhalb der Erdoberfläche zu deponieren. »Die Erde bewahrt die Geheimnisse sicherer als Menschen.«)

Auch sonst versuchte ich von der ersten Stunde an, mich bei allem, was mein Schreiben betraf, in die Hirne der Staatssicherheitsleute hineinzuversetzen. Sich mit der Firma anzulegen bedeutete, mit dem Teufel zu tanzen! Ich kannte die Herrschaften ja einigermaßen aus meiner anwaltlichen Praxis. Unermüdliche Ermittler und bestens ausgebildete Fahnder waren das. Besser als die Kriminalisten der Volkspolizei. In der Auseinandersetzung mit diesen Leuten, den Prätorianern des Systems, war meiner Meinung nach jede Finte erlaubt.

Party mit Tschekisten

»Wären die großen Massen so durchsichtig, so gleichgerichtet in den Atomen, wie die Propaganda es behauptet, dann wäre nicht mehr an Polizei vonnöten, als ein Schäfer Hunde für seine Herde braucht. Das ist nicht der Fall, denn es verbergen sich Wölfe in der grauen Herde, das heißt: Naturen, die noch wissen, was Freiheit ist. Und diese Wölfe sind nicht nur an sich stark, sondern es ist auch die Gefahr gegeben, dass sie ihre Eigenschaften auf die Masse übertragen, wenn ein böser Morgen dämmert, so dass die Herde zum Rudel wird. Das ist der Albdruck der Machthaber.«
Ernst Jünger

Meine Kollegen hielten mich für einen sehr erfolgreichen, leicht exaltierten Standesgenossen. Von meinem Umsatz her gesehen lief alles perfekt, das schon. Immer häufiger fauchte es jedoch in meinem Kopf. Auf der Verteidigerbank sitzend, stellte ich mir manchmal vor, wie jemand mit einer Kalaschnikow in den Gerichtssaal stürmte, um meinen Mandanten freizuschießen. Aber egal, was passierte, ich wahrte Contenance, ließ mir nichts anmerken. Wie weit ich inzwischen mit dem, was man juristisch als Mentalreservation bezeichnet, gegenüber der geheimpolizeilich gesicherten Aufsicht gekommen war, das wurde mir anlässlich eines Jubiläums bewusst. Die Tschekisten feierten den Jahrestag der Gründung ihres Ministeriums. Klaus Klasen als Vorsitzender unseres Kollegiums, ich als Parteisekretär, dazu die Königinmutter genannte, übergewichtige Bezirksgerichtsdirektorin und der Bezirksstaatsanwalt sowie mein Intimfeind Rau, als Abgesandte der Justiz waren wir zusammen in die Otto-Grotewohl-Straße eingeladen worden, wo das Amt in Frankfurt seinen Sitz hatte. Klasen hatte im Delikat eine Flasche Kognak gekauft; ich hielt den üblichen Strauß Chrysanthemen in der Hand.

Bis dahin hatte ich mit Ausnahme der MfS-Haftanstalt noch nie ein Gebäude der Staatssicherheit betreten. Der Plattenbau in der Grote-

Bezirksverwaltung der Staatssicherheit, nach 1990 Arbeitsamt

wohlstraße war für mich so etwas wie die sprichwörtliche Höhle des Löwen. Im Eingangsbereich der Dienststelle begrüßte uns der protokollarisch zuständige Hauptmann – in Paradeuniform gekleidet – mit einer exakt ausgeführten militärischen Grußerweisung. Er gab uns zu verstehen, die Empfangszeremonie würde etwas länger dauern. Aber seine Genossen hätten zur Überbrückung der Wartezeit für die Delegationen ein Büfett und eine kleine Ausstellung vorbereitet. In dem Saal, wohin uns sein Adjutant führte, drängelten sich bereits zahlreiche Gratulanten: Direktoren volkseigener Betriebe, Mitglieder der örtlichen Räte, LPG-Vorsitzende, Schuldirektoren, bekannte Ärzte, Vertreter der Sport- und Kulturvereine, Funktionäre der Blockparteien, Leute vom Theater, Schriftsteller, VVN-Veteranen, Maler, Bildhauer – viele mir bekannte Gesichter darunter. Keiner wollte es sich leisten, bei der Huldigung des Schilds und Schwerts der Partei zu fehlen.

Alle verhielten sich so, als ob sie in der Grotewohlstraße täglich ein- und ausgingen. Mit einem Teller in der Hand, beladen mit den üblichen

Häppchen, gerolltem Schinken, halben gekochten Eiern, drapiert mit Kaviar, Hühnerbeinen oder sonst was, staunten sie über die Ausstellungsstücke. In vier Glaskästen präsentierten die Geheimen, was ihnen die befreundeten Dienste im Laufe der Zeit geschenkt hatten. Schuhkartongroße Panzer standen neben meterhohen Vasen vor riesigen Ölschinken, auf denen Revolutionsszenen dargestellt waren.

Lachen musste ich über eine Kutsche, die, aus Streichhölzern zusammengeklebt, allzu putzig aussah. Derlei Bastelarbeiten kannte ich aus meiner Armeezeit. Damit hatten viele Landser ihre Zeit totgeschlagen. Ihren Eifer konnte ich nie verstehen. Die Kutsche wurde in dem Teil der Ausstellung präsentiert, wo Felix Dserschinskis Leben dargestellt wurde. In einem solchem Gefährt hatte der eiserne Felix Reißaus vor den Klassenfeinden genommen. Auch er war ja mal verfolgt worden, bevor er sich in den Erschießungskellern der Lubjanka an den Leiden seiner Opfer ergötzen durfte. 50 Arbeitsstunden steckten in der Bastelarbeit, wie auf einem Schildchen stand.

Nach einer knappen Stunde sprach mich ein Major an. Er wies mich und Klasen flüsternd darauf hin, jetzt seien wir an der Reihe. In einem fensterlosen Raum nahmen Klasen und ich mit den anderen Abgesandten der Justiz nebeneinander Aufstellung, so wie Rekruten. Atmosphärisch fühlte ich mich stark an eine Friedhofskapelle erinnert, mit Blick auf den Sarg. An der Seitenwand des Raumes stand eine riesige Kupferschale in Form eines Taufbeckens. Quer über dem Schalenrand lag ein verchromtes Schwert mit goldenem Griff. Um das Schwert herum züngelten von unten durch ein Gebläse hochgewirbelte rotlichtbeleuchtete Seidentücher, die eine Art Feuer simulierten. Vermutlich befanden wir uns in dem Raum, wo die Tschekisten vereidigt wurden.

Uns gegenüber schlugen drei Uniformierte ihre Hacken zusammen. In ihrer Mitte Mielkes späterer Stellvertreter, General Gerhard Neiber (der Mann, der Innenminister Peter-Michael Diestel 1990 beraten sollte). Neibers markante Kinnpartie ließ mich augenblicklich an die im Erzgebirge geschnitzten Nussknacker denken. Sein rechteckiges Gesicht saß auf dem Uniformkragen wie der Kopf einer Bulldogge – eine Ähnlichkeit, die von den heruntergezogenen Mundwinkeln unterstrichen wurde. Aber auch die ihn flankierenden Obristen signalisierten

Gerhard Neiber, Generalleutnant und Stellvertreter des Ministers für Staatssicherheit

durch fest zusammengepresste Lippen, ihre energisch vorgestemmten Kinnpartien und steilen Stirnfalten, wie anstrengend es war, die Feinde der Arbeiter-und-Bauern-Macht zu verfolgen. Mit schnarrender Stimme dankte Neiber für unsere Glückwünsche. Wachsam sollten wir sein, da der Klassenfeind seine Anstrengungen im »Kampf der Systeme« gegenwärtig gerade wieder verstärken würde. »Im Namen aller mir unterstellten Tschekisten verspreche ich euch, liebe Genossen, dass wir getreu unserem Fahneneid alle Feinde der Arbeiterklasse aufspüren und sie ihrer verdienten Bestrafung zuführen werden!« Jederzeit könne sich die Lage in der internationalen Klassenauseinandersetzung weiter zuspitzen, betonte Neiber, und dass es nicht die Aufgabe des Ministeriums für Staatssicherheit sei, abzuwarten, bis unsere Feinde zuschlagen würden. Aufgabe eines Tschekisten sei es, sie im Vorfeld an ihrem schändlichen Tun zu hindern. Und direkt an Klasen und mich gerichtet: Er wisse wohl, dass uns Rechtsanwälten die Arbeit seiner Dienststelle persönlich manches Mal zu schaffen mache. Wir seien jedoch ein »Organ der Rechtspflege«, daran sollten wir stets denken. Neibers Ansprache an diesem Vormittag hatte zweifellos den Vorzug der Offenheit. In meinen Ohren klang alles, was er sagte, wie eine Drohung. Ich schielte zu Klasen. Der guckte ungerührt vor sich hin, einen Punkt an der Wand hinter Neiber fixierend.

Nachdem alles zu Ende war und ich zu meinem Wagen schlenderte, kam mir – passend zu Neibers Ansprache – wieder ein warnender Wink in den Sinn, den mir Rechtsanwalt Rudolf Bauer erst zwei Wochen zuvor unter dem Siegel höchster Verschwiegenheit hatte zukommen lassen. Bauer war mit der Verteidigung eines Beeskowers namens Bernd F. beauftragt, der als Krankenpfleger im städtischen Klinikum arbeitete. Er bewegte sich im privaten Umfeld von Achim Maaz. Hier war er Heidi und mir begegnet. Für Maaz spielte er so eine Art Mädchen für alles. Holte die Kohlen aus dem Keller und ließ sich bei Bedarf zur allgemeinen Belustigung bereitwillig hypnotisieren. Man hatte ihn in Untersuchungshaft genommen, weil er ausgerechnet Ehefrauen von MfS-Mitarbeitern an der Nase herumgeführt hatte. Mit dem Versprechen, ihnen seine demnächst fällige Anmeldung für die Auslieferung eines Pkw zu verscherbeln, hatte er den Damen mehr als 30 000 Mark abgeknöpft, obwohl er überhaupt keine Anmeldung besaß. Da die Angelegenheit den Tschekisten peinlich war, saß er nun in der UHA des MfS ein. Und dort hatten die Vernehmer routinemäßig eine kleine Rundumbefragung durchgeführt, also sich nach Achim Maaz und seinen Bekannten erkundigt, wodurch auch ich in ihr Blickfeld geraten war.

Ich hätte vermutlich nie davon erfahren, wenn mich nicht Rechtsanwalt Bauer darauf angesprochen hätte. Bauer wunderten die reißerischen Aussagen seines Mandanten. F. hatte nämlich zu Protokoll gegeben, in Hammerfort würden wüste Partys gefeiert, bei denen Heidelore und die anderen Frauen sich zum Entzücken der geladenen Gäste als Stripperinnen ausprobieren würden. Ich glaube nicht, dass die Ermittler derlei Erzählungen für bare Münze genommen haben. Die Causa zeigte mir aber wieder mal drastisch, wie die Organe des MfS funktionierten. Jeder, der in ihre Fänge geriet, wurde unabhängig von dem untersuchten Straftatbestand zwecks Informationsgewinnung ausgequetscht wie eine Zitrone.

Ich führte ein Doppelleben

Es wäre tölpelhaft gewesen, bei meinem Buchprojekt etwa darauf zu bauen, machtbewusste Generale wie der für mich örtlich zuständige Gerhard Neiber könnten durch Aufrichtigkeit und Offenheit wohlwollend gestimmt werden. Wer fair spielte, würde es bereuen, und wer unfair spielte eventuell auch. Mein wahres Gesicht blieb für die Freunde reserviert. So habe ich gehandelt. Eingedenk der Lehre vom Löwen und Fuchs, welche Machiavelli empfiehlt: Kannst du nicht darauf hoffen, mit der Pranke eines Löwen zuzuschlagen, dann handle listig wie ein Fuchs. Nach Auffassung der Partei war ich ein Staatsfeind, welcher die unverbrüchliche Treue zur Sache des Fortschritts (der Arbeiterklasse, des Volkes, der Ausgebeuteten und Unterdrückten) schnöde verraten hat und auf die Seite des Gegners (der Kapitalisten, Ausbeuter, Kriegstreiber) desertiert ist. So wie es ein Untersuchungsbericht der SED im März 1989 amtlich feststellte. Darin heißt es: »Alle mit dem Schreiben des Buches und den Vorbereitungen zur Veröffentlichung verbundenen Aktivitäten erfolgten in konspirativer Weise ... Rolf Henrich ist sich des partei- und staatsfeindlichen Charakters seiner Handlungen bewusst. Er war sich von Beginn an darüber im Klaren, dass er mit Bekanntwerden seiner partei- und staatsfeindlichen ideologischen Positionen und Handlungen einschließlich der Aufnahme ungesetzlicher Verbindungen, jedoch spätestens mit Veröffentlichung des Buches in der BRD aus der SED ausgeschlossen wird, nicht mehr als Rechtsanwalt tätig sein kann und mit strafrechtlichen Konsequenzen rechnen muss. Er kalkulierte diese Konsequenzen ein ... Rolf Henrich hat sich über einen Zeitraum von mindestens 8–10 Jahren ideologisch von der Partei getrennt und unter dem Einfluss feindlicher imperialistischer und antisozialistischer Ideologien seine eigene partei- und staatsfeindliche Position ausgearbeitet ... Rolf Henrich täuschte seine Parteiorganisation sowie die Mitglieder des Kollegiums der Rechtsanwälte absichtlich über seine eigentlichen politischen Positionen, Ziele und Handlungen ...

Bei der Irreführung der Parteiorganisation und des Kollegiums der Rechtsanwälte über seine partei- und staatsfeindlichen Positionen kam Rolf Henrich zustatten, dass er seit den ersten Jahren seiner Tätigkeit im Kollegium der Rechtsanwälte des Bezirkes Frankfurt (Oder) eine qualifizierte rechtsanwaltschaftliche Arbeit leistete, politisch engagiert auftrat, Grundpositionen der Innen- und Außenpolitik der Partei überzeugend erläuterte und damit Anerkennung erworben hatte … Anfang der 80er Jahre begann Rolf Henrich, sich unter Hinweis auf psychologische Weiterbildung schrittweise aus konkreter Leitungsverantwortung zurückzuziehen.« Verwerflich in höchstem Grade war, wie weiter ausgeführt wird, dass der Verräter Henrich »selbst noch die Tätigkeit als Parteisekretär zur Tarnung seiner parteifeindlichen ideologischen Positionen und Aktivitäten missbrauchte«.

Ich habe taktiert! Und das über einen Zeitraum von zehn Jahren, so wie es Klaus Klasen und Hans Hörath mir in ihrem Bericht ankreiden. Ohne die Trommel zu rühren, arbeitete ich während meiner spärlich bemessenen Freizeit in den Achtzigern beharrlich an meinem Text. Meinem Leben gab ich damit eine Richtung, die aus Sorge um die angestrebte Veröffentlichung durch spezielle Rücksichtnahmen und Winkelzüge geprägt war. Trotzdem blieb es mir möglich, meine innere Loslösung von der Partei und meinen Widerstand gegen den vormundschaftlichen Staat auf eine einigermaßen anständige Weise zu leben und bei allen Kompromissen nicht allzu weit von mir selbst abzufallen. Ich musste mich ja vor allem normal benehmen, wenn ich mein Vorhaben durchführen wollte. Sicher, meine Funktion als Parteisekretär, die ich bald niederlegte, verlangte von mir, an unangenehmen Entscheidungen mitzuwirken. So habe ich, um das krasseste Beispiel nicht zu verschweigen, einmal dem Rausschmiss eines Praktikanten aus dem Kollegium zugestimmt, der mit seiner Verlobten in Beeskow eine von der Abteilung Wohnraumlenkung für eine kinderreiche Familie reservierte Wohnung besetzt hielt. Formal mag das eine korrekte Bereinigung des kleinstädtischen Skandals gewesen sein. Aber mit einigem Geschick hätte man diesen Fall mit den zu Recht empörten Wohnraumverwaltern wahrscheinlich auch anders regeln können.

Man wird mir vielleicht ins Wort fallen, wenn ich behaupte, meine

Tätigkeit als Parteisekretär habe mir nur unmaßgebliche Verrenkungen abverlangt. Ich will damit keinesfalls die finsteren Zeiten relativieren. Aber man darf nicht aus den Augen verlieren, die SED befand sich längst in einem Zustand, welcher dem der Papstkirche ähnelte, als Luther in Wittenberg seine Thesen an die Kirchenpforte hämmerte. Bereits seit Jahren nahmen die meisten Genossen ja die Beschlüsse des Zentralkomitees und den ihnen aufgetischten Marxismus-Leninismus-Sermon so hin wie Protestanten eine sonntägliche Predigt, wenn sie nichts mehr mit der Kirche verbindet, sie aber dennoch nicht austreten möchten. Ungläubig bis ins letzte Glied war der Verein schon lange. Über alles und jeden wurde gespottet, besonders eifrig über Honecker und sein Gefolge. Freilich, wer sich damals nach Reformen sehnte, überschritt selten die rote Linie.

In dieser Atmosphäre lustloser Heuchelei blühten Camouflage und Schauspielerei. Sobald ein höherer Funktionär der Bezirksleitung oder des Justizministeriums bei uns im Kollegium aufkreuzte – einmal ließ sich sogar Minister Heusinger blicken –, vollbrachten meine Genossen in engem Schulterschluss mit allen Parteilosen unglaubliche Meisterleistungen im ideologischen Versteckspiel. Jedes gesprochene Wort wurde abgewogen, ob es geeignet schien, unser klassenbewusstes Wirken als Kollektiv sozialistischer Anwälte bei der Umsetzung der Beschlüsse der Partei ins rechte Licht zu rücken. Staatstragende Gedankenperlen hörte man da auf einmal, glaubensstark und gänzlich ironiefrei vorgetragen. Grigori Alexandrowitsch Potjomkin hätte seine Freude daran gehabt.

Immer wieder staune ich darüber, wenn die SED heute als ein geschlossener Haufen dargestellt wird; als hätte es in ihren Reihen nicht dieselben Zweifel, denselben Konkurrenzneid, dieselben Feindschaften und Rivalitäten gegeben, wie sie in jedem politischen Verein gepflegt werden. Überhaupt scheint es mir so zu sein, dass die Partei in Fernsehproduktionen oder in der Geschichtsschreibung inzwischen so gesehen wird, wie sie selber liebend gern gewesen wäre: eine gestählte Kaderorganisation allzeit kampfbereiter Sozialisten. Vielleicht hat es derartige Zusammenschlüsse im Apparat der SED tatsächlich irgendwo gegeben, am ehesten vielleicht noch an den Bezirksparteischulen, in Ministerien, bei den Gerichten oder bewaffneten Organen. Unter Anwälten, in den volkseigenen Betrieben und Genossenschaften, in den Verlagen, an den Universitäten war die Lage jedoch eine gänzlich andere, denn dort wurde die sogenannte Parteiarbeit von der weit überwiegenden Mehrheit der Genossen durchweg als lästige Pflichtübung angesehen. Wenn man sich zur SED bekannte und erklärte, Positionen der Partei zu vertreten, war das im letzten Jahrzehnt der DDR oftmals eine Schutzbehauptung, womit abgesichert wurde, dass man ungehemmt über Honeckers verfehlten Kurs schimpfen und eine vorgetragene Kritik an Partei und Regierung obendrein als »ehrlich und konstruktiv« hinstellen konnte.

Als Parteisekretär kannte ich den maroden Zustand des Vereins genau. Zwar habe ich nicht damit gerechnet, dass am Ende der Dekade die vermeintliche Avantgarde des Proletariats sich von einem Tag auf den nächsten in die Büsche schlagen und gleich millionenfach ihre roten Mitgliedsbücher zurückgeben würde. Aber dass die Truppe für eine – wie auch immer definierte sozialistische Generallinie als Transmissionsriemen in die Gesellschaft nicht länger taugte, daran zweifelte ich keinen Augenblick mehr. Einmal im Monat veranstalteten wir routinemäßig unsere Parteiversammlung und das Parteilehrjahr, an dem auch alle Parteilosen teilnahmen. Dafür hatten wir gegen Bares Professor Ludwig Penig von der Akademie für Staats- und Rechtswissenschaften in Babelsberg engagiert. Er war der Mann, der für uns das Gras wachsen hörte! Penig referierte in der Regel über irgendwelche volkswirtschaftlichen Schwierigkeiten oder die jeweils neuesten Gesetzgebungsvorhaben und Intrigen innerhalb des Partei- und Staatsapparates. 250 Mark bekam er dafür.

Einschränkungen der Meinungsfreiheit gab es im Parteilehrjahr kaum. So konnte ich unbeanstandet die Streikbewegung in Danzig und die Gewerkschaft Solidarność als symptomatisch für den Ruin des Staatssozialismus im benachbarten Bruderland zur Diskussion stellen. Eine Debatte, an die ich mich noch gut erinnere, weil sie in eine inakzeptable Richtung schwenkte. Plötzlich waren es unsere Parteilosen, vorneweg der spätere erste Kammerpräsident in Brandenburg und Träger des Bundesverdienstkreuzes, Werner Reimers, die keinerlei

Verständnis für das Geschehen in Polen aufbringen mochten. Reimers bezeichnete Lech Wałęsa als »Radaubruder« und höhnte über »polnische Misswirtschaft«, und er berichtete von einem Major der kasernierten Bereitschaftspolizei, mit dem er befreundet war. Der träumte davon, seinen »blutigen Säbel im Wasser der Weichsel« zu reinigen, um den Polen »Ordnung« beizubringen. Da platzte mir dann doch der Kragen. In jener Debatte habe ich ausnahmsweise autoritär mit der offiziellen Parteilinie argumentiert.

Eine realistische Sicht der Dinge fand gar nicht so selten Beifall. Auf einer Jubiläumsveranstaltung anlässlich der Gründung unseres Kollegiums referierte ich beispielsweise über die Stellung des Rechtsanwalts in der entwickelten sozialistischen Gesellschaft. Wir feierten in der Gerichtslaube des Frankfurter Rathauses. Anwesend waren die Direktorin des Bezirksgerichts, der Bezirksstaatsanwalt sowie führende Genossen der Bezirks- und Kreisparteileitung. Das Manuskript meiner Rede habe ich noch. Unverblümt sprach ich bei dieser Gelegenheit aus, ein guter Strafverteidiger habe für mich im Gegensatz zum offiziellen Bild vom Organ der Rechtspflege selbst nach über drei Jahrzehnten DDR-Sozialismus verständlicherweise nach wie vor ein bisschen was vom »Komplizen seines Mandanten« an sich, und dass die Rechtssuchenden ernsthaft wohl nur einem Verteidiger vertrauen würden, der, wie der von François Villon besungene Advokat, die »Löcher im Gesetz kennt«. Weil ich wusste, wie viele meiner Kollegen sich am liebsten um die Vertretung politisch heikler Strafsachen herumdrückten, da sie ernsthafte Konfrontationen mit Staatsanwälten und Richtern scheuten, führte ich unter Hinweis auf das Prinzip der Vermutung der Nichtschuld weiter aus, dass ein Rechtsanwalt niemals versuchen dürfe, einen Mandanten »loszuwerden« oder sich gar von seinem Mandanten zu distanzieren. Meine Kollegen wussten, was ich damit meinte, nämlich die Zurückweisung jeder Art von Als-ob-Verteidigung, wie sie von den Richtern und Staatsanwälten gewünscht wurde. Das war ja die gröbste Versuchung! Und etliche Kollegen erlagen ihr. Obwohl ich damit ziemlich unverblümt ausgesprochen hatte, wie schlecht es um das angeblich garantierte Recht auf Verteidigung bestellt war, zog mich beim anschließenden Empfang ausgerechnet der ranghöchste Funktionär der Bezirksleitung auf die Seite und lobte mich für meine »mutige Rede«.

Es ist gar nicht so leicht, die Atmosphäre lustloser Heuchelei, wie sie während meiner Zeit als Parteisekretär in den späten Siebzigern und frühen Achtzigern herrschte, wirklichkeitsgetreu zu vermitteln. Beispielhaft dafür scheint mir auch die Vergabe der Orden und Ehrenzeichen zu sein, womit jährlich »Verdienste bei der Stärkung der sozialistischen Gesellschaft« gewürdigt werden sollten. Immer wieder lief es auf dieselbe Schacherei hinaus. Klaus Klasen als Vorsitzender und ich als Parteisekretär mussten das dem Kollegium der Rechtsanwälte zugeteilte Kontingent staatlicher Auszeichnungen verteilen, was uns beide in allergrößte Verlegenheit brachte. Begehrt waren allein die Ehrungen, die mit einer Geldprämie verknüpft waren. Aber wem sollte man nun das Lametta an die Brust heften, wo es doch gar keine überzeugten Kämpfer für die sozialistische Sache mehr gab? Das Ganze war reines Theater. Wir einigten uns darauf, dass jeder tüchtige, umsatzstarke Kollege mal an die Reihe kommen sollte, Genossen und Parteilose gleichermaßen, ob sie es ideologisch gesehen verdient hatten oder nicht. Selber wollten Klasen und ich natürlich auch nicht zu kurz kommen. Als dem Kollegium mal ein Vaterländischer Verdienstorden in Bronze (5000 Mark) zugeteilt wurde, war klar, dass sich den nur Klasen an die Brust heften durfte. Für meinen Teil brachte ich es lediglich zur DDR-Verdienstmedaille, die 1500 Mark wert gewesen ist.

Stille Post

Am dritten Advent 1987 tippte ich unter der Überschrift »Von Jalta zur Emanzipation der Deutschen« eines meiner letzten Kapitel in die Schreibmaschine. Eine Zangengeburt! Über die deutsche Frage mit mir ins Reine zu kommen, fiel mir schwer. Wie so vielen meiner Altersgenossen steckte mir das schlechte Gewissen über die Schinderhütten der Nazis in den Knochen. Was waren wir anderes als die Söhne und Töchter der Besiegten von 1945? Die Zerstückelung Deutschlands als gerechte Strafe – war das nicht der Preis, den wir Nachgeborenen zahlen mussten? Lange habe ich dieses Postulat geschluckt, beinahe so wie ein Übeltäter von seinem Richter einen Urteilsspruch hinnimmt und, Einsicht zeigend, zähneknirschend eine über ihn verhängte Strafe widerwillig akzeptiert. Als Geduckter unter Geduckten, sprachlos und reuig auch und vor allem im moralischen Sinn, nicht unbedingt aus rechtlichen und historischen Überlegungen. »Das Festhalten an Jalta«, so lautete jetzt das Fazit, zu dem ich mich durchgerungen hatte, »hat keine Zukunft mehr, denn es sichert nur mehr die Bestandserhaltung der politbürokratischen Macht.« Zustimmend zitierte ich Martin Walser, der, geschmäht von der westdeutschen Linken, forderte: »Wir alle haben auf dem Rücken den Vaterlandsleichnam, den schönen, den schmutzigen, den sie zerschnitten haben, dass wir jetzt in zwei Abkürzungen leben sollen. In denen dürfen wir nicht leben wollen. Wir dürfen die BRD so wenig anerkennen wie die DDR. Wir müssen die Wunde namens Deutschland offenhalten.«

Da ich nicht mehr willens war, die ungelöste deutsche Frage zu umgehen, bemühte ich mich jetzt darum, meine neue Sichtweise in einem bei Wolfgang Strübing in Köpenick monatlich tagenden Gesprächskreis ausführlich zu rechtfertigen. Wie sehr ich damit polarisierte, überraschte mich nicht. Allen Teilnehmern an unseren Debatten bereitete es allergrößte Schwierigkeiten, sich klar darüber zu werden, dass Deutschland jederzeit mehr gewesen ist, als die beiden in ihrer Souveränität beschnittenen Reststaaten und politischen Regime BRD und DDR jemals würden sein können. In seltener Eintracht hielten meine als historisch gebildet und freisinnig geltenden Freunde mir entgegen, wie sehr sie sich bereits durch den Gebrauch der Wörter Deutschland und Vaterland peinlich berührt fühlten, weil sie fürchteten, sich damit der Deutschtümelei schuldig zu machen. Nur Wolfgang Strübing und Paul-Gerhard Schumann waren so wie ich davon überzeugt, es sei an der Zeit, sich endlich aus dem pädagogischen Würgegriff von Jalta zu befreien und damit aufzuhören, von jenem ewigen, unbelehrbaren und ach so ekelhaften Deutschland zu salbadern.

Eine Ausfertigung meines Manuskripts, auf Durchschlagpapier geschrieben und in einer Konfektschachtel verpackt, brachte ich nach Köpenick zu Wolfgang Strübing. Er war künstlerischer Leiter der Schule der Stimmenthüllung im Osten. Heidi und ich unterstützten ihn seit Jahren durch eine kleine monatliche Rente. Wolfgangs Leben war durch die Anthroposophie geprägt. Anfang der achtziger Jahre hatte er einen Kreis talentierter Sänger um sich geschart und unabhängig von jeglicher staatlichen oder kirchlichen Aufsicht in freier Trägerschaft mit Paul-Gerhard Schumann den Cäcilienchor stimmlich ausgebildet. Während der Wochenendproben in seinem Haus fanden sich meist zwei Dutzend Sänger mitsamt Anhang ein, für die nicht allein der Gesang das Verbindende war. Wer bei Strübing übte, verstand sich zugleich als Mitglied einer verschworenen Gemeinschaft, welche der amtlichen Kulturpolitik ein selbstbestimmtes Geistes- und Kulturleben entgegenstellen wollte. Der Widerstand, der hier praktiziert wurde, entzog sich allen gängigen Mustern, wie sie unter der Schlagzeile oppositionelle Kräfte in der DDR bis heute alle fünf Jahre erinnert werden.

In Strübings Köpenicker Haus, Straße im Walde 1, tagte jahrelang ein Lesekreis, in dem wir uns über die Dreigliederung des sozialen Organismus als Alternative zum vormundschaftlichen Staat austauschten. Menschen unterschiedlichster Berufsgruppen brachten dabei ihre Erlebnisse ein, die sie auf ihrem anthroposophischen Schulungsweg und bei der Erziehung der eigenen Kinder gewonnen hatten. Es gab vegetarisches Essen. Alkohol und Nikotin waren tabu. Küchenabfälle wurden kompostiert. Und Strübing sang zweimal im Jahr herzzerrei-

Rolf Henrich, Ikan Takahashi, Wolfgang Strübing, Heidelore Henrich, 1990 in Hammerfort

ßend Schubert-Lieder aus der »Winterreise«: »Fremd bin ich eingezogen, fremd zieh ich wieder aus«. Wolfgang verkörperte für mich mit seiner konsequent praktizierten ganzheitlichen Lebensweise so etwas wie eine ontologische Revolte. Für die Staatssicherheit waren Leute wie er uninteressant: harmlose Spinner mit einem Hang zur Esoterik, die keinen Ärger bereiteten und nur nicht gestört werden wollten. Dass aus diesem Umfeld sehr bald handfeste und bestens vorbereitete Initiativen zu Schul- und Krippengründungen in freier Trägerschaft gestartet wurden und drei Erstunterzeichner des Gründungsaufrufs des Neuen Forums hervortreten würden, konnten sich die Operativniks nicht vorstellen.

(Der tief im deutschsprachigen Kulturraum wurzelnde anthroposophische Widerstand, der nicht nur in der DDR wirksam war, sondern auch auf andere Länder des sowjetischen Imperiums ausstrahlte, wird bis heute nur von ganz wenigen gesehen, ja man kann sagen, diese spezifische Form oppositionellen Verhaltens findet in der offiziellen Geschichtsschreibung überhaupt nicht statt. Es hat jedoch zu jeder Zeit in Berlin, aber ebenso in Dresden, Leipzig, Jena, Rostock, Güstrow und

Weimar stabile Zusammenschlüsse gegeben, welche einen Vergleich mit den lautstarken, unter dem Dach der evangelischen Landeskirchen agierenden Dissidenten nicht zu scheuen brauchen. Was Russland angeht, hat Alexander Solschenizyn die kameradschaftliche Hilfe, welche er durch die Anthroposophen W. L. Teusch und I. Silberberg erfahren hat, ausdrücklich gewürdigt.

Da das mutige Wirken der im sozialistischen Lager verdeckt operierenden Anthroposophen unbekannt geblieben ist, möchte ich hier fairnesshalber wenigstens Swiad Gamsachurdia erwähnen, einen Freiheitskämpfer, der nach meinem Verständnis dieselbe Anerkennung verdient, wie wir sie Lech Wałęsa und Václav Havel entgegenbringen, die es viel leichter als er hatten. Der 1939 in Tiflis geborene Sohn des Schriftstellers Konstantine Gamsachurdia rebellierte bereits als 17-Jähriger gegen den Stalinismus; 1973 gründete er eine Initiativgruppe für die Verteidigung der Menschenrechte in Georgien und wurde 1977 als Mitbegründer der Helsinki-Bewegung zu drei Jahren Gulag und anschließender Verbannung verurteilt. 1989 führte Swiad Gamsachurdia dann die georgische Protestbewegung an. Und er gewann in freien Wahlen mit der von ihm gegründeten Partei Runder Tisch/Freies Georgien 87 Prozent der gültigen Stimmen, woraufhin er in der ersten Parlamentssitzung zum Staatsoberhaupt gewählt wurde. Paramilitärs unter dem Kommando Tengis Kitowanis putschten ihn nach harten Kämpfen in der Tifliser Innenstadt zugunsten des Genscher-Lieblings und ehemaligen KP-Chefs Eduard Schewardnadse aus seinem Amt. Mit 200 Bewaffneten floh Gamsachurdia daraufhin nach Grosny, von wo aus er im September 1993 zurückkehrte und in Sugidi eine Regierung bildete, nachdem seine Anhänger große Teile Westgeorgiens, darunter die Hafenstadt Poti und den wichtigen Eisenbahnknotenpunkt Samtredia, unter Kontrolle gebracht hatten. Mithilfe herbeigerufener russischer Spezialeinheiten gelang es dem Usurpator Schewardnadse im Tausch gegen die Einräumung dreier Militärbasen für Moskau, den Aufstand blutig niederzuschlagen. Gamsachurdia wurde ermordet. Nach Schewardnadses Sturz ehrten der georgische Staat und die Apostelkirche Swiad Gamsachurdia durch seine Beisetzung im Tifliser Pantheon 2007 als Märtyrer.)

Ehemals vergrabenes Gurkenglas mit dem auf Durchschlagpapier getippten Manuskript des »Vormundschaftlichen Staates«; heute im Bestand des Zeitgeschichtlichen Forums Leipzig

Wolfgang hatte mir versprochen, mein Manuskript an Jörg von Studnitz weiterzuleiten. Ingrid Stropahl, eine seiner Schülerinnen, sollte ihm eine von mir präparierte Pralinenschachtel während eines Gottesdienstes der Christengemeinschaft zustecken. Studnitz war leitender Mitarbeiter der Ständigen Vertretung der Bundesrepublik in Ostberlin, später deutscher Botschafter in Moskau. Er sollte die heikle Fracht – verstaut im Diplomatengepäck – an den Zollorganen vorbei nach Westberlin zu dem Architekten Michael Küßner schmuggeln. Küßner unterstützte Strübings anthroposophische Aktivitäten seit Jahren. Er versorgte ihn mit Büchern, Zeitungen und technischen Geräten. Auf seine Hilfe konnte ich bauen. Weil ich mich gegen ein mögliches Fehlschlagen dieser Aktion absichern wollte, plante ich aber von vornherein, ein zweites Manuskript nach Westberlin zu schleusen. Das wollten Erika Drees und Katja Havemann übernehmen. Katja nutzte dafür ihre Kontakte zu einer befreundeten Journalistin.

Aber selbst das reichte mir noch nicht. Ich wollte hundertprozentig auf Nummer sicher gehen! Für den äußersten Notfall – wenn alles schieflaufen sollte und ich inhaftiert werden würde – vereinbarte ich deshalb mit Erika Drees, dass sie eine letzte, außerhalb meines Grundstücks vergrabene Durchschrift holen und dieses Exemplar in den Westen schmuggeln sollte. Nachdem Heidi in der Silvesternacht Falk-Florian ins Bett gebracht hatte, schaufelte ich also vor unserem Grundstück noch einmal ein metertiefes Loch. Während über der Marienkirche in Frankfurt Raketen explodierten und ihr Feuerwerk in den wolkenlosen Nachthimmel versprühten, verbuddelte ich am Fuße einer nahe unserer Schleusenmeisterei stehenden Birke die dafür vorgesehene Ausfertigung, die Heidi straff zusammengerollt in ein Gurkenglas gesteckt hatte.

Ungeklärt blieb, welcher Verlag im Westen mein Buch drucken würde. Im Stillen hoffte ich darauf, die Verhandlungen darüber selbst führen zu können. Aus diesem Grund hatte ich eine Besuchsreise zum 55. Geburtstag einer Verwandten nach Hannover beantragt. Allzu viele Chancen rechnete ich mir jedoch nicht aus. Gegenüber Klaus Klasen, der mir meine Reisepläne unbedingt ausreden wollte, obwohl er selber jedes Jahr seinen Bruder im Westen besuchte, hatte ich mich zwar ungemein ereifert und angekündigt, zukünftig jede gesellschaftliche Tätigkeit im Kollegium einzustellen, sollte mein Antrag abgelehnt werden. Aber ich gehörte formal gesehen nicht zum Kreis der Antragsberechtigten.

Bärbel Bohley in Hammerfort

Die Veröffentlichung meines Textes war nur das eine Problem, welches mich beschäftigte. Jetzt wollte ich auch aus meiner Deckung heraustreten und mit meinen anwaltlichen Kenntnissen und Fähigkeiten die Opposition offen unterstützen. Erika und Ludwig Drees, mit denen ich darüber sprach, hatten sich schon seit längerem bemüht, mich von einer Zusammenarbeit mit den bereits bestehenden Gruppierungen zu überzeugen. Erika hatte mir bündelweise Samisdatzeitschriften ins Haus gebracht, um mich über den Stand der Diskussion in der Szene zu informieren. Was darin so stand, sei es in den »Umweltblättern«, im »Kontext«, den »Weißenseer Blättern« oder im »Grenzfall«, erschien mir zwar interessant, oftmals sogar lehrreich. Man sah aber, wie meistens eine nur moralisierende Attitüde den Autoren ihre Feder geführt hatte. Nichts von dem, was hier verhandelt wurde, war aus meiner Sicht dazu geeignet, die in ihrem Mündeldasein dahinlebenden DDR-Bürger politisch aufzustacheln, sie auf die Straße zu locken. »Frieden schaffen ohne Waffen« – darüber lächelten die Arbeiter, denn sie hielten pazifistische Parolen schlicht für Pastorengeschwätz. Und am Elend in Nicaragua oder in der Dritten Welt waren sie so wenig interessiert wie am deutsch-polnischen Dialog. Der Nord-Süd-Konflikt war ihnen völlig egal. Einen revolutionären oder auch nur reformerischen Gebrauchswert hatte dies alles nicht. Was die Beschäftigten in den volkseigenen Betrieben dachten, worüber sie miteinander in den Pausen redeten, was sie in ihrer Arbeitswelt bedrückte oder was sie sich wünschten, darüber wurde in Erikas Heftchen kaum mal ein Wort verloren. Und was war eigentlich mit den über zwei Millionen Parteigenossen? Warum ließ man die links liegen? Darum bemüht, meine Skepsis zu zerstreuen, wies mich Ludwig darauf hin, dass die Dissidenten des Jahres 1988 ja keineswegs eine homogene Gruppe seien. Seiner Kenntnis nach reichte die Palette von den Trotzkisten über die Pazifisten, Ökologen, Anarchisten, Menschenrechtler und Atomkraftgegner bis hin zu christlichen Sozialisten. Aber wo da nun mitmachen? Als gewiefter Psychotherapeut spielte Ludwig mir den Ball zurück: »Nun ja, das musst du schon selbst herausfinden«, betonte er mehrmals.

Es waren letzthin aber nicht nur die ausgeführten Vorbehalte, welche mich zögern ließen. Fasste man wie ich jene Grüppchen in Berlin und den Bezirken als einen an der langen Leine gehaltenen und von der evangelischen Konsistorialbürokratie abhängigen Verein auf, war es unangenehm für mein Selbstverständnis, mit diesen Herrschaften in einen Topf geworfen zu werden. Am Gängelband der Kirche im Sozialismus? Peinlich für mich als Autor, der ich doch das Lavieren der Konsistorialoberen als verkappte Neuauflage einer Bündnispolitik nach dem klassischen Muster Thron und Altar kritisierte. Dass viele Gemeindepfarrer ihre Oberen längst ähnlich sahen wie ich und nicht kollaborierten, ist mir unglücklicherweise erst klar geworden, als ich Hans-Jochen Tschiche kennengelernt habe. (Aus der Beschwörung des ungeschriebenen Konkordats durch den thüringischen Landesbischof Werner Leich im März 1978 hatte ich viel zu weitreichende Schlüsse gezogen. »Wir wollen Gottes Willen annehmen, in einer sozialistischen Gesellschaft mit einem sozialistischen Staat als Kirche Gott zu dienen.« Die Kirche sei, so hatte sich der Bischof eingekratzt, ein »konstruktiv mitarbeitender Partner, der das Wohl des Gemeinwesens und die Möglichkeit des Sozialismus als einer gerechteren Form des Miteinanders von Menschen bejaht«. Diese Grundsatzerklärung hielt ich für Liebedienerei und, enttäuscht wie ich davon war, fragte ich nicht mehr danach, ob nicht vielleicht viele Pastoren mehr unter so viel Anbiederung gelitten haben als unsereiner.)

Meine Skepsis, dass aus der kirchenabhängigen, hermetischen Gesellschaft der etablierten Widerständler kein Aufbruch zu erwarten sei, wies mir die Richtung. Es musste was Neues her, so viel war klar! Neugierig war ich auf Bärbel Bohley. Erika wollte mich mit Bohley auf Teufel komm raus verkuppeln. Sie schilderte mir Bärbel als eine Ausnahmeerscheinung, die selber das bis an den Rand der Feindschaft getriebene Gezänk in den Oppositionskreisen nicht mehr ertragen wolle. »Bärbel überlegt doch schon lange, ob nicht ein anderer Anfang gemacht werden muss«, versicherte sie mir immer wieder. Um bestehende

Teilnehmer der Liebknecht-Luxemburg-Demonstration, Januar 1988

Gemeinsamkeiten auszuloten, stimmte ich schließlich zu, mich mit ihr und Bärbel am 22. Januar 1988 bei mir in Hammerfort zu beraten. Einen ungünstigeren Zeitpunkt hätten wir nicht verabreden können. Denn während der wieder mit viel Tamtam veranstalteten Kampfdemonstration zu Ehren Karl Liebknechts und Rosa Luxemburgs kam es am 17. Januar zu einem folgenreichen Spektakel. In den Nachrichten hörte ich, Oppositionelle hätten bei dem Gedenkmarsch Spruchbänder mit Losungen wie »Freiheit ist immer Freiheit der Andersdenkenden!« und »Der einzige Weg zur Wiedergeburt – breiteste Demokratie« vor laufenden Kameras von Westkorrespondenten in die Höhe gehalten. Es gab Verhaftungen. Und Bärbel Bohley koordinierte jetzt von ihrer Wohnung in der Fehrbelliner Straße aus die Unterstützung für Inhaftierte.

Die Hiobsbotschaften, die der Rundfunk und das Westfernsehen sendeten, ergaben für mich kein klares Lagebild. Die Aktivisten hatten eine unglaubliche Lautverstärkung ihres Auftritts in den Westmedien erreicht. In der Provinz empfand man ihren Protest jedoch als eigennützige Provokation, wie ich aus Gesprächen mit Mandanten entnehmen musste. Immer wieder hörte ich: »Die wollen doch nur ihre Ausreise aus der DDR erzwingen.« Dass es den Protestlern am 17. Januar um die Demokratisierung der DDR ging, nahm man ihnen nicht ab. Ich selber war unschlüssig über die Bewertung des Ganzen. Dass die Tschekisten in dieser Situation Bärbel Bohley verstärkt observieren würden, damit rechnete ich nun aber. Unser Treffen deshalb zu verschieben, hätte ich jedoch als ein feiges Zurückweichen empfunden.

Am Morgen des 22. Januar heizte ich unsere Kachelöfen an und saugte Staub. Danach fuhr ich zum Frankfurter Bahnhof. Es schneite leicht. Frankfurt sah schrecklich aus, putzlappengraue Provinz. Auf dem Bahnsteig, als der Zug eingefahren war, sah ich unter den aussteigenden Reisenden gleich Erikas blonden Haarschopf. Mit ihrer unvermeidlichen, prall gefüllten Aktentasche in der Hand stürmte sie an mir vorbei in Richtung Treppe. »Wir werden beschattet«, zischelte sie, ohne mich zu begrüßen. Ich hastete hinter ihr her und rief ihr über die Schulter zu, sie solle sich vor der Bahnhofshalle von Bärbel Bohley trennen und dann auf der linken Seite, Bärbel auf der rechten Seite, um den Vorplatz herumlaufen. Direkt gegenüber der Bahnhofshalle stand mein Lada. Hier ließ ich beide Frauen einsteigen und raste in halsbrecherischem Tempo los. Über den Buschmühlenweg fuhren wir aus der Stadt heraus, durch das angrenzende Waldgebiet am Ufer des Helenesees entlang zu mir nach Hammerfort. Dort angekommen, war ich mir ziemlich sicher: Entweder wir hatten die Operativniks in Frankfurt abgehängt oder sie waren nie da gewesen.

Ich war an diesem Tag sehr gesprächig. Bohleys Anwesenheit beflügelte mich, und ich brauchte nicht lange, um mit ihr warm zu werden. Nachdem wir Kaffee getrunken hatten, legte ich das Manuskript des »Vormundschaftlichen Staates« auf den Tisch. Verschmitzt lächelnd meinte Bärbel, der Titel gefalle ihr; aber als sie mich bat, ihr den wesentlichen Inhalt darzulegen, sagte ich, das würde ich lieber nicht tun, es sei besser, wenn sie sich selbst erst einmal einen Eindruck verschaffen würde. Sie guckte mich an, wie um zu sagen, ich solle keine Scherze mit ihr treiben. Das tat ich auch nicht. Ich wollte ihr nur nichts einreden. Meine Sicht der Dinge musste für sich sprechen, und ich sah keinen Grund, sie um das Vergnügen zu bringen, wenigstens ein oder zwei Kapitel davon zu lesen: und zwar ohne jemanden, der sie an der Hand führte. Ich schlug vor, mit Erika noch einen Patrouillengang zu unternehmen. So schlenderte ich noch einmal mit Erika auf dem Dammweg nach Schlaubehammer. Verdächtiges stellten wir nirgendwo fest.

Nach Hammerfort zurückgekommen, holte ich eine Flasche Rosenthaler Kadarka aus dem Keller. Erika bestürmte Bärbel und wollte unbedingt wissen, was sie von meinem Text hielt. Wie ich aus Bärbels Antwort heraushörte, hatte sie sich im achten Kapitel festgelesen, wo ich die Staatssicherheit und den politischen Prozess analysiert hatte. Bärbel war, wie ich erleichtert feststellte, überzeugt von dem, was sie gelesen hatte. »Du packst den Stier bei den Hörnern. Das hat sich Bahro nicht getraut«, meinte sie. Ihr Urteil war mir wichtig. Fröhlich stießen wir auf eine baldige Veröffentlichung an. Dann trug ich den Frauen noch stundenlang von mir ausgewählte Passagen vor. (Man kann heute nachlesen, wie sehr sich Bärbel Bohley gefreut hat. In ihrem Tagebuch notierte sie – da war sie schon im Westen – Anfang Februar desselben Jahres: »Ich war ganz begeistert, denn da hat jemand über die Probleme geschrieben, die auch uns beschäftigen ... Meine größte Angst im Knast war das Manuskript. Endlich hat jemand zehn Jahre an der Fortsetzung der ›Alternative‹ gearbeitet. Und dann geht es vielleicht im Wirbel der Ereignisse unter.«)

Wie sich herausstellte, hatte Bärbel größtes Verständnis für meine Vorbehalte gegenüber den oppositionellen Gruppen. Was diese zusammenhalten würde, sei ohnehin nur ihre politische Harmlosigkeit, vielleicht noch die Häme, mit der man sich untereinander herabsetzen würde. Keiner wüsste, was man tun und wie man es fertigbringen könne, eine schlagkräftige Oppositionsbewegung auf die Beine zu stellen. Bohley litt sichtlich an der Selbstisolierung des Protests unter dem Dach der Kirche und dem verletzenden Misstrauen der führenden Köpfe untereinander, welches durch die Zersetzungsmaßnahmen der Staatssicherheit ständig neu geschürt wurde. Für Außenstehende, klagte sie, sei das ja leider nur ein Haufen von Gescheiterten, Aussteigern, Halbgebildeten und Kirchentagsbesuchern, ohne jeden Rückhalt in der Bevölkerung. Alles Typen, zu deren Werdegang das Fehlen jeglicher Berufspläne gehöre. Aber ich müsse doch zugeben, Nichtstun sei schlimmer! Ich gab es nicht zu und sagte, in meinen Augen würden die unter dem Dach der Kirche operierenden Zirkel, vielleicht mit Ausnahme der Initiative Frieden und Menschenrechte (IFM), jene von mir behauptete ordnungspolitische Arbeitsteilung zwischen Thron und Altar festigen. Transparent wie ein Glas Wasser für ihre Observatoren, würden sie am Ende des Tages nur das sozialistische System stabilisieren. Wahrscheinlich, antwortete Bärbel resigniert, sei ja tatsächlich der Zeitpunkt gekommen, wo was Neues ausprobiert werden müsse.

Natürlich war ich an diesem Abend neugierig, aus erster Hand zu erfahren, was bei der Rosa-Luxemburg-Demonstration schiefgelaufen war. Wie Bärbel berichtete, hatte die Staatsbürgerschaftsrechtsgruppe der IFM im Januar vorgeschlagen, sich demonstrierend mit der Forderung nach einem Recht auf ungehinderte Ausreise zu beteiligen. Die oppositionellen Gruppen hatten diesen Vorschlag mehrheitlich abgelehnt, ihren Mitgliedern jedoch freigestellt, an dem Trauermarsch teilzunehmen. Nach den Verhaftungen lehnten ihre führenden Vertreter Mahnwachen ab, weil sie fürchteten, diese könnten von den Ausreiseantragstellern instrumentalisiert werden. Wer sollte sich da noch zurechtfinden? Ich sagte, das verstünde ich nicht. Auch die politische Position der Antragsteller wäre doch berechtigt. Für mich seien das Verbündete und die Haltung der oppositionellen Gruppen in dieser Frage widersprüchlich. Warum sollten die Ausreisewilligen nicht ausreisen dürfen? »Weil es mir um die DDR geht«, hielt Bohley mir trotzig entgegen.

Ich entschied mich, medias in res zu gehen, und blätterte in meinem Manuskript nach den Seiten, auf denen ich das Thema Ausreise durchdekliniert hatte. Man darf aus einem Staat kein Gefängnis machen, zitierte ich einleitend. Dann las ich das siebte Kapitel über die Mauer vor. Das Kapitel endet mit dem Aufruf: »Unter das vor fünf Generationen in deutschen Ländern etablierte Niveau formaler Freiheit können wir nicht einfach zurückfallen. Wer das wirklich will, der muss sich sagen lassen, dass er einen minderen Rechtsstatus für sich reklamiert, als ihn sächsische Hintersassen am Vorabend der bürgerlichen Revolution von 1848 innehatten Damit war aus meiner Sicht alles gesagt. Bei Bärbel verursachte das, was ich vorlas, offensichtlich Unbehagen. Wir diskutierten, und wir hätten wohl bis zum Morgengrauen gestritten, wenn ich Erika und Bärbel nicht um Mitternacht zum letzten Zug hätte bringen müssen.

Mich mit Bärbel prinzipiell auseinanderzusetzen, davor bin ich zurückgewichen. Meine Vorstellungen von Staat und Recht mit ihrer Sicht der Dinge abzuklären, wäre kaum möglich gewesen, ohne dass wir uns ernsthaft in die Haare gekriegt hätten. Ihr Menschenbild war einfach zu rosig. Die unheimliche Verflochtenheit von Gut und Böse, jene nur ungern eingestandene Vorurteilsbefangenheit und alles geheime Begehren, das ganze Gewölk, in dem sich das seelische Leben meistens abspielt, hatte in ihrem Bild vom Menschen keinen Platz. Wir besprachen stattdessen organisatorische Fragen. Erika wollte es übernehmen, ein Manuskript nach Grünheide zu schaffen. Katja Havemann sollte einen der bei ihr aus- und eingehenden Westjournalisten bitten, es an Jürgen Fuchs weiterzuleiten. Fuchs sollte für die Veröffentlichung sorgen. Bärbels Kalkül war, dass wir mit seiner Hilfe den größten Effekt erzielen könnten.

Studienreisen für Revolutionäre

Die Greise an der SED-Spitze waren schon seit längerem wütend auf die Dissidenten, sie ertrugen deren Protest aber irgendwie, und erst die pietätslose Störung ihres Totengedenkens in Friedrichsfelde 1988 brachte sie auf die Palme. Dass sie gleich mit Festnahmen reagierten, war ein taktischer Fehler, aber nicht weiter verwunderlich. Verwunderlich war da eher schon der heilige Zorn, mit dem sämtliche Kommentatoren im Westen die Ereignisse unisono einschätzten. Keiner von ihnen zeigte auch nur das geringste Verständnis für die Gefühlslage derer, die Rosa Luxemburg und Karl Liebknecht hatten ehren wollen. Ich traute meinen Ohren nicht, als ich einen Sprecher nach dem anderen mit bebender Stimme berichten hörte, in den Morgennachrichten und der abendlichen Tagesschau. Man hätte glatt denken können, am Rhein sei ein freiheitsliebender Geist erwacht, der den ruppigen Umgang mit den widerspenstigen Landsleuten im Osten nicht mehr hinnehmen wollte. Selbst durch die DDR fegte ein Sturm der Entrüstung! Bischof Gottfried Forck in Berlin forderte mit Aplomb, sofort alle Inhaftierten freizulassen. Und in Andachten mit tausenden Teilnehmern bekundeten Menschen ihre Solidarität mit den Eingesperrten. Wann hatte es so etwas je gegeben? Es roch nach Rebellion. Und die Fieberkurve der Erregtheit stieg stündlich.

Am 26. Januar informierte mich telefonisch eine mir unbekannte Frauenstimme, Bärbel Bohley sei soeben verhaftet worden. Stunden später rief Erika Drees an. Ich versicherte ihr, da käme für Bohley keinesfalls viel dabei heraus, wenn es denn überhaupt zu einer Anklage reichen würde. Weil ich fest damit rechnete, dass Erika abgehört wurde, bemühte ich mich, mit meinen Bemerkungen den Eindruck zu erwecken, es ginge um eine fernmündlich erbetene Rechtsberatung. Bärbel Bohley sei doch, sagte ich, nach allem, was man von der Dame höre, gefestigt genug, um eine kurze Haft durchzustehen. Den mit ihrer Inhaftierung verbundenen Rummel in den Westmedien könne die

Staatsmacht nur schwer verkraften. Mit meiner Voraussage lag ich richtig. Wie die einen Tag später gegen Vera Wollenberger, Andreas Kalk, Till Böttcher und Bert Schlegel erlassenen Urteile zeigten – das Gericht verhängte lediglich Gefängnisstrafen von sechs Monaten –, wagte die Partei offenkundig nicht mehr, mit der großen Strafrechtskeule zu hantieren. Gnadenloser Klassenkampf zwecks Unterbindung konterrevolutionärer Umtriebe hätte anders ausgesehen.

Aber dann kam die große Enttäuschung! Die Spitzenmeldung in der ersten Februarwoche. Im Kielwasser Freya Kliers und Stephan Krawczyks sei nun auch Bärbel Bohley ausgereist. Hatte ich Bärbel überschätzt? Ich habe Bohleys Entscheidung damals keineswegs als Verrat angesehen und sehe das auch heute nicht so, weil selbstverständlich jeder das Recht hat, den Weg des geringsten Widerstands zu gehen. Warum hätte Bohley nicht auf den Zug Richtung Westen aufspringen sollen? Was aber, fragte ich mich auch, wenn der sich vage abzeichnende Durchbruch in freiheitlichere Verhältnisse davon abhing, ob eine Handvoll führender Widerständler mutig genug war, in einer ungewissen Lage auf ihrem Posten auszuharren? Bärbel Bohley war ja im Februar 1988 nicht nur eine x-beliebige Malerin; sie nahm eine beachtliche politische Position ein – »und die Entscheidungen solcher Personen können nur in ›Ruhepausen‹ privater Natur sein, auf die sie in Zeiten gesteigerter Aufmerksamkeit der Öffentlichkeit kein Recht haben«. Gegen diesen Imperativ des Widerstands, den Alexander Solschenizyn 1973 Andrej Sacharow zu bedenken gab, als der auf dem Höhepunkt des Clinchs der russischen Demokratiebewegung mit dem Sowjetregime einer Einladung zu einer Gastprofessur in Princeton folgte, verstießen im Februar 1988 alle diejenigen, die eine Führungsrolle in der Opposition für sich beansprucht hatten und nun, wo es ersichtlich darauf ankam, dem staatlich organisierten Druck standzuhalten, den Weg eines kirchlicherseits vermittelten Aufenthalts in England einschlugen. Bereits Freya Kliers Videobotschaft, die in den letzten Januartagen vom Westfernsehen ausgestrahlt wurde, war in hohem Maße ein auf ihren Lebensgefährten Krawczyk zugeschnittener Appell, der den Wunsch erkennen ließ, so bald wie möglich auszureisen.

Von Bärbel hatte ich mehr Stehvermögen und politische Umsicht erwartet. Dass sie das Linsengericht eines Studienaufenthalts in England angenommen hat, anstatt kämpferisch und ein historisches Zeichen setzend mit ihrer Person für die Freiheitsrechte aller DDR-Bürger einzustehen, frustrierte mich. Ich sagte zu Heidelore: »Hast du nicht auch das Gefühl, dass dies alles ziemlich jämmerlich ist?« – Heidi winkte ab: »Ach die … Was anderes habe ich nicht erwartet!« Sie traute den Dissidenten nichts zu. Aber hatten nicht so wie ich viele darauf gehofft, die landesweiten Mahnwachen würden bald zu Demonstrationen anschwellen? Friedrich Schorlemmer berief in Wittenberg Gemeindeversammlungen ein und wollte sogar »aus dem Perestroika-Geist Gorbatschows« heraus die »Machtfrage« stellen. Angesichts der politischen Januar-Unruhe, wo jeder Schneeballwurf eine Lawine hätte auslösen können, waren seine Ambitionen alles andere als illusorisch. Jede noch so kleine Bataille mit der sich weiterhin ausschließlich auf die Geheimpolizei stützenden vormundschaftlichen Partei- und Staatsmacht trieb die Entwicklung ja voran, wirkte wie ein Fanal. Und nun dieser Scherbenhaufen! In einer Sondernummer des »Friedrichsfelder Feuermelders« bilanzierte Reinhard Schult im April unter der Überschrift »Gewogen und für zu leicht befunden« die Januar-Ereignisse. Die Bitterkeit seines Vorwurfs, von den Stars, welche sich als Führung der Opposition aufgespielt hätten, »sei einer nach dem anderen« dahin gegangen, »wohin ihn die Oberen haben wollten«, konnte ich gut nachempfinden.

Bärbel Bohley hat sich ihr politisches Versagen nie verziehen. Leider suchte sie nach ihrer Rückkehr aus England die Gründe dafür ziemlich einseitig bei den Vertretern der Kirche, der Staatssicherheit und Wolfgang Schnur, die sie »manipuliert« hätten. Zu der naheliegenden Einsicht, dass sie zwischen den durchschaubaren Interessenlagen und Rollen der am Ausreise-Drama beteiligten Akteure im Februar 1988 unbedarft herumgestolpert ist, konnte sie sich nie durchringen. Stattdessen unkte sie immer wieder von »irgendwelchen Pillen«, die angeblich ihren »Widerstand gebrochen« hätten.

Die Erregungskurve zeigte mit dem überstürzten Abgang der genannten Widerspruchsgeister wieder steil nach unten. Honecker und Mielke durften zufrieden sein. Gegenüber dem Westen konnten sie erneut ihr humanitäres Bemühen demonstrieren. Ihre Botschaft an die eigenen Untertanen fiel weniger hochnäsig aus. Sie lautete: Seht her, selbst die berühmtesten Menschenrechtler hierzulande geben auf! Auch sie glauben nicht an einen demokratischen Wandel. Nein, sollte der letzte Akt des Sozialismus in den Farben der DDR tatsächlich begonnen haben, dann waren es in diesem historischen Augenblick ausgerechnet prominente Bürgerrechtler, die dazu beitrugen, sein Ende um ein Jahr zu verzögern. Aber man konnte natürlich auch, so wie mein Freund Wolfgang Strübing, der immer positiv dachte, das ganze Geschehen aus einer anderen Perspektive betrachten. Als einen scharfen Windstoß! Wer am eigenen Leib das langweilige letzte Jahrzehnt des sozialistischen Daseins durchlebt hatte, dem musste es ja einfach wunderbar erscheinen, was jetzt so alles passierte.

Bremen Oberneuland/Westberlin

Anfang Februar ging bei mir ein Schreiben des Volkspolizeikreisamtes ein. Ich wurde gebeten, kurzfristig in der Abteilung Inneres vorzusprechen. Mit einer Genehmigung des von mir beantragten Verwandtenbesuches in Hannover – nur darum konnte es gehen – rechnete ich nicht. Vermutlich wollte man mir nur »mündlich und argumentativ« auseinandersetzen, dass ich nicht zum Kreis der Reiseberechtigten zählte. Der Pförtner des Amtes, dem ich einen Tag später mein Anliegen darlegte, telefonierte herum und verwies mich an die »Leiterin Meldewesen«. Wie sich herausstellte, bekleidete diesen Posten Frau Oberleutnant Wegner, die ich vor Jahren in ihrer Scheidungssache vertreten hatte. »Damit haben Sie nicht gerechnet, was?« Sichtlich erfreut, dass sie mir meine Reiseunterlagen aushändigen durfte, strahlte Frau Wegner mich an, als würde sie mir einen Lottogewinn präsentieren. Ich war perplex. Auch Heidi konnte es kaum fassen. Nur Erika Drees meinte sofort, als ich sie unterrichtete, jetzt müsse ich die Gunst der Stunde konsequent nutzen. Meine Bedenken, so leicht sei es ja nun auch wieder nicht, innerhalb der mir genehmigten zehn Tage im Westen einen Verlag für meinen »Vormundschaftlichen Staat« zu finden, ließ Erika nicht gelten. »Kalle«, ihr Bruder, würde mir helfen.

Hans-Karl von Winterfeldt, wie Erika ein direkter Nachfahre jenes auf dem Fries des Reiterdenkmals Friedrichs des Großen verewigten Generals, war Inhaber einer Firma namens Huss, die in Bremen Vergnügungsmaschinen für Freizeitparks baute. Was in Erikas Augen ein bisschen anstößig schien, denn sie sprach, als sie ihren Bruder charakterisierte, mokant vom »Kapitalisten Winterfeldt«. Und Kapitalisten mochte sie nun mal so wenig leiden wie SED-Bonzen. Im Februar des Jahres 1988 zählten für mich jedoch ganz andere Dinge. Ich brauchte jemanden, der mich unterstützte. Mit zehn Westmark Reisegeld, die man bei der Staatsbank eintauschen durfte, hätte ich ja nicht mal nach Westberlin fliegen können, um mir das – wie ich hoffte – bei Jürgen

Fuchs inzwischen eingegangene Manuskript abzuholen. Zwar war mir die Aussicht, fremde Leute anbetteln zu müssen, ausgesprochen peinlich, aber es ging nun mal nicht anders. Meine Beklemmungen erwiesen sich als unbegründet. Hans-Karl und Ingrid von Winterfeldt behandelten mich wie ein Familienmitglied. In ihrer Villa bekam ich ein Zimmer, wo ich während meines Aufenthalts in Westdeutschland wohnen konnte. Und Ingrid überreichte mir am ersten Abend diskret einen Briefumschlag mit 2000 D-Mark: »Wenn du mehr benötigst, sag es ruhig.« Ingrids Freigiebigkeit trieb mir einen Kloß in den Hals.

Nach einem gemeinsamen Abendessen fragte Hans-Karl, wie er mir helfen könne. Ich erläuterte ihm kurz die mit der Luxemburg-Demonstration offenbar gewordene Hilflosigkeit der Opposition im Osten. »Klar, da muss möglichst schnell die nächste Bombe einschlagen«, gluckste Winterfeldt. Hans-Karl verstand die politische Stoßrichtung, die ich mit der Veröffentlichung des »Vormundschaftlichen Staates« verfolgte, sofort. Und er überlegte auch gleich, wie er mir beistehen könnte. Als ich ihm sagte, der in Westberlin lebende Schriftsteller Jürgen Fuchs und der Diplomat Jörg von Studnitz hätten wahrscheinlich jeder ein Manuskript meines Buches in ihrem Besitz, griff er zum Telefon und beauftragte seine Sekretärin, zwei Flugkarten nach Westberlin zu buchen und seine geschäftlichen Termine der nächsten Tage abzusagen.

In Tegel wartete der Architekt Michael Küßner auf uns. Er war bereits in mein Buchprojekt eingeweiht. Mit ihm hatte ich in Köpenick bei Wolfgang Strübing die letzten Kapitel besprochen – die Jörg von Studnitz mitgegebene Durchschrift hatte ihn jedoch nicht erreicht. Michael chauffierte uns in die Innenstadt. Er wohnte in der Nähe des Savignyplatzes. Seine Frau, eine Eurithmistin, hatte liebevoll – uns zu Ehren – ein opulentes vegetarisches Mittagsmahl angerichtet. Es schmeckte mir nicht nur aus ideologischen Gründen. Ich bewunderte ihre Kochkünste. Bis Kalle meine Lobreden mit der trockenen Bemerkung unterband: »Bisschen Fleisch hätte schon sein können.« Nach dem Essen riefen wir Jürgen Fuchs an. Seine Nummer stand nicht im Telefonbuch. Küßner kam auf die Idee, es beim Schriftstellerverband zu probieren. Das klappte auf Anhieb. Bereitwillig teilte uns die Sekretärin die gewünschte Geheimnummer mit.

Von Bärbel Bohley wusste ich, dass Staatssicherheitsagenten Jürgen Fuchs auf hinterhältigste Weise schikanierten. Mein unangekündigtes Telefonat, das war mir bewusst, würde bei ihm Misstrauen hervorrufen. Deshalb erklärte ich ihm erst einmal haarklein, wer ich sei und wie es dazu gekommen wäre, dass ich unerwartet eine Reiseerlaubnis in den Westen erhalten hätte, wen ich alles im Osten so kannte und dass ich als Autor des bei ihm befindlichen Manuskripts die gegebene Situation natürlich gern nutzen würde, um mein Buch bei einem Verlag unterzubringen. »Ich kenne Sie nicht«, hielt mir Jürgen Fuchs schroff entgegen. Da ich die Angst spürte, die unser Gespräch bei ihm hervorrief, unterbreitete ich den Vorschlag, mich mit ihm in den Räumen einer Dienststelle des Landeskriminalamtes zu treffen. Da könne er mich doch nach dem Inhalt des Manuskripts befragen und schnell feststellen, ob ich tatsächlich der Autor oder ein beauftragter Agent sei. Mit diesem bizarren Angebot unterstellte ich stillschweigend, dass die Operativen an der geheimen Front, die Jürgen Fuchs vielleicht mein Manuskript abjagen wollten, sich freiwillig nicht unbedingt in Diensträume westdeutscher Behörden begeben würden. Als selbst dies nichts nützte, griff Hans-Karl zum Hörer. Auf seine Bitte, doch über ihn als alteingesessenen Bremer Kaufmann bei der Handelskammer Erkundigungen einzuholen, mochte Fuchs ebenfalls nicht eingehen.

Nachdem Hans-Karl den Hörer aufgelegt hatte, meinte Küßner resigniert, es sei wohl besser, die Sache ganz ohne Jürgen Fuchs in Angriff zu nehmen: »Der hat die Hosen voll!« Lieber sollten wir uns nach dem zweiten Manuskript umsehen, welches Jörg von Studnitz in seinem Besitz hielt. Über dessen Kinder – sie besuchten in Zehlendorf die Waldorfschule – setzte Küßner sich mit ihm noch am selben Nachmittag in Verbindung. Einen Tag später holten wir mein Manuskript in Zehlendorf ab.

Als Herausgeber meines »Vormundschaftlichen Staates« wünschte ich mir Freimut Duve. Er saß für die Sozialdemokraten im Bundestag und verantwortete beim Rowohlt Verlag die auch in der DDR viel gelesene rororo aktuell Essay-Reihe. Wer bei ihm veröffentlichte, konnte durch unsere Propagandisten nicht so leicht in die Naziecke manövriert werden. Leider war Duve nicht erreichbar. Auf Vorschlag Hans-Karls vereinbarten wir deshalb einen Termin bei Rasch und Röhring in Hamburg. Von Winterfeldt war der Meinung, es sei ohnehin besser, mit mehreren Verlagshäusern zu verhandeln, da man auf diese Weise womöglich einen höheren Preis erzielen könne. Dass man die Herausgabe eines Buches unter preislichen Gesichtspunkten betrachten konnte, war mir bis dahin überhaupt nicht in den Sinn gekommen. Reinen Herzens – wie Parzival – ging es mir selbstverständlich allein um die Sache und nicht ums Geld.

In Hamburg empfing uns Christian von Ditfurth. Ihm hatte von Winterfeldt eine in seiner Firma gefertigte Ablichtung meines Manuskripts durch einen Boten zugestellt. Ich war natürlich erpicht darauf zu hören, wie der Mann meinen Text einschätzen würde. Fürchtete mich auch ein bisschen vor dem Urteil des Fachmanns. Was ich zu hören bekam, hatte leider mit dem Text, worüber ich reden wollte, nur entfernt etwas zu tun. Mit wachsendem Unbehagen saß ich vor Ditfurths Schreibtisch und hörte mir an, wie er mit auftrumpfender Geste behauptete, beinahe monatlich würden ihm ostdeutsche Pastoren Manuskripte anbieten, die »kein Schwein« interessierten. Wenn man als DDR-Oppositioneller einen Text veröffentlichen wolle, müsse dahinter unbedingt eine Oppositionsgruppe stehen, denn nur so könne man die Herausgabe skandalisieren. Wie es vor zehn Jahren mit dem »Manifest des Bundes Demokratischer Kommunisten« ja ganz gut geklappt hätte. Das müsse ich doch einsehen, denn nur auf diese Weise wären ein ausreichendes Medieninteresse und damit eine hohe Auflage garantiert.

Ich hielt es erst für ein Missverständnis, dann für einen Witz. Widerstand in der DDR als Unterhaltungsnummer? Daran fand ich kein Gefallen. Gutgläubig, wie ich war, dachte ich allein an die lesehungrigen DDR-Bürger, welche auf gesellschaftliche Veränderungen warteten, die meinen Text, davon war ich überzeugt, als Kampfansage, Aufschrei oder Weckruf verstehen würden. Ditfurth fragte mich noch, ob ich denn vorhätte, in den Osten zurückzukehren; ich erwiderte, da seien meine Frau und mein Sohn – und außerdem wolle ich nicht darauf verzichten, mir den Niedergang des politischen Systems anzusehen, mit dessen Versagen ich mich auf über 300 Seiten auseinandergesetzt hätte. Er guckte mich an, als sei ich übergeschnappt.

Hans-Karl muss gemerkt haben, wie es mich innerlich schüttelte. Abrupt stand er auf und wünschte Ditfurth grinsend »gute Geschäfte«. Auf dem Weg zu seinem Wagen meinte er trocken, so sei es nun mal: Wer im Vertrieb arbeite, müsse »Klinken putzen«. Es wäre gar nicht verkehrt, wenn ich mich mal in das Denken der anderen Marktteilnehmer hineinversetzen würde: »Natürlich hat der Kerl seine Auflagenhöhe im Kopf, oder glaubst du etwa, den kümmert ernsthaft, was bei euch passiert?« Das hatte ich tatsächlich gehofft. Auf der Rückfahrt richtete Winterfeldt mich wieder auf: »Es klappt schon; wir kriegen das hin.« – Sicher, eins hatte ich geschafft. Das Manuskript befand sich im Westen! Und bei Hans-Karl von Winterfeldt schien es mir gut aufgehoben. Um einen Termin mit Freimut Duve wollte Winterfeldt sich kümmern, wie er mir vor meiner Abreise versprach.

Undurchsichtigkeit und Verdacht

So mancher Frosch im Dissidententeich, der, eingeschüchtert durch die schmutzigen und schwindelerregenden Erfolge der Stasi, zitterte, konnte sich so wie die Tschekisten gar nicht mehr vorstellen, dass ein heikles Buchprojekt unterhalb der Aufmerksamkeitsschwelle der Geheimpolizei mit ein bisschen Glück durchführbar gewesen ist. Da musste einfach zwangsläufig die Firma ihre Finger mit im Spiel gehabt haben! Wie hätte das Ganze sonst gelingen können? Mir kamen solche Gerüchte erstmalig im Januar '90 zu Ohren. Ich dachte anfänglich, so was traut mir kein Mensch zu. Erst als ich dann bei meiner Akteneinsicht den letzten – nach dem Fall der Mauer – von einem Major namens Hoffmann speziell auf meine Person zugeschnittenen Zersetzungsplan der Abteilung XX/AGNF vom 14. November 1989 gelesen habe, wurde mir die Hinterhältigkeit des gegen mich gerichteten Maßnahme-Katalogs bewusst. Unter Ziffer 1 heißt es da: »Wir sehen in H. den Feind.« Darüber konnte ich nicht verwundert sein. Als ich dann aber die wohldurchdachten »Ausgangspunkte«, »Folgerungen«, »Arbeitsschritte« und »Blickwinkel« gedanklich für mich nachgezeichnet habe, wie sie in dem Papier ausdrücklich bezogen auf das »Langzeitziel« hin formuliert sind, mich ein für allemal »zur Kapitulation zu zwingen«, da wurde mir doch klar, wie verheerend seinerzeit das Gift der Verdächtigungen gewirkt haben muss, welches die Operativniks gezielt versprüht haben. Einmal ausgebrütet, wurde der mich ins Zwielicht setzende Gerüchteteig um die Jahreswende 1989/90 ausgerechnet von altgedienten Bürgerrechtlern mit frischer Hefe zum Treiben gebracht – also von Leuten, mit denen ich mich freundschaftlich verbunden fühlte. Selbst Bärbel Bohley war sich nicht zu schade, Achim Maaz zu fragen, ob ich nicht vielleicht im Auftrag der Staatssicherheit geschrieben hätte. Auf die Idee, das Gespräch mit mir zu suchen, kam sie nicht. Eine Kränkung, die ich nie verwunden habe. Es ist deshalb vielleicht nicht überflüssig, für alle Fälle einiges klarzustellen.

Wie ich dem mich einstufenden Einleitungsbericht für die operative

Personenkontrolle (12. Februar 1988) entnehmen muss, verdächtigten mich die Geheimen nicht etwa wegen der von mir beabsichtigten Veröffentlichung des »Vormundschaftlichen Staates«. Aufklären wollten sie lediglich, wie es um meine »wirkliche politisch-ideologische Einstellung« stand und welchen »Charakter« die in Hammerfort und Oegeln »stattfindenden Zusammenkünfte« hatten. Unsere ständigen Treffen beunruhigten sie. Sie wollten herausfinden, wie sie in ihrem Bericht hervorheben, ob Achim Maaz und ich durch die veranstalteten Diskussionsrunden die Verbrechenstatbestände der staatsfeindlichen Hetze (§ 106 StGB) und des verfassungsfeindlichen Zusammenschlusses (§ 107 StGB) erfüllten. Strafrechtliche Vorwürfe in dieser Preisklasse waren sicher maßlos übertrieben. Angesichts der Furcht vor jeder Art Gruppenbildung ist der Vorgang jedoch verständlich. Jedes Kaffeekränzchen, bei dem Menschen aus ihrem Herzen keine Mördergrube machten und über die Verhältnisse meckerten, wurde von den Herrschaften der Sicherheit ja erforderlichenfalls zu einem verfassungsfeindlichen Zusammenschluss hochgejubelt, was zunächst nicht allzu viel besagte. Aber diese Tatbestände reichten den Schnüfflern offenkundig nicht aus. Major König und Hauptmann Bautz wollten darüber hinaus noch crmitteln, ob Maaz und ich auch die Straftatbestände des Landesverrats mit unserem Tun verletzten. Spionage und landesverräterische Agententätigkeit – mehr ging nicht!

Man könnte annehmen, dass sich in einer solchen juristischen Würdigung die Paranoia unserer Schlapphüte zeigte. Es gehörte aber nun mal zu deren ehernen Arbeitsprinzipien, aus jeder Mücke einen Elefanten zu machen, um auf diese Weise der dank ihrer Wachsamkeit aufgespürten Feindtätigkeit eine die Grundfesten der Staatsmacht erschütternde Gefährlichkeit zuzuschreiben. (Egon Krenz, ewig grinsendes Politbüromitglied und Sekretär für Sicherheitsfragen, wird in der finalen Phase der DDR mit Unschuldslämmermiene dem verehrten Publikum erklären, dass man – kleiner Irrtum der Greise im Politbüro – leider allzu lange dieser falschen »Sicherheitsdoktrin« aufgesessen sei). Unsichere Kantonisten wie Maaz und mich zu durchleuchten, entsprach dem Kampfauftrag der Tschekisten. Zwar hätten die Geheimen gegen meine Person einen hinreichenden Tatverdacht juristisch gar nicht begründen können. Beweise hatten sie ja nicht in der Hand. Aber kam es denn darauf an? Wer so denkt, wird den stinkenden Misthaufen, auf dem die Machenschaften der Geheimpolizei wucherten, vermutlich nie richtig riechen.

Entscheidender als jedes strafbare Handeln, dessen ich mich in Bremen vielleicht schuldig gemacht hatte, war in Wirklichkeit eine fundamentale Gesetzwidrigkeit! Nicht der vermeintliche verfassungsfeindliche Zusammenschluss mit Achim Maaz und auch nicht meine staatsfeindliche Hetze stellten für Major König und Hauptmann Bautz, die mir hinterherschnüffelten, das schrecklichste aller Verbrechen, die unverzeihliche Sünde wider den Geist der sozialistischen Menschengemeinschaft, dar. Es war meine Undurchsichtigkeit, die Opazität, die ihnen im Februar '88 aufgefallen ist. Eine kriminelle Eigenschaft, die ich lange Zeit durch das Amt des Parteisekretärs und mein Auftreten in der Öffentlichkeit überspielen konnte. Wie Cincinnatus in Vladimir Nabokovs Roman »Einladung zur Enthauptung« war ich undurchschaubar geworden – »für die Strahlen der anderen und wirkte darum ... wie ein einsames dunkles Hindernis in dieser Welt der füreinander durchsichtigen Seelen«. Damit erfüllte ich, um es mit Nabokov zu sagen, tatbestandsmäßig gesehen den »gnoseologischen Frevel«! Und etwas Teuflischeres kannten Mielkes dienstbare Geister nicht. (Hartmut Königs viel gedudelte Bekenntnishymne »Sag mir, wo du stehst« lag ganz auf dieser Linie: »Wir haben ein Recht darauf/dich zu erkennen./Auch nickende Masken/nützen uns nicht./Ich will beim richtigen Namen dich nennen/und darum zeig mir dein wahres Gesicht.«)

Cottbuser Begegnungen

Zurückgekehrt aus Bremen, fuhr ich kurz darauf nach Cottbus. Vom 26. bis 28. Februar 1988 trafen sich dort Delegierte aller Oppositionsgruppen zur Tagung Frieden konkret. Erika Drees hatte mich gebeten, wenigstens auf einen Sprung vorbeizukommen. Sie wollte mich einigen ihrer Mitstreiter vorstellen und natürlich von mir hören, ob es gelungen sei, in Westdeutschland einen Verlag für mein Buchprojekt zu interessieren. In der Nähe einer Gaststätte am Altmarkt, welche Erika mir genannt hatte, parkte ich meinen Lada. Unübersehbar beehrte man hier die gerade ihr Mittagessen einnehmenden Friedensfreunde mit einer offenen Observation. Vermutlich sollte der Zauber abschreckend wirken. Mir taten die in Kompaniestärke aufgebotenen Einsatzkräfte leid. Am besten hatten es noch die in Hauseingängen postierten Operativniks getroffen. Sie standen wenigstens im Trocknen, pafften ihre Zigaretten und vertraten sich die Füße. Unterdessen stapften Doppelstreifen der Volkspolizei im Schneeregen, die Armen hatten tatsächlich Halbschuhe an, durch knöchelhohen Matsch um den Markt herum. Ein trauriger Gespensterreigen, wie ihn Kafka nicht besser hätte ins Bild setzen können.

Erika wartete schon auf mich. Ich merkte sofort, dass ihr eine Laus über die Leber gelaufen war. Hans-Jochen Tschiche hätte, wie sie mir griesgrämig berichtete, über »ein wunderbares Konsenspapier« mit dem Titel »Teilhabe statt Ausgrenzung – Wege zu einer solidarischen Lebens- und Weltgestaltung« abstimmen lassen und sei damit durchgefallen. Ihre Miene hellte sich erst auf, als ich ihr meine Reiseerlebnisse schilderte. Erika machte mich mit Jutta Seidel, Ulrike und Gerd Poppe bekannt. Ein erinnernswerter Meinungsaustausch zwischen uns fand nicht statt. Es blieb beim Abtasten.

Als ich von dem mir kurz darauf servierten Kotelett aufblickte, sah ich unter den herumwuselnden Fusselbärten plötzlich Wolfgang Schnur, der mich mit dem für ihn charakteristischen unterwürfigen Grinsen grüßte. Dienstlich war mir Schnur ein paar Mal am Bezirksgericht in Frankfurt begegnet. In einem Fall hatte ich neben ihm auf der Verteidigerbank gesessen. Wie er da dem 1a-Vorsitzenden Peter Schmitt mit seinem Gefasel vom humanen Wesen des sozialistischen Strafrechts in den Hintern gekrochen ist, war mir peinlich gewesen. Schnur konnte sich natürlich denken, unter welchem Blickwinkel ich seine Anwesenheit bei einem Treffen oppositioneller Gruppen einschätzte. Sichtlich unangenehm war ihm, dass ich ihm mit der Bemerkung »Ach, Herr Kollege, was machen Sie denn hier?« die Hand hinhielt. Sein gequältes Grienen, die vorstehenden Glubschaugen, das ganze Gesicht, alles wirkte furchtbar verzerrt in diesem Moment. In mir tobte ein Wütender. Meine Verachtung Schnurs so offen zu zeigen, war völlig unnötig, unklug und gemein. Mir gegenüber hatte er schließlich nie den Widerständler gespielt.

Wer nur ein bisschen mit den Gepflogenheiten des Sicherheits- und Justizsystems der DDR vertraut war – leider steckten viele Dissidenten diesbezüglich ihren Kopf in den Sand –, kannte selbstverständlich Wolfgang Schnurs spezifischen Auftrag und wusste, dass der als Kirchenanwalt firmierende Advokat mit der Geheimpolizei wie geschmiert zusammenarbeitete. Darüber sprach man in Anwaltskreisen und an den Gerichten ganz offen. Schnur wurde deshalb von nicht wenigen Kollegen beneidet. Für die Mandate seiner Kanzlei sorgten die Konsistorialen und die ihn empfehlenden Vernehmer in den Haftanstalten. Auf sie konnte er sich verlassen. Und sie sich auf ihn. Und kein Ministerium der Justiz oder Kollegiumsvorstand durfte ihm bei seiner Berufsausübung ins Handwerk pfuschen.

Die Zulassung als Einzelanwalt erfolgte in der DDR, wie jeder wusste, der es wissen wollte, ja nur ausnahmsweise, wenn man Rechtsanwälten heikle Aufgaben übertragen wollte. Professor Friedrich Karl Kaul verteidigte Kommunisten in Westdeutschland, Günter Ullmann gründete Briefkastenfirmen in Luxemburg, Rechtsanwalt Wolfgang Vogel organisierte mit seinem Adlatus Dieter Starkulla den Ost-West-Menschenhandel, und Schnur verteidigte Wehrdienstverweigerer und kirchliche Widerständler. Der Hintergrund der Einzelzulassungen dieser Kollegen bestand darin, Revisionen der von ihnen geführten Handakten – wie sie bei Kollegiumsmitgliedern durch den Vorstand jederzeit möglich waren – grundsätzlich auszuschließen. Auch die Vorstände durften auf keinen Fall Einblick in die zwischen den genannten Anwälten und der Geheimpolizei arbeitsteilig abgewickelten sehr speziellen Aufträge bekommen. Ausnahmsweise kamen über die namentlich genannten Advokaten hinaus manchmal auch Kollegiumsanwälte wie Friedrich Wolff und Gregor Gysi zum Zuge, wenn besondere Umstände es erforderten. (Obwohl ich Bärbel Bohley bei ihrem Aufenthalt in Hammerfort dies alles erklärt und sie vor Schnur gewarnt hatte, erteilte sie ihm ungeachtet dessen nach ihrer Verhaftung Ende Januar – wie schon 1983 – erneut Vollmacht. Vera Wollenberger und andere ebenfalls. In ihrem Tagebuch begründet Bohley unter dem auf den 5. Februar 1988 datierten Eintrag ihre Anhänglichkeit an Schnur damit, dass der ihr »etwas über die Freunde erzählt, einen Apfel mitbringt und eigentlich ein Seelsorger ist«. Mit ihrem Lobgesang auf »Schnürchens« Qualitäten als Seelsorger hatte sie mich bereits bei ihrem Besuch in Hammerfort genervt.)

Zu Hause erzählte ich, dass ich Wolfgang Schnur begegnet wäre. Dann sei es ja so sicher wie das Amen in der Kirche, meinte Heidi kühl, dass die Firma uns demnächst besuchen würde. Mein Auftauchen in Cottbus würden sie bestimmt aufklären wollen. Routinemäßig spielten wir also mal wieder die denkbaren Schritte der Operativniks durch: Sie konnten mich zwecks Aufklärung eines Sachverhalts einer Vernehmung zuführen, meine Post überprüfen, das Telefon anzapfen oder konspirative Haussuchungen bei uns veranstalten, wenn Heidi und ich zeitaufwändige Termine bei den Gerichten wahrnehmen mussten; das war wohl das, womit wir am ehesten rechnen mussten. Wir trafen also Vorkehrungen. Klebten bei längerer Abwesenheit ein oder zwei lange Haare Heidis an die untere Leiste und die Schwelle unserer Haustür. Nachdem wir uns etliche Male auf diese Weise abgemüht hatten, ließen wir es wieder sein. Was konnten sie schon finden, wenn sie, mit ihren Kameras und Gummihandschuhen bewaffnet, durch unsere Wohnung pirschten, abgesehen von dem, was sie finden sollten? Da in unseren Schränken kein brenzliges Beweismaterial mehr lag, erschien uns der Aufwand überflüssig (bei den mir durch Akteneinsicht bekannt gewordenen zwei Hausdurchsuchungen verbuchten die Geheimen nur eine bescheidene Ausbeute: Sie kopierten eine bei mir hinterlegte Verteidigervollmacht von Erika Drees und, was ich bis heute nicht zu deuten vermag, einen 60-seitigen maschinengeschriebenen Text der Mystikerin Hildegard von Bingen). Ohnehin bedurfte es keiner Beweise, wenn sie mir was am Zeug flicken wollten. Man musste die Nerven behalten, sich stoisch mit den Dingen abfinden, die nicht von einem abhingen, am besten sich sogar ganz gleichgültig verhalten, darauf kam es jetzt an!

In dieser Haltung bestärkte mich die nicht weit von uns in Grünheide lebende Katja Havemann. Mit ihr hatte ich mich nach Bärbel Bohleys Ausreise angefreundet, so dass noch eine mich stützende Achse Hammerfort – Grünheide entstanden war. »Mit allzu viel Geheimnistuerei«, sagte Katja, »quälst du dich nur selbst.« Aber jenes einzigartige Vergnügen, die Herren von der Sicherheit bei ihren supergeheimen Observationen, wo immer es ging, zu foppen, sollte ich mir keinesfalls entgehen lassen: »Also nicht nur wie das Kaninchen vor der Schlange sitzen.« Wenn man nicht rund um die Uhr damit beschäftigt sei, die Tschekisten zu hassen, oder anders gesagt, wenn man nicht hauptberuflich den Verfolgten spiele, dürfe man selbst in diesem Rahmen mit manch heiterer Stunde rechnen. Zwei Monate später hatte ich meinen Spaß.

Freimut Duve gibt sich die Ehre

Die Überwachung prominenter Westler gehörte zum Standardprogramm der geheimen Staatspolizei. Traf sich unsereiner mit jemandem, der diesem Kreis zugerechnet wurde, geriet er automatisch ins Fadenkreuz. Freimut Duve als SPD-Bundestagsabgeordneter und Herausgeber der Reihe »rororo aktuell« stand zweifellos auf der Liste jener, die, wenn sie Leute im Osten besuchten, auf die Wachsamkeit unserer Tschekisten vertrauen durften. Duve wünschte, mich in Ostberlin zu treffen. Ich hielt das für leichtsinnig. Unbedingt meinen Aufsehern auf die Nase zu binden, wen ich mir zum Verleger auserkoren hatte, war aus meiner Sicht kein glücklicher Einfall. Schließlich bedurfte es keines Spürsinns, aus einem Treffen zwischen Duve und mir zu schließen, dass ich ein Manuskript zu ihm nach Hamburg geschafft hatte und – weit unangenehmer – in wessen Besitz sich dieses Manuskript mittlerweile befand. Freimut Duve hatte ja 1975 Wolfgang Harichs »Kommunismus ohne Wachstum« herausgebracht. Und davor waren Havemanns Vorlesungen an der Humboldt-Universität »Dialektik ohne Dogma« in derselben Edition herausgekommen.

Trotz meiner Bauchschmerzen stimmte ich dem von Hans-Karl von Winterfeldt über Erika Drees eingefädelten Treffen am 14. Mai 1988 zu. Demnächst würden Mielkes Mannen sowieso zum Halali blasen! Ob früher oder später, darauf kam es jetzt nicht mehr an. Und Erika wollte Freimut Duve unbedingt kennenlernen. Hören, wie er dem soeben zusammengebrochenen Widerstand in der DDR politische Aufbauhilfe leisten wolle. Ihr Vertrauen in ihn als Sozialdemokraten war rührend. Um 9.15 Uhr holten wir Erika an jenem Sonntag in Schöneweide ab. Vor der Bahnhofshalle stehend, wo Heidi und ich in der prallen Sonne auf sie warteten, fielen mir sofort als die Reisenden in alle Richtungen davonströmten zwei ergraute Subalterne auf, die Aktentaschen trugen und sich einem sonnenbebrillten Jüngling in einem beigefarbenen Blouson zuwandten, welcher mit dem Rücken zu uns mit ihnen verhandelte. Ich ordnete den Blousonträger der Bezirksverwaltung Berlin und die zwei angereisten Aktentaschen der Kreisdienststelle des Ministeriums in Stendal zu. Die ergrauten Taschenträger hatten nun Feierabend. Beschattungen in der Hauptstadt lagen im Zuständigkeitsbereich der Berliner.

Erika schäumte natürlich, als ich ihr mitteilte, was ich beobachtet hatte. Am liebsten wäre sie zu den dreien hingestürmt. Solche Einlagen waren ihre Spezialität. Ihr letzter Krach mit der Polizei lag gerade mal zwei Wochen zurück. Mit Harald Junge, Bernd Böttcher und Christina Schulz hatte sie am 26. April auf dem Stadtseebahnhof in Stendal mit dem Bild eines Atommeilers bedruckte Kärtchen an KKW-Arbeiter verteilt. Unter Hinweis auf die Katastrophe von Tschernobyl forderte sie mit ihrem Fähnlein Unerschrockener einen sofortigen Baustopp des Kernkraftwerks. Uniformierte Einsatzkräfte trugen Erika und ihre Mitstreiter zehn Minuten später vom Tatort weg. Und beförderten sie in Zellen des Kreisamtes. Wie nicht anders zu erwarten, verweigerte Erika jegliche Aussage. Sie abends wieder loszuwerden, war für die Ordnungshüter mindestens so anstrengend wie ihre Zuführung. Dass ausgerechnet sie als Erste freigelassen wurde, ohne ihre Freunde, empfand Erika als nicht hinnehmbare Schmach. Vier Männer schleppten sie vor die Tür des Volkspolizeikreisamtes. Sie versuchte noch, die Tür des Amtes einzutreten, aber irgendwann zog sie ab. Meine jederzeit vor Entschlossenheit strotzende, hochmögend geborene Maria Spes von Winterfeldt (wie sie gar nicht gern genannt wurde) war harthörig sondergleichen – von frühester Kindheit an war sie in einer preußischen Tradition erzogen worden: Schläge hinnehmen, standhaft bleiben! Diese Maxime lag ihr im Blut. Biedere Volkspolizisten waren dagegen machtlos.

An diesem sonnigen Maientag gelang es mir, Erikas hochfahrende Aufsässigkeit zu zügeln. Wenn wir unsere Verabredung mit Freimut Duve einhalten wollten, das konnte ich ihr klarmachen, musste sie ihren Tatendrang in Schach halten. Für Scharmützel mit Staatssicherheitsmännern reichte unsere Zeit nicht. Um 10 Uhr wollten wir uns ja mit Duve treffen. Wir stiegen ins Auto. »Ist doch egal, wer hinter dir her ist«, sagte Heidelore und reichte Erika eine geschälte Apfelsine. »Was heißt das?« Erika wollte sich nicht beruhigen. Als Heidi sagte, sie bekämpfe doch wohl »die Firma« und nicht »diese armen Schweine«, drehte sie sich wortlos um. Wir fuhren die Schnellerstraße entlang, Neue Krugallee, über die Elsenbrücke, Stralauer Allee, Lichtenberger und bogen in die Karl-Marx-Allee ein. Während unserer ganzen Fahrt beobachtete Erika wie ein Schießhund den hinter und um uns herum fließenden Verkehr. Offenbar spürten die Operativniks ihren Kontrollblick. Im Einsatzbericht vermerkt die überwachende Diensteinheit jedenfalls: »Es ist einzuschätzen, dass die Dr. Drees, die hinten im Wagen saß, sich für den nachfolgenden Verkehr interessierte.« Sie fühlten sich ertappt. Als Beobachter beobachtet. In der Karl-Marx-Allee war sich Erika endgültig sicher: Den blauen Lada hinter uns in der Überholspur hatte sie schon in der Stralauer Allee gesichtet.

Mit Freimut Duve hatten wir das Foyer des Hotels Berolina als Treffpunkt verabredet. Halb zehn kamen wir in der Berolinastraße an. In Höhe der Hausnummer 3 parkte ich. Schlenderte zum Hotel, ohne jede Hast, wie ein Passant, der keine Geheimnisse zu verbergen hat. So weit ich sehen konnte, stand nirgendwo ein blauer Lada. Im Eingangsbereich des Hotels stürmten mir zwei Wachleute entgegen. Sie bauten sich wichtigtuerisch vor mir auf und verlangten, dass ich ihnen meine »Delegiertenkarte« zeige. Wie sie mir erklärten, sei der Hotelkomplex an diesem Wochenende gesperrt, da hier der alljährliche DSF-Kongress stattfinde. Jeder, der Zutritt verlange, müsse seine Delegiertenkarte vorzeigen. Ich schaute mich um. Ein Mann, den ich für Freimut Duve hätte halten können, war nirgendwo zu sehen. Auf der Suche nach ihm machte ich einen Erkundungsgang um den Hotelkomplex. Dabei sah ich auch den blauen Lada wieder – neben einer Telefonzelle stehend. Unziemliche Reaktionen verkniff ich mir. Nichtssagend schaute ich vor mich hin. Lief an ihrem Wagen vorbei, zählte bis 100 und drehte mich ruckartig um. Niemand folgte mir. Allmählich verlor ich die Geduld. Verfluchte Erika, die mich zu diesem Rendezvous überredet hatte. Die Straßen waren leergefegt. Wir standen eine Weile neben meinem Lada und starrten auf den Eingangsbereich des Berolina.

Nachdem wir etwa 20 Minuten gewartet hatten, kam ein stattlicher Mann auf uns zu. Hohe Stirn, Geheimratsecken, flusige Haare. Meine

Heidelore Henrich, Erika Drees, Freimut Duve, Rolf Henrich im Mai 1988 (Observationsfoto der Stasi)

Vermutung, es handele sich um Freimut Duve, erwies sich als richtig. Mit ihm auf dem Beifahrersitz, Erika und Heidi saßen hinten, fuhr ich – so schnell es ging – auf die Karl-Marx-Allee. Schlug in Höhe Kaffee Moskau verkehrswidrig einen Haken, kreuzte die Sperrlinie, um meine vermuteten Verfolger abzuschütteln. Raste in Richtung Lichtenberger. Bog ab in die Holzmarktstraße. Weiter in Richtung Brückenstraße, Rungestraße. 10.33 Uhr erreichten wir den Köllnischen Park. »Die Drees und ihre 3 Begleiter nahmen auf hier befindlichen Campingstühlen Platz und unterhielten sich angeregt«, vermerkt dazu der Observationsbericht. Man konnte sie im Katz- und Mausspiel herausfordern, einfach abschütteln konnte man sie nicht.

Weshalb Duve mich sprechen wollte? Er sorgte sich, ob ich mir über die Konsequenzen einer Veröffentlichung des »Vormundschaftlichen Staates« im Klaren wäre. Genossen, die offen die Arbeiter-und-Bauern-Macht attackieren, entgegnete ich ihm, hätten noch nie ein leichtes Los gehabt. Und da ich nun mal auf etlichen Seiten auch Mielkes Verein auf die Hörner genommen hätte, müsse ich wohl mit einer gepfefferten Antwort rechnen. Duve fragte mich noch nach meinem früheren Leben und wie lange ich an dem Manuskript geschrieben hätte. Im Ermelerhaus, wo wir zu Mittag aßen, klagte er eine Stunde später noch einmal, mit kummervollem Blick auf Heidi: Ja, aber Sie haben doch Familie. Wieder sagte er das in einem Ton, als ob mir etwas nicht Bekanntes, Gefährliches bevorstehe, von dem er besser Bescheid wisse als ich. Ich bemühte mich geduldig, ihn davon zu überzeugen, wie wichtig es sei, den »Vormundschaftlichen Staat« rasch herauszubringen. Nach den Ereignissen im Umfeld der Luxemburg-Demonstration und den Abschiebungen dürfe es bis zum nächsten Eklat keine allzu lange Pause geben, erklärte ich ihm. Wir wollen die Sache mal nicht überstürzen, beschwichtigte Duve mich. Eilig hatte er es nicht.

Am späten Nachmittag begleiteten wir Freimut Duve zum Grenzübergang Friedrichstraße. Bevor wir uns verabschiedeten, schossen die Geheimen noch ein schönes Gruppenfoto von uns. Und sie notierten enttäuscht in ihrem Ermittlungsbericht: »Materialübergaben entsprechend der Ziel- und Aufgabenstellung konnten nicht festgestellt werden – lediglich die von Dr. Drees aus ihrem Aktenkoffer entnommenen, mit Zeitungsartikeln bedeckten DIN A4-Seiten, wurden durch den Fahrer des PKW und die weibliche Person in Augenschein genommen.« Viel war es nicht, was sie ausspioniert haben. Detailversessen vermerkten die Tschekisten zwar noch, dass meine »Ohrläppchen freihängend« seien und ich »stark gebräunt« war. Heidi erschien ihnen »dezent geschminkt« und zeichnete sich durch »bogenförmige, durch Rasur geformte Augenbrauen« aus. Angeblich trug sie einen »hell-beigen Rock« – was ausweislich des Fotos Quatsch ist, denn auf dem hat sie erkennbar eine knöchellange Hose an.

Nach Kenntnis der Akten muss ich sagen, die von mir ob ihrer Kriminalistik so hoch geschätzten Ermittler waren gar nicht so perfekt, wie ich immer gedacht habe. Jedenfalls kombinierten sie nicht, worum es bei unserem Treffen eigentlich ging. Freimut Duve und meine Person, Heidi sowieso, wir waren, völlig im Gegensatz zu meinem subjektiven Erleben, offenbar überhaupt nicht relevant für sie. Wir stellten lediglich eine Art Beifang der ganz auf Erika ausgerichteten Observation dar, mehr nicht. Rückblickend muss ich sagen, die Tschekisten gaben sich, seit ich selber aus meiner Deckung herausgetreten bin, zwar Mühe, mir auf die Schliche zu kommen. Vermutlich hätten sie aber noch das ganze Jahr 1988 im Dunkeln herumgestochert, wenn nicht Erika Drees im Sommer anlässlich eines Treffens der Initiative Frieden und Menschenrechte im Keller der Umweltbibliothek Berlin verkündet hätte, dass das Manuskript eines Anwalts mit dem Titel »Der vormundschaftliche Staat« bereits »in die BRD verbracht« worden sei. Und selbst diese Information konnten sie immer noch nicht mir zuordnen.

Im Wartesaal der Geschichte

Das Warten auf ein baldiges Erscheinen des »Vormundschaftlichen Staates« belastete mich das ganze Jahr 1988 viel mehr als die in meiner Anwaltstätigkeit zu bewältigenden Streitigkeiten. Aber ein Zurück gab es nicht mehr. Pflichtschuldigst nahm ich die für mich anberaumten Gerichtstermine wahr und baute meine Kontakte zu Gleichgesinnten aus, ohne allzu große Vorsicht walten zu lassen. Mit Ludwig Drees fuhr ich zum Sommerseminar der Solidarischen Kirche nach Samswegen, wo ich in Jochen Tschiches Pfarrhaus über Herrschaftsstrukturen in der DDR referierte. Ludwig beleuchtete aus psychoanalytischer Sicht die Dynamik der Beziehungen in den Untergrundgruppen. Das Interesse der angereisten oppositionellen Hoffnungsträger an unseren Ausführungen war eher gering.

Das Erscheinungsbild der in Samswegen Versammelten irritierte mich. Ob Friedhofsgärtner, Telegrammbote oder Hausmeister einer Kirchengemeinde, sie alle hielten sich für Persönlichkeiten der Geschichte, weil ihre Namen manchmal in der Westpresse erwähnt wurden. Sie sahen sich in einer reinen, von Fehlschritten noch nicht verunstalteten demokratischen Bewegung, gewissermaßen am unbefleckten Ursprung eines demokratischen Seins. Ludwigs und meine Analysen des eher kümmerlichen Ist-Zustandes der Opposition waren nicht erwünscht. Tag und Nacht fühlten sich alle von den Tschekisten auf Trab gehalten, sie merkten aber nicht, dass, vom feindlichen Außen her betrachtet, in ihren subversiven Zusammenhängen nicht das Geringste voranging und die militanten Energien in den Kreisläufen symbolischer Praktiken völlig aufgezehrt wurden. »Es würde euch so, ohne die Staatssicherheit, gar nicht geben«, behauptete Ludwig provokativ.

Damals waren allerdings die schon schwelenden Widersprüche innerhalb der Szene kaum sichtbar. Ibrahim Böhme, der ein Jahr später die SDP gründete, bevor er schließlich als Stasiagent enttarnt wurde, schöpfte wie ein guter Pater familias jovial aus einem Eimer Bier für die sich um ihn herum drängelnden Seminaristen. Als wir nach unserer vorzeitigen Abreise aus Samswegen Erika berichteten, was wir dort alles erlebt hatten, schlug Erika mir vor, für mich in ihrer Wohnung eine Lesung zu veranstalten. Was sie auch tat. Bei dieser Lesung lernte ich ihre Stendaler Mitstreiter und auch Jochen Tschiche kennen. Im Herbst war dann die inzwischen heimgekehrte Bärbel Bohley wieder bei mir in Hammerfort zu Gast. Mit ihr kamen das Ehepaar Poppe und »Henne« Weißhuhn, um mit mir und Rechtsanwalt Zarneckow zu beratschlagen, wie man die in der Presse soeben veröffentlichten verwaltungsrechtlichen Reformansätze im Interesse der Opposition zukünftig nutzen könne.

Die Zeit wurde zunehmend geschwätziger. Selbst manche Richter und Staatsanwälte sagten inzwischen mit einem um die Mundwinkel spielenden Lächeln, dass es wie gewohnt wohl nicht mehr weitergehen könne. Wie Käfer ihre Fühler ausstrecken und sich gegenseitig abtasten, so klopften die Kollegen vorsorglich ihr Umfeld ab und fragten sich, wem sie vertrauen durften. Wenn ich nicht zu spät kommen wollte mit meinem Buchprojekt, musste bald etwas geschehen. Warum Duve mit der Herausgabe des »Vormundschaftlichen Staates« zögerte, war mir unerklärlich. Vielleicht gab es Probleme innerhalb des Rowohlt-Verlages. Bei Katja Havemann heulte ich mich Ende November über die nervende Warterei aus. Und sie wusste auch gleich, was man dagegen tun konnte. Sie lud Ulrich Schwarz, den akkreditierten »Spiegel«-Korrespondenten, zu einem gemeinsamen Abendessen ein.

Am zweiten Samstag im Dezember fuhr ich also nach Grünheide zu dem von ihr arrangierten gemütlichen Beisammensein. Katja hatte Adventskerzen angezündet. Das Leninporträt, welches bei ihr im Wohnzimmer aus Pietät gegenüber dem verstorbenen Nestor des Widerstands immer noch an der Wand hing, wirkte im Schein der Kerzen wie eine russische Ikone. Das Gespräch mit Ulrich Schwarz drehte sich um die Frage, ob die SED die zugespitzte Lage überhaupt noch unter Kontrolle hätte, oder ob nicht in breiten Schichten der Bevölkerung längst ein Widerwille rumorte und immer lebendiger werde, welcher zur Lösung der angestauten Probleme nach einer tiefgreifenden Umwälzung aller politischen Verhältnisse verlangte. »Von was für einem Widerstand redet ihr überhaupt? Euch bescheinigt doch jeder, dass ihr die Dummen seid.« Schwarz äußerte unverhohlen seine Skepsis gegenüber der außerparteilichen Opposition, die er für schwach und überfordert hielt – »hin- und herschwankend zwischen Panik, Hysterie und Illusionen, je nachdem, welche Nachrichten gerade über die westlichen Sender gehen«. Katja wollte das nicht so stehen lassen. »Das kann sich ja ändern«, hielt sie Schwarz entgegen. Ich selbst war bei unserem Gespräch nicht ganz bei der Sache. Leicht verkrampft wartete ich nur darauf, wann ich meinen Ärger über Freimut Duves Hinhaltetaktik loswerden konnte. Als ich darauf zu sprechen kam, wusste Schwarz sofort einen Ausweg. Er werde, sicherte er mir zu, bei seiner nächsten Fahrt nach Hamburg Michael Naumann, den Verlagsleiter von Rowohlt, ansprechen und nachfragen, was der Grund für den von mir beklagten Zeitverzug sei.

Ulrich Schwarz hielt Wort. Zwei Wochen später teilte er mit, dass mein Buch im Frühjahr 1989 erscheinen würde. Ein paar Dinge gab es aber noch zu regeln. Heidelore ließ sich unsere gesamten Ersparnisse auszahlen. Wir brachten das Geld nach Güstrow zu unserer Freundin Sabine Schumann. Sie nahm die gebündelten Scheine entgegen und versteckte sie mit der Bemerkung »ein gutes Versteck wird mir noch einfallen« in ihrem Wäscheschrank zwischen Bettlaken und Kopfkissenbezügen. Auf dem Heimweg überlegten Heidi und ich, wie wir Falk aus den bevorstehenden Turbulenzen heraushalten könnten. Um Falks Zukunft ängstigten wir uns am meisten. Meine Idee, ab sofort in der Öffentlichkeit gesprächsweise durchblicken zu lassen, dass wir uns scheiden lassen wollten, gefiel Heidelore überhaupt nicht. »Da stehe ich da, als würde ich dich im Stich lassen«, hielt sie mir entgegen. Sicher, die Gefahr bestand durchaus, dass sie ausgerechnet bei Menschen an Achtung verlieren würde, mit deren Solidarität wir rechneten. Aber der denkbare Nutzen für sie und Falk, welcher mit einem von der Stasi registrierten Scheidungsgerücht verbunden wäre, rechtfertigte ein solches Vorgehen. Ob die Tschekisten auf die gelegte falsche Spur hereingefallen sind, mag dahingestellt bleiben. Unterm Strich wusste man ja nie genau, wodurch sie sich in ihrem Tun haben leiten lassen.

Was meinen bevorstehenden Zusammenstoß mit der Partei- und Staatsmacht betraf, wollten auch Katja und Bärbel vorsorgen. Mit Ulrike Poppe und einem Kameramann kamen sie am zweiten Sonntag im

März 1989 zu mir nach Hammerfort. Ihr Plan war, für die im Osten beliebte Sendung des Westfernsehens Kennzeichen D einen Beitrag zu drehen, der mich bekannt machen sollte. Während der Kameramann unser Wohnzimmer in ein provisorisches Fernsehstudio umbaute, spazierten Bärbel und Ulrike mit mir auf dem Dammweg des Oder-Spree-Kanals in Richtung Groß Lindow. Vergegenwärtige ich mir heute noch einmal meine Gedanken und Gefühle, die mich bei diesem Spaziergang bewegten, bin ich sonderbar berührt von der Zwiespältigkeit meiner damaligen Lage; die Frauen sahen mich offensichtlich schon hinter Gittern. Ich wollte Bärbel und Ulrike gegenüber natürlich nicht naiv erscheinen. Selber kalkulierte ich ja diese Möglichkeit durchaus ein. Dennoch blieb ich optimistisch!

Meine Kurzfassung der politischen Lage beschrieb ich in dem Film, unter Bezugnahme auf die uns auferlegte beschränkte Bewegungsfreiheit als Wohnhaft in der DDR. Das hat manchem DDR-Gläubigen nicht gefallen. Es traf aber den Nerv der Zeit. Wie sehr ich den einfachen Leuten damit aus dem Herzen gesprochen habe, zeigte sich mir gleich nachdem unser Beitrag im ZDF ausgestrahlt worden war. Am darauffolgenden Tag fuhr ich in Wiesenau an der Minol-Tankstelle vor. Als ich aus meinem Wagen stieg, stürzten beide Kassiererinnen auf mich zu, hüpften um mich herum und juchzten immer wieder »Wohnhaft«, »Wohnhaft«, »Wohnhaft«. Sie wollten mich nicht bezahlen lassen. »Dafür darf ich Sie drücken«, gluckste die korpulente Chefin und presste mich, ohne meine Einwilligung abzuwarten, an ihren Busen. (Zahlreiche Beschäftigte aus volkseigenen Betrieben, die von ihren Kollegen über unseren Fernsehspot informiert worden waren, verließen am nächsten Tag spontan ihre Arbeitsplätze, um sich die Wiederholung anzusehen. Die Partei reagierte wie üblich. Hastig wurden zur ideologischen Gefahrenabwehr die Sekretäre der SED-Grundorganisationen einbestellt. Aus Berlin herbeigeeilte Propagandisten rüsteten die Genossen »argumentativ« auf, um die in ihren Betrieben entbrannten Diskussionen zu zügeln. Aber selbst in diesen Schulungen gab es, wie mir mehrere Teilnehmer versicherten, nicht wenige Genossen, die den ihnen aufgetischten Sermon »über den Verräter Henrich« nicht widerspruchslos hinnehmen wollten und sich mit mir solidarisierten.)

»Zwei Jahre Knast halte ich aus«

Ulrich Schwarz wollte noch eine Rezension des »Vormundschaftlichen Staates« für den »Spiegel« schreiben. In der Osterausgabe sollten ausgewählte Passagen des Buchs abgedruckt werden. Um uns darüber zu besprechen, trafen wir uns am 19. März im Haus Wolfgang Strübings in Köpenick. Hier überlegten Schwarz und ich, wie man unseren Häuptlingen klarmachen könnte, dass es mit mir keine schnelle oder gar einverständliche Abschiebung nach Westdeutschland geben würde, wie sie im Jahr zuvor nach der Luxemburg-Demonstration praktiziert worden war. Die einzige Möglichkeit wäre die, meinte Schwarz, in seinem »Spiegel«-Artikel direkt darauf hinzuweisen, dass ich finster entschlossen sei, eine längere Haftstrafe in Kauf zu nehmen. Er hat diese Botschaft in seiner Kommentierung meines Buches unmissverständlich publik gemacht. Unter ein Foto von mir setzte er das prollige Zitat: »Zwei Jahre Knast halte ich aus«. Und er erinnerte unsere Politbürokraten daran, dass sie sich die »Methode Bahro« – nach der letzten KSZE-Folgekonferenz – kaum noch einmal leisten könnten, wenn sie nicht den letzten Rest ihrer Reputation auf dem internationalen Parkett verspielen wollten. »Doch ebenso«, schrieb er, »verbietet es sich für die SED-Führung, den Bahro-Nachfolger einfach zu ignorieren. Denn das, was Henrich zum Zustand von Partei und Staat zu Protokoll gegeben hat, ist unter den SED-Mitgliedern durchaus virulent.«

Katja Havemann übermittelte mir noch den Wunsch des ZDF, welches für die Umrahmung unseres in Hammerfort produzierten Fernsehbeitrags ein paar Außenaufnahmen haben wollte. Entsprechend der Regieanweisung »Der Systemkritiker im Alltag« stolzierte ich also grimmig guckend und Entschlossenheit ausstrahlend am Gründonnerstag vor einer Kamera die menschenleere Genovevastraße in Köpenick einmal rauf und runter. Das Ganze dauerte keine fünf Minuten. Als ich danach gut gelaunt zu meinem auf der Mahlsdorfer Straße geparkten Auto schlenderte, fiel mir auf, dass mehrere Streifenwagen der Volkspolizei hier durch die Gegend kurvten. Die Suche nach mir hatte begonnen! Auch wenn das Buch noch nicht erschienen war und der Rummel erst mit dem »Spiegel«-Vorabdruck am Samstag losgehen sollte, gefolgt von Kennzeichen D am Mittwoch, konnten all meine Aktivitäten ja unmöglich unbemerkt geblieben sein – und nun hatte sich die Staatsmacht zum Zugriff entschlossen! Ein grün-weiß lackierter VP-Wartburg hielt auf meiner Höhe an. »Personenkontrolle! Ihren Personalausweis!« Der Polizist nahm Haltung an, als er meinen Namen im Personalausweis laut vor sich hin sprach und noch einmal fragte, ob ich »der Rolf Henrich« sei. »Ja, wer denn sonst?«, erwiderte ich, leicht verunsichert durch das Schmunzeln des vor mir stehenden Ordnungshüters. »Man wird ja wohl noch fragen dürfen, oder?« Es war zum Piepen. Mir fiel angesichts von so viel Freundlichkeit fast die Kinnlade herunter.

Auf der Rückfahrt nach Eisenhüttenstadt grübelte ich vergeblich, was diese Personenkontrolle zu bedeuten hatte. Ich konnte lediglich eins daraus ableiten: Einen Haftbefehl gab es augenscheinlich nicht. Die Pointe dieses Gründonnerstags verstand ich erst nach der Öffnung der Archive. Die Zollverwaltung in Berlin hatte an diesem Tag bei einem West-Ost-Reisenden in den frühen Morgenstunden ein Rezensions-Exemplar des »Vormundschaftlichen Staates« beschlagnahmt und daraufhin die Staatssicherheit alarmiert. Erst dieser Zufallsfund versetzte unsere allwissenden Wächter in die Lage, das Corpus Delicti endlich selbst in Augenschein zu nehmen. Da hatte ich ihnen mehr zugetraut.

Tätigkeitsverbot und Parteiverfahren

Bei meiner Ankunft in Eisenhüttenstadt sagte Heidi mir, Hans Hörath habe bereits viermal angerufen. »Du sollst unbedingt zurückrufen!« Ich sah dafür keinen Grund. Worum es Hörath ging, war ja klar. Am Karfreitag standen dann Hans Hörath und Klaus Klasen früh bei mir in Hammerfort vor der Gartenpforte. Devot baten sie um Einlass. Nach kurzem Herumgerede, Heidi stellte jedem einen Becher Kaffee hin, wurde deutlich: Die Genossen mochten zu gern herausfinden, mit wem ich alles in Verbindung stand. Wer mir geholfen hat. Was seien das für Kräfte? Die Genossen führten einen Auftrag aus. Den nahmen sie ernst. Hans Hörath bereitete das keinerlei Probleme. Klasen hingegen war völlig durcheinander. Er fürchtete sichtlich um seinen Ruf als linientreuer Nomenklaturkader, weshalb er, mehr an Hörath als an mich gewandt, mit belegter Stimme wiederholt beteuerte, dass er mir »das niemals zugetraut« hätte. Und wie enttäuscht er sei. Mir ginge es da nicht anders, hielt ich ihm entgegen. Wenn Hans ein Mitglied des Kollegiums aushorche, deutete ich an, sei das ja mehr oder weniger normal. Wenn aber ausgerechnet er als Vorsitzender dazu Beihilfe leiste, sei das mit seinem Amt für mich nur schwer zu vereinbaren. Meine Antworten befriedigten die Genossen ganz und gar nicht. Höraths Aufforderung an mich, kurzfristig »Ursachen und Gründe« meines »gegen die Partei gerichteten Verhaltens in straffer Form schriftlich niederzulegen und der Bezirksleitung zu übergeben«, setzte den Schlusspunkt unter das peinliche Theater. Da staunte ich nun wieder. Die glaubten ernsthaft noch daran, die alte Masche der Parteidisziplin würde bei mir ziehen und ich würde ihnen frei Haus ein Geständnis liefern. Bevor sie unverrichteter Dinge abzogen, forderte Klasen mich noch auf, an der für Ostermontag um 10 Uhr einberufenen Vorstandssitzung teilzunehmen.

Montag fuhr ich pünktlich nach Frankfurt. Ich stellte mich am Carthausplatz hin. Woher die Herren und Damen des Vorstands an diesem

Vormittag kommen würden, das wollte ich mir genauer ansehen. Meine Vermutung wurde bestätigt: Klaus Klasen, Christa Seidler, Rolf Stamminger und Michael Dreydorf bogen – alle schön hintereinander mit dem vorgeschriebenen Abstand fahrend – aus Richtung der SED-Bezirksleitung kommend kurz vor zehn in die Oderallee ein. Hörath hatte seinen Pappenheimern also noch einmal den Rücken gestärkt, sie auf die Parteilinie eingeschworen. Pünktlich um 10.30 Uhr betrat ich die Geschäftsstelle des Vorstands. Kaum hatte ich mich gesetzt, verkündete Klasen mir mit puterrotem Kopf die Einleitung eines Disziplinarverfahrens. Nach einer kurzen Pause, während der ich das Sitzungszimmer verlassen musste, verlas Klasen den Beschluss des Vorstands, mit dem mir »wegen staatsfeindlicher Handlungen« ein sofortiges Tätigkeitsverbot auferlegt wurde. Sie funktionierten perfekt, meine lieben Kollegen, als Hüter und Wahrer des sozialistischen Rechts waren sie jederzeit bereit, sich zu verbiegen, um bloß nicht politisch schiefzuliegen. Den von mir erhobenen Einwand, sie hätten das entscheidende Beweismittel für ihre Urteilsfindung – das inkriminierte Buch – doch gar nicht gelesen, würgte Dreydorf ab: »Vormundschaftlicher Staat – der Titel sagt doch alles, oder?« Auf diesen Ton war seine Argumentation gestimmt, mit der er begründete, warum er kein Bedürfnis verspüre, das von mir »zusammengeschmierte Machwerk in die Hand zu nehmen«. Meine Kanzlei durfte ich nun nicht mehr betreten. Zur Abwicklung der von mir übernommenen Mandate wurde ein Vertreter bestellt. Er sollte auch auf Heidelore achten, die ja weiterhin in der Friedrich-Engels-Straße praktizierte, und natürlich melden, wie meine Klienten auf meinen Rausschmiss reagierten. Als Spitzel überzeugte der von den Sicherheitsorganen ausgewählte Kollege nicht. Ihn plagten bald schon moralische Skrupel. Wie sein Führungsoffizier in einer Aktennotiz vermerkt hat, weigerte er sich bereits im Spätsommer, die angeordnete Überwachung fortzuführen.

Unter Hans Höraths Vorsitz und dem strengen Blick eines angereisten Aufpassers namens Rodig, seines Zeichens Leiter der Abteilung 7 des Ministeriums der Justiz, versammelte sich am nächsten Tag meine Parteigruppe im Sitzungssaal der SED-Bezirksleitung. Wie bei solchen Abrechnungen üblich, gaben alle Genossen ohne mich dabei

Cover des Rowohlt-Buches, März 1989

anzuschauen einzeln zu Protokoll, wie sehr sie mein staatsfeindliches Handeln verabscheuten. Sic urteilten über mich in der ihnen vorgeschriebenen Art und Weise: »Henrich betreibt das Geschäft des Klassenfeindes!« Oder in der milderen Variante: »Henrich hat das Vertrauen der Grundorganisation missbraucht!« Nur Rechtsanwalt Alexander Ullmann tanzte aus der Reihe. Er weigerte sich, über meinen Parteiausschluss mit abzustimmen, weil er mein Buch noch nicht gelesen hätte. Ein gegen den Stachel löckender Couragierter mitten in einem Häuflein Angsthasen! – Wie sich an diesem Tag miserable Schauspieler in vorgeschriebenen Rollen übten und ausgerechnet jene Genossen hämisch wurden, die nicht einmal selbst für die Rentabilität ihrer Praxen sorgen konnten, das war sehenswert. Ob meine braven Kollegen aus dieser Posse etwas gelernt haben? Fast alle traten zwar ein Dreivierteljahr später aus der SED aus. Ob damit aber garantiert war, dass sie sich nicht bei passender Gelegenheit wieder an einer Hetzmeute beteiligen würden, vielleicht mit weniger Eifer, aber auf die eine oder andere zeitgenössische Weise, dürfte fraglich sein.

Hinter den Kulissen

Überraschend war: Die Geheimen schlugen nicht zurück. Sie holten mich nicht einmal zur Vernehmung ab. Einen halben Kilometer von unserer Schleusenmeisterei entfernt stellten sie am Waldrand einen alten Schäferkarren hin. Da lümmelten sie herum, tranken ihren in Thermoskannen mitgeführten Kaffee, aßen ihre Stullen und qualmten eine Zigarette nach der anderen. Durch einen Feldstecher sahen wir ihnen dabei zu. Wenn ihre als »Angler« kostümierten Streifen morgens unauffällig an unserem Anwesen vorbeischlurften, kam ich mir manchmal vor, als sei ich über Nacht zum Hauptdarsteller in einer Komödie avanciert. Petrijünger kamen an unserem Wohnhaus zwar hin und wieder mal vorbei. Aber die trugen Ruten und Kescher nicht wie Gewehre über ihren Schultern. Was sollte dieses Kasperletheater?

In einer Kiefernschonung neben dem Dammweg zu unserem Grundstück lag fortan ein Aufklärer, der die Zufahrt zu uns beobachtete und jeden Besucher fotografierte. Einmal stürmte ich wütend auf sein Versteck los, lauthals schreiend, ich würde mir den Affenzirkus nicht mehr länger mit ansehen. Als ich dann aber einen jungen Mann im Tarnanzug unter Kiefernzweigen hervorkrabbeln sah, mit drei (!) Fotoapparaten vor seiner Brust, der irgendetwas von »Rehe knipsen« stammelte, ärgerte ich mich doch sehr über mein Toben. Mein hysterisches Gehabe zeigte mir, wie wenig ich verinnerlicht hatte, dass es völlig unnütz und zudem gemein war, Zorn oder Hass in Worten blicken zu lassen.

Das Gebaren der Operativniks wunderte mich. Blieben sie absichtlich untätig? Um das Interesse der Öffentlichkeit an meinem Fall nicht anzuheizen? Wollten Honecker und die Granden seines Sicherheitsapparats dem Westen demonstrieren, wie souverän sie sein konnten? Ausschlaggebend für die mich überraschende Zurückhaltung war – die Akten belegen es – eine zwischen Mielkes Stellvertreter, Generaloberst Rudi Mittig, und Egon Krenz sofort nach der Konfiskation meines Buches abgesprochene Weisung an die Bezirksverwaltung in Frankfurt.

Das Kollegium der Rechtsanwälte interessierte die beiden Experten für Sicherheit und Ordnung dabei herzlich wenig. Die an Mittig herangetragene Bitte des Vorstands und der Parteileitung des Kollegiums der Rechtsanwälte, mich »durch Aktivitäten« des Staatssicherheitsdienstes »von der Teilnahme an der Mitgliederversammlung der Parteigrundorganisation abzuhalten«, fand jedenfalls kein Gehör (offenbar fürchteten die Genossen Rechtsanwälte einen Eklat in der geschilderten Parteiversammlung, weshalb sie mich mal so ganz nebenbei »zuführen« lassen wollten). Unter Hinweis auf die getroffene Absprache mit Egon Krenz, wonach »politischer- und staatlicherseits Maßnahmen durchzuführen sind«, man jedoch »strafprozessuale Maßnahmen« zu unterlassen habe, erteilte der Generaloberst eine Absage und verfügte zeitgleich gegenüber seinen eigenen Mannen: »Wenn Maßnahmen von unserem Organ durchzuführen sind, erfolgen entsprechende Weisungen nach zentraler Abstimmung und Entscheidung.«

Egon Krenz ließ sich die mit Generaloberst Mittig ausbaldowerte Verfahrensweise absegnen. Das SED-Politbüro, die Altherrenriege, welche sich als eine Art Überregierung verstand, versammelte sich immer dienstags ab zehn, um über anstehende politische Fragen zu entscheiden. In Hausmitteilungen an diejenigen, denen eine Teilnahme an der Sitzung aus Termin- oder Krankheitsgründen nicht möglich war, wurde zu deren Information die aktuelle Beschlusslage referiert. In der Hausmitteilung vom 28. März informierte Egon Krenz Erich Honecker, wobei er »noch einmal auf das Machwerk von Henrich« zurückkommt, dass er Generaloberst Mittig gebeten habe, »eine Einschätzung vorzunehmen«. Und er schlug mit der Bitte um Bestätigung vor: »Gegenwärtig sollte von strafrechtlicher Verfolgung Abstand genommen werden.« Honecker war einverstanden. Er autorisierte die empfohlene Vorgehensweise durch eine handschriftliche Randbemerkung (»richtig«) und setzte seine Paraphe (»EH«) auf die Hausmitteilung, bevor er verfügte: »Zurück an Gen. Krenz«. Fünf Tage später lag ein von Mittig bestelltes »Gutachten« in siebenfacher Ausfertigung vor. Ob Honecker es gelesen hat? Jedenfalls hat er sein Exemplar mit einer handschriftlichen Notiz »EH 10.4.89« versehen. Pedantisch, wie der Mann gewesen ist, wird er das Pamphlet wohl wenigstens überflogen haben. (Seitenlang sind darin *ub S 6 wird es inter.*

Berlin, 3. April 1989

Rechtliche Einschätzung
zu der von Rolf HENRICH verfaßten Schrift "Der vormundschaftliche Staat - vom Versagen des real existierenden Sozialismus"

Durch den Rowohlt Taschenbuch Verlag GmbH Reinbek bei Hamburg wurde im April 1989 in der Taschenbuchreihe "ro-ro-ro aktuell" ein 318 Seiten umfassendes Essay mit dem Titel "Der vormundschaftliche Staat - vom Versagen des real existierenden Sozialismus" herausgegeben, als dessen Autor der als Rechtsanwalt im Bezirk Frankfurt(Oder) tätige DDR-Bürger Rolf HENRICH genannt wurde. In diesem vorliegenden Buch, wofür seitens des Büros für Urheberrechte keine Zustimmung für die Vergabe von Urheber- und Verlagsrechten erteilt wurde, setzt sich der Autor mit den Staats- und Gesellschaftsordnungen in den sozialistischen Ländern auseinander, die er auch unter Bezugnahme auf die DDR als "politbürokratische Herrschaft des Staatssozialismus" charakterisierte und in denen die Bürger unmündig seien.
Die Darlegungen des Autors gipfeln in Anlehnung an Aussagen aus Rudolf BAHROs Buch "Die Alternative" in der Behauptung, daß es sich beim real existierenden Sozialismus in den sozialistischen Ländern ebenso wie in der DDR um eine gesellschaftliche Entwicklungsstufe handelt, die sich aus einer "asiatischen Produktionsweise" eigenständig entwickelt und nichts gemein habe mit der von Marx wissenschaftlich begründeten Lehre von der einheitlichen kommunistischen Gesellschaftsformation. Dabei verfolgt er die Absicht, seine Behauptungen durch eine eklektizistische Vermengung von Zitaten aus Werken der Klassiker sowie von bürgerlichen Ideologen, Renegaten und Opportunisten den Anschein von Wissenschaftlichkeit zu geben.

Erste Seite des Gutachtens der Staatssicherheit zur strafrechtlichen Bewertung des »Vormundschaftlichen Staates«

die von mir verschuldeten Angriffe auf »die verfassungsmäßig verankerten politischen und ökonomischen Grundlagen der sozialistischen Staats- und Gesellschaftsordnung in der DDR« aufgelistet und unter strafrechtlichen Gesichtspunkten gewürdigt. Hier ein kurzer Auszug: »Ausgehend vom Inhalt der vorliegenden Schrift können folgende strafrechtliche Einschätzungen getroffen werden: Die durch den BRD-Verlag herausgegebene Schrift des HENRICH ›Der vormundschaftliche Staat – Vom Versagen des real existierenden Sozialismus greift durch die in ihr enthaltenen Diskriminierungen der gesellschaftlichen Verhältnisse der DDR die verfassungsmäßigen Grundlagen der sozialistischen Staats- und Gesellschaftsordnung an und erfüllt damit objektiv die Tatbestandsanforderungen einer Schrift im Sinne der staatsfeindlichen Hetze gemäß § 106 Absatz 1 Ziffer 2 StGB. Da sich HENRICH entsprechend den Darlegungen in dem Nachwort des Buches der strafrechtlichen Konsequenzen einer Veröffentlichung dieser Schrift bewusst war, liegen somit die objektiven und subjektiven Tatbestandsvoraussetzungen für die Einleitung eines Ermittlungsverfahrens auf dieser Rechtsgrundlage vor. Sollte aus rechtspolitischen Gründen eine Verfolgung dieser Straftat als Staatsverbrechen nicht zweckmäßig sein, so wäre eine rechtliche Bewertung dieses Buches auch als Schrift im Sinne der öffentlichen Herabwürdigung gemäß § 220 Absatz 2 StGB möglich. In beiden Fällen hat eine strafrechtliche Verfolgung HENRICHs allerdings zur Konsequenz, dass eine Weitergabe dieser Schrift durch andere Personen ebenfalls objektiv die Tatbestände der staatsfeindlichen Hetze bzw. der öffentlichen Herabwürdigung in der Alternative der Verbreitung von Schriften begründet und zur Prüfung dessen sich in derartigen Fällen strafprozessuale Maßnahmen erforderlich machen.«)

Es wäre falsch zu sagen, Krenz und Mittig hätten in dieser letzten Phase der DDR, belehrt durch eine sich verändernde Wirklichkeit, ernsthaft auf das Recht und nicht mehr auf die Fallen, Ränke und Täuschungsmanöver der Staatssicherheit gesetzt. Selbst ein so liebenswerter Zeitgenosse wie Günter de Bruyn trägt ja heute zu einer darauf hinauslaufenden Legendenbildung bei, wenn er in seiner Biografie hervorhebt, die DDR der achtziger Jahre könne im Vergleich mit den Fünfzigern

```
cfs 3997                                    XX/UK/ 5355/89
                                            XX /VP/ 783/88
- flugzeug -
                                            XX/17/312/89
nfs berlin
- 20s -
                                                            BStU
information zur person                                     000204

henrich, ralf-fuerdiger 240244428019 , rechtsanwalt,
mitglied des kollegiums der rechtsanwaelte des bezirkes frankfurt/o
rpt henrich 240244428019

am 23.03.89 wurde inoffiziell bekannt, dasz die zollverwaltung
berlin, rechtsabteilung, die bv zoll frankfurt/o davon
informierte, dasz genanze person verfasser eines in der
brd erschienenen buches ist
titel:

"vormundschaftlicher staat, vom versagen des
real existierenden sozialismus"

in der einleitung dieses buches wird der o.g. autor
vorgestellt.
weiter wurde am 23.03.89 inoffiziell bekannt, dasz henrich am
nachmittag des 23.03.89 in berlin-koepenick dem
zdf ein fernsehinterview gegeben haben soll.
die genannte person wird seit roem. 1/83 durch die abt. roem. 20
der bv frankfurt/oder im ov "psyche" reg. nr. roem. 5./ 287./88
operativ bearbeitet. bearbeitungsgruende:
h. steht im verdacht , ein von ihm verfasztes manuskript
zu herrschatsstrukturen in der brd drucken und
verbreiten zu lassen, sowie im rahmen eines zusammen-
schlusses von exponenten des politischen untergrundes wirksam
zu sein.
die eingeleiteten spezifischen operativen maszmahmen
ergaben bis jetzt keinen hinweis auf die existenz des manuskripts
bzw. eines buches.
es wurden politisch-operative hinweise erarbeitet auf
einge persoenliche verbindungen und treffen mit

                                            Kopie: BStU
                                            Außenstelle Frankfurt (O.)
```

Eilmeldung nach der Beschlagnahme des Corpus delicti durch den Zoll der DDR

»fast als Rechtsstaat gelten«. Richtig ist daran lediglich, dass auch die DDR in den Achtzigern nicht mehr daran vorbeikam, alltägliche Fragen des Gemeinschaftslebens über weite Strecken in einer Weise zu regeln, die sich äußerlich von einer formal rechtsstaatlichen Lösung kaum mehr unterschied. Dennoch: Das Haus des Rechts haben die politbürokratischen Gerichtsherren bis zur letzten Minute beschädigt, wofür ihr Umgang mit mir ein anschauliches Beispiel bietet. Das Wesen des Rechts besteht nun einmal in der Förmlichkeit, in seiner Sichtbarkeit und Öffentlichkeit. Empörend an den Geheimbefehlen, welche Honecker, Mielke, Krenz und Mittig verschickten, war ja gerade der Mangel an jeder Förmlichkeit. In Hinterzimmern zwischen diesen geborenen Verfolgern ausgekungelte Taktiken galten als Verfügungen einer Strafgerechtigkeit. Mag eine solche Durchgriffsmöglichkeit im Einzelfall aus Zweckmäßigkeitserwägungen auch einmal zugunsten eines Betroffenen genutzt worden sein, wird daraus trotzdem kein rechtsstaatliches Handeln. Vor dem Runden Tisch – leider war ich in der betreffenden Sitzung nicht anwesend – und in seinem Buch »Wenn Mauern fallen« hat sich Krenz damit gebrüstet, dass er im Hinblick auf meine Person, nachdem es »große Verstimmungen« gegeben hätte, verhindern konnte, »dass eine strafrechtliche Verfolgung stattfand«.

Was Krenz bei seinem Auftritt am Runden Tisch nicht erwähnte, war, dass statt einer Anklage laut der von ihm und General Mittig getroffenen Absprache »politischer- und staatlicherseits Maßnahmen« durchgeführt werden sollten. Die waren zwar weniger auffällig, aber dafür umso hinterhältiger. Ein Schwerpunkt in dem daraus resultierenden Maßnahmenkatalog bestand darin, meinen Ruf als Autor und Anwalt zu ruinieren. Gegen die von den Tschekisten lancierten Rezensionen in Samisdat-Blättern konnte ich mich dank Erika Drees verteidigen. Bei anderen Interventionen dauerte es aber, bevor ich davon überhaupt hörte. So wunderte ich mich natürlich, warum der einflussreiche westdeutsche Anwaltsverein nach dem Bekanntwerden des mir auferlegten Berufsverbotes keinerlei Reaktion zeigte, obwohl er sonst gegen jede politische Verfolgung von Kollegen überall auf der Welt protestierte. Christian Boos hat in seinem Buch über die DDR-Anwaltschaft »Im goldenen Käfig« die Gründe für das Schweigen dargelegt. Im Mai 1989

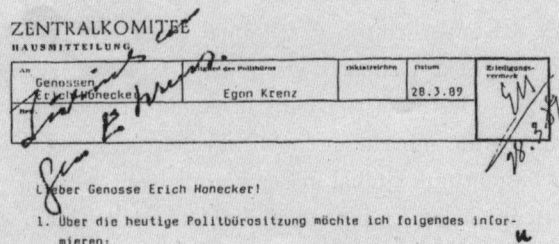

Lieber Genosse Erich Honecker!

1. Über die heutige Politbürositzung möchte ich folgendes informieren:

2. Ich komme noch einmal auf das Machwerk von Henrich zurück. Ich lege eine entsprechende Information der Bezirksleitung Frankfurt (Oder) bei.

(Anlage 1)

Der Vorstand des Rechtsanwältekollegiums hat bereits gestern, ohne daß wir das im einzelnen kannten, aufgrund der Disziplinarverordnung Henrich aus dem Kollegium der Rechtsanwälte des Bezirkes ausgeschlossen. Der Vorstand beruft sich dabei darauf, daß er seine Pflichten als Rechtsanwalt gröblichst verletzt hat. Henrich hat diesen Beschluß akzeptiert und keine Beschwerde eingelegt.

Ich habe Genossen Rudi Mittig gebeten, eine Einschätzung des Machwerkes vorzunehmen. Gegenwärtig sollte von strafrechtlicher Verfolgung Abstand genommen werden.

Ich bitte um Kenntnisnahme bzw. Weisung.

Interne Information an Erich Honecker von Egon Krenz, März 1989 fuhren Gregor Gysi, Friedrich Wolff und Wolfgang Vogel zum Deutschen Anwaltstag nach München. Laut einem MfS-Protokoll wurde im Vorfeld dieser Reise eine »Argumentationsdisposition« zu meinem Fall in einem Gespräch zwischen dem Minister der Justiz, einer Vertreterin des Zentralkomitees und Gysi ausgetüftelt, in der als Grund für das mir auferlegte Berufsverbot festgelegt wurde: »Mandanten getäuscht – das ist unmöglich.« Nach der Rückkehr in die DDR schrieb Friedrich Wolff einen Reisebericht für den Justizminister, in dem er das Treffen mit den Granden des westdeutschen Anwaltsvereins schildert. Zum Fall Henrich, heißt es da, »sprachen wir alle und erklärten, dass er mit einem Buch und den darin vertretenen Auffassungen über die Justiz in der DDR sich selbst die Möglichkeit genommen hätte, seine Funktion als Organ der Rechtspflege zu erfüllen«. Stolz verweist Wolff auf die mit dem DAV ausgekungelte deutsch-deutsche Argumentation gegenüber der Presse. Die DAV-Spitze unterbreitete den ostdeutschen Kollegen verschiedene Versionen, um neugierige Journalisten abzuwimmeln. »Wir entschieden uns für die kürzeste ... Sie lautete in etwa: Wir haben uns mit dem Fall beschäftigt und haben nichts weiter dazu zu sagen.«

Ächtung und Zuspruch

Man kannte jetzt meinen Namen. Dafür hatten die westlichen Rundfunk- und Fernsehanstalten gesorgt. Bereits in den ersten zwei Wochen nach dem Erscheinen meines Buches berichteten in vier Fernsehsendungen und im Deutschlandfunk sowie im RIAS Kommentatoren ausführlich über mich und mein politisches Anliegen. 15 Tageszeitungen brachten Buchbesprechungen. Automatisch waren natürlich auch die DDR-Lobbyisten zur Stelle, die ihre Visionen von einem sozialistischen Deutschland östlich der Elbe durch mich gefährdet sahen. Sie attackierten mich, wo sie nur konnten. Selber nutzte ich jedes Angebot, mich in Interviews zu äußern. Das gab mir Schutz. Die Begeisterung, mit der mein öffentlich zelebriertes Aufbegehren gegen den vormundschaftlichen Staat vom Publikum aufgegriffen wurde, bescherte mir bei allem um meine Person veranstalteten Rummel frühzeitig die Einsicht, dass keinesfalls das mediale Spektakel bedeutungsvoll war, sondern etwas weit weniger Ins-Auge-Stechendes – nämlich das, was in den »Köpfen« der Leute passierte. Zweifellos war das von größerem geschichtlichen Gewicht als das persönliche Risiko, welches ich eingegangen war und das ich mir zugutehalten konnte.

Wo immer ich mich in den folgenden Wochen blicken ließ, ob in der Kaufhalle, beim Bäcker, Fleischer oder im Postamt, überall traten wildfremde Menschen auf mich zu, die mir freudestrahlend und händeschüttelnd ihr »volles Einverständnis« mit dem versicherten, was sie bei Kennzeichen D gesehen oder in einem Interview mit mir am Vorabend gerade gehört hatten. Sie wiederholten meistens zwei Stichworte, die sie sich gemerkt hatten: Vormundschaftlicher Staat, Wohnhaft in der DDR! Keine Frage, das waren Losungsworte! Sie wirkten wie Brandbeschleuniger. Die Wirksamkeit solcher Worte, ihre aufrührerische Tiefe und Sprengkraft, die alles beiseitefegte, was mir Ideologen aus Ost und West entgegneten – das bleibt eines meiner schönsten Erlebnisse am Vorabend der anstehenden Revolte. Was mich besonders rührte? Am

Rand des Treidelpfades zwischen Schlaubehammer und Hammerfort montierten mir Unbekannte ein weiß gestrichenes Blechschild an einen Zaun, auf das sie in schwarzer Normschrift fein säuberlich Rolf-Henrich-Damm gepinselt hatten. Als ich das las, wusste ich, dass ich auf aktionsbereite Unterstützer bauen konnte. Es gab unter ihnen Helden, die Kopf und Kragen riskiert haben, um sich mit mir zu solidarisieren.

Meine Rechtsanwaltskanzlei, die ich ja nicht mehr betreten durfte, befand sich in der Friedrich-Engels-Straße 1. Neben dem Hauseingang hing das übliche großformatige, emaillierte Namensschild. Nur einen Steinwurf davon entfernt, direkt auf der gegenüberliegenden Straßenseite, hatte die Kreisverwaltung der Staatssicherheit ihren Sitz. Im Vorgarten ihres Dienstgebäudes schüchterte eine schwenkbare Überwachungskamera an einem Stahlmast jeden ein, der dort vorbeikam. Wie in einer Sofortmeldung vom 9. April an die Bezirksverwaltung der Staatssicherheit in Frankfurt vermerkt ist, trug sich ausgerechnet hier, unter den Augen der Geheimpolizei, Folgendes zu: »Schmiererei im Stadtgebiet von Eisenhüttenstadt – Am 9.4.89 wurde um 6.55 Uhr durch den Mitarbeiter der SED-Kreisleitung, Gen. Grondke, bekannt, dass am Gebäude der Staatlichen Versicherung Friedrich-Engels-Str. 1, Ecke Fritz-Heckert-Str. 5, eine Schmiererei festgestellt wurde. Dabei handelt es sich um ein kariertes Blatt Papier, Format A 4, das auf das Namensschild des Rechtsanwaltes Henrich geklebt wurde. Auf dem Blatt Papier steht: Wer die Wahrheit sagt, wird von Euch ›gesperrt‹! Alle Hochachtung vor dem, der die Wahrheit sagt! Ihr verurteilt jeden, der seine offene Meinung äußert! Es sind viele, die zu ihm stehn! Denkt Ihr, dass alle Eure ›beschissene‹ Meinung teilen?«

Die in einer solchen Aktion steckende Couragiertheit ist für mich heute noch bewundernswert. Hier hatte sich ein echter Jünger'scher Waldgänger zu Wort gemeldet, um unseren Tschekisten in einer Sprache zuzusprechen, die ihnen verständlich war. Leider weiß ich bis heute nicht, wer damals den Mumm aufbrachte, den Geheimen diese hübsche Notiz ins Stammbuch zu schreiben.

Verständlicherweise war den Großkopfeten in der Partei die breite Zustimmung ein Dorn im Auge. Hastig wurden in der ganzen Region Versammlungen einberufen, in denen nach den Funktionären nun auch die Werktätigen darüber aufgeklärt wurden, wie man den »Fall Henrich« politisch korrekt einordnen müsse. Die dabei aufgebotenen Argumente für meine Ächtung fruchteten jedoch kaum mehr. Die Menschen wollten die ihnen eingebläute Sichtweise nicht hinnehmen. Man ließ sich nicht mehr vorschreiben, wie man mich, den »Verräter«, zu sehen hatte. Etliche Mandanten von mir verwiesen auf die Hilfe, die sie durch mich als Anwalt erfahren hatten, und erklärten unumwunden, dass sie meinen Rausschmiss aus der Partei und das mir auferlegte Tätigkeitsverbot für einen unverzeihlichen Fehler hielten. In Frankfurt empörte sich sogar eine Gerichtsangestellte darüber, dass, wie sie sagte, »dieser fähige Jurist, der mit seinen Standpunkten eine Verbesserung der Rechtsprechung anstrebte, ohne gründliche, sachliche Diskussion von der juristischen Arbeit ausgeschlossen wurde, so dass er nunmehr durch Wäschesortieren im Dienstleistungskombinat seinen Lebensunterhalt verdienen muss«. Auch wenn es sich nur um ein Gerücht handelte, war dies eine unverzeihliche Meinungsäußerung, welche die damalige Direktorin postwendend an die Abt. VIII des MfS meldete.

Es war mir klar, dass sich immer mehr Genossen aus der Parteidisziplin lösten. Aber die SED-Führung glaubte weiterhin daran, die öffentliche Meinung noch anhand ihrer veralteten Vorstellungen bestimmen zu können. Wie weit sie sich tatsächlich von der gesellschaftlichen Realität entfernt hatte, wurde auf ihrem April-Plenum deutlich. Christa Zellmer, Mitglied des ZK und 1. Sekretär der Parteiorganisation im Bezirk, verkündete hier noch einmal vollmundig:

»Nicht unbekannt, liebe Genossen, ist die Taktik des Feindes, Dissidenten aufzubauen, die sich dann zum Sprachrohr angeblich vieler Gleichgesinnter aufschwingen möchten. Dazu hat sich auch der ehemalige Genosse und Rechtsanwalt Rolf Henrich aus Eisenhüttenstadt hergegeben. Mit seinem die sozialistische Staats- und Rechtsordnung verunglimpfenden Machwerk, das vom Rowohlt-Verlag der BRD unter dem Titel ›Der vormundschaftliche Staat – Vom Versagen des real existierenden Sozialismus‹ herausgebracht wurde, entlarvte sich Henrich als Erfüllungsgehilfe antisozialistischer Kräfte gegen die DDR. Auch seine staatsfeindlichen Äußerungen in BRD-Medien offenbaren seinen politischen Standort. Es ist kein Wunder, dass die imperialistische BRD-Journaille Henrich als Kronzeugen für eine neue Verleumdungskampagne gegen die DDR und die Politik unserer Partei nutzt. In der Mitgliederversammlung der Grundorganisation des Kollegiums der Rechtsanwälte des Bezirkes Frankfurt (Oder), die Henrich aus der Partei ausschloss, wurde sichtbar, dass er sich des partei- und staatsfeindlichen Charakters seiner Handlungen bewusst war. Das Buch wurde von ihm von Anbeginn zur Veröffentlichung in der BRD geschrieben. Dementsprechend tarnte er sich und handelte er konspirativ. Henrich verstand es, seine Parteiorganisation über seine wirklichen ideologischen Auffassungen und Haltungen zu täuschen, obwohl er bereits seit vielen Jahren feindlichen Ideologien erlegen war. Sein Vorgehen kann nur als Versuch gewertet werden, mit Hilfe des Gegners die Partei zu zersetzen, die marxistisch-leninistische Theorie zu entstellen und die Errungenschaften der 40-jährigen Entwicklung der DDR zu verleumden. Die Geschichte wird über den Verräter Henrich wie über seinesgleichen vor ihm hinweggehen. Die DDR jedoch setzt unter Führung unserer marxistisch-leninistischen Partei ihren Weg als sozialistischer Rechtsstaat mit entfalteter sozialistischer Demokratie, gesicherten Menschenrechten, innerer Stabilität und volkswirtschaftlicher Dynamik zum Wohl des ganzen Volkes unaufhaltsam fort.«

Unterwegs als Wanderprediger

Mein Plan für die nächsten Monate stand fest. Mit Bärbel Bohley und Katja Havemann hatte ich Ostern verabredet, mit ihnen im Herbst eine landesweite demokratische Vereinigung zu gründen. Jeder von uns sollte neun Persönlichkeiten aus seinem Freundeskreis in das, was wir vorhatten, einweihen und einladen. Die Zahl der Pastoren wollten wir gering halten. Und nicht vorrangig Berliner oder gar Helden aus dem Untergrundbezirk Prenzlauer Berg sollten das Erscheinungsbild der neuen Gruppierung prägen, sondern Menschen, die in einem normalen Berufsleben standen. Bereits die ausgewählten Gründungsmitglieder sollten die von uns angestrebte Offenheit und Breite der verabredeten Sammlungsbewegung signalisieren.

Da ich arbeitslos war, verfügte ich über genügend Zeit. In aller Ruhe führte ich Gespräche mit den Menschen, auf deren Mitarbeit bei einem politischen Aufbruch es mir ankam. Und ich rührte auf einer Grand Tour durch Städte und Gemeinden die Trommel für den kommenden Aufstand. Sollten Krenz und Mittig darauf spekuliert haben, dass mich das verhängte Tätigkeitsverbot einschüchtern und davon abhalten würde, mich in die republikweit aufbrechende Auseinandersetzung einzumischen, hatten sie sich verrechnet. Was als Abstrafung gedacht war, verschaffte mir überhaupt erst die Zeit, mich mit Tausenden auszutauschen, die auf einen Umsturz der Verhältnisse setzen wollten. Als Nebentätigkeit zu meiner anwaltlichen Berufsausübung wäre das niemals möglich gewesen. Aus allen Ecken hagelte es Einladungen zu Vorträgen. Meistens waren es Gemeindpfarrer oder Mitglieder der Kirchenräte, die mir ein Podium anboten, damit ich in ihrem Sprengel die von mir im »Vormundschaftlichen Staat« entwickelte Alternative vortragen konnte. Solche Einladungen lösten jedes Mal hektische Aktivitäten der staatlichen Organe aus. Aber die Verantwortlichen auf der Gemeindeebene ließen sich weder von den vorgetragenen Bedenken ihrer Konsistorialräte noch von den Drohungen der Tschekisten einschüchtern. Im

Ergebnis bedeutete das für mich, dass ich die von mir im »Vormundschaftlichen Staat« ausgearbeitete Lagebeschreibung und Perspektive von nun an in überfüllten Kirchen mit den Menschen besprach. Jeder bei meinen Auftritten Anwesende konnte sich dabei an allen fünf Fingern abzählen: Allein seine Präsenz setzte bereits ein Zeichen der Solidarität mit einem parteioffiziell Geächteten, der ich nun mal war. Zum Entsetzen der Sicherheitsorgane schwoll mit jeder Veranstaltung die Zahl meiner Zuhörer weiter an. Im Herbst waren es in Frankfurt an der Oder schließlich über 1500 Teilnehmer, mit denen ich debattierte. Auch die gegen mich eingesetzten Agitatoren konnten nichts mehr ausrichten. Ein interner Bericht über das letztgenannte Geschehen in der Georgenkirche zeigt, wie es um die weiterhin beanspruchte führende Rolle der SED in Wahrheit bestellt war. »Bei der Veranstaltung am 18.10.89«, heißt es da, »ist es den gesellschaftlichen Kräften, darunter zwei Sektorenleiter der SED-BL, nicht gelungen, gegen den H. in wirksamer Weise aufzutreten. Alle jetzt unter der Leitung der BL der SED durchzuführenden gesellschaftlichen Aktivitäten sind dem Ziel untergeordnet, den H. in seiner Wirksamkeit einzugrenzen und zu isolieren.«

Meine Ansprachen nutzte ich, um meine Zuhörer aus ihrer Resignation und Indifferenz zu locken. Im Mai '89 rührte ich unter anderem die Trommel in der Berliner Gethsemanekirche, der Kirche von Unten und in der Auferstehungsgemeinde; im Juni boten mir die Kirchgemeinde Alt-Friedrichsfelde und das Gemeindezentrum »Heinrich Gruber« die Gelegenheit, mich den Menschen vorzustellen. So ging es weiter. Wie der Typus eines Volksredners alter Schule hielt ich, nachdem ich die Hauptstadt abgegrast hatte, in Halle, Leipzig, Merseburg, Dresden, Frankfurt, Stendal und Petersdorf aufrührerische Reden. Jedes Mal wies ich alle Anwesenden darauf hin, ihre Begegnung und Diskussion mit mir erfülle aus der juristischen Sicht des erfahrenen Rechtsanwalts bereits den Straftatbestand des verfassungsfeindlichen Zusammenschlusses. Das stärkte die Widerstandskraft der Menschen ungemein. Sie verließen solche Treffen in dem Bewusstsein, mit ihrem Kommen etwas riskiert zu haben, woran sie bis dahin häufig nicht mal zu denken gewagt hatten.

Rolf Henrich und Bärbel Bohley in der Ost-Berliner Gethsemanekirche, 1989

Mit meinen Reden deckte ich das Spektrum der Inhalte ab, die ich im »Vormundschaftlichen Staat« behandelt hatte. Unvermeidlich schloss das Vereinfachungen ein. Wie die Machtstrukturen praktisch funktionierten, wie sie jeden zu einem Rädchen im Getriebe des Staatssozialismus degradierten und was dagegen getan werden musste – das mit den Menschen lebensnah zu besprechen, darauf richtete sich mein ganzer Ehrgeiz. Die milieuspezifischen Debatten, mit denen die Oppositionellen ihre Untergrundblätter füllten, waren mir hingegen weniger wichtig. In meinen Augen hatte das, was in ihren Zirkeln verhandelt wurde, ohnehin kaum etwas mit der aktuellen politischen Situation zu tun. Eine bei mir eingegangene Einladung der in Stuer-Winkel für die Zeit vom 23. bis 29. Juli geplanten Sommerakademie des Arbeitskreises Solidarische Kirche bestätigte mir das noch einmal. Was hatte man da auf die Tagesordnung gesetzt? Den Hitler-Stalin-Pakt, russische Lyrik, Kunst im Faschismus und Identitätsprobleme der Kirche von 1914–1933!

Jens Reich berichtet in seinem »Tagebuch der Wende« aus eigenem Erleben darüber, weshalb mein Auftreten von prominenten Bürgerrechtlern als Provokation empfunden wurde. »Henrichs Vorträge«, so beobachtete es Reich, »brachten ein neues Moment in die Protestbewegung ein, das von den Bürgerrechtlern mit langen Widerstandserfahrungen eher als Rückschritt gewertet wurde. Henrich betonte, dass der politische Protest sich aus der Schutzzone der Kirche befreien müsste, und dass er sich an den Normalbürger in mittlerem Alter und mit anerkanntem Beruf wenden wolle. Er opponierte gegen das betont Alternative, Protestkulturelle, Anarchische und Subversive der bisherigen Bürgerbewegung. Er argumentierte, dass ein solches Verhalten der Stasi Zugriffsmöglichkeiten einräume, den Spießbürger verängstige und in ein Scheinbündnis mit den Bürokraten treibe. Richtig wäre es, eine politische Bewegung streng im formalen Rahmen der DDR-Gesetzlichkeit zu gründen, sie ordnungsgemäß anzumelden und ganz verfassungsgemäß die Teilhabe an der politischen Entscheidung einzufordern.«

So bin ich vorgegangen, wenngleich ich von »Spießbürgern« nie gesprochen habe. Weshalb es zwischen mir und den altgedienten Bürgerrechtlern knirschte, war jedoch nicht nur einer anderen Taktik geschuldet, die ich zur Voraussetzung einer erfolgreichen Demokratiebewegung erklärte. Vor allem bemühte ich mich bei meinen Auftritten, dem alltäglichen Lebensvollzug der vor mir auf den harten Kirchenbänken sitzenden Männern und Frauen, der sich meistens durch eine indifferente und durchschnittliche Alltäglichkeit auszeichnete, in jeder Hinsicht verständnisvoll und wohlwollend zu begegnen. Das allein führte schon zu einer Schwerpunktverlagerung des Widerstands. Aus ihrer exklusiven Lebensführung heraus diffamierten, wie mir längst bewusst geworden war, leider viel zu viele Widerständler das Leben der anderen als Verlogenheit. Besonders in der Berliner Szene blickte man hochnäsig auf »ein Volk von Sachsen« herab, wie der Dichter Bert Papenfuß höhnte.

Nährboden für die mich unangenehm berührende Arroganz vieler Dissidenten war deren besondere Lebensweise, die in mancher Hinsicht Ähnlichkeiten mit den künstlerischen Existenzen der bekannten »Prenzlauer-Berg-Connection« aufwies. So wie diese hob sich die dissidentische Existenzform von den nicht betonten, alltäglichen Lebensmöglichkeiten der meisten Menschen ab. Häufig konnte man das schon an den Tätigkeiten erkennen, mit denen die Leute ihren Lebensunterhalt fristeten. Wer als Friedhofswärter, Postbote, Kirchendiener, Heizer, Telegrammzusteller, Hausmeister, Hilfspfleger oder Schmuckhersteller sein Geld verdiente, entzog sich damit einer Einflussnahme der Partei- und Staatsmacht, die in den volkseigenen Betrieben und Verwaltungen ideologischen Druck ausübte. Der Heroismus, der in so einer Lebensführung auch steckte, war in mancherlei Hinsicht zwar durchaus bewunderungswürdig, aber in meinen Augen noch lange kein Grund, sich selber ein Leben in der Wahrheit anzumaßen und den anderen ein Leben in der Lüge zu bescheinigen. Mein Gegensatz zu den »Alten«, wie Jens Reich ihn als Hörer meiner Vorträge konstatierte, hatte also weniger mit politischen Gründen als mit den Konsequenzen zu tun, welche unsereiner aus den Erfahrungen der Anwaltstätigkeit gezogen hatte.

Halle an der Saale

Würde ich alle Erlebnisse ausbreiten, die ich auf meiner Tour durch Mitteldeutschland gehabt habe, müsste ich etliche Seiten füllen, fände aber vermutlich kein Ende. Ich beschränke mich darauf, über einen in Halle von Katrin und Frank Eigenfeld vorbereiteten Auftritt ausführlicher zu berichten. Ähnlich wie hier lief es überall ab. Katrin hatte mit mir den Termin abgestimmt. Sie hängte Plakate aus, auf denen sie mein Kommen am 21. Juni unter Hinweis auf den »Vormundschaftlichen Staat« ankündigte. Von Erika Drees wusste ich, dass Katrin in der kirchlichen Jugendarbeit für Halle-Neustadt tätig war und jahrelange Kämpfe mit ihrem Konsistorium auf der einen und der Staatssicherheit auf der anderen Seite durchgestanden hatte. Anfang der Achtziger im berüchtigten Roten Ochsen inhaftiert, gehörte sie zu den Frauen, die den gordischen Knoten des bodenlosen Geredes in den Untergrundzirkeln zerhauen und zur befreienden Tat schreiten wollten. Da Katja und Bärbel sie im Neuen Forum unbedingt dabeihaben wollten, ergab sich durch ihre Einladung eine gute Gelegenheit, sie persönlich kennenzulernen.

Meinen Besuch in der Saalestadt wollte ich auch nutzen, um Achim Maaz und Ludwig Ehrler zu treffen, den späteren Rektor der Kunsthochschule Burg Giebichenstein. Ich fuhr deshalb bereits Dienstagmittag los. Den Abend verbrachte ich bei Maaz in der Fuchsbergstraße. Am nächsten Vormittag pilgerte ich zu Ludwig. Er wohnte nahe am Markt in der Großen Steinstraße, nicht weitab vom Dom, den Feininger gemalt hat. Das Haus war um 1900 herum erbaut worden. In den Achtzigern konnte man nur mehr erahnen, welche Pracht die Fassade – mit ihren herausgebrochenen Stuckverzierungen, den bröckelnden Konsolen und Fensterrahmungen – in der Wahrnehmung der Passanten einst entfaltet hatte. Trostlosester Verfall, wohin man blickte. Die Parterrewohnung und das erste Stockwerk in Erlers Haus waren bereits leer geräumt. Bretterverschalungen vor den Türen sollten Unbefugte davon abhalten, sich hier unerlaubt einzunisten. Ludwig wohnte in der zweiten Etage. Im Erker seines Wohnzimmers hatte er liebevoll eingedeckt. Bevor wir uns setzten, zeigte er mir seine neuesten Bilder. Pop-Art, Riesenschinken. Eine kaum zu fassende Schönheit inmitten des Verfalls. Nebenan stand eine Zinkbadewanne, in die es von der Decke tröpfelte. Ludwigs großformatige Gemälde verliehen dem Ganzen einen morbiden Charme. Ihre rhythmisch bewegte Linienkraft heiterte mich auf. Ohne die Bilder hätte ich Antidepressiva gebraucht.

Ich fragte Ludwig, wie der Eindruck der Gemälde auf mein Gemüt zu erklären sei. »Unmittelbare Anschauung bleibt das Wesentliche«, grummelte er nur. »Man kommentiert sich nicht selbst.« Über Kunst mochte Ludwig nicht reden. Aus dem, was er über seine Arbeit preisgab, konnte ich lediglich entnehmen, dass er gerade einen Auftrag seiner Stadtoberen ausführte, für die er ein öffentliches Gebäude durch Kunst am Bau verschönern sollte. Neuerdings schätzte man seine Kunst, nachdem man ihn wegen seiner abstrakten Malweise jahrzehntelang geschnitten hatte. Mit dem sozialistischen Realismus war ja auch kein Blumentopf mehr zu gewinnen, seit die meisten Künstler sich bemüßigt fühlten, mit jedem Werk aufdringlich nachzuweisen, wie weit sie inzwischen von der kulturpolitischen Linie der Partei abwichen. Ein künstlerischer Weg, auf den ein Maler wie Ludwig Ehrler nie verfallen ist.

Am Abend begab ich mich zur Georgengemeinde. Als ich kurz vor 19 Uhr dort eintraf, war der Saal bereits überfüllt. Mehr als 300 Leute waren gekommen. Die meisten zwischen 25 und 30 Jahre alt. Vor den ersten Stuhlreihen und um das Predigerpult herum hockten Jugendliche eng gedrängt im Schneidersitz auf dem Fußboden. Sie empfingen mich mit stürmischem Beifall. Als das Klatschen verebbte, stellte Pfarrer Hans-Joachim Hanewinckel mich vor und gab bekannt, dass ich zugunsten der Georgengemeinde »auf das Honorar in Form der Kollekte« verzichten würde (tatsächlich habe ich nie ein Honorar verlangt und auch keins bekommen). Wie bei allen meinen Auftritten legte ich mir auch vor den Hallensern keinerlei Zurückhaltung auf. Praktische Aufklärung, wie ich sie verstand, musste sich in erster Linie bemühen, durch das persönliche Beispiel den Mythos einer allmächtigen Geheim-

Einladungsplakat zur Buchvorstellung in Halle, Juni 1989

polizei provokant auf die Probe zu stellen und so zu entzaubern. Dass die Tschekisten nicht länger auf die Angst und das Duckmäusertum bauen konnten, musste man den Anwesenden durch eigene Unerschrockenheit vorführen (also den »Couragepunkt« anpiken, wie es Fontane genannt hat).

Ich war an diesem Abend bestens gelaunt. Der Funke sprang auch gleich über. »Henrich ist rhetorisch ungewöhnlich gut«, notierte einer der bestellten Lauscher anerkennend. Meine Worte fanden in der Georgengemeinde ein hörbares Echo. »Generell kann eingeschätzt werden«, heißt es dazu in der Operativen Information Nr. 141/89, »dass die Darlegungen bei den Anwesenden Zustimmung fanden, was durch Zwischenbeifall und die Art der Fragestellungen deutlich wurde.« Wie der Leiter der Kreisdienststelle, Oberstleutnant Thomas, am nächsten Tag nach Berlin kabelte, stellte ich »im Wesentlichen« ein Problem in den Mittelpunkt: »Nicht die Arbeiterklasse herrscht, sondern die Partei durch den Staatssicherheitsdienst. Bis 1952 fand Herrschaft durch die Innenministerien der Länder statt, seitdem durch das Ministerium für

Staatssicherheit. Durch diese Entwicklung sei ein System der ständigen Angst entstanden, auf dessen Basis der Staat (MfS) in alle Bereiche eindringt.« Tatsächlich war das die zentrale Aussage, die ich in der Georgengemeinde schonungslos begründete. Und ich bestand darauf, dass man das nicht mehr reparieren könne.

In allen denkenden Kreisen, wozu ich meine Zuhörer rechnete, wurde zwar die Staatssicherheit weiterhin gefürchtet, der übrige Staatsapparat jedoch meist nur noch belächelt. Die einander widersprechenden Anordnungen einer hilflosen Regierung – die keinen Ausweg aus der verfahrenen Lage fand – nahm niemand mehr ernst. Darüber spottete ich vergnüglich. Sich mit der in Wandlitz eingebunkerten Führungsclique auseinanderzusetzen, lohnte nicht. Ironisch beklagte ich, die aus ehemaligen FDJ-Kadern bestehende Seilschaft Honecker-Krenz-Schumann-Jahn hätte es darauf abgesehen, den Arbeiter-und-Bauern-Staat bis in die Grundmauern zu ruinieren, weshalb diese Nullen allein dem »Klassenfeind« dienten.

Tiefer greifend betrachtet ging es mir natürlich nicht vorrangig um die »Versorgungsmängel, den Zustand der Stadt Halle (Murmelbeifall), den Raubbau an der Natur oder die negative ökologische Entwicklung«, wie Oberstleutnant Thomas an die Zentrale meldete. Auch der »Rückzug des Staates aus dem Kultur- und Geistesleben sowie aus der Volksbildung« und aus »der Versorgungswirtschaft (Betriebe unter 2000 Belegschaft) und Landwirtschaft«, den ich in Halle nachdrücklich forderte, war nicht mein Hauptanliegen. Entscheidend für mich waren in erster Linie die Aufbegehrenden, die ihrem Lebensvollzug endlich eine freiere Wendung geben wollten. Während noch im Jahr zuvor kaum eine Kundgebung der Opposition, keine illegale Broschüre, kein Aufsatz im Samisdat die Leute aufrütteln oder in ihrem Verhalten erkennbar beeinflussen konnte, vermochte jetzt eine Protestveranstaltung wie die in der Georgengemeinde zum Ereignis zu werden. Die Aufmüpfigkeit und das moralische Gewissen der Menschen waren nicht so übermüdet und ausgelaugt, wie ich manchmal befürchtete.

Es gab keinerlei Fremdheit, keine ideologische Kluft zwischen mir und den Hallensern. Wir teilten das gleiche Schicksal. Was uns an jenem Abend einte, war ein spürbares Verlangen nach Klärung und Erkenntnis, welches tiefer ging und keine Schwarz-Weiß-Malerei ertragen mochte. Die Menschen wollten keineswegs, dass man ihnen nach dem Munde sprach. Nur so kann ich mir die Zustimmung erklären, die ich immer wieder bekam, wenn ich meine Hörer direkt darauf hinwies, dass jeder von ihnen – und ich auch – an der Misere unseres Gemeinwesens seine Aktie hätte. Gefragt, »wie der Unmündige sich aus seiner Lage lösen« könne, antwortete ich laut Protokoll: »Es gehören immer zwei dazu, einer, der bevormundet und einer, der sich bevormunden lässt.« Das hört sich banal an, wenn man es heute liest. Für mich war aber das selbstkritische Einvernehmen, welches ich damals erlebte, ein hoffnungsvolles Anzeichen dafür, dass die Menschen Verantwortung für den Zustand ihres Landes übernehmen wollten. Mit Händen und Füßen wehrte ich mich gegenüber jedem, der mich als Kronzeugen dafür vereinnahmen wollte, dass alles Unrecht und Böse von den Tschekisten verursacht sei, während jedwede Gerechtigkeit und Wahrheit auf das Konto der Unterdrückten und Bürgerrechtler verbucht werden sollte. Nein, eine so einseitige Bilanz habe ich nie erstellt. (»Man stuft sich ein durch das, was man als Feindschaft anerkennt und wie man mit dem ›Feind‹ umgeht.« Heute wie damals ist Jacob Taubes' Maxime brauchbar für die Sicht auf jede Gegnerschaft.)

Die Stimmung in der Georgengemeinde war erkennbar beeinflusst durch das zwei Wochen zuvor von der KP Chinas angerichtete Massaker auf dem Platz des Himmlischen Friedens. Wie jeder wusste, waren dort Panzer über friedliche Demonstranten hinweggerollt. Und Krenz entblödete sich nach einem Staatsbesuch im Reich der Mitte nicht, dieses schreckliche Drama mit seinem Gerede noch politisch zu rechtfertigen. Da ich an eine solche Barbarei in der DDR nicht wirklich glaubte – dazu waren unsere Kümmerlinge viel zu hasenfüßig –, bemühte ich mich darum, kein Öl in das Feuer der überreizten Atmosphäre zu gießen. Auf die Frage, »ob China-Ereignisse« in der DDR zu befürchten seien, wies ich ausweislich des Protokolls darauf hin, dass nach meiner Einschätzung ein »Staat in Mitteleuropa aus vielerlei Gründen, vornehmlich ökonomischer Art, nicht in der Lage sei, seine Macht so unverhüllt zu demonstrieren«. Dass es konkrete Pläne zur Niederwerfung von Aufständen gäbe, verstünde sich hingegen von selbst. Ob die bewaffneten Kräfte sie aber exekutieren würden, hänge davon ab, wie sich unser aller Protest in der Öffentlichkeit entfalten würde. Die Operative Information Nr. 141/89 dokumentiert nicht nur zu diesem Punkt meine Antworten, sie vermerkt auch den Wortwechsel in der Georgengemeinde über die Art und Weise, wie man sich gegen die Politik der SED wehren müsste. Als Ausweg nannte ich »das Beispiel Polen, wo sich die Arbeiterklasse in der Solidarność eine unabhängige Vertretung geschaffen hat«, und verwies auf die »Leipziger Demonstrationen«.

Als ich in Halle dazu aufrief, sich in der genannten Art zu organisieren, ging ich natürlich von der naheliegenden Kalkulation aus, dass unsere Politbürokraten sich nicht mehr trauen durften, als ihnen die Kremlherren erlaubten. Dass der Warschauer Pakt und damit der ganze Sozialismus sowjetischer Prägung bereits ein Jahr später auf dem Müllhaufen der Geschichte landen würde, damit rechnete ich freilich nicht. Entsprechend kleinmütig fielen meine Anmerkungen zum Verhältnis der beiden deutschen Staaten an diesem Abend aus. Wie nachzulesen ist, habe ich aber immerhin zur Freude meiner Zuhörer, anknüpfend an meine Überlegungen im »Vormundschaftlichen Staat«, die »Möglichkeit föderalistischer Strukturen mit dem Ziel der Annäherung« als Antwort auf die deutsche Frage hervorgehoben.

Ich erwähne dies deshalb ausdrücklich, weil bis heute behauptet wird, eine Vereinigung beider deutscher Staaten habe für unsereinen jenseits des Vorstellungshorizonts gelegen. Gewiss hielten viele Aktivisten der ersten Stunde die Zweistaatlichkeit für ebenso unveränderlich wie die Eigenstaatlichkeit Österreichs. Sie waren etwa so wie Jochen Tschiche davon überzeugt, »die deutsche Teilung sei eine Folge der deutschen Schuldgeschichte«. Und wer daran rüttele, der störe »die empfindliche Balance der Mächte in Europa«. Anfangs schien dieser Glaube geradezu in Stein gemeißelt. Das änderte sich aber schon auf dem ersten Delegiertentreffen des Neuen Forums, wo die Verteidiger der Zweistaatlichkeit zur Kenntnis nehmen mussten, dass sich 80 Prozent der Stimmberechtigten klar zur Einheit Deutschlands bekannten. Infrage gestellt wurde die getroffene Abstimmung später leider immer wieder durch die von der Presse dem Neuen Forum zugerechneten Nörgeleien Bärbel Bohleys, die sich damit nicht abfinden wollte.

Gründertreffen des Neuen Forums in Grünheide

»Und David tat seine Hand in die Tasche und nahm einen Stein daraus und schleuderte ihn und traf den Philister an der Stirn, dass der Stein in seine Stirn fuhr und er zur Erde fiel auf sein Angesicht.«
1. Buch Samuel 17,49

Ein Signal zur landesweiten Erhebung war überfällig. Aber wie machte man Revolution im sozialistischen Deutschland? Alles hing jetzt davon ab, ob wir auf die angespannte Erwartungshaltung am 9. September, dem Tag unseres Treffens, eine passende Antwort finden würden. Doch was konnten wir unseren Mitbürgern sagen? Dass der sich über Ungarn vollziehende Exodus unersetzbarer Spezialisten und junger Fachkräfte der volkseigenen Wirtschaft ihre letzte Substanz raubte? Dass die Greise in Wandlitz keine Spur von Einsicht erkennen ließen, so als existierte die täglich anschwellende Fluchtbewegung überhaupt nicht? Wir mussten die Lage beurteilen und einen Ausweg zeigen.

Bevor sich die späteren Erstunterzeichner an jenem Sonnabend in Grünheide trafen, überzeugte ich einige von ihnen, dass es aus taktischen Gründen wichtig sei, wenn wir uns in dem geplanten Aufruf ausdrücklich auf eine Verordnung vom 6. November 1975 über die Gründung und Tätigkeit von Vereinigungen berufen würden. Beim Erlass dieser weitgehend unbekannten Vorschrift hatten die Ministerialen nur daran gedacht, Kaninchenzüchtern oder Briefmarkensammlern eine rechtliche Grundlage für die Ausübung ihrer Hobbys bereitzustellen. Die Gründung eines politischen Vereins lag hingegen gänzlich jenseits ihres Vorstellungsvermögens, war deshalb auch nicht ausgeschlossen worden. Durch die Bezugnahme auf diese im Gesetzblatt veröffentlichte Norm hoffte ich den legalitätshörigen DDR-Bürgern ihr gutes Gewissen zu bestätigen. Sie könnten sich darauf berufen, wenn sie bei uns mitmachten, sich nicht außerhalb der sozialistischen Gesetzlichkeit zu bewegen. Um den eisernen Reifen der Legalität zu sprengen, welcher vielen Menschen jede Luft zum Atmen nahm, wollte ich sie unbedingt als mutige Verteidiger des Rechts ansprechen.

»Man muss legal arbeiten« – diese Empfehlung des Mac Heath, des Führers der Gaunertruppe in Brechts »Dreigroschenroman«, an seine Leute hielt ich für die geeignete Taktik, um mit dem geringsten Risiko den größtmöglichen Aufruhr anzuzetteln. Dabei war ich mir völlig klar darüber, dass Honecker und Mielke, für die ja die Frage der Macht nicht verhandelbar war, in diesem Punkt, nämlich angesichts einer gegen sie praktizierten Legalität, keinen Spaß verstehen würden. Johannes R. Bechers Mahnung Seid euch bewusst erinnerte sie ja ständig daran: Die Macht ist euch gegeben,/Dass ihr sie nie, nie mehr/Aus euren Händen gebt! – Aber gerade weil sie nur gelernt hatten, die Richtlinien ihrer Politik mit dem Knüppel des Strafrechts und unter Einsatz ihrer Geheimpolizei zu exekutieren, musste man sie listig weiter in jenen Widerspruch hineinlocken, der inzwischen für jedermann sichtbar durch das Auseinanderfallen von Legalität und Legitimität in der DDR aufgebrochen war. Dazu konstatierte Jens Reich in seinem Wendetagebuch: »Es hat sich später herausgestellt, dass die genaue Befolgung dieses Konzeptes den großen Erfolg des Neuen Forums – vor dem 9. November – ermöglichte.«

Grünheide war in jenen aufregenden Septembertagen sicher der geeignetste Ort, um eine basisdemokratische Front zu proklamieren. Wir tagten dort außerhalb der aus bezirklicher Sicht stets misstrauisch beäugten Hauptstadt. Und der Genius loci, der das am Möllensee gelegene Havemann-Grundstück auszeichnete, verlieh der Wahl dieser Lokalität von vornherein den Anstrich einer Kampfansage. Hier hatte ja der Nestor des DDR-Widerstands trotz Hausarrest und jahrzehntelanger Überwachung unterstützt von Katja unverdrossen seine die Potentaten im Olymp des Politbüros erschreckenden Böller krachen lassen. Ich fuhr am frühen Samstagvormittag in der Burgwallstraße bei schönstem Wetter vor. Meinen Lada parkte ich demonstrativ vor Havemanns Grundstück. Sommerliche Temperaturen und ein strahlend blauer Himmel luden die kurz nacheinander pünktlich eintreffenden Gründungswilligen dazu ein, sich unter den von hohen Brennnesseln gesäumten Erlen oder auf dem hauseigenen Bootssteg bekannt zu machen. Wie ich schnell herausfand, bildeten Ärzte die größte Berufsgruppe unter denen, die unserer Einladung gefolgt waren. Das war schon mal gut, denn Ärzte genossen ein hohes Ansehen. Zusammen mit den anderen, darunter Physiker, Bauingenieure, Betonfacharbeiter, Pfarrer, Musikerzieher, Studenten, Fotolaboranten, Heimerzieher, war die soziale Zusammensetzung jedenfalls so, dass es den Parteipropagandisten schwerfallen dürfte, uns als Außenseiter oder gar Spinner zu verunglimpfen. Es kamen überwiegend Leute, die das für sie Mögliche eines bürgerlichen Lebens in der DDR erreicht hatten.

Punkt zehn versammelten wir uns im hinteren Gartenhaus, wo Bohleys Töpferwerkstatt untergebracht war. Nicht alle saßen auf ihren Stühlen, einige standen noch mit der Kaffeetasse in der Hand, zeigten Ungeduld. Es war wie beim christlichen Pfingsttreffen: ein Verschwörerzirkel in Erwartung des Außerordentlichen. Bärbel mahnte gleich zur Eile. Sie wartete gar nicht erst ab, bis jeder seine Lageeinschätzung vorgetragen hatte, sondern meinte erregt, wir dürften keine Zeit verlieren und sollten gefälligst den verabredeten Aufruf formulieren. Nachdem wir uns zu diesem Zweck in zwei Arbeitsgruppen geteilt hatten, ging der Hickhack aber gleich los. Die Debatte über den Inhalt unseres Appells zerfaserte nach wenigen Minuten in eine vielstimmige Kontroverse. Rudolf Tschäpe und Reinhard Meinel glühten für den wahren Sozialismus. Sprachen über die Unfähigkeit, Verbohrtheit und den Amtsmissbrauch der Bonzen. Sie wollten vor allem den Einfluss der SED auf die Wirtschaft beschneiden. »Nicht das Parteibuch – der Sachverstand muss ausschlaggebend sein, ob einer im Betrieb Leiter ist«, betonte Tschäpe mehrfach. Reinhard Schult gab den rätedemokratischen Proletarier; er fragte, ob wir nicht auf die einmalige Chance einer Arbeiterselbstverwaltung hinweisen sollten. Unerwartet nahm Lutz Stropahl, ein Gesangslehrer, das Wort. Er trat bescheiden auf, verfocht aber konsequent die Dreigliederungsidee Rudolf Steiners. Ich selbst und die anderen beharrten darauf, dass die Arbeiter und Angestellten erst einmal befragt werden müssten. Wir verteidigten den basisdemokratischen Gedanken, man dürfe die Menschen angesichts des katastrophalen Zustands der DDR im Interesse ihrer eigenen Mündigkeit jetzt

Rolf Henrich im Gespräch mit Hagen Erkrath, Gründertreffen des Neuen Forums, September 1989 in Grünheide

nicht entlasten, sondern müsse ihnen Verantwortung und Selbstbestimmung zumuten, damit sie erst einmal freie Sicht auf das verstellte und verbaute Feld des Politischen bekämen.

Tschiche hielt unsere ganze Debatte für überflüssig. »Die haben uns doch sowieso nichts mehr entgegenzusetzen! Sie werden knurren und jammern und schimpfen, was weiß ich. Aber die sind so am Ende – politisch und ökonomisch und moralisch!« Jochen wollte möglichst schnell einen landesweiten Aufstand entfachen, der das Land von der SED-Herrschaft ebenso befreien sollte, wie die Französische Revolution Frankreich vom Königtum erlöst hatte. Und verdammt noch mal, er hatte recht! Es ging an diesem Tag in Grünheide ja wirklich einzig und allein um die Initialzündung der Revolte. Tschiche stand da, schaute spöttisch lächelnd durch seine dicken Brillengläser, den linken Arm angewinkelt, mit einer Zigarette in der Hand. Ungeduldig beobachtete er, wie die Streithähne sich abrackerten, eine vorläufige Linie gemeinsamen öffentlichen Handelns festzuschreiben – aber die ließ sich so leicht nicht finden.

Es war nicht dem Zufall geschuldet, dass just im ersten Moment physischer Erschlaffung Jens Reich und ich uns meldeten. Ohne dass wir uns abgestimmt hätten, waren wir beide mit einem ausformulierten Aufruf angereist. Hätten wir unsere Entwürfe eher vorgelegt, sie wären vermutlich in Grund und Boden gestampft worden. Als sich nach einer ersten Pause der klassenkämpferische Reinhard Schult und der anthroposophisch argumentierende Lutz Stropahl sehr gegeneinander versteiften, war der geeignete Zeitpunkt gekommen, unsere Texte vorzulesen. Jens las seinen zuerst vor: Von der hohen Warte seiner Sicht aus gesehen war die gestörte Kommunikation zwischen Staat und Gesellschaft die Ursache allen Übels. Das war zwar nicht sehr konkret, aber auch nicht falsch. Was dann kam, klang jedoch etwas weltfremd: »Auf der einen Seite wünschen wir uns eine Erweiterung des Warenangebots und bessere Versorgung, andererseits sehen wir dcrcn soziale und ökologische Kosten und plädieren für die Abkehr von ungehemmtem Wachstum.« Ich hatte wirklich Mühe nicht loszuprusten, denn ein ungehemmtes Wachstum gab es ja in der DDR gar nicht. Die Produktivität der volkseigenen Wirtschaft war erbärmlich. Je weiter Jens vortrug, desto wolkiger wurde sein vorgeschlagener Weg der Erneuerung. Aber es klang toll. »Wir wollen freie, selbstbewusste Menschen, die doch gemeinschaftsbewusst handeln.« Wer hätte da widersprechen können? Bärbel Bohley strahlte bei dieser Hymne übers ganze Gesicht. Das war genau die Tonart, die sie liebte. »Ich finde, Professor Reich hat so einen schönen Text vorgelesen, wir brauchen das nicht weiter zu besprechen, der ist gut«, juchzte sie. »Viel zu sagen haben wir ja nicht, wenn wir nur an das Gewissen der Leute appellieren«, stichelte Tschiche, der mir ein bisschen unzufrieden schien mit dem mageren Ergebnis.

Im Rückblick ist mir Jens Reichs moralisierender Appell etwas peinlich. Er eignete sich jedoch perfekt als Präludium für das, was ich in unserem Aufruf unterbringen wollte. Und das gerade deshalb, weil seine Schwarmgeistereien keinerlei parteipolitische Bindung erkennen ließen. Das Wort Sozialismus kam darin nicht mehr vor! So konnte ich problemlos eine von mir vorgefertigte Textpassage an das anschließen, was er formuliert hatte. Jens Reichs Beitrag zu dem veröffentlichten berühmten Appell »Aufbruch 89 – NEUES FORUM« sind also die ersten drei Absätze (bis: »Wir wollen an Export und Welthandel teilhaben ...«), während ich den darauffolgenden Abschnitt beigesteuert habe. Darin geht es um die Dringlichkeit eines basisdemokratischen Aufbruchs, einer landesweiten, sich permanent infrage stellenden und selbstverantworteten Praxis, mit der die verstreuten Untergrundaktivitäten überwunden und mit den Unzufriedenheiten aller Veränderungswilligen zusammengeführt werden sollten. »Wir bilden deshalb gemeinsam eine politische Plattform für die ganze DDR, die es Menschen aus allen Berufen, Lebenskreisen, Parteien und Gruppen möglich macht, sich an der Diskussion und Bearbeitung lebenswichtiger Gesellschaftsprobleme in diesem Land zu beteiligen.«

Wieder nur harmlose Sprüche, könnte man meinen. Ausgedacht von einem Weltverbesserer, der das Klima entgiften und eine demokratische Bewegung auf der Basis einer Volksaussprache ins Leben rufen wollte. Aber ich hatte durchaus mehr im Sinn. Die Sprengkraft, welche in meiner Wortwahl steckte, ist vermutlich den meisten Unterzeichnern unseres Appells erst nachträglich aufgefallen, als das Schriftstück bereits in der Öffentlichkeit kursierte. Jens Reich hat die darin enthaltene Pointe im Rückblick kommentiert: »Das Wort ›Plattform‹ will mir gar nicht mehr gefallen. Rein stilistisch. Rolf Henrich hat es eingebracht, und es zeigt, dass er einst SED-Mitglied war und die Vergangenheit der kommunistischen Bewegung gut kannte. ›Plattformbildung‹ wurde schon unter Lenin verdammt und war das schlimmste Vergehen. Es war der Bannstrahl, mit dem man Freiheit und Leben verwirkt hatte.« Tatsächlich war das für mich ein wichtiger Punkt! Durch die von mir gewählten Worte bekam unser Aufruf bei aller Harmlosigkeit eine umstürzlerische Zuspitzung, die sich weniger durch ein überlegenes Argument als durch einen entschlossenen Willen auszeichnete. Plattformbildung signalisierte für Leninisten schließlich unübersehbar, dass hier jemand die Machtfrage stellte! Als Sünder gegen den Heiligen Geist der sozialistischen Glaubensgemeinschaft musste die SED uns angesichts einer solchen Kampfansage, ob sie es wollte oder nicht, ernst nehmen. Tat sie es nicht, hatte sie keine Macht mehr.

Aufbruch 89 - NEUES FORUM

In unserem Lande ist die Kommunikation zwischen Staat und Gesellschaft offensichtlich gestört. Belege dafür sind die weitverbreitete Verdrossenheit bis hin zum Rückzug in die private Nische oder zur massenhaften Auswanderung. Fluchtbewegungen diesen Ausmaßes sind anderswo durch Not, Hunger und Gewalt verursacht. Davon kann bei uns keine Rede sein.

Die gestörte Beziehung zwischen Staat und Gesellschaft lähmt die schöpferischen Potenzen unserer Gesellschaft und behindert die Lösung der anstehenden lokalen und globalen Aufgaben. Wir verzetteln uns in übelgelaunter Passivität und hätten doch Wichtigeres zu tun für unser Leben, unser Land und die Menschheit.

In Staat und Wirtschaft funktioniert der Interessenausgleich zwischen den Gruppen und Schichten nur mangelhaft. Auch die Kommunikation über die Situation und die Interessenlage ist gehemmt. Im privaten Kreis sagt jeder leichthin, wie seine Diagnose lautet und nennt die ihm wichtigsten Maßnahmen. Aber die Wünsche und Bestrebungen sind sehr verschieden und werden nicht rational gegeneinander gewichtet und auf Durchführbarkeit untersucht. Auf der einen Seite wünschen wir uns eine Erweiterung des Warenangebots und bessere Versorgung, andererseits sehen wir deren soziale und ökologische Kosten und plädieren für die Abkehr von ungehemmtem Wachstum. Wir wollen Spielraum für wirtschaftliche Initiative, aber keine Entartung in eine Ellenbogengesellschaft. Wir wollen das Bewährte erhalten und doch Platz für Erneuerung schaffen, um sparsamer und weniger naturfeindlich zu leben. Wir wollen geordnete Verhältnisse, aber keine Bevormundung. Wir wollen freie, selbstbewußte Menschen, die doch gemeinschaftsbewußt handeln. Wir wollen vor Gewalt geschützt sein und dabei nicht einen Staat von Büttelnd und Spitzeln ertragen müssen. Faulpelze und Maulhelden sollen aus ihren Druckposten vertrieben werden, aber wir wollen dabei keine Nachteile für sozial Schwache und Wehrlose. Wir wollen ein wirksames Gesundheitswesen für jeden; aber niemand soll auf Kosten anderer krank feiern. Wir wollen an Export und Welthandel teilhaben, aber weder zum Schuldner und Diener der führenden Industriestaaten noch zum Ausbeuter und Gläubiger der wirtschaftlich schwachen Länder werden.

Um diese Widersprüche zu erkennen, Meinungen und Argumente dazu anzuhören und zu bewerten, allgemeine von Sonderinteressen zu unterscheiden, bedarf es eines demokratischen Dialogs über die Aufgaben des Rechtsstaates, der Wirtschaft und der Kultur. Über diese Fragen müssen wir in aller Öffentlichkeit, gemeinsam und im ganzen Land, nachdenken und miteinander sprechen. Von der Bereitschaft und dem Wollen dazu wird es abhängen, ob wir in absehbarer Zeit Wege aus der gegenwärtigen krisenhaften Situation finden. Es kommt in der jetzigen gesellschaftlichen Entwicklung darauf an,

- daß eine größere Anzahl von Menschen am gesellschaftlichen Reformprozeß mitwirkt,
- daß die vielfältigen Einzel- und Gruppenaktivitäten zu einem Gesamthandeln finden.

Wir bilden deshalb gemeinsam eine politische Plattform für die ganze DDR, die es Menschen aus allen Berufen, Lebenskreisen, Parteien und Gruppen möglich macht, sich an der Diskussion und Bearbeitung lebenswichtiger Gesellschaftsprobleme in diesem Land zu beteiligen. Für eine solche übergreifende Initiative wählen wir den Namen

NEUES FORUM.

Gründungsaufruf des Neuen Forums, September 1989

Parteipolitiker wie Ibrahim Böhme, Martin Gutzeit und Markus Meckel haben sich später damit gebrüstet, sie hätten mit ihrer Gründung der SDP erstmalig die Machtfrage gestellt. Sie waren aber nur Nachzügler. Denn die Bresche in das konformistische Schweigen schlug das Neue Forum. Es wurde nicht nur zum Magneten, sondern auch zum Motor und Rammbock des Umbruchs, unermüdlich drängend, zu Aktionen treibend, und es war diese bis zum Jahreswechsel von keinem Rückschlag je beeinträchtigte Entschlossenheit, die es gegenüber anderen anfangs oft mutlosen Neugründungen auszeichnete.

Die für die Bekämpfung des politischen Untergrunds Verantwortlichen konnten sich die durch unseren Appell »Aufbruch 89 – NEUES FORUM« in kürzester Frist ausgelöste Mobilisierung Hunderttausender wahrscheinlich genau so wenig vorstellen wie wir Erstunterzeichner. Sie haben jedenfalls keinerlei Vorkehrungen getroffen, um unser Treffen am 9./10. September zu unterbinden. Und das, obwohl ihnen bereits im August, wie die archivierte »Information über die beabsichtigte Bildung einer Vereinigung Demokratisches Forum« beweist, Ort und Zweck der verabredeten Zusammenkunft bekannt gewesen sind. Lese ich heute diese Information, dann war ich seinerzeit in den Augen des MfS offenbar so eine Art Spiritus Rector des geplanten Unternehmens:

»In wesentlichen Teilen sind die Vorbereitungshandlungen und die beabsichtigten Ziele eine konspirative Fortsetzung von Henrichs strategischer Linie, welche er in mehreren Veranstaltungen in der Hauptstadt der DDR, Berlin, und in weiteren Städten der DDR offen zum Ausdruck gebracht hat. Vielfach betonte er die Notwendigkeit und die durch das Vereinigungsgesetz gegebene legale Möglichkeit des Zusammenschlusses oppositioneller Personen und Gruppen, um die Auseinandersetzung mit dem Staat zu führen.«

Heute kann ich nur den Kopf schütteln, wenn ich die in diesem Bericht aufgelisteten Maßnahmen lese, mit denen die Strategen des MfS das politische Wirken der sich auf Havemanns Grundstück Versammelnden beeinflussen wollten. Durch einen »gezielten IM-Einsatz« sollte unser Treffen »unter Kontrolle« gehalten werden. Tatsächlich gab es in Grünheide an beiden Tagen unter uns den IM »Paule«, den Martin Böttger mitgebracht hatte, obwohl an den gar keine Einladung ergangen war. Weiterhin sollte unser geplantes »Konsenspapier« dokumentiert und rechtlich eingeschätzt werden, »um eine Parteiinformation zu fertigen, mit dem Ziel der Sicherung einer einheitlichen Argumentation und Haltung bei Versuchen, entsprechende Vereinigungen anzumelden.« Das war alles.

Glaubten die Tschekisten wirklich, uns so stoppen zu können? Alles, was recht ist, zum Fürchten war ein solcher Dienst nach Vorschrift nun wirklich nicht mehr. Leider hatten wir Anfang September aber überhaupt nicht begriffen, dass selbst die Staatssicherheit schon morsch in allen ihren Gliedern war! Heute mag alles ganz harmlos klingen. Der Rückblick auf den Weg des durch das Neue Forum eingeläuteten breiten Widerstands täuscht aber allzu leicht darüber hinweg, dass in ihm – objektiv gesehen – vieles als gefahrlos und durchsichtig erscheint, was unterwegs durchaus ängstigend und dunkel gewesen ist.

Am Sonntag besprachen wir noch organisatorische Einzelheiten. Bärbel und Katja sollten dafür sorgen, dass unser Aufruf an die DDR-Nachrichtenagentur ADN und erst danach an möglichst viele Westkorrespondenten weitergeleitet wurde. Wir tauschten unsere Adressen und Telefonnummern aus. Während meiner Heimfahrt von Grünheide nach Hammerfort malte ich mir, beflügelt vom Narrenspiel der Hoffnung, all die landesweiten Reaktionen aus, die der von uns soeben verfasste Aufruf vermutlich zeitigen würde. Es ergriff mich auf der Autobahn (heute ist dieser Streckenabschnitt ausgeschildert als »Autobahn der Freiheit«) zum ersten Mal das Gefühl, in der Gemeinschaft der Gründer des Neuen Forums wirklich etwas politisch Nützliches für die Menschen in der DDR vollbringen zu können. Alle meine neuen Mitstreiter hatten schließlich, dokumentiert durch ihre Unterschrift und die Angabe ihrer Adresse, den Schutz eines geordneten, karrierefördernden, gesetzestreuen Daseins spätestens an diesem Wochenende endgültig aufgegeben, weil sie nicht das Leben von Duckmäusern führen wollten.

»Wir sind halt dieselbe Brut«

Müde nach schlaflosen Nächten tippte ich am übernächsten Vormittag einen Brief an Helmut Tannen. Tannen war als Notar und Rechtsanwalt in Dortmund tätig. Er setzte sich bei den DDR-Oberen für die Rücknahme des mir auferlegten Tätigkeitsverbots ein. In Anbetracht dessen wollte ich ihn über die allerneueste Entwicklung informieren. Helmut hat meinen Brief aufgehoben. Was mir heute die Gelegenheit bietet, ihn hier zu zitieren.

Hammerfort, am 12. September 1989

Lieber Kollege Tannen, liebe Frau Wagner,

diese Zeilen schreibe ich schon auf der neuen Regina-Maschine, für die ich mich bisher nicht mal richtig bei Ihnen bedankt habe. Es ging alles so schnell – die Zeit drückte eben. Also nochmals tausend Dank!

Hier bin ich mal wieder zum Objekt erhöhter Aufmerksamkeit geworden, nachdem Lea Rosh in ihrer letzten Talkshow längere Passagen meines Buches wohlwollend zitiert hat. Da Lea Rosh hierzulande der Schwarm eines jeden Möchtegern-Intellektuellen ist (denn so erotisch, wie sie ausschaut, und so intelligent, wie sie ihre Fragen stellt, muss man sie ja einfach lieben), muss natürlich auch das gut sein, was die Dame ausdrücklich lobt. Mein Pech ist nur, dass ich ihre Sendung nicht gesehen habe, was mir aber kein Mensch abnimmt. Deshalb vermag ich kaum zu erkennen, worauf sich die eine oder andere Anspielung der Zuschauer ihrer Show bezieht. Gleich einen Tag später konnte ich das bemerken. Da haben wir nämlich in Grünheide bei Katja Havemann das NEUE FORUM aus der Taufe gehoben! Die Einstellung der meisten der an diesem Geschehen Beteiligten zu mir war erkennbar durch ihre Fernsehbekanntschaft, die sie am Vorabend mit mir gemacht hatten, bestimmt oder besser gesagt: verformt. Scheiße – oder?

Was das NEUE FORUM selber anbelangt, so zählen zu den 30 Gründungsmitgliedern zwar etwa 1/3 Doktoren und ein leibhaftiger Professor. Gleichwohl scheint mir der unter uns vorhandene Schwarmgeist die soziale und politische Kompetenz weit zu übertreffen. Aber was erwarte ich eigentlich? Es ist die Stunde null. Aller Anfang ist schwer. Nachdem vormittags die Nachricht über den RIAS kam, warten wir jetzt alle erst einmal gespannt darauf, ob wir eins auf den Hut bekommen. Auch das ist politische Arbeit im weiteren Sinne. Dabei müsste es unbedingt gleich losgehen, denn die Ideenlosigkeit an der Basis ist durchaus nicht geringer als die an der Spitze. Alle wissen nur immer, was sie nicht mehr wollen. Wohin es gehen soll, darüber denkt kaum einer gründlich nach. Natürlich klingt der Aufruf, den wir nach langem Gequatsche verfasst haben, in den Ohren unserer verkommenen Intelligenz wie Musike. Wir sind halt dieselbe Brut! Die Arbeiter interessiert das Gesäusel gewiss nicht, die werden erst mal abwarten. Na ja, ich will nicht weiter lästern. Es ist ein notwendiger Anfang. Und die moralische Gebärde, die dahinter steht, ist doch akzeptabel. Stimmungsmäßig erinnert mich das Ganze irgendwie an den Mauerbau 1961. Frontberichterstattung in den Nachrichten. Selbst bei Sprechern, die sich sonst um Objektivität bemühen, kann man diesen fanfarenen Tonfall hören. Endkampfstimmung. Politische Götterdämmerung kündigt sich an.

Rolf

Ring frei zur ersten Runde

Die kommunizierenden Röhren zwischen Ost und West funktionierten über die Mauer hinweg perfekt und verstärkten jede noch so banale Meinungsäußerung, die von einem der Erstunterzeichner in die Welt posaunt wurde. Auch ich erläuterte in zahlreichen Interviews gebetsmühlenhaft, es sei Ziel des Neuen Forums, kurzfristig einen organisatorischen Zusammenschluss von Menschen in der DDR herbeizuführen, der sie als mündige Bürger in ihren Städten, Dörfern und Betrieben bei der Ausübung ihrer demokratischen Rechte stärken solle. Man müsse endlich dem Demos die Möglichkeit geben, sich zu artikulieren. Die Flutwelle der Erregung über unsere Initiative spülte alle meine Zweifel an dem in Grünheide verzapften Text beiseite. Berichterstatter der westdeutschen Rundfunk- und Fernsehanstalten ebenso wie Journalisten von »Spiegel«, SZ, FR, FAZ und »Bild« sorgten kommentierend für maximale Aufmerksamkeit. Ohne sie wäre das Neue Forum niemals so schnell bekannt geworden. Angesichts der sich überstürzenden Ereignisse in jenen Wochen überhaupt Gehör zu finden, grenzt für mich bis heute an ein Wunder. In Leipzig knüppelten Volkspolizisten auf die nach ihrem Friedensgebet in der Nikolaikirche sich zum Protestzug formierenden Menschen ein. Und Ungarn hatte soeben seine Grenze für DDR-Flüchtlinge geöffnet. Die Nachrichtenlage war mit spektakulären Meldungen übersättigt wie selten.

Von der ersten Stunde an drängten die Menschen nun massenhaft in die sich landesweit bildenden Basisgruppen des Neuen Forums. Hätten die evangelischen Pfarrer nicht ihre Kirchentüren und Gemeindesäle geöffnet, keiner hätte gewusst, wohin mit den vielen Menschen. In dieser einladenden Geste liegt für mich ein unschätzbarer Beitrag zur Herbstrevolution. Wie sich zeigte, war das vorläufige Konzept von Basisgruppen flexibel und dynamisch zugleich; die Idee einer demokratischen Sammlungsbewegung, die selbst für SED-Mitglieder offen sein wollte, war neu; die Vorstellung einer sich gegen die geheimdienstliche

Unterdrückung bewährenden Mündigkeit wirkte anziehend. Das erkennbare Bedürfnis sehr vieler Menschen, durch ihre Unterschrift unter unseren Appell ein persönliches Zeichen ihrer Abkehr vom herrschenden System zu setzen, überraschte uns. Größere Bedeutung hatten wir einer solchen Unterschriftsleistung anfangs gar nicht beigemessen. Eigentlich sollte dadurch nur die Zahl neuer Mitstreiter ermittelt werden. Für die Menschen stellte es jedoch am Schluss jeder Versammlung ein wichtiges Ritual dar, mit dem sie ihren Aufbruch dokumentierten und beglaubigten.

In Hammerfort war fortan die Hölle los. Die ersten Sympathisanten kamen bereits in der Nacht nach der Ausstrahlung unseres Aufrufs. Wir hatten darunter unsere jeweiligen Adressen als Kontaktstellen vermerkt. Sie klopften an mein Wohnzimmerfenster. An den aufgestellten Stasi-Posten hatten sie sich vorbeigeschlichen. Heidelore servierte ihnen Tee, während sie ihre feuchten Klamotten an unserem Kachelofen trockneten. Das Arrangement, bei dem Heidelore die unangenehme Aufgabe zugefallen war, den Schein eines Getrenntlebens von mir zu wahren, hatten wir inzwischen aufgegeben. Gemeinsam beratschlagten wir mit den vor Tatendrang sprühenden Aktivisten, wie sie mit ihren sich jetzt als lokale Gruppen des Neuen Forums verstehenden Gesprächskreisen an der Herstellung einer parteiunabhängigen Öffentlichkeit mitwirken könnten. Mitte der Woche fuhren dann schon in einem Trabbi vier Frankfurter – drei Frauen und ein Mann – bei mir vor, unter ihnen Renate Schubert. (Bei Schuberts in der Wildenbruchstraße sollte sich wenig später mit 43 Personen die erste bezirkliche Basisgruppe gründen.) Mit unserer Waldeinsamkeit in der Schleusenmeisterei war es vorbei. An manchen Nachmittagen tummelten sich bis zu 50 Ratsuchende bei uns auf dem Grundstück, darunter viele Marxisten und Linksprotestanten, aber auch verbitterte Parteimitglieder, frustrierte Gewerkschafter, einzelne Funktionäre der LDPD und der CDU.

In jener Phase im September sah ich – so wie die anderen Erstunterzeichner – im explosionsartigen Zuwachs der Mitgliederzahlen des Neuen Forums unsere in Grünheide festgelegte politische Linie vollauf bestätigt. Wir hatten uns nicht in elitären Streitereien oder endlosen Debatten festgefahren, sondern uns gleich auf Organisation, Öffentlichkeitsarbeit und Demonstrationen konzentriert. Die Antwort der Sicherheitsorgane blieb demgegenüber unentschieden, zeigte keine Durchschlagskraft mehr. Verwarnungen durch die Volkspolizei, einzelne Zuführungen wie die von Michael Arnold, einer der Erstunterzeichner des Gründungsaufrufs, und andere Drohgebärden verpufften. Die Partei- und Staatsmacht hatte ihre Unterdrückungsfähigkeit verloren, sie war unfähig geworden, ausreichend Furcht einzuflößen. Honecker und Mielke passierte nun das, was Autokraten immer geschieht. Solange den Sicherheitsapparaten, die sie befehligen, nichts zu widerstehen vermag, werden sie zwar gehasst, aber auch gefürchtet. Sobald ihre Apparate aber nicht mehr das volle Programm der Unterdrückung exekutieren, werden sie nur noch verachtet.

Aber wie konnte das alles weitergeführt werden? Nicht eine Sekunde hatten wir uns darüber im Kreis der Erstunterzeichner ausgetauscht. »Wir geben zu«, heißt es in unserem ersten Rundschreiben, »dass wir mit diesem Ansturm von Menschen nicht gerechnet hatten. Es existieren weder Organisationsstrukturen noch hauptamtliche Mitarbeiter oder Büros. Das Reformkonzept für unser Land wollen und können wir nicht vorgeben, sondern in einem übergreifenden Diskussionsprozess erst entwickeln. Wir brauchen das solidarische Gespräch, das die Übereinstimmung sucht, ohne unterschiedliche Meinungen unter den Tisch zu wischen.« Das hörte sich ehrlich an. Genau genommen war die Sache auch nicht sonderlich eilig; die Demonstranten in Leipzig zeigten schon bald Transparente mit der Aufschrift »Neues Forum zulassen!«. Sie stellten praktisch die Brecht'sche Revolutionsfrage: »Wessen Straße ist die Straße? Wessen Welt ist die Welt?«

Alles entwickelte sich bestens. Was mich zunehmend umtrieb war nur, dass keiner der Aktivisten ernsthaft über die Frage der Macht nachdenken mochte. Darüber genauer nachzudenken war jedoch nach meinem Verständnis eine Pflicht für diejenigen, die durch die Umstände oder ihren Ehrgeiz berufen waren, die Zukunft des Landes zu beeinflussen. In der sogenannten Initiativgruppe, mit der zusammen ich nun wöchentlich an Bärbel Bohleys Küchentisch saß, schlürften alle stattdessen den süßen Trunk des revolutionären Aufbruchs, stritten über Losungen und die Einschätzung irgendwelcher Vorkommnisse.

Was machen wir, fragte ich jedes Mal, wenn es zu einer Palastrevolte im Politbüro kommt oder die Staatsmacht zusammenbricht? Müssen wir darauf nicht vorbereitet sein und wenigstens ein paar Kontakte zu Polizei- und Justizkreisen knüpfen? »Du bist doch nicht mehr in der Partei.« Darauf beschränkte sich meistens die Antwort, die ich erhielt. Als sei es ein Privileg der SED, sich über Machtfragen den Kopf zu zerbrechen.

Es dauerte zwei Wochen, bis der Machtapparat seine Sprachstörung überwunden hatte. Die Nachricht im Zentralorgan »Neues Deutschland«, die schließlich am 22. September 1989 erschien, wirkte auf mich wie ein Reflex. Der Stier, dem wir ein rotes Tuch vor die Nase gehalten hatten, stürmte wutschnaubend los, ganz so wie erwartet. Der Minister des Innern teilte den ND-Lesern mit, dass ein »von zwei Personen unterzeichneter Antrag zur Bildung einer Vereinigung ›Neues Forum‹ eingegangen« sei und dass dieser Antrag »geprüft und abgelehnt wurde«. Danach folgte eine rechtliche Würdigung: »Ziele und Anliegen der beantragten Vereinigung widersprechen der Verfassung der Deutschen Demokratischen Republik und stellen eine staatsfeindliche Plattform dar. Die Unterschriftensammlung zur Unterstützung der Vereinigung war nicht genehmigt und folglich illegal. Sie ist ein Versuch, Bürger der Deutschen Demokratischen Republik über die wahren Absichten der Verfasser zu täuschen.«

Das Ziel der Meldung war durchsichtig. Der Hinweis auf die »staatsfeindliche Plattform« sollte diejenigen, die das Neue Forum unterstützen wollten, daran erinnern, dass jeder, der »einer Vereinigung, Organisation oder einem sonstigen Zusammenschluss von Personen angehört, die sich eine verfassungsfeindliche Tätigkeit zum Ziele setzen«, gemäß § 107 StGB weiterhin mit einer Freiheitsstrafe von zwei bis zu acht Jahren bedroht wurde. Jens Reich und Sebastian Pflugbeil rechneten mit strafrechtlichen Konsequenzen. Sie unterzeichneten Verteidigervollmachten auf Gysi und Lothar de Maizière. Tschäpe schreckte nachts aus dem Schlaf, sobald er ein Geräusch hörte.

Ich hatte meine ganz speziellen Befürchtungen. Aber die waren anderer Art. In ihrer Mehrheit hielt ich die Geheimen für berechenbar. Solange sie auf das Politbüro hörten, lagen sie an der Kette. Was sollte da groß passieren? Kurzzeitige Inhaftierungen, damit mussten wir rechnen. Aber wer garantierte mir, dass nicht klassenkämpferisch gesinnte, durchgedrehte Tschekisten auf eigene Faust ihr Mütchen an einem der Erstunterzeichner kühlen würden? Einen spektakulären Alleingang der Prätorianer, wie wir ihn 1984 in Polen mit der Entführung und Ermordung des Kaplans Jerzy Popiełuszko erlebt hatten, dessen Leiche aus einem Stausee gefischt werden musste, konnte ich mir sehr wohl vorstellen. Wären nicht Bärbel Bohley, Reinhard Schult, Erika Drees oder unsereiner denkbare Kandidaten für ein solches Exempel gewesen? Mein Gott!

Man muss in der Atmosphäre geheimdienstlicher Machenschaften gelebt haben, um meine unterschwellige Sorge zu verstehen. Ich hatte ja bereits in einem Abschnitt des »Vormundschaftlichen Staates« ausdrücklich und nicht zum Spaß auf diese Möglichkeit warnend hingewiesen (»Wenn wir nicht daran glauben wollen, dass es sich bei dem Mord an Jerzy Popiełuszko um eine Art Betriebsunfall geheimdienstlicher Tätigkeit gehandelt hat, dann müssen wir danach fragen, ob es überzeugende Gründe für die Annahme gibt, dass die deutsche Staatspartei ihren Geheimdienst besser unter Kontrolle hält als die polnische? Vergleicht man die Machtstrukturen unserer Länder, fällt die Antwort negativ aus. Auch der deutsche Staatssozialismus hat keinerlei Kontrollmechanismen institutionalisiert, die Extratouren politisch fanatisierter Tschekisten verhindern könnten.«). Unbeeindruckt von dem Verdikt der Staatsfeindlichkeit nutzte ich trotz solcher Bedenken in den folgenden Tagen bewusst jede Gelegenheit, um die Mächtigen vorzuführen. In einem Telefoninterview mit dem Westberliner SFB, um nur dieses eine Beispiel in Erinnerung zu rufen, äußerte ich mich so:

»Moderator: Im Kampf zwischen Sozialismus und Kapitalismus muss dem Kommunisten klar sein, auf welcher Seite der Barrikade er zu stehen hat, so SED-Politbüromitglied Horst Dohlus heute im Zentralorgan ›Neues Deutschland‹. Nur folgerichtig erscheint dann, dass das Neue Forum als staatsfeindlich bezeichnet wird. Hat Sie das überrascht?

H.: Überrascht hat mich die Grobschlächtigkeit der Reaktion. Ich denke, das ist der Versuch, die Vielfalt unserer Verhältnisse auf die

Freund-Feind-Beziehung im Inneren zurückzuschneiden. Aber es hat keinen Sinn, mit dem Knüppel des Strafrechts zu hantieren. Damit löst man die innenpolitischen Probleme nicht, sie werden nur verschoben – und das Recht der Bürger auf Vereinigung, lassen Sie mich das noch sagen, ist eine notwendige Bedingung der sozialistischen Demokratie, ist ein verfassungsmäßiges Grundrecht nach Artikel 29.

Moderator: Sie haben immer wieder betont, Sie wollen die Diskussion, auch die Diskussion mit der SED. Ist das schon der Anfang vom Ende? Sind Sie schon gescheitert?

H.: Ganz sicher nicht. Ich meine, die Diskussion mit der SED hat ja erst begonnen. Viele SED-Mitglieder sind zu uns gekommen, wollen mitmachen. Gescheitert ist bisher gar nichts. Niemand von uns hat damit gerechnet, dass man uns etwas schenkt.

Moderator: Sie sind ja ehemals Mitglied der SED gewesen, Sie kennen Ihre Genossen in der Partei. Wie schätzen Sie denn die Situation ein? Sind das nun einzelne Stimmen oder gibt es da Geschlossenheit?

H.: Von Einzelstimmen kann da nicht mehr die Rede sein. Bei mir war heute Vormittag eine Frau, die brachte mir ein Schreiben mit, ihr Begründungsschreiben für ihren Austritt aus der Partei. In den Parteiversammlungen wird offen gesprochen. Man muss davon ausgehen, dass die 2,3 Millionen Parteimitglieder, das ist der normale Durchschnitt der DDR-Bevölkerung, gar nicht anders denken als wir auch. Eine andere Frage ist, wie man mit der eigenen Angst in dieser Situation umgeht. Aber was das Denken angeht, denken die Genossen nicht anders als wir im Neuen Forum, und wir haben ja zu nichts weiter als zu einem demokratischen Dialog aufgerufen. Wenn das Staatsfeindlichkeit ist, dann ist es mit dieser DDR wirklich am Ende …

Moderator: Herr Henrich, Sie werden auf jeden Fall weitermachen. Noch eine Verständnisfrage. Da dieses Wort ›staatsfeindlich‹ im Raume steht. Sie sehen sich nicht als Staatsfeind, Sie agieren nur gegen bestimmte politische Programme.

H.: Gegen den vormundschaftlichen Staat!«

Fehlende Brücken

Hans-Jochen Tschiche spöttelt in seinen Erinnerungen »Nun machen Sie man, Pastorche!« darüber, dass die Vielzahl der damals neu entstehenden politischen Vereinigungen damit zu tun hatte, »dass die Protagonisten sich nicht riechen konnten«. Inhaltliche Gründe für die Zersplitterung der Protestbewegung gab es anfangs ja tatsächlich nicht. Persönliche hingegen umso mehr: »Einer meinte vom anderen, er sei ein Stinkstiefel. Andere waren der Überzeugung, sie hätten es mit hysterischen Ziegen zu tun. Einen Dritten hielten sie gemeinsam für einen eitlen Fatzken.« Verstehe ich Tschiche richtig, war Bärbel Bohley für ihn die Hysterikerin und Eppelmann der Fatzke im Talar.
Welche Folgen aus solcherlei Animositäten resultierten, begriff ich erst, als ich mit Bärbel an einem Mittwochabend – es war der 20. September 1989 – von ihrer Wohnung in der Fehrbelliner Straße 91 zu Ehrhart Neubert in die Wilhelm-Pieck-Straße (heute Torstraße) gelaufen bin. Neubert hatte zu einem Gipfeltreffen geladen. Er wollte bestehende Gemeinsamkeiten zwischen dem von ihm und Edelbert Richter, Heino Falcke, Schorlemmer, Eppelmann und Schnur initiierten Demokratischen Aufbruch (DA) und dem Neuen Forum (NF) ausloten. Ich hielt sein Anliegen für berechtigt. Warum sollte man sich nicht verbünden? Bärbel sah dafür keinerlei Notwendigkeit. Nur weil ich gedroht hatte, notfalls würde ich auch alleine zu Neubert gehen, kam sie mit. Schon auf dem Weg moserte sie: »Die Pfaffen wollen uns nur ausmanövrieren!« Ihre Sorge schien mir übertrieben. Als ich einwandte, ein Schulterschluss mit dem DA sei doch keine schlechte Idee, geriet sie fast aus dem Häuschen. Ob ich nicht wüsste, »wie die über uns denken«? Ihr habt die Massen, wir haben die Köpfe, hatte ein Vertreter des DA kürzlich zu ihr gesagt und sie damit verärgert.
  Die Atmosphäre bei Neubert war frostig. Er und Eppelmann saßen mit gewichtigen Mienen in seinem Wohnzimmer, so als hätten sie gerade beschlossen, Bärbel und mir die Leviten zu lesen. Es dauerte keine

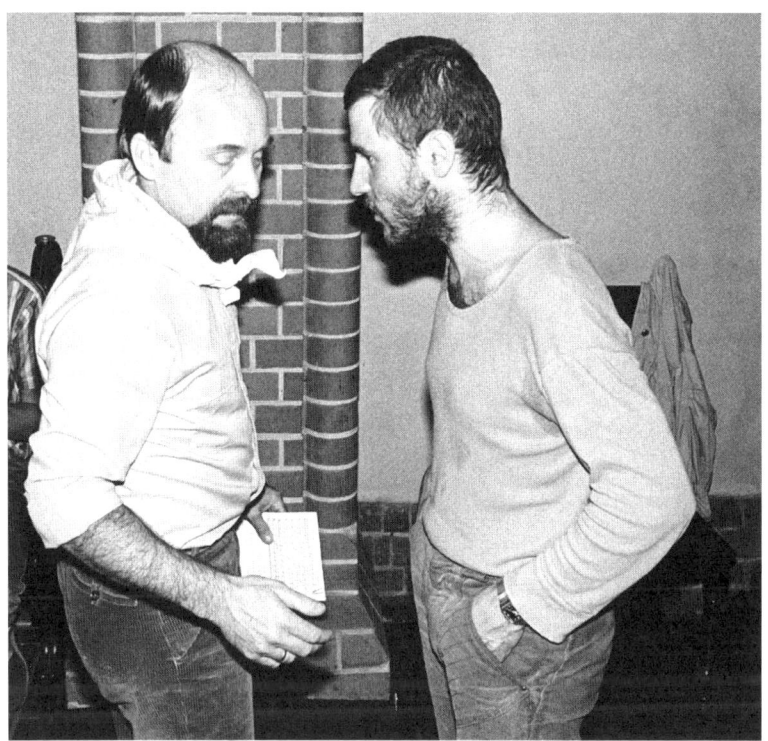

Pfarrer Reiner Eppelmann und Liedermacher Stephan Krawczyk bei einer Kirchenveranstaltung 1989

fünf Minuten, bis der Streit losbrach. Warum Bärbel »wortbrüchig« geworden sei und entgegen ihrer Absprache mit Edelbert Richter die Forum-Gründung »zeitlich vorverlegt« hätte, wollte Neubert wissen. Einen passenderen Einstieg für die von ihm gewünschte Aussprache hätte er nicht wählen können. Bärbel keifte auch gleich los. Sie könne nun mal mit Eppelmann und Schnur nicht mehr zusammenarbeiten, das wüsste er doch. Es waren weniger ihre ehrabschneidenden Äußerungen über Eppelmann und Schnur als der gehässige Ton, in dem sie vorgebracht wurden, der an diesem Abend jedes Gespräch unmöglich machte. Neuberts beschwörender Appell an sie, jetzt sei ein Zeitpunkt gekommen, wo es erforderlich wäre, eine das ganze Land mobilisierende Demokratiebewegung zu formieren und persönliche Streitereien zu begraben, fand kein Gehör bei ihr. Die Atmosphäre war vergiftet. Als Neubert abschließend meinte, der Gründungsaufruf des NF sei inhaltlich dürftig verglichen mit der ausgereiften Programmatik des DA, heizte er noch einmal Bärbels Unmut an. Höhnisch fragte sie, wie viele Jahre denn seine Pastoren bei Rotwein und Keksen gesessen hätten, um ihr »Parteiprogramm« zu formulieren – ohne jemals zur Tat zu schreiten.

Auf dem Rückweg zur Fehrbelliner war Bärbel wie versteinert. Wir setzten uns noch in ihre Küche. Bärbel nahm aus einem Hängeschrank eine Whiskyflasche. »Du auch?«, fragte sie, im Einschenken innehaltend. Ich lehnte ab, da ich noch nach Hause fahren musste. Sie stierte vor sich hin und legte ihre Finger um ihr Glas. Mit Edelbert Richter eine gleichzeitige Bekanntgabe der geplanten Gründungen zu vereinbaren, diese Absprache dann nicht einzuhalten und außerdem keinen der Erstunterzeichner mit einem Wörtchen darüber zu informieren, das, fand ich, war tatsächlich eine ziemliche Ranküne. Diese Art Umgang mit Gesinnungsgenossen gefiel mir nicht. Nachdem Bärbel einen ersten Schluck getrunken hatte, meinte sie trotzig: »Die Pfaffen mit ihren Programmen ... Wenn ich geglaubt habe, dass etwas getan werden müsste, dann habe ich es immer selber gemacht.« Das Scheitern unseres Gipfeltreffens in Neuberts Wohnung schien mir damals schon eine Vorwegnahme von Künftigem zu sein. Vier Tage später versuchten Unterhändler von Demokratie Jetzt (DJ), Demokratischer Aufbruch, Vereinigte Linke (VL) und Neues Forum im Gemeindesaal der Markusgemeinde in Leipzig doch noch, einen Dachverband der Opposition ins Leben zu rufen. Das Ganze endete genauso kläglich wie unser Treffen mit Neubert und Eppelmann.

Kolumbische Seefahrerei oder Nüchternheit

Träumer unter den Vorreitern eines gesellschaftlichen Wandels, die nicht nur das Politische umkrempeln, sondern tiefgreifender in Lebensführungs- und Wertfragen einhaken wollen, gab es immer schon. Im Wendeherbst verkörperte ein Idol wie Václav Havel das Vorgefühl des kommenden Aufbruchs. Havels Name stand auf der Beliebtheitsskala aller kolumbischen Seefahrer, die nicht Amerika suchten, sondern Indien, an oberster Stelle (den zweiten Rang belegte György Konrad mit seinen mitteleuropäischen Antipolitik-Meditationen über die »Selbstverwaltung der Gemeinschaften«). Und wie der Prager meinten nicht wenige Aktivisten, jenseits der parlamentarischen Demokratie des Westens warte eine authentische Form der Volkssouveränität darauf, durch uns im Zuge eines Regimewechsels entdeckt und praktiziert zu werden. Seinen Indien-Traum verkündete der aus dem Gefängnis entlassene Havel im Juli 1989 über Radio Free Europe mit den Worten: »Was wir heute sehen, sind die Symptome der Geburt eines neuen, demokratischeren Systems. Aber ich weiß nicht, um welches System es sich handeln wird. Jedenfalls wird es nicht eine Rückkehr in die Vergangenheit sein. Es hat den Anschein, dass es sich von einer normalen parlamentarischen Demokratie unterscheiden wird.« Wodurch, sagte er nicht.

Havels Worte sind beispielhaft für jene Hoffnung auf die Überwindung des Parteienstaats und ein selbstbestimmtes Leben, von dem schon ein Jahr später die Menschen nichts mehr hören wollten. Wie verbreitet der in solch besinnungsethischer Rückwendung zum Ausdruck kommende Affekt gegen die westliche Welt war, zeigte sich in Moskau. Wo, weit weniger beachtet, ein zweiwöchiger Kongress der Volksdelegierten tagte. Hier focht Andrej Sacharow, Mitglied der Akademie der Wissenschaften und hochgeschätzter Dissident in unser aller Augen, mit einer leidenschaftlichen Ansprache für sein Dekret über die Macht. Er verlangte die Abschaffung der Führungsrolle der KPdSU.

Aber was forderte Sacharow stattdessen? Er wiederholte Lenins Parole aus dem Jahre 1917: »Alle Macht den Sowjets!«

Ich würde die Erzählung meiner eigenen Ernüchterung gar zu geradlinig schildern, wenn ich behaupten würde, mir seien Havels »existenzielle Revolution« und seine Hoffnung auf eine »neue Erfahrung des Seins« fremd gewesen. Nein, nein! Auch in meinen Augen war das politische Leben nicht die allein seligmachende Größe, selbst wenn zwischen Fichtelberg und Rügen inzwischen eine Menge Leute so redeten. Zwar hielt ich den von Havel propagierten »Versuch, in der Wahrheit zu leben« eher für eine Wegweisung, anhand derer man die eigene private Existenz ausrichten sollte – ein politisch praktikabler Grundsatz war das ja nun wirklich nicht. Ich übersah dabei aber nicht, wie in jenem turbulenten Herbst an allen Ecken wieder die alte Sehnsucht rumorte, dass nun endlich eine »kategorische Umkehr« (Hölderlin) praktiziert werden möge, ein anderer Anfang, ein Ereignis der Unmittelbarkeit, etwas bisher nicht Gekanntes, erst noch zu Entdeckendes. Mein eigenes Passwort dazu lautete: »Auf freiem Grund mit freiem Volke stehn.« (»Faust« II, 5. Akt) Mit Sympathie betrachte ich heute noch die vielen Umkehrwilligen, die zwar der Gewaltherrschaft ein rasches Ende setzten, aber ausdrücklich nicht im materiellen Wohlstand das Höchste sehen wollten.

Aber wie dem Druck einer Zeit widerstehen, deren Öffentlichkeit durch die lauter werdenden Unkenrufe über einen Zusammenbruch der Brennstoffversorgung im bevorstehenden Winter eingeschüchtert wurde? Überlegungen zu einem Programm für das Neue Forum hatten sich bei mir schon seit dem Gründungstreffen auf Katja Havemanns Grundstück angesammelt. Ich schrieb sie in den mir bleibenden freien Stunden nieder, ohne einen strengen Plan, gliederte sie nur, je nachdem, ob sie das Kultur- und Geistesleben, die Wirtschaft oder Staat und Recht betrafen. Unausweichlich erschien mir eine grundlegende Erneuerung unserer politischen Praxis, welche in meinen Augen allein durch eine echte mitwirkende (partizipative) Demokratie verwirklicht werden konnte. Nur so würden wir dazu beitragen, das an der Basis durch die Bonzenherrschaft verformte soziale Gefüge und eine aktive Staatsbürgerschaft neu zu erschaffen.

Unter dem Titel Staat und Recht formulierte ich, dass die kurzfristig durchzusetzende Rechtsstaatlichkeit, die Aufhebung aller Tatbestände des politischen Strafrechts, die Ausarbeitung eines neuen Wahlrechts sowie die »uneingeschränkte Freizügigkeit, einschließlich des Rechts für jeden Bürger, die DDR zu verlassen und zurückzukehren«, erst einmal das A und O unseres politischen Kampfes sein müssten. Reinhard Schult, Jens und Eva Reich, Bärbel Bohley, Hagen Erkrath, das Ehepaar Jutta und Eberhard Seidel, Rudolf Tschäpe, Matthias Büchner, Lothar Imme und Andreas Schönfelder, mit denen ich in Sebastian Pflugbeils Wohnzimmer in der Gormannstraße 17 am 1. Oktober diese Punkte diskutierte, waren damit einverstanden. Was den Staat und das Recht anbetraf, galt ich als Fachmann. In unserem veröffentlichten Problemkatalog sind die von mir eingereichten Forderungen wörtlich übernommen worden. Was ich darüber hinaus aber unter den Titeln »Wirtschaft und Ökologie« und »Kultur, Bildung und Wissenschaft« schriftlich vorgelegt habe, geriet sofort in die Mühle einer endlosen Diskussion. Trotzdem blieb ich optimistisch, da sich an unserer Runde, das war sensationell, mit Lothar Imme erstmalig ein leibhaftiger VEB-Direktor beteiligte. Endlich saß da mal jemand mit am Tisch, von dem man annehmen durfte, dass er die Sorgen und Nöte der betrieblichen Praxis kannte.

Meine Hoffnung währte leider nicht lange. Als Lothar Imme sich das erste Mal zu Wort meldete, stürmten Pflugbeils Kinder herein und berichteten keuchend, vor dem Haus sei gerade ein Mannschaftswagen mit aufgesessenen Volkspolizisten vorgefahren. Auf Pflugbeils väterliche Nachfrage an den familiären Spähtrupp erfuhren wir noch, dass die Türgriffe zum Hinterhof abmontiert worden waren. Man wollte uns also den Fluchtweg über die Hinterhöfe abschneiden. Neugierig blickten wir aus den Fenstern. Alle bewahrten Haltung! Was diese aufdringliche Machtdemonstration bedeutete, konnten wir uns aber nicht recht erklären. Wollte man den Führungskreis des Neuen Forums festnehmen und »zuführen«? Darauf hatten es unsere Verehrer im Ministerium des Innern jedoch offenbar nicht abgesehen, denn weder klingelte es an der Wohnungstür, noch wurde diese aufgebrochen – man wollte nur, wie sich später herausstellte, die Kontaktaufnahme der am 1. Oktober in Berlin verschiedenerorts tagenden oppositionellen Gruppierungen untereinander blockieren.

Wir bemühten uns zwar, die unterbrochene Debatte zu den Themenkomplexen »Wirtschaft und Ökologie« und »Kultur, Bildung und Wissenschaft« fortzuführen. Angesichts eines gefühlten Belagerungszustands mangelte es unserer Runde aber, wie sich schnell zeigte, an der erforderlichen Konzentration. So gelassen, wie wir uns einbildeten, waren wir doch nicht. Die Berliner wurden beauftragt, den erreichten Stand unserer Debatte zusammenzufassen und das Ganze an alle Basisgruppen zu versenden. Beim Verlassen des Hauses waren wir auf eine Rangelei mit der Polizei vorbereitet, doch wurden Bärbel Bohley und ich lediglich zur Seite genommen und einer Personenkontrolle durch einen ziemlich schüchternen Leutnant unterzogen.

Ich weiß nicht genau, wer den Offenen Problemkatalog geschrieben hat. Ausmanövriert fühlte ich mich allerdings, als ich drei Tage später den damit zusammen versandten Begleitbrief las: »Für uns ist die Wiedervereinigung kein Thema, da wir von der Zweistaatlichkeit Deutschlands ausgehen und kein kapitalistisches Gesellschaftssystem anstreben«, hieß es da auf einmal kategorisch. Über die deutsche Frage hatten wir in Pflugbeils Wohnung aber überhaupt nicht gesprochen. Und das Thema einer marktwirtschaftlichen Ordnung nur angerissen. Darunter stand nun meine Unterschrift, die ich leichtfertig für den Problemkatalog bewilligt hatte. Dieser intrigante Vorgang zeigte mir, dass die zwei Flügel, die sich schon bald in allen neuen Gruppierungen und Parteien bildeten – Reform der DDR oder Einheit Deutschlands –, auch im Neuen Forum eine ausschlaggebende Rolle spielten. Und was mir klar wurde: Um Bärbel Bohley, Reinhard Schult und Klaus Wolfram formierte sich bereits zu diesem frühen Zeitpunkt eine Gruppe, die sich nach außen hin zwar verbal basisdemokratisch gebärdete, deren Hauptangst aber darin bestand, den Mitgliedern des Neuen Forums und der Bevölkerung ein Wahlrecht im Hinblick auf die »deutsche Frage« und wirtschaftliche Grundsatzfragen zuzugestehen. Wie sich bald zeigen sollte, trat diese Truppe immer wieder mit spektakulären Aussagen im Namen des ganzen Neuen Forums auf, obwohl sehr schnell klar war, dass sie nur eine Minderheitsmeinung verkörperte.

»Henrich! Mir grauts vor dir!« – Treffen mit Kurt Masur

Aus einem Notizheft kann ich entnehmen, was mich am 11. Oktober vormittags bewegte. Ich vermerkte darin: »Seitdem in Leipzig am 9. Oktober nach dem Friedensgebet in der Nikolaikirche und Andachten in drei weiteren Gotteshäusern rund 80 000 Menschen an einer nicht genehmigten Straßendemonstration teilgenommen haben, gilt das Stereotyp In der DDR herrschen Ruhe und kollektive Trägheit nicht mehr. Überhaupt klingen die gängigen Erklärungsmuster nicht mehr überzeugend. Hieß es nicht jahrzehntelang, der perfekt organisierte Apparat der Staatssicherheit würde Massendemonstrationen zu verhindern wissen? Und sah es nicht selbst in den Abendstunden des 7. Oktober danach aus, als ob diese Rechnung mit der Angst noch einmal aufgehen würde?«

Vermerkt habe ich auch, was ich an jenem 7. Oktober – dem 40. Jahrestag der DDR, an dem es in Berlin und vielen anderen Orten zu Demonstrationen und Protesten gegen die gefälschte Kommunalwahl kam, die gewaltsam aufgelöst wurden – noch befürchtet hatte. In Bärbel Bohleys Wohnstube wartete ich an diesem Abend auf einen Anruf aus Westdeutschland, da ich als »Überraschungsgast« in eine Talkshow mit dem Außenminister der BRD Genscher zugeschaltet werden sollte. Bevor es dazu jedoch kam, klingelte es. Vor der Tür standen zwei Männer mittleren Alters, die sich als Mitarbeiter der Akademie der Wissenschaften vorstellten. Sie wollten Bärbel und mir eine »geheime Information« übermitteln. Aber nicht in Bärbels Räumen. Wir begleiteten sie in eine nahe gelegene Wohnung. Hier eröffneten sie uns, dass sie aus sicherer Quelle von vorbereiteten Internierungslagern wüssten, in die wir beide und andere Oppositionelle in der kommenden Woche eingesperrt werden sollten. Was sie berichteten, klang plausibel. Ich wusste nicht, was richtig war in dieser Situation. Abhauen oder einfach nur abwarten? Auf dem Rückweg zu Bärbels Wohnung überquerten wir einen Spielplatz, wo sich Bärbel auf eine Bank setzte, rauchte und weinte. »Wenn sie uns wegsperren«, tröstete ich sie, »geht der Rummel doch erst richtig los.«

Am 11. Oktober stand für mich fest: Der Kelch war an uns vorübergegangen. Mittags hielt bei mir vor dem Haus ein klapperiger VW-Golf. Ihm entstieg Monika Zimmermann, die in Ostberlin akkreditierte FAZ-Korrespondentin. Sie wollte über mich und das Neue Forum berichten. Frau Zimmermann schaute lächelnd um sich: »Schön ruhig haben Sie es hier.« Ihr wäre es lieb, sagte sie, wenn wir ein Stückchen laufen würden. Auf dem Spaziergang verständigten wir uns über die Lage der Opposition, deren Zersplitterung in größere und kleinere Fraktionen; mit Zimmermanns Einschätzung, am Montag sei in Leipzig »die Hemmschwelle endgültig überwunden« worden, stimmte ich überein. Die Führung des Neuen Forums, meinte sie noch, müsse nun aber entschlossen jede Schwäche der Machthaber nutzen, da sonst die Menschen schon bald nicht mehr auf uns hören würden. Auf meine Rückfrage, was sie damit genau meine, beließ sie es bei einem Hinweis auf unsere Verantwortung als Gründer eines politischen Vereins. Zurück in Hammerfort rannte Monika Zimmermann noch einmal zu ihrem Wagen, bevor wir ins Haus gingen. Mit einer gefalteten Zeitung in der Hand kam sie auf mich zu. Ich dachte zuerst, sie hätte mir die neueste Ausgabe der FAZ mitgebracht. Im Innenhof überreichte sie mir aber stattdessen eine »Junge Welt« mit der Bemerkung: »Ärgern Sie sich nicht, denen glaubt sowieso keiner mehr!«

Warum sollte ich mich ärgern? Seit Erscheinen des »Vormundschaftlichen Staates« rechnete ich ja mit einer gegen mich gerichteten Hetzkampagne. Noch am Montag sollten die Leipziger abserviert werden. Davor war die Parteiführung zurückgeschreckt. Jetzt wollten sie also mich fertigmachen. Wie die Sache angelegt war, das schien mir haargenau der Stil zu sein, den ich in ihren Augen verdient hatte. »Henrich! Mir grauts [sic] vor dir!« – unter dieser fettgedruckten Überschrift mühte sich die stellvertretende Chefredakteurin Karin Retzlaff anderthalb Seiten lang ab, mir ins Gesicht zu spucken und mich bei Millionen »Junge-Welt«-Lesern als Lakai der »Medien und Politiker des Westens« anzuschwärzen. In unverbrüchlicher Treue zur Partei empörte sie sich darüber, dass der Sozialismus sowjetischer Prägung für

Kurt Masur ergreift bei einer öffentlichen Veranstaltung das Wort gegen den Artikel der FDJ-Zeitung »Junge Welt« zum Buch »Der vormundschaftliche Staat«, Oktober 1989

mich nicht »die dem Kapitalismus nachfolgende Gesellschaftsordnung« sei. Das Schlimmste jedoch, was ich verbrochen hatte: »Lenin wird als Mann hingestellt ›mit spezieller Vorliebe für bürokratische Organisationsformen‹.« Das galt der Dame als Beweis für eine mich auszeichnende »Verächtlichkeit gegenüber den Völkern im Osten«. Und weil die »zivilisatorische Ausstrahlung der Sowjetgesellschaft« mich auch im 40. Jahr der DDR noch nicht überzeugt hatte, musste mich selbstverständlich der Nazivirus befallen haben (»… das erinnert an schlimme deutsche Zeiten«). Das war das Ass, welches die Oberpropagandistin ausspielte. Mir ein solches Brandmal zu verpassen, konnte sich Karin Retzlaff nicht entgehen lassen. Ihr abschließendes Urteil verknüpfte sie mit einer Warnung: »Dieser Mann ist fertig mit uns und deshalb eine Enttäuschung. Warum wir überhaupt für seine Auffassungen so viel Platz zur Verfügung stellen? Vielleicht ist es nützlich zu wissen, was so einer wirklich im Kopf hat, für alle, die sich mit ihm einlassen. Der Mann ist einer der Initiatoren des Neuen Forums.« Nicht Jens Reich, nicht Bärbel Bohley oder Reinhard Schult – der Erzfeind war jetzt offenbar meine Wenigkeit.

Retzlaffs vermeintliche Buchbesprechung hatte die Bedeutung einer Instruktion; am nächsten Tag plapperten jedenfalls sämtliche Bezirkszeitungen die von ihr vorgegebenen Parolen nach. Aufschlussreich waren die Reaktionen der Künstler, welche Karin Retzlaff ungefragt gegen mich ausspielen wollte. Hervorgehoben in einer Zwischenüberschrift fragte sie scheinheilig: »Ob es Christa Wolf gefällt, dass er sich auf sie beruft?« Ausgeführt hatte ich im »Vormundschaftlichen Staat« bezüglich Christa Wolfs »Kein Ort. Nirgends«, dass seit Mitte der Siebziger in der DDR für Kreative künstlerisch wahrhaftige Entwürfe nur mehr schwer möglich seien. Karin Retzlaff fand das unerhört. Ein Feind der Arbeiter-und-Bauern-Macht berief sich auf die landesweit verehrte Christa Wolf! Offenbar sah sie in der Schriftstellerin weiterhin eine Parteiikone. Warum Retzlaff sich da sicher war, wunderte mich gleich, denn die Tochter der Schriftstellerin war von der Polizei verprügelt worden, wie ich von Bärbel Bohley wusste. Christa Wolf brachte jedenfalls den von ihr erwarteten Unmut gegen ein reaktionäres Element wie mich nicht mehr auf. Am 18. Oktober erhielt ich einen Brief von ihr, in dem sie sich von der gegen mich laufenden Kampagne distanzierte. Sie hatte ihre Antwort an die »Junge Welt« beigefügt. »Es ist der Ton der Demagogie«, schrieb sie da, »der sich bei uns von einer Journalistengeneration auf die nächste zu vererben scheint und der wohl auch heute noch unter dem Signum ›Parteilichkeit‹ läuft ... aber ich kann es nicht widerspruchslos hinnehmen, ungefragt gegen einen Autor benutzt zu werden.«

Auch die Schriftstellerin Renate Feyl verteidigte mich gegen den Sudelbeitrag der JW. Sie lieferte in der Redaktionsstube eine Generalabrechnung mit der sozialistischen Journalistik ab. »Ich erwarte«, schrieb sie, »dass endlich mit diesen trostlosen Methoden, die nichts weiter bewirken, als trostlose Zustände zu schaffen, Schluss gemacht wird. Sie befördern nicht die erhoffte Entfaltung des Individuums, sondern nur seinen Kümmerwuchs und haben nicht im mindesten etwas mit einem kämpferischen Standpunkt zu tun, sind sie doch nur das Spiegelbild geistiger Armseligkeit.«

Kurt Masur, der Gewandhauskapellmeister – ihn hatte Karin

Retzlaff neben Werner Tübke, Bernhard Heisig, Siegfried Matthus, Rolf Hoppe, Ruth Berghaus, Gret Palucca und Gisela May (die sich alle in vornehmes Schweigen hüllten) ebenfalls gegen mich propagandistisch vereinnahmt –, ließ sich in dieser für mich brenzligen Phase etwas Hübsches einfallen. Er lud mich telefonisch nach Leipzig ein. Schickte am 26. Oktober seinen Chauffeur bei mir vorbei. Und ich kutschierte auf Staatskosten mit einem beigefarbenen Dienstwagen Marke Volvo in Richtung Messestadt. So beschwingt wie auf dieser Landpartie habe ich mich selten gefühlt.

Masurs Grundstück gefiel mir auf Anhieb. Der leicht verwilderte Garten um einen Flachbau herum signalisierte jedem Besucher schon bei der Ankunft, dass der Star der internationalen Musikszene, der hier wohnte, nicht unbedingt durch englischen Rasen beeindrucken wollte. Im Wohnzimmer betonten ein Flügel und das Spinett, welche Rolle die Musik in Masurs Haushalt spielte.

Kurt Masur hatte die Zusammenkunft mit mir vorbereitet. Einen befreundeten Rundfunkredakteur hatte er gebeten, unser Gespräch aufzuzeichnen. Er wollte einen Präzedenzfall schaffen! Bisher war ja noch kein Oppositioneller im Rundfunk oder Fernsehen der DDR zu Wort gekommen. Immer nur waren unsere Stimmen oder Gesichter durch die Medien des Westens verbreitet worden. Masur wollte sich damit nicht länger abfinden. Der Dialog, von dem der soeben inthronisierte Krenz säuselte, verlangte seiner Überzeugung nach unabdingbar den Auftritt der Widerständler in den Sendeanstalten. Ohne den war für Masur das ganze Gerede keinen Pfifferling wert. Das sahen die Ideologen natürlich anders. Für sie war ja ihr neuestes Lieblingswort »Dialog« von vornherein durch den Vorbehalt des Als-ob beschnitten. Es sollte alles danach aussehen. Sie glaubten tatsächlich ernsthaft, sie könnten die Menschen mit ihrem honigsüßen Gelaber hinters Licht führen.

Mich unzensiert an die Hörer Mitteldeutschlands zu wenden, und das im Staatsfunk, in diesen chaotischen Tagen, wo die widersprüchlichsten Parolen und Gerüchte die Gemüter erhitzten und durcheinanderbrachten – wie hätte ich es versäumen können, diese Chance zu nutzen? Aber was sollte ich sagen? Es konnte ja nicht nur darum gehen, mich gegen die Verunglimpfungen der DDR-Presse zu wehren. Kurt

Masur war jedoch derart erbost über das gegen mich inszenierte Spiel der »Jungen Welt«, dass er im ersten Teil unseres Gesprächs ständig darauf zurückkam. Mit der Kampagne gegen den »Vormundschaftlichen Staat« in der »Jungen Welt« und den Bezirkszeitungen sei versucht worden, darauf beharrte Masur, mich als Autor »zu einer Unperson zu machen«. Und was das bedeuten würde, wisse man schließlich: »So jemandem wäre eigentlich nur noch übriggeblieben, den Ausreiseantrag zu stellen, denn er hat seine Lizenz als Rechtsanwalt verloren. Doch warum sollten wir einen Mann verlieren, dessen Qualitäten, dessen Wissen in meinen Augen so hochstehen, dass ich der Meinung bin, man kann so etwas nicht unwidersprochen hinnehmen?!«

Natürlich berührten mich solche lobenden Worte nach all den Schmutzkübeln, welche die Propagandisten über mich ausgeschüttet hatten. Wir schafften es dann aber doch noch, nachdem Masur seinem Ärger freien Lauf gelassen hatte, uns nicht nur über das Recht auf freie Meinungsäußerung und die Versammlungs- und Vereinsfreiheit zu verständigen. Masur stimmte auch mit mir überein, als ich zwei konkrete Forderungen in den Mittelpunkt unseres Gesprächs rückte. »Ich halte es«, sagte ich zu ihm, »für erforderlich, dass sehr schnell Zeichen gesetzt werden ... Um es deutlich zu sagen: ein neues Wahlgesetz; das kostet mich letztendlich kaum einen Pfennig. Das kann man sehr schnell zu Papier bringen, man kann es auch sehr schnell mit der Bevölkerung diskutieren, und man kann es zügig verabschieden, so dass wir für die nächste Wahl ein neues Wahlgesetz haben. Oder nehmen Sie als weiteres Beispiel: Sie können sehr schnell auch das politische Strafrecht ändern ..., sozusagen die Siebenschwänzige von der Wand nehmen. Warum soll man's nicht überarbeiten und so fassen, dass man damit oppositionelles Verhalten nicht mehr treffen kann?«

Wenn man heute den Blick auf die Zeit des 89er Aufbruchs richtet, ist es wahrscheinlich für viele Leser unbegreiflich, warum ich mich damals über Masurs Einladung so gefreut habe. Aber es war eben überhaupt nicht selbstverständlich, dass sich ein Künstler wie er, dessen internationale Reputation sich die Herrschenden zugutehielten, vorbehaltlos auf die Seite des Neuen Forums schlug und den Schneid aufbrachte, einen parteiamtlich Verfemten demonstrativ in sein Haus einzuladen. Ich möchte den Rundfunkauftritt mit Masur nicht überschätzen. Auf den Gang der Ereignisse haben wir beide vermutlich eher eine bescheidene Wirkung ausgeübt. Aber wir konnten, da bin ich mir sicher, viele bis dahin unentschlossene Hörer auf die Seite der Opposition ziehen. Die Sendung am nächsten Tag löste jedenfalls begeisterte Reaktionen aus. Zwar versuchte die Leitung des Senders diese kleinzuhalten, indem sie den Beitrag am Vormittag ausstrahlte, zu einer Zeit also, wo sich mehrheitlich die Arbeiter und Angestellten gar nicht zu Hause aufhielten. Aber der Ärger über diese Taktik entlud sich noch am selben Tag in einer Flut empörter Anrufe, die allesamt eine Wiederholung der Sendung in den Abendstunden verlangten. Die Sendeleitung gab klein bei und strahlte das Gespräch einen Tag später erneut zur besten Sendezeit aus (20 Jahre danach wurde es abermals gesendet).

Beim Abschied beteuerte Masur nochmals, »Der Vormundschaftliche Staat« sei für ihn das wichtigste Buch, welches er seit langem gelesen hätte, und es müsse nun schnellstens auch in der DDR erscheinen, damit sich die Leute ein eigenes Urteil bilden könnten. Allein darauf zu hoffen, dass es genügend Ost-West-Reisende gäbe, die das Buch durch den Zoll schmuggeln würden, sei beschämend. Aber welcher Verleger würde nach der offiziellen Einstufung meines Textes als »reaktionär« noch den Mut aufbringen, sich offen gegen die Parteilinie zu stellen? Da sah ich niemanden, mit dem man hätte rechnen können.

Was ich nicht ahnte, war, dass der Chef der Verlagsgruppe Kiepenheuer, Roland Links, unbeeindruckt von Karin Retzlaffs Verdikt sich bereits mit Michael Naumann, dem Leiter des Rowohlt-Verlages, über die Rechte an der Veröffentlichung meines Buches im Osten verständigt hatte. Kenntnis davon erhielt ich zwei Wochen später bei einem Besuch Roland Links'. Er kam am 15. November mit Jürgen Teller zu mir nach Hammerfort.

Teller hatte für die DDR-Ausgabe des »Vormundschaftlichen Staates« bereits einen Begleittext geschrieben, in dem er mir die »nüchtern-unerbittliche Erforschung der Ursachen einer geschichtlichen Fehlentwicklung zu einem bürokratisch verkrusteten Obrigkeitssystem, dessen Defizite an Freiheit, Demokratie, Wohlstand und sozialer Gerechtigkeit für das Volk unerträglich werden mussten«, bescheinigte. Natürlich

Ausgabe des Leipziger Gustav-Kiepenheuer-Verlages

wusste ich, Tellers lobende Worte sollten den geplanten Vertrieb in der DDR ankurbeln. Aber von ihm so beurteilt zu werden, war nach der Schmähkritik Karin Retzlaffs und der landesweiten Pressekampagne dann doch Balsam für mein seelisches Wohlbefinden. Denn der Mann war ja nicht irgendwer. Als Meisterschüler Blochs war er für mich eine Legende so wie Janka oder Harig etwa. Nach Blochs Wechsel in den Westen und bösen Auseinandersetzungen an der Leipziger Universität aus der SED ausgeschlossen und in die sozialistische Produktion geschickt, um sich dort zu bewähren, hatte er bei einem Arbeitsunfall einen Arm verloren. Als Teller mich zusammen mit Roland Links besuchte, konnte ihn nach dem, was hinter ihm lag, nichts mehr schrecken. Kernpunkt des mit ihm und Roland Links geführten Gesprächs war, dass die staatlich gelenkte Neubetrachtung der katastrophalen Lage der DDR viel zu eng sei, um an die uns bedrückenden Übel zu gelangen. Darin stimmten wir überein. Als ich jedoch darauf insistierte, es würden sich jetzt sicher bald alle diejenigen zu Wort melden, die aus Angst bisher nur für die Schublade geschrieben hatten, winkte Links resigniert ab: »Na, wenn Sie sich da mal nicht täuschen.« Auch Teller

Kurt Masur, Rolf Henrich, Lea Rosh, Roland Links bei der Buchpremiere der DDR-Ausgabe »Der vormundschaftliche Staat«, Februar 1990 im Gewandhaus Leipzig

hielt meine Zuversicht für illusorisch, da sie dem Widerspruchsgeist unserer Intelligenz gegenüber dem Status quo einen viel zu großen Wert beimesse: »In den Schubladen liegen die roten Mitgliedsbücher der Partei, aber keine Manuskripte.« Dem wollte ich nicht beipflichten. Es ging mir einfach nicht in den Kopf, dass gestandene Rechtsphilosophen wie Gerald Haney oder Hermann Klenner etwa so rein gar nichts in petto haben sollten.

Roland Links hat nicht nur die Publikation des »Vormundschaftlichen Staates« eingefädelt; er hat auch das für eine hohe Auflage benötigte Papierkontingent sichergestellt. Warum er sich als Verleger engagierte? Ich denke, er war überzeugt davon, dass ein echter Durchbruch zur Freiheit des Kultur- und Geisteslebens im Osten erst dann verbucht werden konnte, wenn mein soeben noch von der Parteipresse verteufeltes Werk im Handel frei erhältlich sein würde. Kurt Masur, der diese Sicht teilte, wollte das Erscheinen des Buches mit einer von ihm moderierten Lesung würdigen, die am 10. Februar im Gewandhaus stattfand.

Tollereien am Rande des Staatsbankrotts

Mit ihrer lächerlichen Behauptung, wir hätten genügend Foren und zugelassene Organisationen, in denen jederzeit ein Dialog geführt werden könne, stachelten die SED-Propagandisten Ende Oktober noch einmal die Gemüter aller Unzufriedenen an. Die aufdringlichen Beteuerungen über ihre neuerdings entdeckte Liebe zu einem Dialog mit allen gesellschaftlichen Kräften erschienen auch mir nach all den Jahren, in denen die Meinungs- und Pressefreiheit keinen Pfifferling wert war, als reine Heuchelei. Nicht anders sahen es die meisten Leute um mich herum. Sie hatten die Wahlbetrügereien im Frühjahr nicht vergessen und spürten, dass man sie erneut an der Nase herumführen wollte. Auf die erhobene Anschuldigung, doch nur unter Ausschluss des Neuen Forums eine Scheindebatte anzetteln zu wollen, reagierte die SED diesmal aber taktisch geschickt, indem sie zum Gespräch einlud. Ich selbst nahm am 3. November zusammen mit Renate Schubert und weiteren Aktivisten an einer Besprechung mit jener Christa Zellmer teil, die als Mitglied des Zentralkomitees noch im April prophezeit hatte, die Geschichte werde über den Verräter Henrich wie über seinesgleichen hinweggehen.

Um jeden Anschein einer Anbiederung an den Parteiapparat zu vermeiden, hatte ich unsere kleine Abordnung auf einen kurzen Forderungskatalog eingeschworen: Wir würden ein eigenes Papierkontingent mitsamt Druckkapazität oder ausreichend Platz in der Bezirkszeitung »Neuer Tag« verlangen. Um böswillige Zungen davon abzuhalten, uns der Kungelei zu bezichtigen, reiche das aber nicht aus, sagte ich, weshalb wir als Erstes das Sekretariat der SED-Bezirksleitung auffordern müssten, sich umgehend bei der Regierung für die Einrichtung eines kleinen Grenzverkehrs mit Westberlin einzusetzen. Als ich dies am 3. November unter Hinweis auf die bürgerlichen Freiheitsrechte begründete, starrten Christa Zellmer und ihre Genossen mich ungläubig an. Es seien ja Reiseerleichterungen geplant, deshalb sei eine solche Initiative überflüssig, entgegneten sie mir pikiert.

Kaum eine Woche später gab es die Berliner Mauer, die wir soeben noch durchlöchern wollten, nur mehr auf dem Stadtplan. »28 Jahre Wohnhaft sind heute zu Ende gegangen durch eine unbedachte Äußerung des übermüdeten Schabowski«, schrieb ich in mein Tagebuch. Heidelore weinte Freudentränen. »Jetzt braucht Falk nicht mehr abzuhauen«, schluchzte sie.

Man musste kein Stratege sein, um nach dem Mauerfall zu merken, dass der aus anfänglichen Meinungen und Motiven geschmiedete politische Konsens, an dem sich die landesweit operierenden Gliederungen des Neuen Forums mal orientiert hatten, inzwischen von Woche zu Woche stärker zerfaserte. So etwas wie eine Generallinie gab es nicht mehr. Jeder machte jetzt Politik auf eigene Faust. Zwar schweißte die Wut auf den Staatssicherheitsdienst alle Aktiven noch immer zusammen. Was man aber außer der Zerschlagung dieser Behörde sonst anstrebte, hing von den Vorlieben und Launen konkurrierender Wortführer ab.

Die bei mir täglich den Briefkasten verstopfenden Aufrufe, Petitionen, Presseerklärungen und Flugblätter bildeten das Durcheinander gut ab. Die Freunde in Dresden wollten eine Volksabstimmung über den Führungsanspruch der SED veranstalten. Weimarer Menschenrechtler verbreiteten eine an Amnesty International und die westdeutsche Presse gerichtete Erklärung, um unserer Parteispitze nach deren Stellungnahme zu den Vorkommnissen auf dem Platz des Himmlischen Friedens »ihre eigenen Lügen und Vertuschungen vor Augen« zu führen. In der Chemnitzer Johanniskirche riefen Vorwärtsdrängende für den 6. Dezember zum landesweiten Generalstreik auf. Und Waren (Müritz) wendete sich mit einem »Aufruf in eigener Sache« an die Koordinierungsausschüsse in Berlin und den Bezirken. »Entscheidet mit über die Profilierung des NF zur Partei«, hieß es darin. Wie die Verfasser solcher Botschaften dachten, kam sehr drastisch in einem an »alle ehrlichen Parteimitglieder der SED« gerichteten Schreiben aus Berlin-Hönow zum Ausdruck, das mit den Worten endete: »Der Aufruf ist nicht mit dem Sprecherrat des Neuen Forums abgestimmt worden. Auch das verstehen wir unter Demokratie.«

Die Hönower hätten genauso gut sagen können, weil ihr euch im Sprecherrat selber nicht abstimmt, sehen wir dafür ebenfalls keine Veranlassung. Denn so war es leider. Meine Parteigänger in diesem Gremium verhielten sich ja nicht einen Deut klüger als sie. Was ihnen gerade im Kopf herumspukte, trompeteten sie postwendend in die Welt. Schlagzeilen für die Presse, den Rundfunk oder das Fernsehen zu produzieren, hielten sie für Politik. Unter der Überschrift »Atomteststopp jetzt!« verlangte Sebastian Pflugbeil in einer unabgestimmten, aber natürlich namens des Neuen Forums großspurig an diplomatische Vertretungen gerichteten Erklärung, dass »alle Staaten, die Atomwaffen besitzen oder sie besitzen wollen«, sofort auf ihre Waffentests verzichten. Oh je! Sicher war das gut gemeint. Nur, wer unter den Atommächten interessierte sich für Pflugbeils Forderung?

Traumtänzer wie ihn gab es allerorten. Ihre Anliegen waren mir gar nicht unsympathisch. Aber sie lenkten ab von den akuten Problemen. Wen die Sorge um die Rettung der Welt umtrieb, der brauchte sich natürlich keine Gedanken über den Verfall unserer Städte oder die ramponierte Wirtschaft zu machen. Von den seelischen Verwüstungen ganz zu schweigen. In der ohrenbetäubenden Kakofonie jener Tage war Bärbel Bohleys Stimme die schrillste. Wie sie ihre Herzensanliegen öffentlichkeitswirksam zelebrierte, da konnte ich nicht mehr mithalten. Selbstherrlich und ohne jede Rücksicht darauf, wie die sächsischen oder thüringischen Mitglieder des Neuen Forums darüber dachten, forderte sie alle in Hamburg von Abschiebung bedrohten Sinti und Roma auf, schnellstmöglich in die DDR zu kommen. Ob sie diesen armen Menschen überhaupt Unterkünfte und den Schutz bieten konnte, den sie wünschten, kümmerte Bärbel nicht weiter. Wie andere Gesinnungsathleten erwartete sie, dass die Zustände sich zwangsläufig bessern würden, wenn man nur laut genug für das »Gute« eintreten würde.

Alles spielte sich auf der Ebene irgendwelcher Verlautbarungen ab. Ich hatte größtes Verständnis dafür, dass die Wortführer der neu entstandenen Basisgruppen nach Jahrzehnten erzwungenen Schweigens erpicht darauf waren, das Recht der freien Rede wahrzunehmen. Nur leider untermauerte kaum jemand das Gesprochene durch Taten. Aber wie stellte sich die Lage nun für mich dar? Als ich in Grünheide über die Taktik des Neuen Forums und legalistische Formen des Widerstands gesprochen hatte, schien es mir überflüssig, allzu viel darüber zu orakeln, wie wir uns entscheiden müssten, wenn die Partei- und Staatsmacht ins Straucheln kommen würde. In meinen kühnsten Träumen hatte ich ja nie, so wie keiner der Erstunterzeichner unseres Gründungsaufrufs, mit einer Blitzpartie gerechnet. Auch ich habe die Partei- und Staatsmacht überschätzt. Jetzt aber lag, nach wochenlanger Kritik der Regierung und der Anheizung des Massenprotests im ganzen Land, die Krone auf der Straße! Und die Demonstranten übersetzten den Volkswillen immer lauter in die Losung »Neue Männer/Frauen braucht das Land!« Womit sie zweifellos die Neuen Kräfte meinten. Sie warteten auf das Wunder einer Führungsmannschaft, die sie endlich aus der Umklammerung durch die verhasste Funktionärsschicht befreien würde.

Es gab in dieser historisch einmaligen Situation eigentlich nur eine Antwort. Wir hätten eine landesweite Akklamation des Volkswillens organisieren müssen! Hans Modrow, der am 18. November scheinheilig ankündigte, er wolle von nun an demokratisch regieren, und mit ihm all den Bonzen im Ministerrat, in den Ministerien und im Staatsrat, die sich an ihre Posten klammerten und das Staatsruder nicht aus der Hand geben wollten, hätten wir dreist ins Gesicht sagen sollen: »Verschwinden Sie, Sie haben abgewirtschaftet!« Es wäre ein Leichtes gewesen. Wer hätte uns denn nach der Leipziger Montagsdemonstration im Oktober und dem Fall der Mauer daran hindern können, vor die Mikrofone und Kameras zu treten und den korrupten Partei-, Staats- und Sicherheitsklüngel für abgesetzt zu erklären? Modrow hatte doch nichts weiter zu bieten als eine den drohenden ökonomischen Kollaps aufschiebende, konzeptionslose Politik. Er warf nur einen Schatten von Freudlosigkeit über die ganze DDR. Der Staatsapparat wäre nach einer Entmachtung der Spitze hundertprozentig weiter funktionsfähig geblieben. Politisch Verantwortliche in die Wüste zu schicken, bedeutete ja nicht automatisch, alle Ämter auszufegen oder auf die Fachleute in der Verwaltung zu verzichten.

Ich war zwar noch davon entfernt, von einem Sieg auf ganzer Linie zu reden, aber ich hatte durchaus das Gefühl, dass sich die Machtverhältnisse gravierend verschoben hatten. Es war an der Zeit, das Chaos zu klären. Ich versuchte, mich mit den Delegierten der Bezirke und der Initiativgruppe darüber auszusprechen. Gemessen an den historischen

Möglichkeiten, erinnerten mich leider die meisten Debatten an das Witzbild der drei Chirurgen widerstreitender Schulen, die sich für den vor ihnen liegenden todkranken Patienten nur nebenbei interessieren, während sie sich gegenseitig die Wichtigkeit ihrer ärztlicherseits favorisierten Behandlungsmethoden um die Ohren hauen. Jens Reich hat meine wiederholten Einsprüche wie folgt zusammengefasst: »Wir müssen zu Verhaftungen schreiten, meine Herrschaften! Verfassungsdiskussion, Rechtsstaat, Medien und Pädagogik, das ist jetzt alles zweitrangig. Wenn ihr etwas erreichen wollt, dann müsst ihr den Generalstaatsanwalt und den Innenminister übernehmen. Alles andere ist Geschwätz!« Mit diesem – ungenau wiedergegebenen – Vorhalt, mit dem ich die Machtfrage thematisieren wollte, bäumte ich mich gegen die Unfruchtbarkeit der wankelmütigen und sich gern auf Nebenschauplätzen tummelnden Redner im Sprecherrat und der Initiativgruppe auf. Wenn wir schon die Regierungsverantwortung scheuten, so mein Kalkül, sollten wir wenigstens den Kampf mit der Staatssicherheit konsequent ausfechten.

Worauf ich abzielte, war Folgendes: Anklagen und einsperren müssten wir nur die Generale des Ministeriums, da sie den Machtapparat ungesetzlich weiterhin operativ gegen die Neuen Kräfte einsetzten. Sie konspirierten inzwischen ja jenseits der neuen DDR-Legalität. Ihre angebliche Abkehr von der »verfehlten Sicherheitsdoktrin« Mielkes, die sie am 21. November vollmundig postulierten, betrachteten die Herrschaften schließlich immer noch als Scheinmanöver, denn die »Inspiratoren, Organisatoren sowie die anderen Führungskräfte« des Widerstands wollten sie, hinter ihren Akten und Registern verschanzt, wie ihre heute zugänglichen Planungen beweisen, nach wie vor kaltstellen. Niemand gab sich diesbezüglich Illusionen hin. In diesem Punkt herrschte Klarheit. Obwohl wir die Dokumente nicht kannten. Alle Mitarbeiter des MfS zu »internieren«, wie Wolfgang Schwanitz uns am 7. Dezember unterstellte, daran dachte jedoch kein Mensch. Und ich schon gar nicht. Mir lag daran, die Geheimen zum Überlaufen zu ermutigen.

Für mich war jene von Jens Reich ungenau zitierte Ansprache an meine Freunde nur eine dem neuen Parallelogramm der Kräfte entsprechende Minimalforderung. Seit dem 13. November skandierten ja die Demonstranten »Macht dem MfS endlich den Prozess«. Und die

Erwartungen der Leipziger an die Führung des Neuen Forums waren diesbezüglich keine leere Rhetorik. Mir persönlich wurde »mit der Bitte um Rechtsbearbeitung« eine Anklageschrift aus Leipzig überbracht, in der unter dem Titel »Wir sind das Volk und klagen an« die Bestrafung des Amts- und Machtmissbrauchs gefordert wurde. Illusorisch war das keineswegs. Bei den Staatsanwaltschaften häuften sich mittlerweile Anzeigen gegen die MfS-Generale. In den Amtsstuben der Bezirksverwaltung Frankfurt kursierte gar ein an die Leitung des Ministeriums adressiertes Papier, welches die Verhaftung Generalleutnant Neibers wegen Korruption forderte. Ich selber führte Gespräche mit dem Kommandeur der VP-Bereitschaft »John Schehr«. Und in Bärbel Bohleys Wohnung traf ich mich mit aus Dresden angereisten Stabsoffizieren der Nationalen Volksarmee und Dozenten der Militärpolitischen Hochschule »Wilhelm Pieck« in Berlin-Grünau, die für das NF eine zeitgemäße Sicherheits- und Militärdoktrin ausarbeiten wollten.

Bei diesen Treffen war mir eins klar geworden: Große Teile des Kaders der Volkspolizei und der NVA weigerten sich, die von ihnen befehligten Bataillone als Knüppelgarden gegen friedliche Demonstranten ins Feld zu führen! Das war in jedem Gespräch klar herauszuhören. Mit dem MfS wollten sie nicht mehr in einen Topf geworfen werden. Die daraus erwachsenden handfesten Möglichkeiten haben wir verschlafen! Als das Wachregiment des MfS in den ersten Dezembertagen meuterte und sich in den Kasernen ein Soldatenrat konstituierte, sprachen wir nicht einmal mit den Meuterern. Die geheimdienstliche Repressionsmaschinerie durch die Inhaftierung der Generalität schlagartig matt zu setzen, um so die durch Gerüchte und Verdächtigungen vergiftete Atmosphäre zu bereinigen und eine politische Linie in das Geschehen hineinzutragen, stieß bei den ewig Zögernden im Sprecherrat und der Initiativgruppe auf Ablehnung.

Mit solch einer Politik hätten wir den bequemen Pfad der Gewaltlosigkeit verlassen. Das gefiel den Stars unter den Neuen Kräften schon deshalb nicht, weil die Heldenrolle ihnen nur so lange behagte, wie sich die staatserschütternden Begebenheiten im Stile eines moralisch erbaulichen David-gegen-Goliath-Stücks entwickelten. Jetzt aber, da aus dem moralischen Lehrstück immer krasser die Umrisse eines über die

Grenzen der DDR ausgreifenden gerissenen Machtspiels hervorzutreten begannen, in dem wir als Führungsriege des Neuen Forums eine höchst unsichere, vermutlich sogar undankbare Rolle hätten übernehmen müssen, erschien es den vormaligen Protagonisten des Aufbruchs besser, die Dinge treiben zu lassen. Es begann die Zeit für die Abwartenden und die Klugen. So nur kann ich mir die Tatsache unseres Zurückweichens vor der Größe des geschichtlichen Augenblicks erklären. Allein die Vertreter aus den Südbezirken – wie etwa Matthias Büchner aus Erfurt – unterstützten den durch mich unterbreiteten Vorschlag.

Verlegenheitslösung Runder Tisch

In der am 2. Dezember im Französischen Dom durchgeführten Sitzung des Zentralen Sprecherrats versäumten wir die wohl letzte Gelegenheit, durch einen Appell an alle Basisgruppen in den Städten und Gemeinden – sie führten ja fast überall den Protest auf der Straße an – die mächtige Maschine der Volksrevolte auf den Sturz der Regierung zu lenken. Mit Corinna Münster, der späteren Direktorin des Arbeitsgerichts in Frankfurt, vertrat ich an diesem Tag den Bezirk Frankfurt (Oder). Elf weitere gewählte Bevollmächtigte waren angereist. Karl-Marx-Stadt, Cottbus und Magdeburg fehlten. Dafür saßen gleich neun Berliner Initiativgruppenmitglieder mit am Tisch. Bärbel Bohleys komplette Entourage.

Jens Reich kritisierte anfangs »den merkwürdigen Status der Initiativgruppe«. Die Sprecher aus den Bezirken seien gewählt. Im Gegensatz zu ihnen wären die Mitglieder der Initiativgruppe ohne jede demokratische Legitimation. Trotzdem hatte Bärbel – das ärgerte nicht nur mich – die Existenz dieses Gremiums immer wieder genutzt, um das, was sie gerade als politisch opportun empfand, ausdrücklich im Namen des Neuen Forums zu verbreiten. Das hatte zu einer schwierigen Lage für diejenigen geführt, die sich in ihren Bezirken deshalb ständig rechtfertigen mussten. Mit ihren täglichen Verlautbarungen und eigenwilligen Anbiederungen bei dem vom obersten Agentenführer zum Wendekopf der SED mutierten Markus Wolf und bei Gregor Gysi brachte sie alles durcheinander. Ja, sie spaltete mit ihren Kapricen das Neue Forum! Gegen den Mauerfall hatte sie mit den Worten gestänkert: »Die Menschen sind verrückt, und die Regierung hat den Verstand verloren.« Etliche Mitglieder des NF, die sich angesprochen fühlten, verabscheuten sie seither. »Von dieser Frau würde ich mich nicht mal malen lassen!« Wie oft musste ich mir das anhören. Vermutlich ging es, wie man im ND nachlesen konnte, innerhalb der SED inzwischen demokratischer zu als bei uns.

Endgültig unterbunden wurde das selbstherrliche Gehabe Bohleys

Rolf Henrich und Bärbel Bohley im Streitgespräch, Landestreffen des Neuen Forums, Leipzig, Januar 1990

leider erst, als die gewählten Sprecher der Bezirke Karl-Marx-Stadt, Leipzig und Dresden in einer gemeinsamen Presseerklärung klarstellten, »dass die Bürgerinitiative Neues Forum keine ausschließlich linke Vereinigung darstellt« und Bärbel Bohley nicht berechtigt sei, Erklärungen im Namen des Neuen Forums abzugeben. Den Presseleuten gefiel das überhaupt nicht. Sie verbuchten weiterhin jeden Einfall, den Bärbel Bohley absonderte, auf das Konto des Neuen Forums.

Um die Mittagszeit herum, nachdem wir die organisatorischen Fragen des ersten Landestreffens in Leipzig, welches am 5. Januar 1990 stattfinden sollte, beraten hatten, begann die prinzipielle Debatte. Bernd Haupt, der Delegierte aus Suhl, wollte wissen, ob sich das Neue Forum zukünftig zu einer Partei entwickeln werde oder ob der Sprecherrat weiterhin den Status einer Bürgerbewegung empfehlen würde. Mehrheitlich hielten wir den Umbau des NF zur Partei für unangebracht. Zwar wollten die meisten an der kommenden Wahl »als Vereinigung« teilnehmen, vor der Gründung einer Forums-Partei scheuten sie jedoch zurück. Schlagende Argumente dagegen trug eigentlich niemand vor. Eher war es eine Art Aversion gegen den damit zwangsläufig verbundenen Parteibetrieb, die den Ausschlag gab. Ich selbst dachte dabei aber auch an die vielen basisdemokratisch gestimmten Aktiven, die sich uneigennützig für das Gemeinwohl aufopferten – und zwar ohne irgendein politisches Amt innezuhaben, ja, ohne an eine »Partei« auch nur zu denken.

In Erregung gerieten die Gemüter noch einmal am frühen Nachmittag, als Heiko Lietz den Streikaufruf der Karl-Marx-Städter auf die Tagesordnung setzte. Man dürfe im Kampf gegen die SED und die Regierung den Bogen jetzt nicht überspannen, hieß es da auf einmal. Wir als Neues Forum trügen die allergrößte Verantwortung dafür, wenn es zur Anarchie komme. Also gäbe es nur eins: abwiegeln, »Verantwortungsbewusstsein« zeigen! Was mich betrifft, so strengte ich mich wirklich an, die in meinen Augen überzogenen Ängste zurückzuweisen. Hüter der bestehenden Ordnung zu sein, darin sah ich nicht meine Aufgabe. Wir sollten uns nicht, sagte ich, den Kopf Modrows zerbrechen und die Rolle von Agents pacificateurs übernehmen. Das brachte Bärbel in Rage. Ob ich denn für eine Versorgungskrise in der DDR verantwortlich sein möchte, hielt sie mir erregt entgegen. Sie könne jedenfalls eine so große Last nicht tragen. Auch Jens Reich argumentierte in Bärbels Sinne. Man dürfe den Herrschenden keinen Vorwand zur gewaltsamen Verteidigung ihrer Interessen liefern. Jens hielt vorsichtige Diplomatie immer noch für ein Gebot der Stunde.

Nach »längerer Diskussion«, wie es im Protokoll heißt, verabschiedeten wir eine Stellungnahme für die Medien, aus der das Zaudern des Sprecherrats und der Initiativgruppe ablesbar ist: »Der Landessprecherrat des NF beriet über den Karl-Marx-Städter Aufruf zum Generalstreik. Streik ist ein mögliches Mittel, um Forderungen gewaltfrei durchzusetzen. Der Landessprecherrat hält einen Generalstreik für das schärfste Mittel, das erst nach einer landesweiten Diskussion an der Basis angewendet werden sollte. Bisher hat die landesweite Diskussion nicht stattgefunden. Daher können wir den Aufruf der Karl-Marx-Städter nicht unterstützen.« – Haben wir die angesprochene Debatte geführt? Leider nicht.

Es war grotesk! Bohleys Schreckensvision bevorstehender Gewaltausbrüche, für die es nirgends ein Anzeichen gab, die sie aber als Menetekel leidenschaftlich an die Wand malte, schüchterte die um mich herumsitzenden ehemals Mutigen ein, so dass nur noch über eins beratschlagt wurde. Um die öffentliche Ordnung nicht zu gefährden, müsse man jetzt schleunigst landesweite »Sicherheitspartnerschaften« organisieren! Das ging mir gegen den Strich. Revolution, empörte ich mich, sei das Außer-Kraft-Setzen einer verhassten Ordnung, ihr Sturz! Und damit stünden wir in einem direkten Gegensatz zur SED, die jetzt nach Verantwortung schreie, ohne sie zu übernehmen.

Einen Ausweg aus unserer festgefahrenen Debatte lieferte an diesem Nachmittag, an dem sich für mich die Kette erstrittener Siege in ein bräsiges Palaver aufzulösen drohte, das seit Wochen hinter den Kulissen mit den Kirchen und der neu gegründeten SDP (die sich ab Januar 1990 SPD nennen sollte), der DJ und der IFM ausgekungelte Konzept eines Zentralen Runden Tisches. Christian Tietze hatte für uns an den vorbereitenden Gesprächen teilgenommen. Stolz berichtete er, für das Neue Forum seien drei Plätze reserviert worden, die anderen Gruppen sollten nur zwei bekommen. Seiner Einschätzung nach böte der Runde Tisch eine Gelegenheit, die SED und die »Blockflöten«, also die mit ihr verbündeten Blockparteien CDU, DBP, LDPD und NDPD, in der Öffentlichkeit vorzuführen und aller Welt zu zeigen, dass sie unfähig seien, die Probleme des Landes zu lösen.

Wer es ausgesprochen hat, weiß ich nicht mehr, wahrscheinlich war es Reinhard Schult, der fragte, warum wir an so einem Polit-Kaffeekränzchen in der für uns komfortablen politischen Lage jetzt überhaupt noch teilnehmen sollten. Keiner sah im Runden Tisch eine befriedigende organisatorische Form für die zwischenzeitliche Verschiebung der Machtverhältnisse. Abseits stehen wollten wir angesichts der voraussehbaren Wirkung auf die fernseheguckende Öffentlichkeit aber auch nicht. Wegen seiner »Neigung zur kompromissbereiten Abwägung auch des gegnerischen Standpunktes« lehnte Jens Reich es ab, das Neue Forum am Runden Tisch zu vertreten. Wenn überhaupt, meinte Reich, dann sei er für »energische Kämpfer, wie Ingrid Köppe, Rolf Henrich und Reinhard Schult«.

Mein Leipzig lob' ich mir!

Mich vor dem Runden Tisch noch einmal mit Leipzigern zu treffen, um mir eine persönliche Meinung darüber zu bilden, wie sie – als das Rückgrat des demokratischen Aufbruchs – mittlerweile dachten, schien mir angesichts des gewachsenen Misstrauens »der Provinz« gegenüber »den Berlinern« angebracht. Reinhart Zarneckow begleitete mich. Ansehen wollten wir uns an jenem Montag, dem 4. Dezember, natürlich auch, wie nach den Turbulenzen der letzten Tage die Demonstranten reagierten. Es gab ja kein besseres Lexikon für das, was die Menschen wirklich wollten, als den bei ihren Aufmärschen mitgeführten, auf Spruchbändern aufgelisteten, wöchentlich erweiterten Forderungskatalog. Da konnte man dem Volk direkt aufs Maul schauen.

Mit Susanne Rummel hatte ich verabredet, dass sie uns abends begleiten sollte. Susanne gehörte zu den aktivsten Mitgliedern des Neuen Forums in Sachsen. Nach Abschluss ihres Journalistikstudiums hatte sie darauf verzichtet, die ihr von der Lenkungskommission der Abteilung Agitation und Propaganda des ZK der SED zugewiesene Arbeit aufzunehmen, und stattdessen lieber in der Musikalienhandlung Oelsner – »eine der schönsten Nischen Leipzigs«, wie sie betonte – Noten verkauft. Jetzt arbeitete sie für das Neue Forum. Am frühen Nachmittag kamen wir bei ihr in der Mottelerstraße an.

Susanne machte uns mit Grit Hartmann und Ilona Weber bekannt, die vor dem Fernseher saßen und die Berichterstattung über die jüngsten Ereignisse verfolgten. »40 Jahre – und jetzt das!«, sagte Grit und informierte uns über die in den vergangenen Stunden geschehene erfolgreiche Erstürmung der Stasi-Zentrale in Erfurt. »Hier in Leipzig wird es heute Abend genauso laufen«, meinte sie. Ilona Weber berichtete, Bärbel Bohley sei darüber in heller Aufregung. Es habe mehrere Telefonanrufe von ihr gegeben. Und Michael Arnold sei in ihrem Auftrag in der Bezirksverwaltung, um über die einvernehmliche Besetzung des Objekts zu verhandeln. Warum Bärbel Bohley sich an diesem Tage als

Erste Publikation des Forum-Verlages mit einem Vorwort Rolf Henrichs

Schutzheilige des Ministeriums für Staatssicherheit aufspielte, konnte ich den Frauen auch nicht erklären.

(Wie der Historiker Ilko-Sascha Kowalczuk 2012 aufgedeckt hat, beschwor Gregor Gysi Bärbel Bohley an jenem 4. Dezember, alles zu tun, um die Erstürmung der Bezirksverwaltung in Leipzig einzuhegen. Bohley telefonierte deshalb mit Vertretern des Neuen Forums und sagte: »Das Haus der Staatssicherheit wird besichtigt werden. Und da können ein paar Leute mit dran teilnehmen ... Jetzt hat Gysi nochmals gesagt, es ist eine furchtbare Verantwortung, die da auf euch augenblicklich lastet, aber wenn es heute in Leipzig zu Gewalt kommt, dann haben wir morgen in der DDR eine ganz andere Regierung ... Und vielleicht, wenn man dann vorher sagt: Dort ist heute gefilmt worden. Der Reißwolf ist versiegelt. Es wird nichts vernichtet. Das müsstet ihr mit diesen Leuten da mit durchsetzen. Ich könnte mir vorstellen, dass das erst mal beruhigt ... Das Problem ist, dass natürlich die Staatssicherheitsleute in dem Haus sitzen, Angst haben, identifiziert zu werden und dann hinterher gelyncht zu werden. Das müssen also Leute sein, die wirklich vertrauenswürdig sind ... Ja, das habe ich jetzt mit Gysi für Leipzig ... Ja, verstehst du, ... damit ihr das am Anfang der Demo sagen könnt, also so und so, auch die Staatssicherheit gehört jetzt uns. Wir haben das und das gesichert, der Reißwolf, also ihr müsst da dann natürlich auch irgendwelche Forderungen anbringen. Vielleicht, dass ihr da noch mal Kontakt aufnehmt überhaupt mit Inneres oder der Stasi, irgendwelchen Leuten. Ich denke, so ein Satz wie ›Der Reißwolf ist gesichert‹ und ›Es gehen keine Daten verloren und keine Akten‹. Das wäre wahrscheinlich jetzt wichtig.« So hat Bärbel Bohley am 4. Dezember tatsächlich gesprochen. Und sich dabei filmen lassen. Offen gestanden, das konnte ich mir damals nicht vorstellen.)

Aber nicht nur das alles überlagernde Stasi-Thema beschäftigte uns an diesem Nachmittag. Susanne, Grit und Ilona diskutierten mit mir nicht weniger engagiert ein von ihnen geplantes Projekt einer Tageszeitung. Den Namen dafür hatten sie schon – DAZ (Die Leipziger andere Zeitung) sollte ihr Baby heißen. Sie liebäugelten mit der Gründung eines Verlags. Ihr Optimismus steckte mich an. Ohne zu zögern versprach ich ihnen, mich an ihrer ersten Publikation zu beteiligen (»Jetzt oder nie – Demokratie! Leipziger Herbst '89« erschien in einer 1. Auflage noch im selben Jahr).

Gut gelaunt spazierten wir abends zum Karl-Marx-Platz. Susanne und Reinhart schafften es, die Ordner des Neuen Forums, die den Einlass zum Opernhaus kontrollierten, unter Hinweis auf meine Person zu überzeugen, uns den Zutritt zur Empore zu gestatten. Von da aus hatte man eine gute Sicht auf die den Platz füllenden, dicht gedrängt stehenden Demonstranten mit ihren schwarz-rot-goldenen Fahnen, mal mit und mal ohne das Staatswappen der DDR, und ihre meterbreiten Transparente. Der Eindruck der vor mir stehenden Menschen, von denen man nur die Köpfe und Schulterpartien sah, so eng standen sie beieinander, verschlug mir die Sprache. Was ich inbrünstig herbeigesehnt hatte, solidarische Einzelne, die sich nicht wie eine Schafsherde von ihren Vormündern scheuchen und scheren lassen, das wurde in diesem Augenblick zehntausendfach vor meinen Augen zum Ereignis. Es lag in ihrem Aufmarsch etwas Gewaltiges, Mitreißendes und Verführerisches, dem ich mich nicht entziehen konnte. In diesem einzigartigen Moment empfand ich auf sonderbare Weise trunken von dieser Gemeinschaft mit allen, dass ich gerade ein niemals wiederkehrendes Erlebnis in meinem Leben feiern durfte – und dass all mein Einsatz nicht vergeblich gewesen ist.

Neun mit unterschiedlichen rhetorischen Fähigkeiten begabte Redner traten ans Mikrofon. Unisono geißelten sie die in den letzten Stunden ans Licht gekommenen Schweinereien. In der Grassistraße hatte das Neue Forum eine Schatzkammer der Import-Export GmbH (IMES) des sozialistischen Paten aufgespürt und sie von der Staatsanwaltschaft versiegeln lassen. Maik Dietze schilderte das Katz-und-Maus-Spiel mit Alexander Schalck-Golodkowski, der am Tag zuvor in den Westen geflüchtet war. Die Menschen quittierten seinen Bericht mit bösartigen Zwischenrufen. Ein Plakat mit der Forderung »Kopfgeld + Steckbrief für den Verbrecher Golodkowski. Holt ihn und die geraubten DM-Milliarden zurück!«, welches ein junger Mann triumphierend schwenkte, umgeben von jubelnden Altersgenossen, zeigte mir, dass die Menschen sich nicht mehr mit der bloßen Aufdeckung derartiger Machenschaften zufriedengeben wollten. Sie verlangten inzwischen ein beherztes Durchgreifen! Alle Redner gestanden ihre hochgespannten Erwartungen und vielfach erlittenen Enttäuschungen freimütig ein. Was jetzt zu geschehen hätte? Die Menschen müssten ihr Schicksal selbst in die Hand nehmen, statt es der sich neu formierenden SED zu überlassen, die schon dabei sei, ihre Pfründen zu sichern.

Erstaunlicherweise setzte sich kein Redner mit den auf der Empore gut lesbaren meterbreiten Spruchbändern auseinander. Einheit oder Zweistaatlichkeit – das waren an diesem Abend ersichtlich die miteinander streitenden Teilmengen! Um die deutsche Frage herum gruppierten sich die auf dem Karl-Marx-Platz versammelten Menschen. »Deutschland einig Vaterland« lautete die auf das Ganze gesehen bestimmende Losung auf den Transparenten. »Wiedervereinigung Deutschlands. Wir das Volk sind bereit für den Volksentscheid. Ja«; »Einigkeit und Recht und Freiheit – wir sind ein Deutschland!«; »Sachsen und Niedersachsen muss als eins zusammenwachsen!«; »Entweder

Montagsdemonstration im Oktober 1989 in Leipzig, Karl-Marx-Platz

Not oder Einheit und Brot«; »Im vereinten Deutschland leben wir so wie einst das Politbüro!«; »40 Jahre Gemeinheit, jetzt wollen wir die Einheit« oder »Über Konföderation zur Einheit!«. Was die Mehrheit anstrebte, war unübersehbar! Die Einheitsunwilligen kamen dagegen nicht an: »Jetzt keine Wiedervereinigung, sondern neuen Sozialismus!«; »DDR als Bundesland. Wer das will, hat keinen Verstand!«; »Kein 4. Reich!«; »Bei uns gibt's jetzt Arbeit, packt alle mit an! Wiedervereinigung ist noch nicht dran!«; »Mit ›Deutschland einig Vaterland‹ fängt es an. Habt Ihr vergessen, wo es aufhört? Bedenkt die braune Gefahr!«

»U-Haft für die Wandlitz-Bande!«, »Höchststrafen für alle Staatsverbrecher!«, »Entmachtung der Staatssicherheit!«, »Sofortige Ablösung des Generalstaatsanwalts!« – solches verlangten hingegen alle diejenigen, die sich um die deutsche Frage weniger scherten. Wie sich zeigte, entfaltete ihre plakatierte Parole »Besetzt das Stasi-Gebäude – sofort!« an diesem Tag die größte Sprengkraft. Ilona Weber hatte mich darüber informiert, dass seit der Nacht vom 2. zum 3. September, organisiert durch das Neue Forum, etwa ein Dutzend Männer und Frauen die Bezirksverwaltung der Staatssicherheit rund um die Uhr beobachteten. Unter den Fahrzeugen, denen die Stahltore der Bezirksverwaltung am Dittrichring (die Runde Ecke) geöffnet wurden, befanden sich, wie sie bemerkt hatten, verdächtig viele Müllfahrzeuge, was nur bedeuten konnte, dass die Aktenvernichtung längst auf Hochtouren lief.

Als wir aus dem Seiteneingang des Opernhauses heraustraten, lief uns Wolfgang Schnur über den Weg. »Was will der denn hier?«, fragte Susanne misstrauisch. Schnur verbreitete einen üblen Geruch. Wo er auftauchte – dessen konnte man sicher sein –, fand eine Kabale statt. Dass wir an diesem Abend in der Person Wolfgang Schnurs den von den Tschekisten in den Brennpunkt des Geschehens beorderten Agent pacificateur begrüßten, ahnten wir bei allem Misstrauen gegenüber dem »Kirchenanwalt« nicht. Stutzig machte mich kurze Zeit später jedoch, wie sehr Schnur – bewaffnet mit einem Megafon – sich darum mühte, eine aufgebrachte Menge vor der Runden Ecke davon abzuhalten, unkontrolliert in die MfS-Tabuzone einzudringen. Durch sein Eingreifen wurde das Bezirksamt nicht wirklich besetzt. Stattdessen veranstaltete man nur eine Begehung mit Versiegelungen und anschließender Aussprache über die Einstellung der Aktenvernichtung. Heute ärgert es mich, dass ich mich damals nicht als Verhandlungsführer eingeschaltet habe. Aber mich belastete mein nächster Termin, und ich wollte unbedingt noch am selben Abend nach Hause fahren. Denn Mittwoch musste ich vor einem in Westberlin tagenden DGB-Kongress über den Umbau der volkseigenen Wirtschaft referieren. Darauf wollte ich mich anderntags vorbereiten.

Christliche Tischgemeinschaft oder Insolvenzausschuss?

Die Gemeinsame Erklärung der oppositionellen Kräfte, mit der ein Zentraler Runder Tisch »unter Beteiligung der Organisationen der Nationalen Front« gefordert wurde, hatte niemand aus dem Neuen Forum unterzeichnet. Wir hielten die Aktion für eine Verlegenheitslösung. Was sollte dabei herauskommen? Eine Quasselbude, halb Ratgeber, halb Kontrolleur Modrows? Leider hatten wir nichts Besseres beschlossen. Was mich persönlich betrifft, so bedrängten mich meine Frankfurter Spezis Renate Bauer, Karl-Ludwig von Klitzing und Reinhart Zarneckow. Sie beharrten darauf, ich sei mit meiner anwaltlichen Professionalität verpflichtet, unsere Gesinnungsgenossen bei ihrem Tun zu unterstützen. Zarneckow erinnerte mich an deren staatsrechtliche Kenntnisse. Ich wüsste doch, wie mangelhaft die uns bekannten Oppositionellen über das Funktionieren der Institutionen in der DDR informiert seien. Seinen Überredungskünsten konnte ich mich schlecht entziehen. Mit ihm hatte ich in der ersten Jahreshälfte bei mir in Hammerfort ein Seminar zum Verwaltungsrecht durchgeführt. An dem hatten die beiden Poppes, Weißhuhn und Bohley teilgenommen. Was den Staat und das Recht betraf, hielten wir die von uns geschätzten Widerständler seither für wenig unterrichtet.

Um mich abzustimmen, suchte ich am 7. Dezember vormittags Reinhard Schult in seiner Wohnung im Prenzlauer Berg auf. Durch unser Auftreten, darin stimmten wir gleich überein, durften wir keineswegs den Eindruck erwecken, Modrows Regierung sei, nur weil sie einen Runden Tisch duldete und vielleicht die eine oder andere Anregung desselben öffentlichkeitswirksam aufgreifen würde, nun auf einmal demokratisch legitimiert. Der drohenden Gefahr, Modrows Amtsanmaßung durch unsere Anwesenheit ungewollt schönzufärben, wollten wir mit einem starken Signal begegnen. Es schien uns das Beste zu sein, auch am Runden Tisch einen konsequenten Kampf gegen die seine Macht sichernde Stasi-Krake zu führen, ohne dabei in die Falle einer manichäischen Selbstgerechtigkeit zu tappsen. Wir befanden uns ja in einer Phase, wo der weltanschauliche Streit um dieses alles beherrschende Symbol in eine heuchlerische Spiegelfechterei und den Verfolgungswahn von selbsternannten Rächern auszuufern begann. In der kompromisslosen Abwicklung des Ministeriums für Staatssicherheit, die wir nachmittags gleich im Dietrich-Bonhoeffer-Haus verlangen wollten, sahen wir die Nagelprobe, die, je nachdem, wie sich Hans Modrow als neuer Ministerpräsident dazu stellen würde, den wahren Charakter seiner angeblichen Reformbemühungen zeigen würde. Von der Panik vor einem bevorstehenden Zusammenbruch jeglicher staatlichen Ordnung, wie sie Ibrahim Böhme und Wolfgang Schnur mitsamt ihrem Gefolge seit Tagen unter den neu entstandenen Gruppierungen verbreiteten, wollten wir uns jedenfalls nicht anstecken lassen.

Schult war kein Kaffeehauskomplotteur! Ich mochte ihn sehr, obwohl es kaum eine politische Idee gab, über die wir beide uns jemals würden verständigen können. Er hatte aber »die Herbe im Blut, mit der man Schlachten gewinnt«. Und sein Organisationstalent war beeindruckend. So wie ich glaubte er keine Sekunde an Modrows Versprechen, zukünftig strikt demokratisch zu regieren unter Einbeziehung der Neuen Kräfte. Ich hatte einen Entwurf dabei, in dem ich eine Art Selbstverständnis zu dem Unternehmen Runder Tisch formuliert hatte. Reinhard fand ihn geeignet. Ingrid Köppe sollte ihn verlesen. Absprechen mussten wir nur noch, dass sie meinen Text auch namens der anderen Neuen Kräfte vortragen durfte. Mit dieser Einstellung zogen wir los.

Vor dem Eingangsportal des Bonhoeffer-Hauses empfing uns ein ohrenbetäubendes Geschrei. Funktionäre der Gewerkschaft, der Gesellschaft für Deutsch-Sowjetische Freundschaft, des Frauenbundes und anderer Massenorganisationen, an die keine Einladungen verschickt worden waren, drängelten mit einem Dutzend Westkorrespondenten, die meist Kameraleute im Schlepptau mit sich führten, und ebenso vielen Abgesandten der DDR-Medien in den Kirchsaal der Herrnhuter Brüdergemeine. Im Saal, wo die Gastgeber den mit weißen Tischtüchern eingedeckten sogenannten Runden Tisch in einem Geviert aufgestellt hatten, konnte ich erst nach einer lautstarken Einrede Martin Zieglers den für mich reservierten Platz zwischen Ingrid Köppe und Reinhard

Ulrike Poppe, Reinhard Schult, Ingrid Köppe, Rolf Henrich am Zentralen Runden Tisch, Dezember 1989

Schult besetzen. 15 Sitze belegten die Neuen Kräfte (Neues Forum davon 3, Demokratie Jetzt, Demokratischer Aufbruch, Initiative Frieden und Menschenrechte, Sozialdemokratische Partei, Grüne Partei und Vereinigte Linke jeweils 2). Dieselbe Anzahl stand für die SED und die Blockparteien bereit. Namhafte Funktionäre saßen uns nun gegenüber: unter ihnen der Chef der Liberaldemokraten Manfred Gerlach. Er hatte zwei Tage zuvor Egon Krenz als Staatsratsvorsitzender abgelöst. Volkskammerpräsident Günther Maleuda vertrat die Bauernpartei, Lothar de Maizière die CDU; Gregor Gysi und Wolfgang Berghofer besetzten die für die SED-PDS reservierten Stühle. Als Präsiden fungierten Oberkirchenrat Martin Ziegler (Evangelische Kirche), Monsignore Karl-Heinz Ducke (Katholische Kirche) und Pastor Martin Lange (für die Freikirchen).

Zwischen den Kronleuchtern baumelte vor meiner Nase ein roter Adventsstern. Eine süßliche Gedichtzeile, einst vom Meister des politischen Edelkitschs Kurt Bartel ersonnen, ging mir durch den Kopf: »Die Zeit trägt einen roten Stern im Haar«. Darüber spottete ich. Ingrid

Köppe verstand mich nicht gleich – ihr Jahrgang war augenscheinlich in der Schulzeit von derlei lyrischen Ergüssen verschont geblieben. Martin Ziegler eröffnete das Rundtischgespräch mit einer kleinen Ansprache. Er erinnerte uns an die gemeinsame Sorge »für unser Land«. »Nehmen Sie es bitte nicht als den Versuch weltanschaulicher Vereinnahmung«, sagte er amüsiert, »wenn ich darauf hinweise, in diesem Raum hängt der Herrnhuter Adventsstern, eine weit über die Kirchen hinaus verbreitete Sache. Und es ist unser Wunsch: Möge dieser Stern uns auch in diesem Gespräch leiten, wie er einst die Weisen aus dem Morgenland zum Ziel geleitet hat.«

Die zum letzten Gefecht angetretenen SED-Granden und Blockflöten mit den Heiligen Drei Königen zu vergleichen, die dem Stern von Bethlehem folgten, hielt ich angesichts der 40 Jahre währenden Religionsfeindlichkeit der mir gegenübersitzenden Wendehälse für einen schlechten Scherz. War die Religion jetzt auf einmal nicht mehr Opium fürs Volk? Seltsamerweise mokierte sich niemand über Zieglers Vergleich. Kein Lächeln huschte über die Mienen der Genossen und Blockfreunde. Stattdessen entbrannte sofort ein verbissener Streit darüber, ob auch Vertreter des Gewerkschaftsbundes und des Unabhängigen Frauenverbands an unserer Runde teilnehmen durften. Als der endlich ausgestanden war und sie zugelassen waren, erteilte Monsignore Ducke Ingrid Köppe das Wort. Ingrid trug das vormittags eilig zwischen den Neuen Kräften abgestimmte »Selbstverständnis der oppositionellen Gruppierungen und Parteien« vor. Sie pochte darauf, dass keine politische Kraft am Runden Tisch, »auch nicht die Volkskammer, und auch nicht die Regierung, eine hinreichende Legitimation durch freie und demokratische Wahlen hat«. Und wir – die Neuen Kräfte – nicht »daran mitschuldig« werden wollten, »dass dieser Tatbestand vor dem Volk verschleiert wird«. Modrows Regierung, so lautete Ingrids Botschaft, möge gefälligst die weiße Fahne hissen und »sich zur geschäftsführenden Übergangsregierung erklären, die nur unaufschiebbare Maßnahmen beschließt«.

Ob unsere politischen Widersacher überhaupt kapierten, warum wir das Legitimationsdefizit des politischen Systems so nachdrücklich betonten und was das staatsrechtlich bedeutete, bezweifle ich sehr. Günther Maleuda – er hätte es als Präsident der Volkskammer eigentlich besser wissen müssen – warf mir jedenfalls erst mit Verspätung in der zweiten Sitzung empört vor, das sei »eine recht anmaßende Feststellung«. Am selben 18. Dezember fiel der Groschen auch bei dem LDPD-Mann Witho Holland, der verdattert feststellte: »Aber das, was hier von Herrn Henrich vorgetragen wird über die Legitimation, bedeutet ja, wenn man dann alles durchdenkt, dass wir 40 Jahre lang keine legitime Regierung hatten …« Die höhnischen Zwischenrufe »Richtig! Richtig! Stimmt ja, richtig!«, die sein an mich adressierter Vorhalt provozierte, brachten ihn völlig durcheinander.

Nachdem Ingrid Köppe unser Selbstverständnis vorgetragen hatte, verkündete sie unsere Prioritätenliste, darunter die zwei Hauptforderungen der Opposition: »Das Amt für Nationale Sicherheit als eine verfassungsfeindliche Organisation muss unter ziviler Leitung aufgelöst werden.« Und kurzfristig müsse ein »Wahlgesetzentwurf« vorgelegt werden. Halb in der oppositionellen Fahrspur und halb schon daneben, versuchten de Maizière, Gysi, Maleuda, Gerlach und die anderen Vertreter der Blockparteien, erst einmal Zeit zu schinden und die Veränderungen, welche auch sie kommen sahen, möglichst in den Bahnen der eingefahrenen Ordnung zu halten. An einem schnellen Sturz Modrows war ihnen nicht gelegen; sie mussten seine Entmachtung entsprechend ihrer neuerdings lauthals verkündeten volksnahen Position zwar wünschen, aber wünschten sie praktisch dann doch wieder nicht. Sie verhandelten unter Druck, mussten jeden Anschein vermeiden, mit den Tschekisten zu paktieren.

Gregor Gysi bemühte sich ganz in diesem Sinne. Er hatte es eilig, den Sturm auf die Bezirksämter zu domestizieren – am liebsten hätte er den Runden Tisch auf »einen bestimmten Sicherheitskonsens« eingeschworen. Kollegial wurde er dabei durch de Maizière von der CDU unterstützt, der mit dramatischen Worten vor »Anarchie« warnte. Wolfgang Schnur vom DA stelzte leicht verwirrt um den heißen Brei der Stasi-Auflösung herum. »Wie wird gewährleistet«, fragte er in die Runde, »dass es eine Sicherheitspartnerschaft gibt in unserem Land unter der Frage, dass wir mindestens solange wir, ja sagen wir, bestimmte Einrichtungen noch haben, wie sie sich zu unserem Volk stellen, wie wir erreichen, dass nicht Blutvergießen in unserem Land entsteht?« Und Manfred Gerlach wies auf »viele Informationen« hin, die ihm am Vortag als frisch gekürtem Staatsratsvorsitzenden »von amtlichen Stellen« zugetragen worden seien: »Wie ernst die Lage ist und wie schnell manches umkippen kann in Anarchie und auch in Blutvergießen.«

Die Eilmeldung des Regierungssprechers Wolfgang Meyer vom 7. Dezember haute in dieselbe Kerbe. Meyer übermittelte darin »den Dank der Regierung an jene Kräfte, unabhängig von ihrer Weltanschauung, die mitgeholfen haben, Schaden zu begrenzen, und zur Sicherheitspartnerschaft bereit sind«. Sicherheitspartnerschaft – dieses Lieblingswort aller Baissespieler sollte ich jetzt ständig zu hören bekommen. Oft unterlegt – wie an jenem Donnerstag – mit dem Gejammer des amtierenden Obertschekisten: Wolfgang Schwanitz wandte sich nun auf einmal schutzsuchend an die Öffentlichkeit. Leben und Gesundheit von Mitarbeitern des Amtes und ihrer Familienangehörigen in den Bezirken und Kreisen seien in höchster Gefahr, behauptete er. Einige Dienststellen seien bereits nicht mehr arbeitsfähig. »Die gesamte Entwicklung kann zu unabsehbaren Folgen für das Land und seine Bürger führen.«

Die Sonderrolle von Horch und Guck – wie der Volksmund die Stasi auch bezeichnete – war nicht mehr zu retten. Selbst die Alten Kräfte ahnten es. Soweit sie nicht wie Hans Modrow an die Neuformierung des MfS unter dem Etikettenschwindel Amt für Nationale Sicherheit (AfNS) glaubten, wollten sie den Bezirksverwaltungen und dem Berliner Ministerium in der Normannenstraße aber wenigstens einen geordneten Rückzug gewährleisten. Den Geheimen also Gelegenheit geben, ihre geschichtliche Spur zu verwischen, die sie in ihren streng bewachten Archiven selber dokumentiert hatten. Darum ging es! Solange Ingrid Köppes Qualifizierung des MfS als »verfassungsfeindliche Organisation« und dessen Auflösung unter ziviler Kontrolle nicht tatkräftig zu Ende geführt wurde, blieb der eingeläutete Wandel zwielichtig und gefährdet.

Im Oktober glaubte ich zwar selbst noch daran, es würde ausreichen, den Sicherheitsapparat zahlenmäßig der »tatsächlichen Bedrohung durch Kriminalität« anzupassen und das Ministerium für Staatssicherheit mithilfe ziviler Kontrollorgane aus der »innenpolitischen Auseinandersetzung« fernzuhalten. Menso Heyl, der mich für die »Bild am

Sonntag« interviewte, hatte ich da noch erklärt, integre Persönlichkeiten wie Stefan Heym oder Kurt Masur müssten vorübergehend an die Spitze eines mächtigen Kontrollorgans gestellt werden. Mittlerweile hatte ich aber eingesehen, dass die Geheimen sich partout nicht auf die Abwehr von Terror, Spionage oder Sabotageakten beschränken wollten, sondern weiter sehr effizient gegen die Neuen Kräfte wühlten und gezielt Gerüchte streuten. Damals spürte ich es mehr, als dass ich es genauer wusste (von der nach dem Mauerfall letztmalig aktualisierten Konzeption der Tschekisten, mich, wie es darin heißt, zur »Kapitulation« zu zwingen, erfuhr ich erst später). Als letztes Meisterstück lieferten die Geheimen Nazischmiereien am Treptower Ehrenmal. Womit sie erfolgreich eine Hysterie entfachten, welche der SED-PDS, angeführt von Gregor Gysi, die willkommene Gelegenheit bot, in bewährter Manier einen wiedererstarkten Faschismus und dazu passend eine antifaschistische Front zu zelebrieren.

Sich das MfS in dieser Situation als Hüter des Rechts vorzustellen, war so abwegig wie der Glaube, notorische Pyromanen könnten Aufgaben der Feuerwehr übernehmen. Erfolg versprach allein die kompromisslose Zerschlagung des Dienstes. Unklar blieben die erforderlichen Maßnahmen, und vage blieb ebenfalls, wie man Modrows Regierung nötigen konnte, die Schlapphüte in den Ruhestand zu schicken. Auf praktische Erfahrungen bei der Abwicklung einer Geheimpolizei konnte ja niemand von uns zurückgreifen. Da sie die den eigenen und den Machtmissbrauch der SED belegenden »Beweismaterialien beiseitegeschafft« hatte – so plädierte ich am Runden Tisch –, kämen wir wohl erst einmal nicht um die Feststellung herum, dass die im Kollegium des Ministeriums organisierte Generalität »eine verfassungsfeindliche Organisation« sei. Prüfen müsse man deshalb, ob sich die Goldfasane strafbar gemacht hätten. »Notfalls müssen, wenn der hinreichende Verdacht einer Straftat vorliegt, Haftbefehle ausgestellt werden.«

Für die über die Zukunft des Landes schwafelnden Blockfreunde stellte eine solche Forderung immer noch ein Sakrileg dar. Und selbst Monsignore Ducke, er moderierte in dieser Phase, glich plötzlich einem aufgeschreckten Hasen. Ducke hielt mir empört vor, »wie ungeheuer schwierig eine globale Äußerung ist, die zum Beispiel die notwendigen

Der Zentrale Runde Tisch, moderiert von Oberkirchenrat Martin Ziegler (ev. Kirche), Monsignore Karl-Heinz Ducke (kath. Kirche) und Pastor Martin Lange (für die Freikirchen)

Differenzierungen auslässt und womöglich Leute trifft, denen wir das nicht zumuten wollen«. Ducke verstand mich nicht. Schließlich beabsichtigte ich ja keineswegs, zehntausende Tschekisten hinter Gitter zu bringen. Es ging mir einzig und allein um das Kollegium der führenden Generale. Begriff der Monsignore wirklich nicht, dass man in einer revolutionären Zeit niemals sämtliche Seiten einer Frage beleuchten kann, sondern immer nur die herausfischt, welche den Forderungen der revoltierenden Massen entgegenkommt? Oder wollte Ducke gar der angelaufenen Auseinandersetzung die klärende Schärfe entziehen? Ich hatte noch nicht zu Ende überlegt, als Wolfgang Ullmann von Demokratie Jetzt ihn geschickt parierte. Er »stimme voll inhaltlich« mit mir überein, replizierte Ullmann Ducke zugewandt. Aber »um die Besorgnisse aufzunehmen«, könne er sich auch »zu der Formulierung entscheiden: Das Kollegium der AfNS-Generäle hat in dem genannten Fall verfassungsfeindlich gehandelt«. Dieses auszusprechen wäre kein »summarisches Vorurteil«. Ducke verstummte.

Die mir sympathischen Präsiden fürchteten sich davor, dass durch

Zänkereien zwischen den Neuen und den Alten Kräften ein landesweites Handgemenge angestachelt würde. Das wollten sie nicht verantworten. Um die Gewaltfreiheit und Friedlichkeit des Umbruchs fernsehwirksam zu beglaubigen, musste also jedem revolutionären Hitzkopf, wann immer sich ein solcher in der vor ihnen raufenden Runde zu erkennen gab, mit heiliger Hand sanft auf die Finger geklopft werden. Mit ihrer Hasenfüßigkeit unterstützten sie so nicht nur die alten Systemparteien. Ibrahim Böhme, ihren Liebling, oft mit einem weißen Stecktüchlein in der Brusttasche seines Jacketts, der sich namens der Sozialdemokraten ungeheuer staatstragend gebärdete, hätschelten sie ebenso wie Wolfgang Schnur. Aber die konnten nur halbseidene Überlegungen anstellen. Ingrid Köppe, Reinhard Schult und ich, zusammen mit Ullmann, Ulrike Poppe und Thomas Klein von der Vereinigten Linken, wir spielten in den Augen der Kirchenmänner mit dem Feuer, weil wir die sofortige und bedingungslose Auflösung des Staatssicherheitsdienstes verlangten. Wie de Maizière mahnend hervorhob, verkörperte der doch »ein bewaffnetes Potenzial«. Zweifellos stellte das eine nicht zu vernachlässigende Größe dar. Aber hatten die gefürchteten Waffenträger nicht spätestens seit der letzten Montagsdemonstration in Leipzig die Zeichen der Zeit verstanden? Ein einziger Toter – musste den Geheimen oder uns davor bange sein? In Wahrheit sahen die meisten Tschekisten längst selbst ein, dass ihre Zeit vorbei war. Mein Gott, es gab nirgendwo ernsthafte Anzeichen für blutige Gewaltausbrüche. Schwadroniert wurde darüber jedoch ständig.

Peter-Michael Diestel, der letzte DDR-Innenminister, versuchte sogar noch im Frühsommer 1990 Wolfgang Schäuble »bei jeder sich bietenden Gelegenheit« mit einem Horrorszenario zu beeindrucken, weil angeblich bewaffnete »Abteilungen ehemaliger Stasi-Leute« einen »Bürgerkrieg« vorbereiteten. Wie Schäuble vermerkt, gingen Diestel und Eppelmann »nur noch bewaffnet an die Öffentlichkeit«, und sie »verlangten zudem einen verstärkten Personenschutz«. Solche Eitelkeiten hielt ich eher für peinlich. Mich beeindruckten die Bombendrohungen, die auf den Runden Tisch abzielten, nicht besonders. Man verließ den Sitzungssaal. Ein Polizeihund schnüffelte nach Sprengstoff. Danach ging es weiter.

Einmal wurde ich allerdings selbst ungefragt unter Polizeischutz gestellt. Am 12. Januar 1990 warnte die Westberliner Polizei ihre Kollegen im östlichen Teil der Hauptstadt, es lägen Erkenntnisse über ein bevorstehendes Attentat auf mich vor. Dahinter steckte natürlich auch nur ein Bluff. An diesem Tag sollte erstmalig eine westdeutsche Talkshow im Osten und dazu noch im geschichtsträchtigen Cäcilienhof aufgezeichnet werden. Mit Egon Bahr, Otto Wolff von Amerongen, Gysi, Berghofer und anderen Prominenten. Lea Rosh hatte mich als Counterpart für Gregor Gysi eingeladen. Augenscheinlich wollten mich irgendwelche Kämpfer an der unsichtbaren Front, die davon Wind bekommen hatten, verunsichern. Es war aber nur komisch. Als ich mich gesetzt hatte, stand plötzlich ein junger Leutnant der Kriminalpolizei hinter mir in der Kulisse, der mir flüsternd mitteilte, ich sei in »akuter Lebensgefahr«. Daran konnte ich nicht glauben. Der Mann meinte es jedoch ernst.

Am Runden Tisch wurde klar: Staatskonformer als unsere Kirchenmänner gewesen sind, konnte man kaum sein. Sie haben uns zwar nicht den Satz aus Matthäus – »Gebet dem Kaiser, was des Kaisers ist« – um die Ohren gehauen, aber so wie sie moderierten lief es genau in diese Richtung. Aus Martin Zieglers Sicht führte die Sturheit, mit der Ingrid Köppe, Reinhard Schult, Wolfgang Ullmann, Ulrike Poppe und ich um die Auflösung der Staatssicherheit gerungen haben, den Runden Tisch angeblich »in eine Krise«. Das hätte, wie Ziegler in seiner Schlussansprache im März 1990 noch einmal rügte, da hatte ich mich schon aus dieser Veranstaltung zurückgezogen, »das vorzeitige Ende des Zentralen Runden Tisches bringen können«.

Gysi, de Maizière und Schnur spielten mit ihrer juristisch verbrämten Hinhaltetaktik frech auf Zeit! Das durchschaute ein Pfarrer wie Ziegler bedauerlicherweise nicht. Wer die von Uwe Thaysen penibel dokumentierten Wortprotokolle des Zentralen Runden Tisches liest, wird mir in diesem Punkt zustimmen. Warum meine Anwaltskollegen so verbissen um eine Fristverlängerung kämpften, lag auf der Hand. Das Verwischen der in vier Jahrzehnten hinterlassenen Spuren in den Archiven war nun mal keine schnell zu erledigende Aufgabe. Gysi und seine Blockfreunde mussten also schon aus ureigenstem Interesse den

Lea Rosh, Rolf Henrich, Gregor Gysi bei einer Talkshow im Schloss Cecilienhof, Potsdam, Januar 1990

Geheimen so etwas wie ein Zeitfenster verschaffen. Damit stützten sie zugleich die sicherheitspolitische Linie Hans Modrows, der lange Zeit um keinen Preis vom Amt für Nationale Sicherheit und der Nachfolgeidee, einem Verfassungsschutz für die DDR, lassen wollte. Erst war es die Terrorbekämpfung, dann die Unterbindung von Wirtschaftsspionage und schließlich die Suche nach bis dahin nicht aufgespürten Kriegsverbrechern, die Gysi mir unter die Nase rieb. Wer solle diese Aufgaben nach einer Zerschlagung des MfS/AfNS wahrnehmen, fragte er besorgt. (Was die Nazi- und Kriegsverbrecher betrifft, ging ich seit dem Strafprozess gegen den KZ-Arzt Horst Fischer 1966 davon aus, dass die Staatssicherheit die auf dem Territorium der DDR lebenden Täter längst registriert hatte. Sie ließ sie aber immer nur dann auffliegen, wenn es ihr wegen der im Westen periodisch aufflammenden Verjährungsdebatte opportun erschien.)

Meine Replik auf Gysis Eiertanz lief stets auf dieselbe Beschlussvorlage hinaus: »Die Regierung der DDR wird aufgefordert, das Amt

Wolfgang Schnur, Wolfgang Ullmann, Rolf Henrich während einer Pause am Zentralen Runden Tisch, 1989

für Nationale Sicherheit unter ziviler Leitung aufzulösen. Soweit Sicherheitsaufgaben (zum Beispiel Kriegsverbrecherbekämpfung usw.), welche dem Amt übertragen waren, weiterhin gelöst werden müssen, werden diese zukünftig von Abteilungen des MdI wahrgenommen.« Erfreulicherweise scheiterte die von Generalleutnant Wolfgang Schwanitz generalstabsmäßig geplante Selbstabwicklung des geheimpolizeilichen Erbes, wie er selber eingestehen musste, »unter dem permanenten öffentlichen Druck – insbesondere des Runden Tisches, der Bürgerrechtsgruppen und der Medien«. Er und seine Helfer konnten die »Vernichtung des Archivgutes« nicht mehr durchsetzen. Auch seine landesverräterischen Hilferufe »an die Vertretung des Komitees für Staatssicherheit der UdSSR (KfS), Schutzmaßnahmen zu unterstützen und mit eigenen speziellen Kräften Archivgut zu sichern, blieben ohne Ergebnis«, wie man heute in dem von MfS-Generälen veröffentlichten Kompendium »Die Sicherheit. Zur Abwehrarbeit des MfS« nachlesen kann.

Lockende Angebote

Aus meiner Sicht war die vom Neuen Forum angeführte Kampagne gegen das MfS/AfNS eine Zeit lang notwendig. Allzu lange haben wir uns dann aber darauf kapriziert. Es erschien ja schon um den Jahreswechsel 1989/90 herum höchst ungerecht, immer wieder nur die Tschekisten anzuprangern und alle anderen politisch Verantwortlichen ihrem Gewissen zu überlassen. Warum sollten ein für die Zersetzung des oppositionellen Untergrunds zuständiger Operativnik oder sein informeller Helfer eine größere Schuld auf sich geladen haben als ein später dieselbe Sache verhandelnder Staatsanwalt oder Richter? Unbestreitbar war doch, dass die Justiz prozessrechtlich gesehen viel größere Anstrengungen hätte unternehmen müssen, um der Geheimpolizei auf die Finger zu klopfen.

In der zweiten Dezembersitzung des Runden Tisches habe ich diese Ignoranz meines Berufsstandes thematisiert: »Während sich in allen gesellschaftlichen Bereichen der DDR schmerzhafte Prozesse der Selbstreinigung vollziehen«, lautete da bereits mein Verdikt, »erweckt der Justizbereich weitgehend den Eindruck, als seien ausgerechnet hier personelle und andere Änderungen nur in geringstem Umfang erforderlich. Das Gegenteil ist jedoch der Fall.« Heusinger und weitere – besonders belastete – Spitzenfunktionäre wollte ich unbedingt aus der Justiz entfernt sehen. Mein Anliegen spitzte ich deshalb bewusst zu: »Für ein verbreitetes Verhalten des Nicht-Verantwortung-übernehmen-Wollens steht besonders die Person des Justizministers Dr. Heusinger ein, welcher unbestreitbar die grundlegend verfehlte, oftmals menschenverachtende Rechtspolitik der letzten 15 Jahre zu vertreten hat. Es ist eine Zumutung für unser Volk, wenn dieser Minister auch nach dem Rücktritt des alten Ministerrates wieder auftaucht und im Kabinett Modrow weiter amtiert, als sei nichts geschehen. Justizminister Dr. Heusinger hat ebenso wie die Vorsitzenden der Senate des OG, der Präsident des OG, der Generalstaatsanwalt, die Bezirksstaatsanwälte und Direktoren der Bezirksgerichte sowie die BG-Richter der 1. Strafsenate und die Staatsanwälte der Abteilung 1a Verantwortung zu übernehmen. Dieser Personenkreis ist aus der Justiz zu entfernen.«

Aus ihrer Schlafmützigkeit aufgeschreckt, griffen Volkskammerabgeordnete diese von mir erhobenen Forderungen auf und verlangten, über die landesweite »Willkürjustiz« informiert zu werden. Was die Herrschaften jahrzehntelang nicht gestört hatte, brachte sie auf einmal um ihren Schlaf. Günter Sarge, Präsident des Obersten Gerichts, und Hans-Joachim Heusinger räumten freiwillig ihre Posten. Was hätten sie auch sagen sollen? Modrow bestellte daraufhin Kurt Wünsche zum neuen Justizminister. Das Amt des Präsidenten des Obersten Gerichts blieb vakant.

Es mag vielleicht nur eine Randnotiz sein, aber die Tatsache, dass mich der am 11. Januar gekürte neue Justizminister gleich um ein Gespräch bat, zeigte mir, wie taktisch wichtig meine Einbindung in das neue Machtgefüge für ihn offenbar war. Kurt Wünsche rechnete augenscheinlich mit meiner Reserviertheit, denn im Telefonat bat er lediglich um »einen kleinen Gedankenaustausch« über das neue Wahlgesetz. Dagegen konnte ich schlecht etwas einwenden. Außerdem hatte der Mann bei mir einen Stein im Brett. In den Sechzigern amtierte Wünsche schon einmal in der Nachfolge Hilde Benjamins als Justizminister. Er war dann jedoch wegen der unsinnigen Verstaatlichung der letzten halbstaatlichen und privaten Betriebe zurückgetreten. Ich war von Wünsches Integrität als Funktionär der Liberal-Demokratischen Partei Deutschlands nicht überzeugt, aber ich muss zugeben, dass mir sein Ausscheren aus dem Amt seinerzeit imponiert hatte.

Am 19. Januar sprach ich morgens im Sekretariat des Ministers in der Clara-Zetkin-Straße vor. Wie sich zeigte, ging es Wünsche nicht um Fachsimpeleien mit mir, sondern einzig und allein darum, mich schnellstmöglich als Staatssekretär zu verpflichten. Nachdem er mir das angeboten hatte, wartete er einen Augenblick – beobachtete, ob seine Offerte mich entzücken würde. Es war jedoch keineswegs so. Wünsche wollte sich ja nur mit mir schmücken. Meine Rolle hätte schließlich vor allem darin bestanden, Modrows Regierungsmannschaft den für das System der Justiz dringend benötigten Anschein einer Erneuerung zu verschaffen. Wir hatten es im November versäumt, als unsere Zeit und Stunde war, entschlossen nach der Macht zu greifen. Ängstlich waren wir davor zurückgeschreckt, uns mit dem profanen Odium der Realpolitik zu beschmutzen. Jetzt war es angesichts der bevorstehenden Wahlen zu spät. Ich lehnte Wünsches Angebot ab und gab auch Manfred Gerlach, der mich kurz darauf anrief, weil er mich als vorschlagsberechtigter Staatsratsvorsitzender unbedingt auf den frei gewordenen Stuhl des Präsidenten des Obersten Gerichts hieven wollte, freundlich einen Korb.

Nach unseren Absprachen, so wie wir sie im Sprecherrat des Neuen Forums getroffen hatten, glaubte ich, wir seien uns hinsichtlich Modrows Regierung einig. Das Legitimationsdefizit dieser SED- und Blockflötenclique durfte um keinen Preis übertüncht werden. Als sich nun in der Nacht vom 28. zum 29. Januar zwei meiner Streitgenossen auf Modrows Schachbrett haben hin- und herschieben ließen, war dies für mich der Sündenfall. Weshalb Reinhard Schult und Heiko Lietz, die ich bis dahin für harte Knochen gehalten hatte, sich für ein paar Statussymbole in die Schmusewindel einer Regierung der Nationalen Verantwortung haben einwickeln lassen, wird mir für immer rätselhaft bleiben. Acht neue Minister aus den Reihen des Widerstands mit Dienstwagen und Chauffeuren, aber ohne Portefeuille – was sollte dieses Affentheater? Tatjana Böhm (Unabhängiger Frauenverband), Rainer Eppelmann (Demokratischer Aufbruch), Sebastian Pflugbeil (Neues Forum), Matthias Platzeck (Grüne Partei), Gerd Poppe (Initiative Frieden und Menschenrechte), Walter Romberg (Ost-SPD), Klaus Schlüter (Grüne Liga) und Wolfgang Ullmann (Demokratie Jetzt) – alles Leute, die ich bis dahin sehr geschätzt hatte – bekamen zwar Büros zugewiesen, sie blieben aber im Ministerrat und seinen Apparaten ohne jede Entscheidungsbefugnis.

Dass zum Begriff der Politik das Moment der Macht gehört, hatten die gelernten Widerständler offenbar vergessen. Modrows Pressesprecher Karl-Heinz Arnold jubelte mit Fug und Recht: »Die Opposition ist mit dem klaren Konzept angetreten, die Regierung zu demontieren. Sie verlangt viele Ressorts – vom Stellvertreter des Ministerpräsidenten für Wirtschaftspolitik über den Finanzminister bis zum Innenminis-

Bürgerrechtler in der sogenannten Regierung der nationalen Verantwortung während einer Volkskammertagung im Februar 1990, v.l.n.r.: Sebastian Pflugbeil, Rainer Eppelmann, Walter Romberg, Tatjana Böhm, Klaus Schlüter, Matthias Platzeck, Gerd Poppe und Wolfgang Ullmann

ter, den Generalstaatsanwalt und einiges andere noch dazu. Am Ende bekommt sie Minister ohne Geschäftsbereich, aber die Mitverantwortung.« Ich konnte dem Kerl nur beipflichten, wenn er triumphierte: »Auf Deutsch: Der gesamte Runde Tisch kommt in die Verantwortung, und damit ist er eigentlich schon überflüssig, merkt es aber wohl noch nicht ganz.« Es war einfach nur peinlich!

Überflüssig geworden war damit nicht nur der Zentrale Runde Tisch. Auch das Neue Forum hatte sich überlebt. Am letzten Januarwochenende sahen es viele Delegierte einer in der Akademie der Künste veranstalteten Statutenkonferenz so wie ich. Sie berichteten darüber, dass viele Aktivisten ihrer Gruppierungen in die SPD eingetreten waren. Die Potsdamer beantragten, die Vereinigung aufzulösen. Das wäre sicher das Beste gewesen! Es hätte uns einen würdigen Abgang verschafft. Der stürmische Geist der Revolution war erloschen, die heldische Phase vorbei. Die Adler wurden müde, um es mit Kafka zu sagen. Was sich damals aber im Konrad-Wolf-Saal abspielte – für mich hatte es die Züge einer Erbauseinandersetzung um die ein halbes Jahr zuvor in Grünheide aus der Taufe gehobene Bewegung. Erwartungsgemäß brachen alle durch Kompromissformeln gekitteten ideologischen Gegensätze wieder auf.

Unser aller Oberkommunist Klaus Wolfram, der sich inzwischen als Programmdirektor aufführte, legte unbeeindruckt von der bekannten Mehrheitsmeinung im Neuen Forum ein gegen die deutsche Einheit gerichtetes Papier vor. Womit er postwendend einen Proteststurm unter den Delegierten entfesselte. Als schließlich selbst sein wichtigster Programmpunkt, wonach die Betriebsräte volkseigener Unternehmen »ein Vetorecht bei Übernahme durch Großinvestoren« bekommen sollten, mit lauten Zwischenrufen und einer klaren Vier-Fünftel-Mehrheit niedergestimmt wurde, kam es zum Eklat. Reinhard Schult empörte sich lautstark über »die Spießer« im Saal und verschwand mit Bärbel Bohley und ihrer Tischgesellschaft in einen Nebenraum. Und ich Heini rannte harmoniebedürftig hinterher, um sie in den Saal zurückzukomplimentieren. Was Bärbel und Reinhard nicht einsehen mochten: Der Zug in die parlamentarische Parteiendemokratie und kapitalistische Marktwirtschaft war längst unterwegs, und die blumige Ermutigung Petra Kellys, die uns in dem in ihren Augen liebenswerten Anliegen bestärken wollte, »nicht zur Partei zu erstarren – sondern aufmüpfige, kreative Bewegung zu bleiben«, wirkte nur komisch an diesem Tag, denn in Karl-Marx-Stadt wurde zur selben Stunde aus unseren eigenen Reihen heraus die Deutsche Forumpartei gegründet.

Zehn Jahre später tröstete Richard Schröder die Erstunterzeichner in der Gethsemanekirche anlässlich der Verleihung des Nationalpreises. Hegel zitierend merkte er in seiner Laudatio augenzwinkernd an, eine Bewegung erweise sich als siegreich, wenn sie zerfalle. Sein abgeklärtes Resümee halte ich für bedenkenswert: »Offenbar gibt es auch bei einer Revolution so etwas wie eine Arbeitsteilung. Diejenigen, die das Eis brechen – der Weg ist das Ziel –, und diejenigen, die die geschaffene Fahrrinne für zielstrebigen politischen Schiffsverkehr benutzen, mit Programm und Statut.«

Spurwechsel

Mich vom Zentralen Runden Tisch und aus der Gremienarbeit im Neuen Forum zurückzuziehen, fiel mir leicht. Die Musik spielte jetzt ohnehin anderswo. Außerdem musste ich wieder Geld verdienen. Ewig konnte ich ja nicht auf Heidelores Kosten leben. Zudem war mir klar geworden, dass ich nicht über das für einen Berufspolitiker erforderliche Sitzfleisch und die nötige Kompromissbereitschaft verfügte. Mir fehlte es an Biegsamkeit. Und ich konnte mich nicht über die Lächerlichkeit hinwegsetzen, die darin lag, dass etliche meiner politischen Weggefährten, welche im alltäglichen Leben keine Würstchenbude hätten gewinnbringend führen können, nun auf einmal glaubten, sie hätten ein Rezept in der Tasche, um die ramponierte DDR-Wirtschaft zu sanieren. Fragte man, wie das denn aussehen sollte, erschöpften sich ihre Antworten in der allseits anerkannten Forderung nach Mitspracherechten für Betriebsräte. Oder sie redeten über »ökologische und soziale Rahmenbedingungen« für die Industrie. Mehr war da selten. Über Sonderwirtschaftszonen, Steuerfreiheit für Investoren, moderate Lohnkosten oder die Entwicklungschancen für einen anvisierten Mittelstand zu diskutieren, dafür fand niemand Zeit.

Im Unterschied zu ihnen wussten die Leiter der volkseigenen Betriebe und der landwirtschaftlichen Produktionsgenossenschaften sehr genau, welche Produktionsstätten weiterhin nutzbar waren, was wirklich kaputt und was erneuerungsfähig war. Und dies ungeachtet dessen, ob die deutsche Einheit morgen schon oder erst in einem Jahr kommen würde. Wer am Aufbau im Osten teilnehmen wollte, musste mit solchen Erfahrungsträgern zusammengehen. Als eine der wichtigsten Dienstklassen des politischen Systems hatte die SED deren fachliche Kompetenz nie ausgeschöpft, den Leitern auch niemals die Befugnisse zugebilligt, die sie benötigt hätten, um effizient wirtschaften zu können. Jetzt mochten diese Frauen und Männer sich nicht mehr par ordre du mufti gängeln lassen. Auch nicht von einem Ministerrat, der ihnen nun als Planvorgabe (am 1. Februar 1990) »einen radikalen, schnellen Übergang von der Kommandowirtschaft einer zentralistischen Direktivplanung zu einer sozial und ökologisch orientierten Marktwirtschaft« befahl.

Mein durch die jahrzehntelange anwaltliche Betriebsbetreuung erlangter Ruf bei den VEB-Direktoren und LPG-Vorsitzenden hatte durch das mir im März '89 auferlegte und Ende des Jahres wieder aufgehobene Tätigkeitsverbot nicht gelitten. Eher war daraus so etwas wie ein Gütesiegel geworden. Anfang Januar 1990 suchten mich jedenfalls fast alle Chefs der von mir früher vertretenen Unternehmen auf und bekundeten mir, dass sie jetzt mehr denn je meine juristische Beratung und Hilfe bräuchten.

Aber nicht nur meine alten Klienten nahmen wieder die juristischen Dienstleistungen der von mir und Heidelore geführten Kanzlei in Anspruch. Schon im November hatte ich mich ein erstes Mal mit Professor Karl Döring zusammengesetzt, um mit ihm über die wirtschaftlichen Aussichten der volkseigenen Kombinate zu beraten. Diesbezüglich fehlte es mir an Kenntnissen. Karl Döring war von 1979 bis 1985 stellvertretender Minister für Erzbergbau, Metallurgie und Kali gewesen. Seit 1986 leitete er als Generaldirektor das Bandstahlkombinat »Hermann Matern« (EKO) in Eisenhüttenstadt, welches mit sechs weiteren Kombinatsbetrieben und rund 20 000 Beschäftigten zu den größten schwarzmetallurgischen Unternehmen der DDR gehörte. In unseren Gesprächen bestätigte er mir, was ich bis dahin zwar geahnt, aber niemals so deutlich bezeugt bekommen hatte. Er und seine Kollegen waren als Techniker und Betriebsorganisatoren der Konkurrenz aus dem Westen durchaus ebenbürtig. Am Markt jedoch agierten sie wie Hilfsschüler. »Wir brauchen vor allen Dingen Mitarbeiter, die sich zu Kaufleuten, zu Verkäufern entwickeln, die im freien Markt wirklich ihren Mann stehen«, klagte Döring mir gegenüber. Genau hier läge, wie er sich ausdrückte, »unser Hauptproblem im Überlebenskampf«. Erfindungsreiche Ingenieure, Meister und Arbeiter gab es, aber keine Vertriebsexperten.

Was ich an Karl Döring schätzen lernte, war sein Ehrgeiz, die Umsetzung der bevorstehenden wirtschaftlichen Transformation nicht allein Westdeutschen zu überlassen. Seit Januar 1990 trieb er die Gründung eines Unternehmensforums (UF) voran, in dem Praktiker wie die Generaldirektoren des Gaskombinats Schwarze Pumpe, des Schwermaschinenbau-Kombinats »Ernst Thälmann«, des Chemiekombinats Bitterfeld und Professor Caspar Schirrmeister von der Akademie der Wissenschaften wirklichkeitsnahe Gestaltungskonzepte für die Umsteuerung der sozialistischen Planwirtschaft zu einer funktionierenden Marktwirtschaft entwickelten. Mein Beitrag in dieser Runde war nicht nur, dass ich aus juristischer Sicht die geführten Debatten ergänzte. Darüber hinaus erarbeitete ich Mustersatzungen zur Umwandlung der Kombinate und andere Dokumente.

Die Entwicklung des Unternehmensforums als Kompetenzzentrum für den industriellen Aufbau Ost war aber ein Ärgernis in den Augen des mächtigen Bundesverbandes der Deutschen Industrie (BDI), wie sich im Juli 1990 zeigen sollte. Erkennbar wurde dies im Zusammenhang mit einer anlässlich der bevorstehenden deutschen Einheit geplanten Großveranstaltung. Das anfängliche Techtelmechtel zwischen dem BDI und dem UF bei der Vorbereitung schlug plötzlich um. »Der Veranstalter ist ausschließlich der BDI«, hieß es auf einmal in einem an Döring gerichteten Brief Ludolf-Georg von Wartenbergs, in dem auch der Vorschlag, ein Büro Industrieforum für das ostdeutsche Wirtschaftsgebiet beim BDI einzurichten, schroff zurückgewiesen wurde. Auf ostdeutsche Eigenständigkeit zielende Aktivitäten waren unerwünscht – sie erschienen offenbar als hinderlich bei der Aufteilung des neuen Marktes. Karl Döring stand auf verlorenem Posten.

Zeitlich viel mehr beansprucht hat mich in der ersten Jahreshälfte 1990 allerdings ein ganz anderes Vorhaben. Kurt Biedenkopf, der davon wusste, dass ich mich neu orientieren wollte, hatte sich bei Bertelsmann und Gerd Schulte-Hillen dafür eingesetzt, mich für ein geplantes Zeitungsprojekt der Gruner + Jahr AG im Osten zu verpflichten. Ein überregionales Blatt nach dem Vorbild der »Süddeutschen Zeitung« sollte neu auf den Markt gebracht werden – das reizte mich natürlich ungemein. Eine authentische Pressestimme der Ostdeutschen neben der FAZ, der FR, der SZ und dem »Spiegel« hielt ich für unverzichtbar. Auf dem Bertelsmann-Forum am 1. Februar stellte ich mich in

Gütersloh mit einer Rede vor. Im Beisein des Aufsichtsratsvorsitzenden Reinhard Mohn referierte ich vor 500 Beschäftigten über die Lage der DDR-Wirtschaft. Das sich anschließende Gespräch mit Reinhard Mohn drehte sich um die Frage, ob nicht die komplette sozialistische Ökonomie wie ein geschwächter Organismus sei und es allein des rauen Windes der weltmarktlichen Konkurrenz bedurfte, um den ganzen Laden wegzufegen.

Nach Mitternacht chauffierte mich Mohns Fahrer nach Hamburg. Hier war ich am nächsten Abend mit Rolf Schmidt-Holtz vom »Stern« zu einem Essen bei Gerd Schulte-Hillen, dem Vorstandsvorsitzenden der Gruner + Jahr AG & Co, eingeladen. Schulte-Hillen empfing mich ausgesprochen freundlich – ein barocker Kraftprotz mit weichen Zügen, bei dem man sehr genau hinsehen musste, um hinter der hanseatischen Fassade einen Charakter von berechnender Schlauheit und Rücksichtslosigkeit zu entdecken. »Bin ich denn der Einzige, der hier noch kriminelle Energie hat?«, sollte ich ihn schon bald in einer Leitungssitzung stöhnend fragen hören. Nach dem Essen handelten wir im Kaminzimmer einen Vertrag aus, der die Eckpunkte meiner Arbeit festlegte: Beratung in allen das Unternehmen Gruner + Jahr in der DDR betreffenden Rechtsangelegenheiten; Vertretung vor den Gerichten sowie bei eigenverantwortlichen Klärungen; rechtliche Begleitung der Unternehmensorganisation. Wichtig für mich war, dass ich meine Anwaltszulassung behalten durfte. Schulte-Hillen wäre ein reiner Anstellungsvertrag lieber gewesen. Aber darauf wollte ich mich erst einlassen, wenn das geplante Zeitungsprojekt konkrete Formen annehmen würde. Das mir angebotene monatliche Salär erschien mir fürstlich: 16 650 D-Mark. Eine Summe, die unsereiner natürlich gedanklich sofort mal 5 umrubelte, denn noch hatten wir ja keine Währungsunion.

Zusammen mit dem Herausgeber der Zeitschriften »Capital« und »Impulse«, Klaus Mertens, sollte ich schnellstens ein Unternehmen mit ausländischer Beteiligung in der DDR gründen, die Gruner + Jahr Verlegermodell-Gesellschaft für Medienentwicklung m.b.H., geschäftsansässig bei mir in Hammerfort. Mertens und ich vereinbarten damit das erste in der DDR neu beurkundete Joint Venture. Als Geschäftsführer dieses Unternehmens besuchten wir schon im Februar

Zeitungs- und Zeitschriftenredaktionen in Ostberlin, um zukünftige Kooperationen und Übernahmen zu vereinbaren. Wir hasteten von einer Besprechung zur nächsten. Gehetzte in einem Wettlauf um die günstigste Startposition im östlichen Verlagsgeschäft. Es war verrückt! Wo wir auch auftauchten, entweder waren die Springer-Leute schon da gewesen oder sie kamen, wenn wir im jeweiligen Büro die Tür schlossen. Die Marktanteile, denen wir nachjagten, das waren – in der Verlegersprache gesprochen – die millionenschweren Abonnentenstämme der DDR-Zeitungen und -Zeitschriften. Jedem westlichen Verlagsmanager tropfte der Zahn, sobald er einen Blick auf die astronomischen Zahlen warf.

Das Verrückte an unserer Mission war, dass wir in einem nahezu rechtsfreien Raum handelten. Zwar beschloss die Modrow-Regierung am 1. März 1990 die Gründung einer Anstalt zur treuhänderischen Verwaltung des Volkseigentums. Was sie aber vergessen oder vermutlich bei ihrer gesetzlichen Regelung absichtlich ausgespart hatte, war das ungeheure Vermögen der DDR-Parteien und -Massenorganisationen, wozu die Verlagshäuser, Grundstücke und Druckereien zählten. Keiner wusste so richtig, wie man damit verfahren sollte. Das waren aber nun mal neben den Abos der Zeitungen jene Filetstücke, um die es sich zu schlagen lohnte. Und viele der soeben neu ernannten Chefredakteure und Geschäftsführer, denen wir in ihren Büros gegenübersaßen, mit denen wir literweise Kaffee schlürften, glaubten angesichts der undurchsichtigen Rechtslage ernsthaft, sie könnten, weil ihre Unternehmen nicht volkseigen, sondern organisationseigen waren, worunter sich niemand Genaueres vorstellen konnte, pekuniäre Vorteile für sich herausschlagen. Notabene: Gregor Gysi argumentierte ganz auf dieser Linie gegen eine Selbstauflösung der Partei. Er fürchtete, in dem Fall würde das riesige SED-PDS-Vermögen zum »herrenlosen Gut«. Es brauchte Monate, bis die neu gewählte Volkskammer auf Antrag der DSU durch ihren Beschluss zur Einsetzung einer Unabhängigen Kommission zur Überprüfung des Vermögens von Parteien und Massenorganisationen der DDR das akut gefährdete Organisationseigentum unter Schutz stellte. Daraufhin protestierten die von Gysi am 2. Juni zusammengetrommelten SED-Veteranen im Berliner Lustgarten gegen eine angebliche »Lex PDS«, wie sie es nannten.

Ich erinnere mich an meine Wut, als wir das erste halbseidene Angebot unterbreitet bekamen, und wie ich mich seinerzeit gegenüber Klaus Mertens echauffierte, nachdem ein Direktor der Vereinigung organisationseigener Betriebe uns grinsend den Kauf einer in der Johannes-Dieckmann-Straße gelegenen Immobilie offeriert hatte, für eine »Vermittlungsgebühr« von 300 000 D-Mark, selbstverständlich »cash«. Ein Bürogebäude in exklusivster hauptstädtischer Lage, nicht weit entfernt vom Brandenburger Tor. Zug um Zug wollte uns dieser Blockfreund dafür garantieren, dass wir die millionenschwere Immobilie »für ein Butterbrot« bekommen würden. Mich derartigen Schiebereien entgegenzustellen und Figuren wie ihn auflaufen zu lassen, bereitete mir viel Vergnügen. Ich erwähne dieses beispielhafte Erlebnis aus vielerlei Gründen. Die Geschichte des ökonomischen Umbruchs anfangs der Neunziger wird ja immer noch ziemlich einseitig erzählt – die westdeutschen Brüder und Schwestern finden sich in der Rolle raubeiniger Kolonisatoren wieder, welche die ach so gutgläubigen Ostschafe mitleidslos geschoren haben. Über die krummen Geschäfte der Ostpiranhas in dieser zeitlich kurzen, heute nicht mehr vorstellbaren Wildwestperiode deutscher Geschichte wird hingegen kein Wort verloren. Eigentlich müsste man dieser Epoche ein eigenes Strafregister widmen. Wer da besser abschneiden würde, westdeutsche Glücksritter und Beutemacher oder DDR-deutsche Leichenfledderer, wüsste ich nicht zu entscheiden.

Meine hochfliegenden Ambitionen, eine verlegerische Tätigkeit betreffend, waren unrealistisch. Wie sich schnell zeigte, war der Zeitungsmarkt total übersättigt und kein Millimeter Platz mehr vorhanden für die Neugründung eines seriösen überregionalen ostdeutschen Blattes. Diese Einsicht vor Augen, entschied ich mich wieder für die anwaltliche Praxis. Schulte-Hillen, dem ich meinen Entschluss mitteilte, reagierte souverän. Er verübelte mir meine Kündigung nicht, sondern schlug mir sogar noch eine vertragsabändernde Übergangszeit vor, während der ich für eine herabgesetzte Bezahlung Gruner + Jahr vertreten sollte.

Deutschsein in Europa

Auch die anpassungsfähigsten SED-Funktionäre, also jene, die noch immer in den Ämtern ausharrten, begriffen zum Jahresbeginn 1990, dass sie ihre Schreibtische bald würden räumen müssen. Die »Arbeiter- und-Bauern-Macht« war perdu. Denn die Menschen, die in Leipzig, Dresden, Plauen und all den anderen Städten demonstrativ von sich behaupteten, sie seien das Volk, erkannten in der DDR-Regierung und deren Apparat nicht mehr ihre Regierung. Ein über Jahrzehnte durchgehaltener Schwindel flog endgültig auf; ein Schwindel, von dem zuletzt jeder gewusst hatte und der dennoch das politische Leben östlich der Elbe lange lähmen konnte, bis die Dinge endlich lautstark beim rechten Namen genannt wurden und die Massen feststellten: Der Kaiser ist nackt! Was nichts anderes hieß, als dass es auch der weiterwurstelnden Modrow-Regierung so wie ihren Vorgängern an jeglicher Legitimation mangelte. Die einst zu Mündeln des vormundschaftlichen Staates degradierten Bürger nahmen das Land per Akklamation nun in ihre Obhut, indem sie sich auf der Straße als Volk beschworen.

Aber wer war das Volk? Und was bedeuteten eigentlich die jetzt skandierten Parolen »Wir sind ein Volk« und »Deutschland, einig Vaterland«? Wer war das »Wir« dieses Volkes? Die Akklamation des Volkswillens auf den Straßen der zur res publica verwandelten sozialistischen Republik litt doch ersichtlich darunter, dass es sich dabei um eine einseitige Willenserklärung handelte. Denn zu dem Volk, auf das die Demonstranten lautstark rekurrierten, gehörten schließlich ebenso die Brüder und Schwestern westlich der Elbe. Die aber hatten sich, wie wir es nun in zahlreichen Begegnungen erleben durften, in ihrem Rumpf-Deutschland bestens eingerichtet. Bei aller historischen Erinnerung war ihnen Brüssel näher als Leipzig, Washington vertrauter als Ostberlin und Mailand lieber als Weimar. Die sich darin ausdrückende Geschichtsvergessenheit führte zu skurrilen Erlebnissen. In München fragte mich beispielsweise die Frau eines Freundes, ob ich »das erste Mal in Deutschland« sei.

Über die nationale Identität eines vereinigten Deutschlands hatte ich mir bereits seit längerem den Kopf zerbrochen und mit Freunden diskutiert. Öffentlich stellte ich meine Überlegungen dazu am 19. März 1990 im Nationaltheater Weimar zur Diskussion. Hier, am Ort der verfassungsgebenden Versammlung von 1919 eine illustre Runde bekannter Intellektueller aus West und Ost zusammenzubringen, damit sie sich darüber austauschen konnten, was sie sich von einer deutschen Einigung erhofften, war eine Initiative, welche im Haus Rolf Kreibichs in Westberlin aus der Taufe gehoben wurde. Kreibich leitete das Sekretariat für Zukunftsforschung. Seit dem Mauerfall lud er regelmäßig zu sich ein, und es gelang ihm jedes Mal, tatkräftig unterstützt durch seine Frau Renate, eine freimütige Gesprächsatmosphäre herzustellen.

Zu Kreibichs Gästen gehörte Christoph Zöpel, der Minister für Stadtentwicklung, Wohnen und Verkehr aus Nordrhein-Westfalen. Zöpel war unter uns vermutlich der Einzige, der – belehrt durch den schmerzhaften Strukturwandel im Ruhrgebiet – genauer wusste, mit welchen Schwierigkeiten man beim Umbau der volkseigenen Wirtschaft in den nächsten Jahren im Osten rechnen musste. »Da wird das Gemeinschaftsgefühl der Deutschen auf die Probe gestellt werden«, prophezeite er und entwickelte gemeinsam mit der Journalistin Lea Rosh die Idee einer Zukunftswerkstatt. Ich fand ihr Anliegen angesichts der verbreiteten Einfallslosigkeit über Deutschlands zukünftigen Weg begrüßenswert. Die Frage »Wer sind wir?« musste jetzt neu gestellt werden, wenn man damit aufhören wollte, das zu tun und zu sein, was uns die Siegermächte vorgeschrieben und im Rahmen der Umerziehung eingebläut hatten. In einem ersten Anlauf wollten wir, so der zügig entworfene Plan, in Weimar europapolitische Aspekte der deutschen Einheit behandeln. Da Kreibich meinte, das Grundsatzreferat Deutsch-Sein in Europa müsse unbedingt ein »Noch-DDR-Bürger« halten, fiel die Wahl auf mich.

Voller Zuversicht reisten Heidelore und ich nach Weimar. Beim geselligen Abendessen im Elephanten verkündete Lea Rosh unserem kleinen Trupp, wer andrentags alles mit dabei sein würde. Die von ihr verlesene Namensliste imponierte mir: Margherita von Brentano di Tremezzo, die »rote Maggie« der Freien Universität, der von mir bewunderte Publizist Peter Bender, Erhard Eppler vom Parteivorstand der SPD, der Schriftsteller Rolf Schneider, der in meinem Freundeskreis viel gelesene Psychoanalytiker Eberhard Richter, der SDS-Veteran Tilman Fichter, die Dramaturgin Gisela Kahl, Christoph Stölzl, der spätere Direktor des Deutschen Historischen Museums, Hans Christoph Binswanger aus St. Gallen, den ich wegen seines Buches »Geld und Magie« immer schon mal kennenlernen wollte, der Physiker Klaus Traube, Monika Griefahn von Greenpeace. Wie hatte Lea sie nur alle zum Kommen überredet? Ich war heilfroh an diesem Abend, dass ich mein Referat schriftlich ausgearbeitet hatte. (Unter dem Titel »Deutsch-Sein in Europa. Ein Streitgespräch« hat der Forum Verlag Leipzig den vollständigen Text und sämtliche Redebeiträge der vorstehend Genannten abgedruckt.)

Als ich am nächsten Morgen zum Rednerpult schritt, war der Saal überfüllt. Ein beachtlicher Teil des Publikums begnügte sich mit Stehplätzen, lehnte an den Wänden oder saß auf den Treppenstufen. Es würde ein Heimspiel für mich werden – das hörte ich sofort aus dem mich begrüßenden Beifall heraus. Ich strapazierte die Ohren meiner Zuhörer eine knappe Stunde. Mein Unmut über die in beiden deutschen Reststaaten grassierende Geschichtsvergessenheit war sicherlich einer der Gründe, warum ich so sehr betonte, die Deutschen seien für mich im Unterschied zu den Franzosen in ganz wesentlicher Hinsicht eine Sprach- und Kulturgemeinschaft, weniger eine ethnisch wurzelnde Volks- oder Staatsnation. »So gesehen«, darauf beharrte ich, »ist man nicht Deutscher in Mitteleuropa. Sondern: Man wird es, indem man mitteleuropäisch denkt, fühlt und handelt.« Und das herumspukende Schreckgespenst eines neuen Nationalismus könne man nicht bannen, wenn man in multikulturelle Beliebigkeit verfalle, sondern nur durch ein der Menschenbildung förderliches nationales Wir-Bewusstsein. Zusammengehörigkeitsgefühl, Heimat und Herkunft stünden für mich nicht gegen Weltoffenheit; Respekt gegenüber anderen würde sich eher einstellen, legte ich dar, wenn man das modische Naserümpfen über das Eigene endlich lassen und die bei allem 12-jährigen Unheil kulturvolle deutsche Vergangenheit achten und hochhalten würde. Wie ein kostbares Erbe, das man mit den zu uns Kommenden gern teilen wolle.

Herders staatsphilosophische Aussage, wonach die Pluralität der Nationen das Europas Eigenart charakterisierende Spezifikum sein müsse, erklärte ich zu einer Wegmarke, an der sich jedes Denken über die Zukunft Europas ausrichten müsse. Herders Abneigung gegen jede die nationale Vielfalt nivellierende Ordnung teilte ich uneingeschränkt, denn wohin eine zentralistisch-bürokratische Konstruktion führt, das hatte unsereiner ja nun wirklich in der gewaltsam zusammengeschweißten Lagerwelt unter Moskaus Aufsicht gelernt. Ich bestand darauf, dass für die jetzt zu leistende staatlich-politische Einheitsstiftung in Einigkeit und Recht und Freiheit eine Rückbesinnung auf die geografische Mittellage Deutschlands unverzichtbar sei. Daraus resultiere für mich geopolitisch die anknüpfend an Kants »Idee der Föderalität« formulierte Mission eines vereinigten Deutschlands bei der Schaffung »einer dauerhaften Friedensordnung« mit unseren Nachbarn in Polen, der Ukraine, dem Baltikum, mit Russland und den Tschechen und Slowaken.

Nachdem Lea Rosh die Diskussion freigegeben hatte, sie fungierte als Moderatorin, meldete sich als Erste Margherita von Brentano. Ihre Empörung über mein Referat brachte sie blitzschnell auf den Punkt. »Wie soll das entstehende deutsche Gebilde und wonach seine Identität finden?«, fragte sie empört in meine Richtung blickend. Ihre Antwort fiel knapp aus: »Ich würde sagen: nicht als Nationalstaat. Nämlich überhaupt nicht.« In diesem Stil ging es weiter. Aufgebracht wütete die rote Maggie gegen ein Deutschland, von dem sie selbst augenscheinlich nicht loskam. Hasste sie es in sich? Hasste sie sich?

Mit einem solchen Unwillen, wie er mir von dieser Weisheitsfreundin entgegenschlug, hatte ich nicht gerechnet. Auf Vorbehalte zu stoßen nach all dem Weltanschauungsgerangel, das den Kalten Krieg stets begleitet und vier Jahrzehnte der Nachkriegszeit ausgefüllt hatte, darauf war ich eingestellt. Weshalb Margherita von Brentano sich aber vor einer kulturell flankierten politischen Einigung derart ängstigte, blieb mir völlig unbegreiflich. »Auch kulturelle Identität halte ich für gefährlich«, fauchte sie mir mit geblähten Nüstern entgegen. Was sollte daran schlecht sein? Waren wir nur noch als durch angelsächsische Demokratievorstellungen und amerikanische Kultur geprägte Gesellschaft, als Atlantiker oder Weltbürger gesellschaftsfähig? Es dauerte ein Weilchen, bis ich verstand, dass die Philosophin den von ihr empfohlenen Verfassungspatriotismus – statt eines Vaterlandes sollte ein Text als Heimatangebot ausreichen – deshalb hochhielt, weil sie damit jeglicher Form eines wie immer gearteten Deutschseins alle Luft und jeden Boden entziehen konnte. Ausschließlich und nur auf das Grundgesetz zu setzen, welches ich durchaus für vorbildlich hielt, hieß ja aber nichts anderes, als den von mir beklagten historischen und kulturellen Erinnerungsverlust festzuschreiben.

Als Nächster fuhr mir Tilman Fichter, der SDS-Veteran in unserer Runde, in die Parade. Fichter, der mich unbedingt mit dem zum Chefideologen der SPD emporstrebenden Peter Glotz zusammenbringen wollte, meinte spitz, »den ganzen Vortrag hätte auch Thomas Mann 1948/49 halten können«. Ein Kompliment sollte das nicht sein. Er deutete mir damit an, unsereiner habe die letzten Jahrzehnte hinter dem Mond gelebt. Meine Rede vom Brückenschlag und einer Mittler-Mission Deutschlands hielt er für irregeleitet. »Mit der Geschichte«, so sein Einwand, »die wir in beiden deutschen Staaten zu verarbeiten haben, besitzen wir keine Legitimation, uns aus unserer geopolitischen Position heraus schon wieder eine neue Mission – und diesmal eine demokratische – zu verordnen.« Eine Mission zu reklamieren, und sei es eine Friedensmission, erschien ihm als Teufelszeug. Als Gegenposition zu meinem von ihm verdammten »deutschen Sonderweg« warb er dafür, »dass wir ein ganz ›stinknormales‹ Volk werden – wie beispielsweise die Holländer«. Passender konnte man den geistigen Horizont der westdeutschen Linken nicht beschreiben.

Aus der deutschen Misere heraus sich in eine deutsche Mimikry zu mogeln, fand ich putzig. Ich wusste nicht recht, ob das ein Opera-buffa-Streich sein sollte, zum Ärgern oder zum Lachen. Ein George Grosz hätte ihn und Margherita von Brentano malen müssen. Ihre Gesichter trugen sehr den Ausdruck von Oberlehrern. Nur im Erwerb materieller Güter, in deren Genuss und Verteilung, in Wirtschaftswachstum und quotenträchtiger Fernsehunterhaltung die zukünftige Gemeinschaft und Identität der Ost- und Westdeutschen verankern zu wollen, hieß ja wohl nichts anderes, als sich bis zur Selbstaufgabe zu verleugnen. Ostdeutschland erschien aus so einem Blickwinkel als Raum ohne Volk, der wie eine leere Einkaufstasche nur darauf wartete, mit westlich der Elbe produzierten Konsumgütern vollgestopft zu werden. Natürlich hofften die meisten Bürger der DDR auch auf eine bessere Versorgung. Jahrelang hatten sie ja davon geträumt – insgeheim oder ganz offen –, irgendwann so zu leben wie ihre westdeutschen Verwandten, aber doch wohl nicht nur. Im Gegensatz zu ihnen konnten die Westdeutschen darauf aber gar nicht hoffen, da sie mit Konsumgütern und der Deutschen Mark bereits gesegnet waren. Was erwarteten sie denn nun eigentlich? Gab es da etwas Verbindendes? War es vielleicht, pathetisch gesprochen, die Rückkehr ins Vaterland?

Christoph Stölzl verteidigte meine Sicht der Dinge. Auf Margherita von Brentanos Ängste ging er gar nicht erst ein. »Die Hoffnung, man könnte ein stinknormales Volk sein«, hielt er Fichter vor, »ist selbst für kleine Völker ein Trugschluss. Nation bezieht sich immer auf die Zukunft und hat Bekenntnischarakter.« Und die Vorstellung, die Deutschen könnten wie die Schweizer werden, wenn sie nur aus der Geschichte austräten und »in die Geschäfte« eintreten würden, diese Sichtweise sei »spätestens seit dem 9. November 1989 erledigt«. Stölzl warnte vor der linksliberalen Drückebergerei, »in einer anonymen westlichen Gesellschaftsordnung verschwinden« zu wollen. Wie ich war auch er überzeugt, dass die Deutschen jetzt genauer sagen müssten, was sie »als Sprach-, als Kulturgemeinschaft mit diesen Übergangszonen nach Österreich, nach Oberitalien, nach Holland hinein wollen«. Es ging eben nicht darum, sich zwischen zwei Wegen – Deutschland übermächtig, Deutschland zwergenhaft – zu entscheiden; eher schon lautete die schicksalhafte Frage, welche Schlüsse jeder für sich in diesen Tagen der Vereinigung ernsthaft aus den deutschen Erfahrungen ziehen würde. Und die seien eben »nicht das Gleiche wie ein Mordmodul in unserem Nationalcharakter«, meinte Stölzl.

Auch meinem Gedanken einer Friedensmission pflichtete Christoph Stölzl bei, darin unterstützt von Rolf Schneider und Erhard Eppler. Letzterer wollte natürlich ebenfalls den Terminus »Mission« meiden. »Keine Friedensmission! Aber ein Land, das sich anstrengt, damit von ihm nur noch Frieden ausgeht. Das wäre ein Stück politische Identität.« Alle drei fanden meine Idee anregend: nämlich »den Schluss«, wie

Stölzl rekapitulierte, »aus unserer Geschichte und den beiden extremen Polen unseres Nationalcharakters zu ziehen«. Was grosso modo bedeutete: »Der Nationalcharakter, das hat sich ja gezeigt seit der Gründung des Bismarck-Reiches, ist zu unglaublich gewalttätiger Kraftentfaltung fähig. Und er ist auf der anderen Seite, wenn man hier nach Weimar zurückkehrt, zu Goethe, zu Herder, einmal ein Samen gewesen, friedensstiftende Ideen zu entwickeln.«

Wie viele meiner Freunde bewunderte ich lange Zeit die Stars des westdeutschen Kulturbetriebs. Verglichen mit unseren Klopffechtern an den Hochschulen und in den Redaktionsstuben erschien mir das, was ich von ihnen gelesen hatte, allemal als hinreichender Beweis für ein freiheitlicheres Denken. Seit ich in Weimar aber Brentanos und Fichters maulenden Unwillen gegen jedes Selbstbestimmungsrecht der Deutschen erlebt habe, bröckelte der Lack von diesem Idealbild, das ich mir zusammengeschustert hatte, schichtweise mit jeder weiteren Begegnung ab. Eins habe ich jedenfalls an diesem Weimarer Wochenende gelernt: Was jedem anderen Volk als selbstverständlich galt und fraglos zugestanden wurde, bedurfte auch in einem neuen Deutschland einer sich nach allen Seiten hin absichernden Rechtfertigung. Wer das eigene Land liebte, wurde schnell zur komischen Figur oder gar zu einem Ewiggestrigen abgestempelt.

Auf dem Rückweg nach Berlin fuhr Margherita von Brentano bei Heidelore und mir im Wagen mit. Lea Rosh hatte mich gebeten, sie nach Westberlin zu chauffieren. Ein mit Schneewolken verhangener Himmel passte gut zu meiner gedrückten Stimmung. Als linker Hand Jena-Lobeda auftauchte, wo ich mir einst beim Trampen die Beine in den Bauch gestanden hatte, fragte ich sie, warum es ihr eigentlich so schwerfalle, die seelischen Verwüstungen einer Ideologie nachzuempfinden, welche die DDR-Deutschen in ihrem überlieferten Nationalbewusstsein zwangsweise umpolen und unbedingt auf einen sozialistischen Internationalismus vergattern wollte. Ich schilderte ihr, wie sehr sich selbst SED-Genossen empört hatten, als in den Siebzigern kurzerhand aus der erst wenige Jahre zuvor durch einen Volksentscheid angenommenen Verfassung der allerletzte Hinweis auf die »deutsche Nation« getilgt wurde.

»Es war absurd. Die Leute fragten ernsthaft, ob sie weiterhin Deutsche sein durften.«

»Das ist an mir vorbeigegangen.«

Margherita von Brentanos Antwort bewies mir noch einmal das ganze Elend unseres geteilten Landes und der postnationalen BRD-Idylle. Sie hatte sich für die Emanzipation der Frauen, der Homosexuellen und gegen die Stationierung von Kurzstreckenraketen eingesetzt, wie sie stolz berichtete – nur wie es, von ihrem Wohnzimmerfenster aus gesehen, um die Freiheitsrechte ihrer Landsleute ein paar Straßen weiter auf der anderen Seite der Berliner Mauer bestellt war, darum hatte sie sich nie ernsthaft gekümmert. Da war es kein Wunder, dass sie auch die polnische Solidarność geringgeschätzt hatte, denn ihr Interesse galt eher den Dritte-Welt-Läden, die sich mit Nicaragua solidarisierten. Am liebsten hätte ich sie auf dem Seitenstreifen der Autobahn abgesetzt.

»Wenn die Leipziger ›Deutschland, einig Vaterland‹ rufen«, hielt ich ihr noch vor, »ist das nicht nationalistisch gemeint. Die Menschen wollen damit eher wieder an ihr geschichtliches Gewordensein anknüpfen, von dem man sie abgeschnitten hat.«

»Ein Deutschland, wie Sie es sehen, darf es nicht mehr geben. Es wäre unverantwortlich. Ja, ich würde sogar sagen, unverzeihlich!« Angesichts der Naziverbrechen sei die Wiedervereinigung eine moralische und politische Katastrophe, weil damit die als Folge der Verbrechen erfolgte Bestrafung revidiert würde. Das saß. Warum hatte ich sie nur mitgenommen?

Heidelore mischte sich ein und sagte, des Zankens müde, das könne doch wohl nicht ernst gemeint sein. Aber so war es nun mal. Mit einer Eskimofrau hätte ich mich verständigen können, mit Margherita von Brentano ging das nicht. Während der ganzen Fahrt blieb sie fixiert auf ein Totschläger-Deutschland, über das sie bramarbasierte – und welches sie variantenreich auf die Formel Der-Schoß-ist-fruchtbar-noch-aus-dem-das-kroch reduzierte. Adolf Hitler, aus ihrer Sicht blieb er Deutschlands unsterblicher Sohn! Alles verdunkelte sich in mir. Wessen Verblendung war nun blöder, die eines deutschlandfeindlichen SED-Politbüroklüngels, der aus taktischen Gründen seit ein paar Jahren wieder preußische Tugenden lobte, von dem ich jedoch annahm, wir hätten ihn soeben hinter uns gelassen, oder die einer prominenten Westphilosophin wie Margherita von Brentano, die unter all dem nicht einmal litt? Wessen Verstand blieb fester verschlossen, um nur ja keinen anderen Anfang Deutschlands denken zu müssen?

Aber vielleicht mussten die ideologischen Verstrickungen der Bestochenen ja erst noch gelöst werden? So leicht wollte ich nicht aufgeben. In rascher Folge veröffentlichte ich nach Weimar ein halbes Dutzend Essays. Vom Goethe-Institut angeheuert tourte ich durch Holland, um in Amsterdam und an drei Universitäten über die deutsche Frage zu referieren. Auch da hatte ich ein Aufwacherlebnis. Als ich vor Germanisten über das zukünftige Deutschland sprach, kritisierte mich ein Professor aus Hamburg heftig, weil ich für seinen Geschmack allzu oft Goethe zitiert hatte. Er kenne viele Landsleute, belehrte er mich, die sich »eher als Europäer« sähen denn als Deutsche. Also warum Goethe? Auf meine Frage, welche literarische Größe man denn seiner Meinung nach anführen könne, wenn man über unser gemeinsames Deutschsein spreche, verwies er mich auf Charles Dickens. Darauf war ich nicht gekommen. Ich referierte auf dem Richtertag in Köln und nahm an einer Reihe von Podiumsdiskussionen teil. Im Auftrag des Bundesministeriums der Justiz arbeitete ich mit an der Konzeption einer Ausstellung über die Justiz der DDR.

Erst langsam dämmerte mir bei all meinen Aktivitäten, wie gekonnt der politische Westen jedes Fragen nach der deutschen Identität ausbremste. Die Motive der DDR-Demonstranten für die Einheit seien sehr zweifelhaft, hörte ich nun immer öfter. Die Leute seien doch nur vom Westen verführt, sozusagen geködert von der D-Mark. Wer diese These favorisierte, galt auf einmal als Realist. Was mich bei dieser das nationale Aufbegehren der Ostdeutschen herabwürdigenden Aussage beleidigte, war die Arroganz, die dahinter steckte. Mir schwante früh: Die Ostdeutschen würden vermutlich vieles verzeihen, aber diese Arroganz der historisch besser Davongekommenen wahrscheinlich eher nicht.

1991 stritt ich, um nur an diesen einen Vorgang noch zu erinnern, mit Kurt Sontheimer in der Evangelischen Akademie Nordelbiens. Mir missfiel an Sontheimer, dass er in seinem Vortrag Deutschland wie einen auf Bewährung entlassenen Knastologen behandelte. »Deutschland. Eine

Zwischenbilanz« – unter diesem Tagungsmotto fand unsere Diskussion statt. Leider hatte der Mann auch wieder nichts anderes zu bieten, als die »feste Einbindung Deutschlands in die westlichen Bündnis- und Kooperationsstrukturen«. Einbindung, Einbindung, Einbindung – ich konnte es nicht mehr hören. Das Ganze erinnerte mich allzu sehr an den in der DDR propagierten Bruderbund mit den sozialistischen Staaten. Da war auch stets die Rede von einer quasi gesetzmäßigen, unverbrüchlichen und ewigen Freundschaft zur Sowjetunion.

Ein Herzensanliegen war dem Professor aus München natürlich »die Europäische Gemeinschaft, auf deren Weiterentwicklung zu einer supranationalen Gemeinschaft die Bundesrepublik drängen sollte, um den europäischen Nachbarn die Furcht vor einem überstarken Deutschland in der Mitte Europas zu nehmen«. Der Mann redete in einem arroganten Tonfall, weil er ganz offensichtlich glaubte, er befinde sich auf der geschichtlich sicheren Seite und damit näher an der politischen Realität als unsereiner. Das sah ich anders. Von meinem östlichen Beobachtungsposten aus erschien mir Deutschland nicht als schlafendes Ungeheuer, vor dessen Wachwerden man sich fürchten und dem man höchst vorsorglich Ketten anlegen musste. Das Land ähnelte mir viel eher einem Spätheimkehrer. Nur weil andere sich fürchteten, was ich stark bezweifelte, musste Deutschland sich nicht verzwergen. Englands Botschafter hatte ich schon so geantwortet, als dieser Jens Reich und mich in der kleinen Eisbar Unter den Linden/Ecke Friedrichstraße spitzbübisch fragte – er zerrührte dabei langsam auf sehr aristokratische Weise seinen Zuckerwürfel in einer kinnhoch gehaltenen Teetasse –, wie wohl Deutschlands Nachbarn auf die Einheit reagieren würden. Anders aber als der Gesandte Ihrer Majestät, der sich meine Sichtweise gelassen anhörte, fuhr Sontheimer nach meinem Vortrag aus der Haut. Mit Schweißperlen auf der Stirn regte er sich klassenprimusartig über meine Unbelehrtheit auf. Meine Replik, seine ganze Argumentation ziele auf eine planmäßige Selbstentmündigung und erinnere mich doch sehr an die neuerdings auch im Osten an den Häuserwänden zu lesende Antifa-Parole »Nie wieder Deutschland«, brachte ihn aus der Fassung.

Im Unterschied zu Sontheimer wollte ich aus meiner deutschen Haut nicht herausschlüpfen. Und Brüssel als eine Art Fluchtburg der

Deutschen vor sich selbst schien mir wie jede andere postnationale Konstellation ganz und gar nicht erstrebenswert. Wir hatten im Herbst schließlich nicht gegen einen deutschen Nationalstaat revoltiert, sondern gegen ein diktatorisches Regime! Und wir wollten ein für allemal das an uns vollzogene volkspädagogische Experiment beenden, uns dem Sowjetarchipel zuzuschlagen. Deshalb sahen nicht wenige Menschen neben ihrem Einstehen für Freiheitsrechte und Demokratie – so wie ich – in der Einheit eine Heimkehr und die historische Chance für ein Wiedereinleben im lange verloren Geglaubten. Das neue Deutschland, das für mich und meinesgleichen »unser Land« sein sollte (nicht zu verwechseln mit dem, was Christa Wolf darunter verstehen wollte), sollte nicht nur ein beliebiger Siedlungsraum oder wirtschaftlicher Standort auf der Landkarte Europas sein.

Verspäteter Widerstand durch herabsetzendes Nachstellen

Wären Heidelore oder gar unser Sohn aufgrund meines politischen Engagements schlimm schikaniert worden, wie ich dann empfunden hätte, kann ich ehrlichen Gewissens nicht sagen. Beide haben manche Bosheit ertragen müssen. Aber das Geschehene hat bei ihnen keine unheilbaren Wunden geschlagen. Ich brauchte nicht zu hassen! Mich trieb kein Gefühl des Geschädigtseins. Es dürstete mich auch nicht nach einem herabsetzenden Nachstellen gegenüber jenen, die mich und meine Familie im Operativvorgang Psyche bearbeitet hatten. Die darin enthaltenen Decknamen habe ich mir von der Gauck-Behörde nicht entschlüsseln lassen. In meinen besten Augenblicken fühlte ich mich stattdessen einem Geist verpflichtet, welcher frei von Rachsucht jedes Zurückschlagenwollen ablehnte. Die Generale der Staatssicherheit und deren Befehlsgeber im SED-Politbüro kamen mir dabei freilich nicht in den Sinn. Mitgefühl brachte ich jedoch für das Gros ihrer Gehilfen auf. Die zettelten Ende des Jahres 1989 selber ja nicht nur in fast allen Bezirksverwaltungen Auseinandersetzungen über ihre Treuepflicht als »Schild und Schwert« der SED an, was heute niemand mehr würdigen will, sondern lieferten uns – den Neuen Kräften – oftmals brisante Interna, von denen wir ohne sie nie erfahren hätten. Das halte ich immer noch für einen zwar späten, aber dennoch verdienstvollen Beitrag im Kampf gegen das alte Regime. Wenigstens an ein Beispiel sei hier erinnert.

Im Kulturhaus Adolf Frank in Leipzig fand am 6. Januar 1990 ein Landestreffen des Neuen Forums statt. Joachim Gauck nahm mich dort beiseite. Eine Delegierte aus Rostock wollte mich sprechen. Gauck führte mich in einen Nebenraum. Dort saß auf einem Stuhl unter dem Fenster eine Frau, die ihre Erregung kaum unter Kontrolle halten konnte. Rostocker Geheimdienstler hatten ihr ein Fernschreiben des Bezirksamtes in Gera an alle bewaffneten Organe (datiert auf den 9. Dezember 1989) zugespielt, welches ausdrücklich als »Aufruf zum noch möglichen gemeinsamen Handeln« deklariert worden war. Unter Mithilfe der anderen bewaffneten Kräfte wollten die thüringischen Hüter der Diktatur des Proletariats die »Anstifter, Anschürer und Organisatoren« konterrevolutionärer Umtriebe »paralysieren«, wie sie unverblümt verlangten. Die im Neuen Forum engagierte Frau fürchtete sich vor diesen Unbelehrbaren, die nicht aufgeben wollten. Joachim und ich überzeugten sie, mir ausdrücklich zu erlauben, dieses Telex am Runden Tisch als Beweis dafür zu verwenden, dass weiterhin Ewiggestrige wühlten, welche das Rad der Geschichte zurückdrehen wollten. Solche Fanatiker gab es ja immer noch. Wir mussten sie öffentlich bloßstellen. Nur so konnte man die letzten Klassenkämpfer in den bewaffneten Organen zur Raison bringen.

Um aber auf meine sich wandelnde Einstellung zurückzukommen: Abgesehen von solchen Unbelehrbaren scheute ich mich nicht, mich mit ehemaligen Antipoden zu versöhnen. Bereits zum Jahreswechsel 1989/90 erschien von mir eine Stellungnahme – Kurt Masur hatte Walter Jens, Werner Heiduczek, Walter Janka und mich um einen Beitrag für sein Programmheft zum Neujahrskonzert gebeten –, in der ich ausführte, wie ich mir einen künftigen Umgang mit all denen vorstellte, die wir niedergerungen hatten. Die Wut und ein verbreitetes schlechtes Gewissen suchten ja längst nach Sündenböcken; und es bestimmten zunehmend diejenigen das öffentliche Geschrei, die von der Schuld der anderen profitieren wollten, die Rächer und Vergelter. Hatten deren Knie noch vor Kurzem zu zittern begonnen, wenn sie nur das Wort »Staatssicherheit« hörten, befleißigten sie sich nun, alle Unterstellten Mielkes pauschal als »Verbrecher« zu verteufeln. Ob diese persönlich mit der Spionageabwehr, dem Personenschutz, der Terrorbekämpfung, mit reiner Verwaltungsarbeit oder der Unterdrückung der inneren Opposition zu tun hatten – selbst so naheliegende Unterscheidungen sollten gar nicht erst getroffen werden.

Es überraschte mich zwar nicht, wenn ehemals Verfolgte jetzt darauf abzielten, die Rolle des gehetzten Wildes mit der des Jägers zu vertauschen. Höchst anrüchig schien mir jedoch die von Woche zu Woche anschwellende nachgeholte Empörung, die wie ein unwiderstehlicher Strudel zunehmend mehr Menschen erfasste. Ein unablässiges mea culpa von den Tschekisten zu verlangen, hielt ich für unangebracht. Was konnte man dem entgegensetzen? Kurt Masur wollte in der Silvesternacht Beethovens Neunte Sinfonie und den Chor mit Schillers hymnischer Ode »An die Freude« im Gewandhaus dirigieren (ARD und DDR-Fernsehen sendeten aus Leipzig). So konnte ich dazu aufrufen, dass wir alle jetzt Verzeihensbereitschaft üben müssten, und Schillers Worte zitieren:

Groll und Rache sey vergessen,
Unserm Todfeind sey verziehn;
Keine Thräne soll ihn pressen,
Keine Reue nage ihn.

An allen fünf Fingern konnte ich mir natürlich abzählen, dass ich mit einem solchen Aufruf bestenfalls eine lauwarme Zustimmung ernten würde. Warum ich Schillers Verfolgungsverzicht preisende Zeilen trotzdem hervorhob und ausdrücklich Verzeihensbereitschaft anmahnte, haben nur wenige meiner Freunde verstanden. Zum einen pochte ich damit darauf, dass man niemanden treten darf, der schon am Boden liegt. Es kam mir aber auch auf die Verstärkung des Tons an, dem Kurt Masur mit Beethovens Sinfonie in jener einmaligen Silvesternacht Gehör verschaffen wollte. Masur, der Erich Honecker in den elendigsten Stunden seiner Demütigung brieflich dafür dankte, dass er den Wiederaufbau der Oper in Dresden und den Bau des Gewandhauses in Leipzig durchgesetzt hatte, gab mir mit seinem künstlerischen Tun so etwas wie eine Entscheidungshilfe für die Betrachtung der Hinterlassenschaften unseres Lebens. Wie er unbeeindruckt von jeglicher Stasi-Hysterie seinen Weg der Versöhnung beschritt, dafür bewunderte ich ihn. Mit Schillers Ode »An die Freude« wollte Masur ja einem Geist dienen, der als Freiheit von der Rache jeder Friedensstiftung unbedingt vorangehen musste! Diesen Grundzug im Denken, Fühlen und Wollen unter dem Druck der einsetzenden Täter-Opfer-Polarisierung so weit wie möglich zu stärken, erschien mir nobel und mutig.

Mit Wolfgang Strübing hatten Heidelore, Falk und ich in der Weihnachtsnacht den Gottesdienst in der Christengemeinschaft gefeiert, mitsamt Fasten und allem drum und dran. Auch in der Schwedter Straße wurde ich darauf gestoßen, welche Heilkraft in dieser heiklen

Phase des gesellschaftlichen Umbruchs die im fünften Vers des Vaterunsers angemahnte Verzeihensbereitschaft beinhaltete: Und vergib uns unsere Schulden, wie auch wir vergeben unseren Schuldigern. Die einzige Bitte im Vaterunser, welche Jesus selbst erläutert hat mit den Worten: Wenn ihr den Menschen ihre Fehler verzeiht, so wird euch euer himmlischer Vater auch eure Fehler verzeihen.

In meinem anwaltlichen Berufsleben habe ich oft gesehen, was der Hass in den Seelen der Menschen anzurichten vermag. Es lag jetzt mit an uns, ob der ewige Zyklus von Rache und Widerrache durchbrochen werden konnte. Denn in diesem einen Punkt blieben wir als die von Tag zu Tag unwichtiger werdenden sogenannten Bürgerrechtler jahrelang ja noch weiterhin einflussreich! Die Bonner Politik, die bald schon alles im Osten bestimmte, zeigte sich da eher unschlüssig, wie der Streit über den Umgang mit den Akten beweist. Wenn wir, und damit meine ich wieder in erster Linie die Sprecher der sogenannten Neuen Kräfte, in dieser historischen Situation auch nur einmal darüber beraten hätten, was jetzt eigentlich die letzte unerledigte Aufgabe der vor ihrem absehbaren Ende stehenden Bürgerrechtsbewegung hätte sein können, wäre todsicher eine Frage aufgetaucht: Wie können wir mit der uns im Widerstand gegen die sozialistische Diktatur erworbenen Achtung dabei helfen, einer über die kleinen Perspektiven von Gut und Böse hinausreichenden friedenstiftenden Gerechtigkeit zu dienen? Nicht als diplomierte Verfolgte. Nicht im Sinne Bärbel Bohleys, die schon bald mit ihrer vulgären Verachtung der Justiz die strafende Zurückhaltung der mit Aufarbeitungsfällen betrauten Richter verhöhnte. Auch nicht so, wie Jens Reich räsonierte, der die Staatssicherheit vollmundig als »unsere Krake« beanspruchte, die wir selbst erwürgt hätten und die wir nun sezieren und analysieren müssten. Wer sollte das leisten? Nein, seit der Einrichtung der Stasiunterlagenbehörde 1991 stand jeder, der über eine aktenkundige Operativbiografie verfügte, die was hergab, vor der moralisch höchst bedeutsamen Frage, ob er oder sie bewusst auf Rache verzichten wollte oder nicht. Was gewöhnlich darauf hinauslief, darüber zu entscheiden, wie man den eigenen Operativvorgang gegenüber den enthüllungsgierigen Journalisten handhabe. Ob man sich also still die Hände reibend an Denunziationen weidete oder Abstand wahrte. Welche menschenverachtende Hatz angestiftet wurde, sobald man Klarnamen lieferte, wussten angesichts eines jähen Stimmungsumschwungs, der sich innerhalb einer instabilen, schwankenden und jeder Mäßigung abholden öffentlichen Meinung vollzogen hatte, alle Beteiligten ja sehr genau.

Aber was hieß Rache in den Neunzigern? Gab es dafür überhaupt Gründe? War der deutsche Herbst nicht ohne Blutvergießen über die Bühne gegangen? »Friedliche Revolution« lautete doch die landesweit akzeptierte Losung. Und absehbar war ja sehr früh, dass – von der einen oder anderen Seilschaft abgesehen – die meisten Profiteure der zerschlagenen Ordnung politisch rasch beiseitegedrängt würden. Dass sich wendige PDS-Kader mit parlamentarischen Pfründen versorgten, änderte daran wenig. Sie verhielten sich nicht anders als ihre westdeutschen Kumpane, welche in den siebziger Jahren in neuleninistische Kampfbünde eingetreten waren und in den Achtzigern wieder einen Rückzieher machten, um fortan im Betrieb der etablierten Parteien hoch dotiert mitzumischen, wie etwa Joschka Fischer, Jürgen Trittin oder Winfried Kretschmann. Wir durften zufrieden sein! Mehr konnten wir nicht erwarten.

Leider mochten viele Aktivisten der ersten Stunde sich damit nicht abfinden. Ihre Unzufriedenheit mit dem Ergebnis der Revolution erzeugte ein geradezu trotzkistisches Begehren nach permanenter Abrechnung. Sie wollten nicht einsehen, dass jetzt die Entradikalisierung ihrer ethischen Anmaßungen und allein ein menschenfreundlicher Weg heilsam sein würden. Und kaum jemand machte sich klar, obwohl genau dies doch der Kernpunkt einer kathartischen Volksaussprache hätte sein müssen, was wir alle durch unsere eigene Subalternität angerichtet hatten, womit ich auch die kümmerliche DDR-Opposition meine und manches Wegducken, oder was der Einzelne gegen seine Nachbarn und Arbeitskollegen schuldhafterweise angerichtet hatte. Das gestürzte Regime hatte mit sehr raffinierten Abstufungen unter tatkräftiger Beihilfe seiner Untertanen auf fast jeden Bürger deformierend eingewirkt, uns gegeneinander geschickt in Stellung gebracht.

Anstatt den geschichtlichen Augenblick als eine Gelegenheit einer möglichen Gesamtbesinnung zu ergreifen, uns also mit den willig oder meinetwegen missmutig, manchmal vielleicht auch gezwungenermaßen hierbei in Kauf genommenen Gängelungen, Freiheitsbeschränkungen, den vielen Rechtsbeugungen, Indoktrinationen, Verführungen und Erpressungen auseinanderzusetzen und somit erst einmal über den eigenen alten Adam und sein korruptes Milieu nachzudenken, haben wir die forensische Prozedur selbst noch außerhalb der Gerichte favorisiert. Verdächtige wie Manfred Stolpe oder Gregor Gysi – um nur sie zu nennen – wurden in einer endlosen Schleife hochnotpeinlich durchleuchtet und tausendfach moralisch verurteilt, meistens dann, wenn eine Bundestags- oder Landtagswahl bevorstand. Dabei wussten doch alle, dass fast ausnahmslos jede Berufstätigkeit von einiger Bedeutung ohne Stasi-Kontakte beinahe undenkbar war. Wer die Karriereleiter nach oben kletterte, begegnete automatisch irgendwann »seinem« Staatssicherheitsleutnant – auch wenn das freiwillig angesichts der Hexenjagd jetzt kein Aas mehr zugeben wollte. Vorbeugend wurden in dieser historischen Situation auch alle diejenigen unter Verdacht gestellt, die oft genug mit Herzrasen einen Weg zwischen aktivem Widerstand und totaler Staatshörigkeit für sich gesucht hatten. Sie alle, die weder Helden noch Fieslinge waren – in meinen Augen die überwältigende Mehrheit meiner Mitbürger –, standen jetzt unter Beweislast und mussten sich rechtfertigen.

Schleierhaft blieb für mich, woher all die schäumende Rachsucht bei denjenigen kam, die unter Ulbricht und Honecker weiß Gott auskömmlich gelebt und nur Angst gehabt haben, ohne dass ihnen jemals ein Haar gekrümmt worden war. Wo immer ich mein Befremden darüber auch nur andeutete, lief die Antwort stets auf dasselbe hinaus: »Gott bewahre, wer will denn Rache?« Oft hieß es gar: »Auge um Auge, Zahn um Zahn möchte doch niemand.«

Bis zuletzt blieb der Nährboden für die ganz alltägliche Rachsucht undurchsichtig; wodurch neben dem medialen Interesse das Verächtlichmachen und Verhöhnen, das vor sich Hertreiben und Herabsetzen der jeweils durch neueste Aktenfunde oder Durchstechereien an den Pranger Gestellten eigentlich getrieben wurde, das blieb unausgesprochen. Also jene Gesinnung, welche Nietzsche meinte, als er in seinem Stück »Von der Erlösung« feststellte: »Dies, ja dies allein ist Rache selber: des Willens Widerwille gegen die Zeit und ihr ›Es war‹.« Eine Einstellung, welche die Zeit und ihr Vergehen nicht hinnehmen mochte, für die das »Es war« ein Stein des Anstoßes blieb.

Die in der nachrevolutionären Phase sich aufplusternden und von edlem Streben glühenden allzu Gerechten verstanden ihr stärkstes Ressentiment allerdings keineswegs als gegen ihre Zeit gerichtet. Sie konnten sich ja auch nicht eingestehen, dass sie nur deshalb so wüteten, weil sie unwiederbringlich den historischen Augenblick versäumt hatten, wo es politisch auf ihr beherztes Engagement angekommen wäre. Als sie so dringend gebraucht wurden. Mit ihrem vom Gefühl des Zuspätgekommen- und Geschädigtseins getriebenen rächenden Nachstellen wollten sie sich nun über die Herabgesetzten moralisch erheben und so die eigene, für einzig maßgebend gehaltene Geltung herausstreichen. Sie sahen darin ein gesundes Empfinden im Umgang mit unser aller Vergangenheit in aufklärerischer Absicht. Im Namen der Menschenrechte allen Tschekisten wie einem räudigen Hund einen Fußtritt zu verpassen, bedeutete ihnen, in Umkehrung ihres schlechten Gewissens gewissermaßen gratis eine Stubenreinigung zu vollbringen, mit der Ostdeutschland gesäubert und die eiternden Wunden der Gemeinschaft ausgetrocknet werden sollten.

Wolfgang Thierse, Friedrich Schorlemmer und Joachim Gauck hatten scheinbar ähnliche Bedenken. Sie wollten ein außergerichtliches Tribunal zur »gemeinschaftlichen Aufarbeitung unserer Vergangenheit durch uns selbst« mit dem erklärten Ziel einer »politisch-moralischen Selbsterziehung und Selbsterneuerung« einberufen. Gut gemeint war das sicherlich. Trotz Unterstützung durch die Presse und des im Aufbau Verlag herausgegebenen Sammelbandes »Ein Volk am Pranger«, worin zwei Dutzend um ihre Meinung gebetene Kopfarbeiter aus Ost und West ihre Auffassungen dazu begründeten, versandete das Unternehmen leider schnell wieder, nachdem die Debatte soeben erst begonnen hatte. Nachdenklichkeit war nicht gefragt. Untauglich schien mir von vornherein die konzipierte Form eines Tribunals. »Wer wollte und könnte da schon Platz nehmen? Ich bestimmt nicht«, schrieb ich Thierse. Wir durften nicht zu gleicher Zeit den Ankläger und Beschuldigten mimen und uns zudem noch auf der Richterbank spreizen. Vor dem jede Diskussion seinerzeit prägenden Hintergrund aus Wut, Bitterkeit und weinerlichem Selbstmitleid stellte in meinen Augen die erhöhte Gerichtsbühne kein geeignetes Podium dar, um all der Kleingeisterei, deren Auslassungen die Öffentlichkeit zu ihrer Unterhaltung bedurfte, die Stirn zu bieten.

Entspannend schien mir angesichts der ordinären Rechthaberei und Beschimpfung nur die Lehre, welche William von Baskerville, der gescheiterte Verbrechensaufklärer in Umberto Ecos »Im Namen der Rose«, Adson mit den Worten erteilt:

»Fürchte die Wahrheitspropheten und fürchte vor allem jene, die bereit sind, für die Wahrheit zu sterben: Gewöhnlich lassen sie viele andere mit sich sterben, oft bereits vor sich, manchmal für sich ... Vielleicht gibt es am Ende nur eins zu tun, wenn man die Menschen liebt: sie über die Wahrheit zum Lachen bringen, denn die einzige Wahrheit heißt: lernen, sich von der krankhaften Leidenschaft für die Wahrheit zu befreien.«

Als ich dies Thierse schrieb, stand mir nicht nur ein Racheengel wie Heinz Eggert vor Augen, der als »Pfarrer Gnadenlos« in Sachsen gerade eine Karriere als Politiker startete. Hinter mir lag da auch eine ganze Reihe zeitraubender Rücksprachen mit Ehemaligen. Vordergründig suchten die ausgemusterten Tschekisten meistens wegen arbeitsrechtlicher Streitigkeiten meinen anwaltlichen Rat. Mindestens ebenso wichtig war ihnen aber auch die sich dabei bietende Gelegenheit, mit mir unter dem Schutz anwaltlicher Verschwiegenheit über ihr Tun und Lassen bei der Staatssicherheit zu sprechen. Ich bagatellisierte in solchen Fällen keinesfalls das schlechthin nicht zu Verteidigende, erinnerte aber gleichzeitig besonders die jüngeren Chargen an die historische Dimension der Ost-West-Systemauseinandersetzung. Letzteres schien mir angezeigt, weil sie oftmals ihr persönliches Tun völlig überbewerteten. Wie zwei Nachwuchskader es mir unvergesslich vorführten. Sie beichteten mir mit einem Kloß im Hals, wie sie – »nachdem die Sache mit Ihrem Buch herauskam« – meine Telefonate abgehört hatten. Darüber berichteten sie mit einer Miene, als hätten sie mir nach dem Leben getrachtet. Geschenkt, sagte ich kurz angebunden, und dass ich mit einer solchen Abhöraktion ja wohl habe rechnen dürfen.

Ulrich W., der sich damit nicht zufriedengeben wollte, legte größten

Wert darauf, mir zu versichern, er könne selbst nicht mehr verstehen, woran er damals geglaubt habe: »Ernsthaft. Sie mit ihrem Neuen Forum, das war für mich die Konterrevolution!« So habe er es doch sehen müssen. Und so gänzlich falsch sei eine solche Sicht der Ereignisse ja wohl nicht, sagte ich und beruhigte ihn. »Hätten Sie es nicht geglaubt, könnten Sie heute auch nicht das Recht eines irrenden Gewissens für sich reklamieren.« Ich sehe W., dem ich mehrfach danach begegnet bin, heute noch so vor mir. Wie er sich zurücklehnt und wie gebannt auf meine Schreibtischplatte starrt. Dass ein Irrender, der guten Gewissens gehandelt hat, moralisch nicht verurteilt werden sollte, selbst wenn er nach allgemeiner Überzeugung unmoralisch gehandelt hat, konnte er nur schlecht verkraften.

Nun ja, Thierses Unternehmen führte immerhin zu dem noch heute lesenswerten, von Albrecht Schönherr im Aufbau Verlag herausgegebenen Sammelband. Leider kam die Aufarbeitung der Hinterlassenschaft des Staatssicherheitsdienstes über ein infantiles Niveau in der breiten Öffentlichkeit nur selten hinaus. Daran haben selbst gediegene Sachbücher historischer und juristischer Fachforschung wenig geändert. Kinder schüchterte man früher mit der Frage ein: Wer hat Angst vorm schwarzen Mann? Jetzt sollten die Tschekisten und ihre Helfershelfer dessen Rolle übernehmen. Und all die Kinderlein entlasteten sich, indem sie bei jeder Enthüllung aufheulten und von all dem nichts gewusst haben wollten. Da musste die Frage gestattet sein: Habt ihr auf einem anderen Stern gelebt, völlig anders gedacht und euer Dasein geführt als unsereiner?

Gewiss, nach der Öffnung der Akten, von denen ohnehin keiner genau wusste, was an ihnen gelogen, übertrieben oder manipuliert war, und den Verlautbarungen der zentralen Behörde für Wahrheitsfindung sah vieles, wenn nicht gar alles, scheinbar völlig anders aus, realistischer, menschengerechter. Aber doch nur so, wie es für jeden ausgeschlafenen Zeitgenossen, der sein Leben im Ulbricht- und Honeckerstaat mit Verstand und etwas Geschichtskenntnis geführt hatte, auch schon früher aussah. Damit meine ich nicht, dass es keinen Klärungsbedarf gab. Natürlich wäre es jetzt an der Zeit gewesen, den persönlichen Umgang mit verzwickten Situationen lebensnah zu erörtern. Wie haben wir uns bei Konflikten zwischen den Anforderungen eines übertragenen Amtes und des eigenen Gewissens verhalten?

Leider kam manch einer, dem man gern ein dickeres Fell gewünscht hätte, mit der hysterischen Ausdeutung der DDR-Vergangenheit überhaupt nicht zurecht. Wie der Volkskammer- und Bundestagsabgeordnete Professor Gerhard Riege, bei dem ich ein Vierteljahrhundert zuvor in Jena Staatsrechtsvorlesungen gehört hatte. Mir war er als verständnisvoller Lehrer in Erinnerung geblieben, der uns ein Maß an akademischer Freiheit zugebilligt hatte, wie es in den Sechzigern nicht unbedingt üblich gewesen ist. Sein Scheitern zeigte mir drastisch, weshalb der 89er Aufbruch für viele der in der Höhle Gefangenen keine Befreiung von ihren Fesseln war, wodurch vielleicht ein Aufstieg ins Freie hätte angetreten werden können. Wenn ich die Causa Riege richtig beurteile, dann erlebte der Mann in seiner Abgeordnetentätigkeit die erste frei gewählte Volkskammer offenbar als ernst zu nehmendes »Gesprächsparlament« und »Vorbote einer neuen politischen Kultur«, was mich ein bisschen wunderte, als ich das las. Hinterm Rednerpult im gesamtdeutschen Bundestag stehend, dürfte ihm sein historischer Optimismus bald abhandengekommen sein. »Sie sollten das Wort ›Recht‹ überhaupt nicht in den Mund nehmen«, rüpelte ihn dort der Abgeordnete Joseph-Theodor Blank an. Und das war nur einer von 32 protokollierten Zwischenrufen, welche ausnahmslos unter die Gürtellinie zielten. In der Person Rieges wollten sie, denen es überhaupt nichts ausmachte, mit alten DDR-CDU-Funktionären in einer Fraktion zu sitzen, nun guten Gewissens einen richtigen »Roten«, der schon wegen seiner geografischen Herkunft verdächtig war, zur Strecke bringen. Nachdem ein paar Monate später eine bereits drei Jahrzehnte früher geschlossene MfS-Akte mit zwei vom Bundesbeauftragten für bedeutungslos erklärten Berichten auftauchte, wusste der 61-jährige Riege nur allzu gut, was das bedeutete. Wie Hiob klagte er in seinem Abschiedsbrief: »Mir fehlt die Kraft zum Kämpfen und zum Leben. Sie ist mir in der neuen Freiheit genommen worden. Ich habe Angst vor der Öffentlichkeit, wie sie von Medien geschaffen wird und gegen die ich mich nicht wehren kann. Ich habe Angst vor dem Hass, der mir im Bundestag entgegenschlägt.«

Zonen des Verdachts

Gerhard Rieges Tod – er hinterließ drei Kinder und seine Ehefrau – bewirkte leider keinen ehrlicheren und offeneren Blick auf die geheimdienstlichen Hinterlassenschaften, ebenso wenig wie die Verzweiflungstaten all der anderen, die meinten, sie müssten mit einer drastischen Selbstbestrafung ihre verletzte Ehre wieder herstellen und auf ihre Kritiker antworten. Trotz gegenteiliger Beteuerungen amtlicher Nekrologe änderte sich nichts. Nach wenigen Tagen wurde nicht mehr vom Freitod Rieges gesprochen. Die Zone der Denunziationen dehnte sich aus wie ein Flächenbrand. Jens Reich, Jochen Tschiche und auch Joachim Gauck wurden als prominente Sprecher des Neuen Forums verdächtigt, sie seien für den Geheimdienst tätig gewesen.

Eigene Erfahrungen hatte ich diesbezüglich bereits im Frühsommer '89 anhand einer in den »Umweltblättern« erschienenen und bezeichnenderweise mit N.N. unterschriebenen »Buchbesprechung« meines »Vormundschaftlichen Staates« gesammelt. »Verwunderlich ist es«, hieß es da, »dass H. von den mit Verfassern ›grundsätzlicher Kritik‹ nicht eben zimperlich umspringenden Sicherheitsorganen so gänzlich ungeschoren bleibt. Sollte da vielleicht die alte Volksweisheit anwendbar sein, der zufolge eine Krähe der anderen kein Auge aushackt?« Abgesehen davon, dass ich so ungeschoren nicht davongekommen bin, wie mir unterstellt wurde, konnte ich nur ahnen, wer dem Schreiberling die Feder geführt hatte. Ich antwortete darauf mit keiner Silbe. Geh deinen Weg, und lass die Leute reden – das schien mir die richtige Maxime zu sein, um in einer Zone des Verdachts nicht nervös zu werden. Meine Freundin Erika Drees empörte der Beitrag allerdings sehr. Sie konnte es nicht lassen, eine Erwiderung an die Redaktion der »Umweltblätter« zu schicken. (Später konnte ich in dem letzten, nach dem Mauerfall gegen mich ausgearbeiteten Zersetzungsplan lesen, dass die meine Personalie bearbeitenden Staatssicherheitsoffiziere ganz selbstverständlich auf von ihnen lancierte Beiträge in den »Umweltblättern« setzten.)

Ihren Höhepunkt erreichte die Kultur des Denunziatorischen (Bernhard Schlink) jedoch erst, als die Abwicklung des Ministeriums für Staatssicherheit fast abgeschlossen war. Erst da hörte ich immer öfter die Behauptung, der ganze 89er Aufbruch sei doch nichts weiter als ein letztes geheimdienstliches Meisterstück gewesen. Mancher, der daran glaubte, und dies waren nicht wenige, verkündete nun vielsagend – meistens unter Hinweis auf Ibrahim Böhme (SDP) und Wolfgang Schnur (DA) –, selbst wir als Gruppe der Erstunterzeichner des Gründungsaufrufs des Neuen Forums seien doch »total unterwandert« gewesen. Solche Mutmaßungen entsprangen zwar nicht unbedingt einer Absicht auf Täuschung, aber sie waren typisch für ein Weitergesagtwerden, welches jedes Erschließen der Vergangenheit über weite Strecken in ein Verschließen verkehrte. Wer unter Kollaborationsverdacht gestellt wurde, musste sich rechtfertigen. Die klassische Beweisregel in dubio pro reo war in der heißen Zone des Verdachts keinen Pfifferling wert. Entlastete man sich mit aussagekräftigen Aktenfunden, war man aus dem Schneider.

Meine Akten hatten die Tschekisten in Frankfurt und Berlin beiseitegeschafft. Aber es fanden sich Gott sei dank bald in anderen ehemaligen Bezirksverwaltungen des MfS genügend Belege, aus denen die auf meine Spur angesetzten Historiker der Gauck-Behörde entnehmen konnten, wie und wofür ich mich eingesetzt hatte. Walter Süß hat jedenfalls meinen Werdegang in seinem Buch »Staatssicherheit am Ende: Warum es den Mächtigen nicht gelang, 1989 eine Revolution zu verhindern« so nachgezeichnet, dass ich mich darin wiedererkannt habe. Und das, obwohl mir die auftraggebende Gauck-Behörde weiß Gott nicht wohlgesonnen war. Nicht nur einmal berichteten mir Journalisten über ihre Hintergrundgespräche mit Marianne Birthler. Als Behördenchefin hatte sie größten Wert darauf gelegt, ihnen klar zu machen, dass »Rolf Henrich völlig überschätzt« werde. Worauf Birthlers Animositäten mir gegenüber zurückzuführen waren, konnte ich mir denken. Im Brandenburger Landtag hatte ich mich in einer Anhörung als Sachverständiger zugunsten von Schulen in freier Trägerschaft exponiert. Und das, obwohl sie mich als amtierende Bildungsministerin zuvor händeringend vor »den Katholen« gewarnt hatte, die in Fürstenwalde eine Privatschule gründen wollten. Jesuiten seien da am Ball. Offenkundig waren die Ordensleute für sie so etwas wie die Fünfte Kolonne des katholischen Klerus im protestantischen Brandenburg.

Es gehört zur Parallelgeschichte eines Komplotts, dass es eigentlich nur Spitzenagenten Moskaus gewesen sein konnten, welche in der zweiten Hälfte der achtziger Jahre in Honeckers Reich alle Fäden in der Hand hielten und die rebellierenden Kräfte gelenkt haben, um Glasnost und Perestroika durchzudrücken. Natürlich wusste jeder politisch Informierte hierzulande nicht nur über die knapp 340 000 zwischen Ostsee und Erzgebirge stationierten Rotarmisten Bescheid. Allgemein bekannt war ebenfalls, dass in den meisten Bezirksstädten von Karlshorst aus angeleitete Zweigstellen der Lubjanka konspirierten. Man sah die Schlapphüte ja ein- und ausgehen. Was deren konkrete Aufgabenstellung war, darüber konnte man jedoch nur spekulieren. Und in welcher Zahl ihnen DDR-Bürger zuarbeiteten, wusste niemand (Art. VII der »Vereinbarung über die Zusammenarbeit zwischen dem Ministerium für Staatssicherheit der DDR und dem Komitee für Staatssicherheit beim Ministerrat der Union der sozialistischen Sowjetrepubliken« vom 6. Dezember 1973 regelte, dass DDR-Bürger »zur geheimen Mitarbeit« herangezogen werden durften, »wenn es im Interesse der staatlichen Sicherheit der UdSSR und der DDR zu Aufklärungs- und Abwehrzwecken im Kampf gegen die Geheimdienste des Gegners erforderlich ist«.) 1989/90 sich mit Sowjets einzulassen, war jedenfalls höchst problematisch. Allzu leicht konnte man dadurch den Verdacht der Kollaboration auf sich ziehen.

Daran musste ich sofort denken, als mich Smirnow, der Erste Botschaftssekretär der UdSSR, kurz nach dem Jahreswechsel anrief, um mich zu einem Gedankenaustausch am 22. Februar in die Vertretung Unter den Linden einzuladen, weil an diesem Tage, wie er mir mitteilte, ein hochrangiges Mitglied des Politbüros der KPdSU in Berlin weilen würde. »Und der Genosse möchte sich durch Gespräche mit Oppositionellen ein eigenes Bild von der politischen Lage verschaffen.« Der Anruf erreichte mich eines frühen Morgens. Smirnows in akzentfreiem Deutsch vorgetragene Bitte erschien mir angesichts meiner Rolle in der Umbruchszeit plausibel. Es gab ja im Osten kaum mehr als zwei

Dutzend Oppositionelle, denen man zutrauen durfte, ein einigermaßen realistisches Lagebild zu liefern. Ich sorgte mich aber gleich, dass mein Besuch in der sowjetischen Botschaft falsch verstanden werden könnte – nämlich als Mauschelei mit dem KGB. Ich würde nur kommen, darauf beharrte ich deshalb, wenn mich von mir ausgewählte Vertrauensleute begleiten dürften. Smirnow hatte nichts dagegen einzuwenden: »Bringen Sie mit, wen Sie wollen.«

Mit meinem Freund Reinhart Zarneckow und dem mich an diesem Tage rein zufällig besuchenden Schriftsteller und Publizisten Dieter Borkowski im Schlepptau, Letzteren vergatterte ich ausdrücklich, sich bitte keinesfalls als Westdeutscher erkennen zu geben, drückte ich also am 22. Februar nachmittags auf den kupfernen Klingelknopf neben der Pforte der sowjetischen Botschaft. Ein jüngerer Angestellter öffnete uns die Tür und führte uns in die erste Etage des Botschaftsgebäudes. Was mir augenblicklich auffiel, als wir die breite Treppe im Mittelbau emporstiegen, war die Schäbigkeit der ganzen Ausstattung. Abgewetzte Teppiche, schwere samtene Fenstervorhänge, die mich an staubige DDR-Kinos erinnerten, rissige Stuckverzierungen, pompöse Kronleuchter und Wandlampen aus der Nachkriegszeit. Alles, aber auch wirklich jeder Winkel atmete hier den morbiden Charme einer untergehenden Epoche aus. »O nein«, schnaufte Dieter Borkowski leise in meine Richtung. Sein Entsetzen munterte mich auf. »Den Freunden fehlt das Geld für eine malermäßige Instandsetzung«, raunte ich ihm zu. Im ersten Stockwerk huschte flüchtig grüßend Ibrahim Böhme an uns vorbei. Böhme hatte augenscheinlich solo mit den Sowjets konferiert. Ohne seinen Außenminister Markus Meckel, der ihn sonst überallhin begleitete. Ein bisschen wunderte mich das schon.

Wir betraten einen großen Empfangssaal, in dessen Mitte eine lange Tafel aufgestellt war. Nach einer steifen Begrüßung durch die bereits wartenden, ausschließlich männlichen Gastgeber setzten Reinhart, Dieter und ich uns auf die für uns vorgesehenen Plätze. Der Sitzordnung auf der gegenüberliegenden Seite der Tafel nach zu urteilen, musste mein Visavis der mir telefonisch angekündigte hohe Gast aus Moskau sein. Nicht weiter erstaunlich fand ich, dass der aus Moskau angereiste Emissär erst einmal über die »deutsche Frage« mit mir sprechen wollte.

Wie solle es nun weitergehen? Für mein Gegenüber war die Überwindung der deutschen Teilung, wie ich unserem Gespräch entnehmen musste, offenbar die natürlichste Sache der Welt. Ob aber in den kommenden Monaten eine schnelle oder doch langsame Vereinigung beider deutscher Staaten in Gang gesetzt werden sollte – genau das war für ihn entscheidend. »Die Menschen bei uns verstehen nicht, was hier passiert. Es geht alles viel zu schnell.«

Als ich das hörte, wurde mir klar, dass man mich nicht nur eingeladen hatte, um bei einer Tasse Tee von mir zu erfahren, wie ich die sich entwickelnde politische Lage einschätzte. Offenbar suchten die Moskowiter auch nach Verbündeten unter den Neuen Kräften im Vorfeld der beschlossenen Volkskammerwahlen (wen sie da so alles eingeladen haben, wüsste ich gern; Friedrich Schorlemmer erzählte mir Jahre später, er sei ebenfalls in der Botschaft gewesen). Ich konnte das Anliegen der Sowjets zwar durchaus nachvollziehen, machte aber meine Gesprächspartner unmissverständlich darauf aufmerksam, dass angesichts der anhaltenden Flüchtlingsströme und der zusammenbrechenden DDR-Wirtschaft der Zug zur deutschen Einheit nicht nur abgefahren sei, sondern sich in den kommenden Monaten wohl noch deutlich beschleunigen werde. Niemand, weder ein Ministerpräsident Modrow noch eine neu gewählte Regierung und schon gar nicht wir Bürgerrechtler könnten daran irgendetwas ändern. Und selbst »mit Panzern« könne man den Lauf der Geschichte nicht mehr bremsen, fügte ich noch hinzu.

Wie sieht nun die Bilanz aus?

Wenn ich mein Leben, so wie ich es von den frühen sechziger Jahren bis in die Neunziger geführt habe, noch ein letztes Mal Revue passieren lasse, erscheint es mir als eine Abfolge unterschiedlichster Bindungen und Loslösungen und zugleich nicht weniger deutlich als eine mich desillusionierende Suche. Heilfroh bin ich, dass immer wieder ein anderer Anfang mich halbwegs auf der Höhe und bei Verstand gehalten hat. Mit einem Kundigen an meiner Seite in jungen Jahren wäre mir vermutlich mancher Umweg erspart geblieben. Was die Habenseite meiner Bilanz betrifft, rechne ich mir aber trotz all meiner Schlenker einen Punkt hoch an. Das muss ich näher erklären.

Während des Schreibens habe ich öfters darüber nachgedacht, wie es mir wohl ergangen wäre, wenn ich mich im Zusammenhang mit der Austrocknung des Sumpfes meiner millenarischen Illusionen auf die sichere Bank eines Beobachters zurückgezogen hätte. Mit der Anwaltskanzlei im Rücken hätte mir das in den späten Siebzigern und Achtzigern eine bequeme Lebensführung garantiert. Als eingefleischter Sinnsucher und Weltverbesserer war ich da längst gescheitert. Mein alltägliches Dasein bestimmten immer stichelnder das »Bewusstwerden der langen Vergeudung von Kraft, die Qual des ›Umsonst‹, die Unsicherheit, der Mangel an Gelegenheit, sich irgendwie zu erholen, irgendworüber noch zu beruhigen – die Scham vor sich selbst, als habe man sich allzulange betrogen …«. Nietzsches Befund jenes seelischen Zustands, der unweigerlich eintritt, wenn wir immer wieder nach einem Sinn gesucht haben, welcher nirgendwo zu finden ist, trifft, bezogen auf mein damaliges Innenleben, ins Schwarze, mittenhinein. Mit dem Alles umsonst vor Augen hätte es deshalb nahegelegen, im Sich-Absetzen mein persönliches Heil zu suchen.

Warum habe ich dieser Versuchung widerstanden und mir, nachdem man Rudolf Bahro verurteilt hat, noch einmal solche Wallungen für das Gemeinwohl erlaubt? Man kann die daraus entsprungene Kritik des vormundschaftlichen Staates und meinen persönlichen Einsatz bei der Gründung und Vertretung des Neuen Forums sicher leicht als »Toben des verrückten Eigendünkels« (Hegel) eines SED-Abweichlers diskreditieren. Ja, es ist ein Batzen Hochmut dabei gewesen. Eine andere Triebfeder war jedoch mächtiger. Ich fühlte mich mitschuldig am verkommenen Zustand unseres politischen Lebens, sprich: des vormundschaftlichen Staates mit all seinen von mir beschriebenen menschenverachtenden Auswüchsen. Und ich wollte durch tätige Reue – also durch eigenes Tun – zu einer Änderung der Verhältnisse im Osten beitragen. Selbst auf die Gefahr hin, damit wieder einer nächsten Illusionierung aufzusitzen. Nur entschuldigend auf meine juvenilen Gefühle zu verweisen nach dem Motto vieler Langzeitbetrüger, wonach man in jüngeren Jahren nun mal Sozialist oder nie richtig jung gewesen ist, reichte mir nicht.

Seitdem das Blatt sich gewendet hat, bedrückt mich der innere Drang nach wiedergutmachenden Taten nicht mehr. Wenngleich mit den veränderten Existenzbedingungen, wie sie durch die Herbstrevolution und die deutsch-deutsche Vereinigung herbeigeführt wurden, natürlich auch wieder eine Aufstockung meines Schatzes an Desillusionen verbunden gewesen ist: nämlich die Erfahrung des Unterschiedes zwischen der glitzernden Fassade und der hässlichen Rückansicht der neubundesrepublikanischen Wirklichkeit – hier nun jedoch schon begleitet durch die abgeklärte Einsicht, dass man das Eine nicht haben kann ohne das Andere. So gewappnet hat mir die Erkenntnis, dass auch die Berliner Republik nicht dem entsprach, was ich mir gewünscht hatte (mündiges Bürgersein, kein Gouvernantenstaat mit dauernder Belehrung und Betreuung), nicht die Freude über die deutsche Einheit und die damit verbundene Wiederherstellung der Rechtsstaatlichkeit verhagelt. Der Rechtsstaat stellte für mich das A und O dar; alles andere erschien mir im Verhältnis dazu zweitrangig.

Wahrscheinlich klingt ein derart bescheidenes Bekenntnis kleinmütig. Und es bezeugt in den Augen mancher meiner Mitstreiter gegen die sozialistische Diktatur gewiss nicht jenes Engagement, welches sie sich von mir als Hoffnungsträger gewünscht haben. An kämpferischer Hingabe an die Sache einer besten Herrschafts- und Verwaltungsform, hundertprozentig basisdemokratisch engagiert, entschieden für etwas, ohne Abstriche und Bedenken. Aber da musste ich diejenigen, die auf mich gesetzt haben, leider enttäuschen. Nicht nur deshalb, weil mein Interesse an aktiver Politik erlahmte. Die an mich herangetragene Erwartung, hauptberuflich als Politiker zu arbeiten, behagte mir überhaupt nicht. In meinen Ohren klang ein solches Ansinnen nach dem Volksmärchen Die Sieben Schwaben: Hannemann! geh du voran!/Du hast die größten Stiefel an …

Ein auf die Probleme der Transformation zugeschnittenes Handbuch, welches einem die Stolpersteine der sich in den Neunzigern entfaltenden bundesrepublikanischen Gesellschaft anzeigte, stand auch mir nicht zur Verfügung. Klar war nur eins: Der eingeübte Widerstands-Modus, der Existenz und existenzielle Wahrheit mit gruppenhafter Gegenwehr und Freiheit im Untergrund gleichsetzte, hatte ausgedient. Eine Zeit lang versuchte ich noch, als Mann der Feder eine Lanze für die Mündigkeit zu brechen. Einen erkennbaren Nutzeffekt hatte das nicht. Es führte lediglich dazu, dass mich der Professor an der Freien Universität Klaus Adomeit in seiner Rechts- und Staatsphilosophie in einem mir gewidmeten Kapitel unter die »Rechtsdenker der Neuzeit« einordnete.

Als die sozialistische Diktatur kapitulierte, war ich mir zwar klar darüber, dass es mit dem revolutionären Eifer der Massen bald vorbei sein würde. Den Ausnahmezustand konnte man ja nicht verstetigen oder gar organisatorisch konservieren. Wie der Krebsgang aber dann vonstattenging, darüber war ich doch arg enttäuscht. Tatsächlich ersetzte ja innerhalb weniger Monate der Rückfall in die gewohnte Mündelrolle jeden aufrechten Gang und erstickte beinahe vollständig den eben erst landesweit ausgebrochenen Unternehmungsgeist an der Basis. Trotz meiner Skepsis hatte ich im Stillen immer noch gehofft, in der Phase des Untergangs der DDR und des Interims könne die von mir im »Vormundschaftlichen Staat« favorisierte Staatsidee befördert werden, die auf ein positives, der Mündigkeit verpflichtetes Menschenbild baute. Überall im Land zerbrachen sich ja Menschen in den vom Neuen Forum und anderen Kräften eingerichteten Arbeitskreisen spätabends ihre Köpfe über eine Reform des Rechts, die Zukunft des Volkseigentums,

Michael Degen, Wolfgang Thierse, Sabine Christiansen, Angela Merkel, Hans-Dietrich Genscher, Rolf Henrich in der Talkshow zum 40. Jahrestag des Baus der Berliner Mauer, August 2001

ein erneuertes Schulwesen, die Beseitigung der gravierendsten Umweltschäden oder andere Fragen des Gemeinwohls. Wer da mitmachte, der wollte für die gemeinsamen Angelegenheiten Verantwortung übernehmen – und zwar ohne gleich auf ein honoriertes Amt zu schielen. Hier sammelten mündige Bürger unterschiedlichster Berufe ihre je eigenen Erfahrungen des Anfangens. Nach der im März abgehaltenen Volkskammerwahl zeigte sich jedoch schnell, dass den neu gewählten Volksvertretern wie den Funktionären ihrer Parteien jede basisdemokratische Teilhabe lästig erschien. Im nun aufflammenden Streit über den einzuschlagenden Weg hin zu einer gesamtdeutschen rechtlichen Grundordnung fielen schließlich die letzten Hemmungen. Neue Vormünder aus beiden Teilen Deutschlands bemächtigten sich der Rede über die Einheit Deutschlands. Art. 23 GG aF, wonach der Beitritt der DDR vollzogen wurde, und Art. 146 regelten bekanntlich keine sich wechselseitig ausschließenden Wege in die Einheit, wie es seinerzeit fälschlicherweise der Öffentlichkeit eingeredet wurde, sondern lediglich die Modalitäten für ein vereinigtes Deutschland, wie es eine gemeinsame Verfassungsordnung herstellen sollte. Ein vereinigtes Deutschland hätte demnach schon um seiner Selbstachtung willen den Art. 146 GG beachten und eine Verfassung in Kraft setzen müssen, die, wie das Grundgesetz es forderte, »von dem deutschen Volk in freier Entscheidung beschlossen worden ist«. Ob vorsätzlich oder fahrlässig, jedenfalls verspielte die politische Klasse die historische Gelegenheit, das Datum der Herbstrevolution 1989 mit einem zweiten Datum zu verknüpfen, das an die republikanische Gründung einer neuen Ordnung mittels eines Referendums erinnerte. Nicht genug, dass mit dem Verzicht auf eine der Form nach würdige Ersetzung des Grundgesetzes durch eine gesamtdeutsche Verfassung jede geschichtliche Verwurzelung der wiedergewonnenen staatlichen Einheit verweigert und der Eindruck einer Kolonialisierung des Ostens durch die scheinbar unverändert fortbestehende BRD provoziert wurde; man hatte auch das Gefühl eines grundsätzlichen Misstrauens gegenüber dem politisierten Volk, dem man die angeblich unbestrittene verfassungsgebende Gewalt offenbar nur unter der Voraussetzung zubilligte, dass es keinen Gebrauch davon machte. Angesichts eines solchen Umgangs mit dem Subjekt des pouvoir constituant hörte sich die spätere Empfehlung an diejenigen, die in Plauen, Dresden, Leipzig und anderswo »Deutschland einig Vaterland« skandiert hatten, sie mögen doch endlich von ihrer übertriebenen Deutschlandliebe ablassen und sich zukünftig mit einem politisch korrekten Verfassungspatriotismus begnügen, ziemlich heuchlerisch an.

Das Unbehagen an der als verlogen wahrgenommenen Verfassungsdebatte blieb, aber die mit der anschwellenden Arbeitslosigkeit verbundenen Verlusterfahrungen und Abstiegsängste drängten schnell das ganze Thema wieder von der Tagesordnung. Sorge um die Arbeitsplätze lähmte alles. Gefragt waren jetzt Retter und Wundermänner – Verkäufer von Schlangenöl. Frei werdende Verwaltungsposten waren plötzlich begehrt wie nie zuvor. Beamter zu werden oder wenigstens eine Sicherheit versprechende Stelle im öffentlichen Dienst, bei Gewerkschaften, Verbänden oder der Gauck-Behörde zu ergattern, schien für viele, die vorher über jede Art von Bürokratie gelästert hatten, auf einmal höchst erstrebenswert.

Ein Jahr nach dem Ende des sozialistischen Experiments klang die

Forderung nach möglichst großer Eigenverantwortung und Freiheit für den Einzelnen schon wieder wie aus der Zeit gefallen. Ich musste also der unangenehmen Erkenntnis ins Gesicht blicken, dass meine zentrale Überzeugung, es müsse in einem wie auch immer begründeten Eigeninteresse meiner Mitmenschen sein, die Fesseln des vormundschaftlichen Staates abzustreifen, bis auf weiteres auch nichts weiter als ein schillerndes Vokabular sein würde, welches nicht näher an den Lauf der Dinge heranreichte als jedes andere Gerede. Da blieb kein Platz mehr für Begeisterung, für Überzeugung oder Glauben; es blieb allenfalls noch ein kleiner Funken Hoffnung auf eine Politik und eine Staatsmacht, die es ihren Schutzbefohlenen nicht verübelte, eigensinnig einen Zustand der geistigen Sezession zu kultivieren und im Nichtdazugehören auszuharren. Abstand haltend zu dem Spektakel des Politbetriebs und der lärmenden Stimmungsmache, fern von jeder mitläuferischen Gefolgschaft. Von den Wegen, die sich nach der Einheit öffneten, schien mir jedenfalls keiner sonst der rechte zu sein. Bedeutete das nun aber, dass der Geist des Aufbruchs sich – bei mir oder den anderen ehemals Aktiven der großen demokratischen Koalition – in Luft aufgelöst hatte? Verpufft und erloschen. Da zögerte ich doch sehr, denn das letzte Wort über einen anderen Anfang in Deutschland war ja trotz der scheinbar totalen Angleichung der neuen Bundesländer an den Westen noch nicht gesprochen. Und das Leitbild eines mündigen und verantwortlichen Staatsbürgers bleibt allemal unabdingbare Voraussetzung der Möglichkeit eines vernünftigen Verhältnisses zu sich und den anderen, ganz gleich wie dieses Verhältnis konkret ausgestaltet wird. Jedenfalls stellt die Abwehr jeder Vormundschaft auch dort, wo wir zunehmend in Arbeits- und Systemabläufe eingefügt werden, weiterhin die formale Bedingung eines rationalen Entwurfs vom eigenen und gesellschaftlichen Leben dar.

Anhang

Abkürzungsverzeichnis

ADN	Allgemeiner Deutscher Nachrichtendienst (staatliche Nachrichtenagentur der DDR)
AfNS	Amt für Nationale Sicherheit (Nachfolger des MfS, bestand vom 27.11.–14.12.1989)
ASK Vorwärts Frankfurt	Armeesportklub und Leistungszentrum in der ASV (Armeesportvereinigung Vorwärts) der NVA
AStA	Allgemeiner Studentenausschuss
BDI	Bundesverband der Deutschen Industrie
BE	Berliner Ensemble
BG	Bezirksgericht (ordentliche Gerichtsbarkeit zweiter Instanz in der DDR)
BGB	Bürgerliches Gesetzbuch
BGL	Betriebsgewerkschaftsleiter
BL	Bezirksleitung
BND	Bundesnachrichtendienst
CDU	Christlich-Demokratische Union Deutschlands (Blockpartei)
ČSSR	Tschechoslowakische Sozialistische Republik (1918–1992)
DA	Demokratischer Aufbruch
DAV	Deutscher Anwaltsverein
DBP	Demokratische Bauernpartei Deutschlands (Blockpartei)
DEFA	Deutsche Film AG (volkseigenes Filmunternehmen der DDR, das 1992 in die Babelsberg Studio GmbH überführt wurde)
DJ	Demokratie Jetzt
DGB	Deutscher Gewerkschaftsbund (West)
DSF	Gesellschaft für Deutsch-Sowjetische Freundschaft
DSU	Deutsche Soziale Union (im Januar 1990 gegründete Partei)
EKO	Eisenhüttenkombinat Ost
FAZ	Frankfurter Allgemeine Zeitung
FDGB	Freier Deutscher Gewerkschaftsbund
FDJ	Freie Deutsche Jugend

GD	Geheimdienst
GI	Geheimer Informator der Stasi (ab 1968 abgelöst durch das Akronym IM für inoffizieller Mitarbeiter)
Gulag	Netz der Straf- und Arbeitslager in der UdSSR (benannt nach der russischen Bezeichnung Glawnoje Uprawlenije Lagerej für die Hauptverwaltung dieser Lager)
HJ	Hitlerjugend
IFM	Initiative für Frieden und Menschenrechte
KfS	Bezeichnung des MfS für den sowjetischen Geheimdienst KGB (russ. für Komitee für Staatssicherheit)
KGB	russ. für Komitee für Staatssicherheit, sowjetischer Geheimdienst (1954–1991)
KKW	Kernkraftwerk
KOR	Komitet Obrony Robotników (zur Unterstützung der Arbeiter in Polen gründeten dortige Bürgerrechtler 1976 das Komitee zur Verteidigung der Arbeiter – später umbenannt in Komitet Samoobrony Społecznej – Komitee zur gesellschaftlichen Selbstverteidigung)
KPdSU	Kommunistische Partei der Sowjetunion
KSZE	Konferenz für Sicherheit und Zusammenarbeit in Europa
KZ	Konzentrationslager
LDPD	Liberal-Demokratische Partei Deutschlands (Blockpartei)
LKA	Landeskriminalamt
LMG	Leichtes Maschinengewehr
LPG	landwirtschaftliche Produktionsgenossenschaft
MdI	Ministerium des Innern
Med.-Punkt	Medizinischer Punkt (Versorgungsstelle des Medizinischen Dienstes der NVA)
MfS	Ministerium für Staatssicherheit
MiG	Bezeichnung für Jagdflugzeuge, die von der russischen Flugzeugbaugesellschaft MiG hergestellt wurden
Mot.-Schützen	Motorisierte Schützen (mit Schützenpanzern oder gepanzerten Radfahrzeugen ausgestattete Infanterie der NVA)
MPi	Maschinenpistole
ND	Neues Deutschland (Zentralorgan der SED)

NDPD	National-Demokratische Partei Deutschlands (Blockpartei)
NF	Neues Forum
NÖS	Neues Ökonomisches System der Planung und Leitung (der Volkswirtschaft der DDR)
NVA	Nationale Volksarmee
OG	Oberstes Gericht (höchstes Rechtssprechungsorgan der DDR)
PDS	Partei des Demokratischen Sozialismus
RIAS	Rundfunk im amerikanischen Sektor (1946–1993)
SDP	Sozialdemokratische Partei in der DDR (gegründet im Oktober 1989, ging sie 1990 in die SPD ein)
SDS	Sozialistischer Deutscher Studentenbund (West, 1946–1970)
SED	Sozialistische Einheitspartei Deutschlands
SFB	Sender Freies Berlin (West, 1953–2003)
SPD	Sozialdemokratische Partei Deutschlands
Stamokap	Staatsmonopolistischer Kapitalismus
Stasi	kurz für den Geheimdienst der DDR (Staatssicherheit bzw. MfS)
SU	Sowjetunion
UdSSR	Sowjetunion bzw. Union der Sozialistischen Sowjetrepubliken (1922–1991)
UF	Unternehmensforum
UHA	Untersuchungshaftanstalt
VEB	volkseigener Betrieb
VL	Vereinigte Linke
VNN	Vereinigung der Verfolgten des Naziregimes
Vopo	kurz für Volkspolizist
VVB	Vereinigung volkseigener Betriebe
ZDF	Zweites Deutsches Fernsehen
ZK	Zentralkomitee

Bildnachweis

Archiv Bundesstiftung Aufarbeitung: S. 283 (Fotobestand Klaus Mehner, Bild 87_0627_REL_EvKTvU_08)
Archiv der DDR-Opposition in der Robert-Havemann-Gesellschaft: S. 256 (RHG_Fo_AnKae_569), 268 (RHG_Fo_HAB_11607), 271 (RHG_Fak_0436)
Archiv des Verlages: S. 63, 77, 83, 128, 160, 241, 296, 310, 322
Bundesarchiv Koblenz: S. 23 l. (183-91658-0001, Friedrich Gahlbeck), 23 r. (183-50124-0002, Schlegel), 330 (183-1990-0205-019, Gabriele Senft)
Der Bundesbeauftragte für die Unterlagen des Staatssicherheitsdienstes der ehemaligen Deutschen Demokratischen Republik: S. 167, 190, 230, 244, 248
dpa / Picture Alliance: S. 306 (1901232, Wolfgang Kumm), 326 (19879965, Peer Grimm)
Bernhard Freutel: S. 206
Haus der Geschichte, Bonn: S. 202 (Zeitgeschichtliches Forum Leipzig, Foto: Punctum, Bertram Kober)
Martin Naumann, Stadtgeschichtliches Museum Leipzig: S. 313
Privatarchiv des Autors: S. 15, 17, 35, 37, 41, 43, 47, 59, 74, 86, 115, 137, 164, 172, 177, 200, 244, 246, 248, 261, 291, 297, 325, 367
Ullstein Bild: S. 317 (01725898, Schoelzel)
Bettina Zarneckow: S. 144, 188, Schutzumschlag hinten

Personenregister

Adler, Alfred 177
Adomeit, Klaus 366
Albrecht (Bürgermeister) 132 f.
Angel, Harold 12
Apel, Erich 28, 30, 60, 83
Arnold, Karl-Heinz 329
Arnold, Michael 278, 309
Aznavour, Charles 66

Bahr, Egon 324
Bahro, Rudolf 36 f., 160–169, 174, 185 f., 208, 364
Bartel, Kurt 317
Baskerville, Ernest 12
Bauer, Renate 315
Bauer, Rudolf 191
Baumann, Hans 63
Bautz (Hauptmann) 221 f.
Becher, Johannes R. 266
Beethoven, Ludwig van 36, 351
Bender, Peter 340
Benjamin, Hilde 49, 328
Benjamin, Michael 106 f., 120 f.
Benjamin, Walter 173
Bentham, Jeremy 165
Berghaus, Ruth 293
Berghofer, Wolfgang 317, 324
Biedenkopf, Kurt 334
Biermann, Wolf 37, 60, 74, 160, 163
Bingen, Hildegard von 226
Binswanger, Hans Christoph 340
Birthler, Marianne 360
Blank, Joseph-Theodor 358

Bloch, Ernst 18, 26, 296
Bohley, Bärbel 204–213, 217, 220, 225 f., 234–236, 254, 256, 259, 264, 267, 269, 273, 278, 280, 282–284, 287–290, 292, 300, 303, 305–311, 315, 331, 352
Böhm, Tatjana 329 f.
Böhme, Ibrahim 233, 272, 316, 323, 360, 362
Borkowski, Dieter 362
Böttcher, Bernd 228
Böttcher, Till 212
Bräunig, Werner 60
Brecht, Bertolt 72, 109, 114, 184, 266, 278
Brednow, Walter 45
Brentano di Tremezzo, Margherita von 339, 341–346
Breschnew, Leonid 30
Bruyn, Günter de 245
Buchda, Gerhard 50, 54 f.
Büchner, Georg 170
Büchner, Matthias 287, 304

Castorf, Frank 171
Christiansen, Sabine 154, 367
Cyranka, Klaus 178

Damiens, Robert François 109 f.
Degeyter, Pierre 93
Dickens, Charles 346
Diestel, Peter-Michael 189, 323
Dietze, Maik 312

Ditfurth, Christian von   218 f.
Dohlus, Horst   280
Doese, Jo   137 f.
Döring, Karl   333 f.
Drees, Ludwig   204, 233
Drees, Erika   174, 202–204, 211, 215, 223, 226–232, 247, 259, 280, 359
Drefahl, Günther   33
Dreydorf, Michael   240
Dubček, Alexander   82
Ducke, Karl-Heinz   317 f., 321 f.
Duske (Stabsfeldwebel)   113
Duve, Freimut   217, 219, 227–232, 234 f.

Eco, Umberto   356
Eggert, Heinz   356
Egler, Gert   106 f., 121
Ehrler, Ludwig   259 f.
Eichendorff, Joseph von   135
Eigenfeld, Frank   259
Eigenfeld, Katrin   259
Eismann (MfS-Offizier)   70–77, 80 f.
Engelke, Martin   178
Engels, Friedrich   18, 33, 51
Eppler, Erhard   340, 343
Erkrath, Hagen   268, 287
Evert, Dierk   138

F., Bernd (Mandant)   191
F., Fritz (Mandant)   155–159
Falcke, Heino   282
Feininger, Lyonel   259
Felgner (Student)   107

Fest, Joachim   94
Feyl, Renate   292
Fichte, Johann Gottlieb   34
Fichter, Tilman   340, 342–344
Fischer, Gerd   174
Fischer, Horst   71, 325
Fischer, Joschka   353
Fontane, Theodor   261
Forck, Gottfried   211
Freud, Sigmund   177
Fritzsche, Hans-Georg   50, 52–54
Frohloff, Helga   176
Fuchs, Jürgen   36, 210, 215–217

G., Herbert   75, 79
Gadamer, Hans-Georg   18
Gamsachurdia, Konstantine   201
Gamsachurdia, Swiad   201
Gauck, Joachim   349, 355, 359
Gehlen, Reinhard   75 f.
Genscher, Hans-Dietrich   289, 367
Gerlach, Manfred   317, 319 f., 329
Globke, Hans   71
Goethe, Johann Wolfgang von   34, 344, 346
Goldstücker, Eduard   82
Gorbatschow, Michail   213
Goßmann, Gerhard   137 f.
Götze (MfS-Offizier)   70, 73
Griefahn, Monika   340
Grondke (SED-Genosse)   251
Grosz, George   342
Guevara, Ernesto Che   67, 99, 108
Gutzeit, Martin   272

Gysi, Gregor 84, 166–169, 225, 249, 279, 305, 310 f., 317, 319, 321, 324 f., 336, 354

Hahn, Toni 84 f.
Hájek, Jiří 82
Hanewinckel, Hans-Joachim 260
Harich, Wolfgang 227
Harig, Wolfgang 36, 57, 296
Hartmann, Grit 309, 311
Havemann, Katja 202, 210, 226, 234, 237, 254, 266, 274, 286
Havemann, Robert 36, 60, 160 f., 168, 227
Hegel, Georg Friedrich Wilhelm 17 f., 50 f., 331, 365
Heiduczek, Werner 350
Heine, Heinrich 34
Heinemann, Gustav 92
Heisig, Bernhard 293
Henrich, Ernst 12 f.
Henrich, Falk 184, 203, 218, 235, 299, 349, 351
Henrich, Heidelore 120, 122, 124 f., 132 f., 137, 154, 172, 183–185, 191, 200, 213, 218, 228, 230, 235, 240, 277, 299, 332 f., 339, 344 f., 349, 351
Heusinger, Hans-Joachim 194, 327 f.
Heyl, Menso 320
Heym, Stefan 60, 321
Hiebsch, Hans 45
Hitler, Adolf 12, 75, 345
Hochbaum, Hans-Ulrich 58
Höck, Kurt 177
Hofstedt (Personaldirektor) 20 f.

Hölderlin, Friedrich 37, 171, 286
Holland, Witho 319
Holness, Frederick 12
Honecker, Erich 30, 58, 61, 194 f., 213, 242 f., 247 f., 351, 262, 266, 278, 351, 354, 361
Hoppe, Rolf 293
Hörath, Hans 159, 193, 239 f.
Hugot, Heinrich 169
Hultsch, Steffen 35
Humboldt, Alexander von 34

Imme, Lothar 287

Jackson, Don D. 177
Jahn, Günther 262
Janka, Walter 36, 57, 105, 296, 350
Janke, Gerd 158
Jens, Walter 350
Johnson, Uwe 186
Jünger, Ernst 187
Jung, C. G. (Carl Gustav) 177
Jung, Franz 161
Junge, Harald 228
Just, Gustav 105

K., Hagen und Dieter (Mandanten) 142 f., 145–151
K., sen. (Mandant) 142
Kafka, Franz 66, 143, 223, 331
Kahl, Gisela 340
Kalk, Andreas 212
Kant, Immanuel 11, 16, 18, 53, 341
Kaufmann, Hans 45
Kaul, Friedrich Karl 224

Kelly, Petra 331
Kerstin, Rolf »Rolle« 127, 137, 163 f.
Kirchner, Harry 27, 39
Kitowani, Tengis 201
Klasen, Klaus 122, 124, 159, 183, 187, 189–191, 193, 197, 203, 239 f.
Klein, Thomas 323
Klenner, Hermann 91, 297
Klier, Freya 212
Klitzing, Karl-Ludwig von 315
Klopper (MfS-Offizier) 101
Klopstock, Friedrich Gottlieb 34
Kögler, Birgitta 35
König, Hartmut 222
König (Major) 189, 221 f.
Konrad, György 285
Köppe, Ingrid 308, 316–320, 323 f.
Koristka (MfS-Offizier) 100 f.
Körner, Theodor 33
Kossack, Micha 81, 97
Kossack, Suzanne 81, 83, 97, 106, 120, 124, 166
Kowalczuk, Ilko-Sascha 310
Krawczyk, Stephan 212, 283
Kreibich, Renate 339
Kreibich, Rolf 339
Krenz, Egon 221, 242 f., 245, 247 f., 254, 262 f., 293, 317
Kretschmann, Winfried 353
Kröger (Hauptmann) 116–119
Kundera, Milan 38
Kunze, Reiner 139
Kurella, Alfred 66
Kürschner, Jörg 162

Küßner, Michael 202, 216 f.
Kzeminski, Richard 182 f.

L., Peter (Mandant) 129–131
L., Rochus (Mandant) 150
Laing, Ronald D. 177
Lange, Martin 317, 322
Latka (Richter) 158
Lechler, Walter 180
Lenin, Waldimir 18, 33, 43 f., 68, 100, 102 f., 270, 286, 291
Leonhard, Wolfgang 167
Leucht, Kurt 124
Liebknecht, Karl 206, 211
Lietz, Heiko 307, 329
Links, Roland 295–297
Lowen, Alexander 176
Lubnow, Bernd 99 f., 104, 107
Lück, Hartmut 108 f.
Luhmann, Niklas 152
Luxemburg, Rosa 206, 211, 224

M. (Polizist) 130
M., Hans-Peter (AStA-Vorsitzender) 69
Maaz, Achim 170 f., 174–181, 191, 220–222, 259
Maaz, Bärbel 174
Maizière, Lothar de 279, 317, 319, 323 f.
Maleuda, Günther 317–319
Mann, Heinrich 173
Mann, Thomas 342
Marat, Jean Paul 38
Marx, Gabriele 178

Marx, Karl 18, 20, 33, 45, 51 f., 66 f., 84, 89
Masur, Kurt 289, 291–295, 297, 321, 350 f.
Matthus, Siegfried 293
May, Gisela 293
Meckel, Markus 272, 362
Meinel, Reinhard 267
Mende, Georg 45
Mertens, Klaus 335, 337
Meyer, Wolfgang 320
Mielke, Erich 11, 142, 152, 160, 189, 213, 222, 227, 231, 242, 247, 266, 278, 302, 350
Mittig, Rudi 242 f., 245, 247, 254
Modrow, Hans 301, 307, 315 f., 318–321, 325, 327–329, 363
Moeller, Michael Lukas 180
Mohn, Reinhard 335
Mollnau, Karl 90 f., 97
Müller, Hanfried 52
Müller, Heiner 108–110, 157
Münster, Corinna 305

Nabokov, Vladimir 222
Nagel, Lore 14–16, 18, 41, 50
Naumann, Michael 235, 295
Neiber, Gerhard 189–192, 303
Neubert, Ehrhart 282–284
Neumann, Marlitt 179
Nietzsche, Friedrich 21, 51, 116, 354, 364

Oberländer, Hans 49
Ott, Jürgen 177

Palucca, Gret 293
Papenfuß, Bert 258
Paschukanis, Eugen 48
Paul, Heinz 42
Penig, Ludwig 106, 195
Pflugbeil, Sebastian 279, 287 f., 300, 329 f.
Pickert, Angelika 176
Pickert, Frieder 176 f.
Pieck, Wilhelm 96
Pierrepoint, Albert 12
Piprek, Nina 91 f.
Platon 53
Platzeck, Matthias 329 f.
Popiełusko, Jerzy 280
Poppe, Gerd 223 f., 234, 315, 329 f.
Poppe, Ulrike 223, 234–236, 315, 317, 323 f.
Posch, Martin 46 f.
Potjomkin, Grigori 194

Radbruch, Gustav 62
Rau (Staatsanwalt) 147–149, 187
Reich, Eva 287
Reich, Eva Renate 180
Reich, Jens 257 f., 266, 269 f., 279, 291, 302, 305, 307 f., 347, 352, 359
Reich, Wilhelm 175 f., 180
Reimers, Werner 142, 195 f.
Repgow, Eike von 54 f.
Retzlaff, Karin 290–293, 295 f.
Richter, Eberhard 340
Richter, Edelbert 282–284
Richter, Horst-Eberhard 177
Riege, Gerhard 41, 43, 358 f.

Robespierre, Maximilien de   38
Rodig (Justizbeamter)   240
Romberg, Walter   329 f.
Rosh, Lea   274, 297, 324 f., 339–341, 344
Rummel, Susanne   309, 311, 314
Rußig, Erika   131

Sabath, Wolfgang   162
Sacharow, Andrej   212, 285 f.
Saint-Just, Louis Antoine de   105
Salomon, Suzanne   35
Sarge, Günter   153, 158, 328
Sartre, Jean-Paul   45, 66, 68
Sauter, Georg   41
Schaff, Adam   66
Schabowski, Günter   299
Schalck-Golodkowski, Alexander   312
Schäuble, Wolfgang   323
Schewardnadse, Eduard   201
Schirrmeister, Caspar   334
Schlegel, August Wilhelm   34
Schlegel, Bert   212
Schlegel, Friedrich   34
Schlink, Bernhard   360
Schlüter, Klaus   329 f.
Schmidhäuser, Eberhard   109
Schmidt-Holtz, Rolf   335
Schmitt, Peter   149, 224
Schnabel, Artur   12
Schnabel, Dietrich   12 f.
Schnabel, Rüdiger   12
Schneider, Rolf   340, 343
Schnitzler, Karl-Eduard von   68

Schnur, Wolfgang   213, 223–225, 282 f., 314, 316, 319, 323 f., 326, 360
Schollmeier, Georg   138, 185
Schöneburg, Karl-Heinz   103
Schönfelder, Andreas   287
Schönherr, Albrecht   357
Schopenhauer, Arthur   173
Schorlemmer, Friedrich   54, 213, 282, 355, 363
Schramm, Arthur   25
Schröder, Richard   331
Schubert, Franz   200
Schubert, Renate   277, 298
Schukow, Georgi   136
Schult, Reinhard   213, 267, 269, 280, 287 f., 292, 308, 315–317, 323 f., 329, 331
Schulte-Hillen, Gerd   334 f., 337
Schulz, Christina   228
Schulz, Peter   92–94
Schumann, Horst   262
Schumann, Paul-Gerhard   148, 199
Schumann, Sabine   235
Schwanitz, Wolfgang   302, 320, 326
Schwarz, Ulrich   234 f., 237
Seidel, Eberhard   287
Seidel, Jutta   223, 287
Seidler, Christa   240
Seneca   16
Shakespeare, William   15 f.
Siebken, Bernhard   12
Šik, Ota   83 f.
Silberberg, I. (russ. Anthroposoph)   201
Smirnow (Botschaftssekretär)   361 f.

Smrkovský, Josef 82
Solschenizyn, Alexander 186, 201, 212
Sontheimer, Kurt 346 f.
Sorge, Richard 70
Spiller, Siegbert 19–26
Stalin, Josef 48 f., 102 f., 105, 110, 167
Stamminger, Rolf 240
Stange, Jürgen 150
Starkulla, Dieter 224
Steiner, Rudolf 267
Stirner, Max 161
Stolpe, Manfred 354
Stölzl, Christoph 340, 343 f.
Strasberg, Werner 157 f.
Stropahl, Ingrid 202
Stropahl, Lutz 267, 269
Strübing, Wolfgang 198–200, 202, 214, 216, 237, 351
Studnitz, Jörg von 202, 216 f.
Süß, Walter 360

T., Hartmute (Bremer Genossin) 48, 74
Tannen, Helmut 274
Taubes, Jacob 263
Teusch, W. L. (russ. Anthroposoph) 201
Thadden, Adolf von 93
Thate, Hilmar 114
Thaysen, Uwe 324
Thierse, Wolfgang 355–357, 367
Thomas (Oberstleutnant) 261 f.
Thoms (Richter) 158
Tichter, Helmut 100, 104, 107
Tietze, Christian 308

Traube, Klaus 340
Trittin, Jürgen 353
Tschäpe, Rudolf 267, 279, 287
Tschechow, Anton 66
Tschiche, Hans-Jochen 205, 223, 233 f., 264, 268 f., 282, 359
Tübke, Werner 293
Turre, Reinhard 178
Twardowski, Alexander 97

Ulbricht, Walter 28, 30 f., 91, 96, 103, 107, 123, 354
Ullmann, Alexander 241
Ullmann, Günter 224
Ullmann, Wolfgang 322–324, 326, 329 f.

Vogel, Wolfgang 150 f., 224, 249

Wagner (Partnerin von Helmut Tannen) 274
Wałęsa, Lech 196, 201
Walser, Martin 198
Walter, German 35
Wartenberg, Ludolf-Georg von 334
Watzlawick, Paul 177
Weber, Carl Maria von 33
Weber, Ilona 309, 311, 313
Wegewitz, Alfred 125 f.
Wegner (Oberstleutnant) 215
Wehner, Herbert 150
Weißhuhn, Reinhard »Henne« 234, 315
Wessel, Harald 60
Willi, Jürg 176 f.

Winterfeldt, Hans-Karl von 215–219, 227
Winterfeldt, Ingrid von 216
Winterfeldt, Maria Spes von (siehe auch Drees, Erika) 228
Wojtyła, Karol 182
Wolf, Christa 162, 292, 348
Wolff, Friedrich 225, 249
Wolf, Markus 305
Wolf, Richard 105
Wolff von Amerongen, Otto 324
Wolfram, Klaus 288, 331
Wollenberger, Vera 212, 225

Wünsche, Kurt 328 f.
Wyschinski, Andrej 49

Zarneckow, Reinhart 35, 43, 52, 98, 138, 174, 234, 309, 311, 315, 362
Zellmer, Christa 252, 298
Ziegler, Karl-Heinz 123
Ziegler, Martin 316–318, 322, 324
Ziegler, Walter 105
Zimmermann, Monika 290
Zöger, Heinz 105
Zöpel, Christoph 339
Zühlsdorf (Richter) 156

Helmut Müller-Enbergs,
Jan Wielgohs, Dieter Hoffmann, Andreas Herbst,
Ingrid Kirschey-Feix (Hg.)

Wer war wer in der DDR?

Ein Lexikon ostdeutscher
Biographien

Festeinband, 1616 Seiten
ISBN 978-3-86153-561-4
50,00 € (D); 51,40 € (A)

»Kein Zweifel – wer das biographische Lexikon nutzt, wird solide informiert, zumal die rund hundert Wissenschaftler und Experten aus Ost und West, die an ihm mitgearbeitet haben, sich nicht nur auf veröffentlichte Quellen stützen.«

Deutschland Archiv

»Die sachlich-nüchtern verfassten Kurzbiographien mit Hinweisen auf Publikationen der einzelnen Personen und ausgewählter Sekundärliteratur sind vorzüglich erschlossen durch ein Verzeichnis der in der DDR verwendeten Abkürzungen von Institutionen und Organisationen, durch Angaben zu den Autoren der biographischen Beiträge samt einem Autorenregister, schließlich durch Orts-, Länder- und Personenregister. (…) Immerhin 4000 lebensgeschichtliche Gerüste finden sich in dieser grundsoliden Publikation in zwei handlichen Bänden, denen eine weite Verbreitung zu wünschen ist.«

FAZ

www.christoph-links-verlag.de

Ch. Links Verlag (Hg.)

Die Ostdeutschen

25 Wege in ein neues Land

Festeinband, 25 s/w-Abbildungen
240 Seiten
ISBN 978-3-86153-797-7
20,00 € (D); 20,60 € (A)

Wie haben die ehemaligen DDR-Bürger den Weg in die neue bundesdeutsche Gesellschaft gefunden? Zum 25. Jahrestag des Mauerfalls sind die Filmproduktionsfirma Credo-Film, das RBB-Fernsehen und die Berliner Zeitung dieser Frage nachgegangen. Entstanden sind 25 Fernsehfilme und 25 ganzseitige Zeitungsporträts, die die Grundlage für das vorliegende Buch bilden, ergänzt durch Fotos von Markus Wächter.
Vorgestellt werden Menschen aus unterschiedlichen Berufen und Regionen, die offen über ihre Entwicklung seit 1989 sprechen. Das Spektrum reicht von der Arbeitslosen, die nur im Westen eine neue Anstellung fand, bis zum Betriebsdirektor des Leipziger Porsche-Werkes, vom Bäckermeister bis zum internationalen Star-Galeristen, vom Leistungssportler bis zum Chefredakteur eines Boulevard-Magazins. Ganz persönliche Geschichten der deutschen Einheit.

www.christoph-links-verlag.de

Markus Decker

Was ich dir immer schon mal sagen wollte

Ost-West-Gespräche

Broschur, 15 s/w-Abbildungen
288 Seiten
ISBN 978-3-86153-846-2
18,00 € (D); 18,50 € (A)

Wie steht es nach 25 Jahren Einheit um die innerdeutsche Verständigung? Wie stark ist der Ost-West-Gegensatz noch? Markus Decker hat sich mit 14 kompetenten Gesprächspaaren aus Ost und West getroffen. Er diskutierte u. a. mit Andreas Dresen und Axel Prahl, Rainald Grebe und Hans-Eckardt Wenzel, Anke Domscheit-Berg und Gesine Schwan, Reiner Haseloff und Winfried Kretschmann, Esra Kücük und Anne Wizorek, Lutz Rathenow und Bernd Riexinger, Arne Friedrich und Axel Kruse über den Prozess des Zusammenwachsens in ihrem jeweiligen Umfeld. Es geht um Freiheit und Frauenrechte, um Freundschaft, Glaube und Liebe, um Solidarität und um Fußball. Für den Blick von außen sorgen eine französische und eine polnische Deutschland-Korrespondentin. Entstanden sind vielschichtige Gespräche – so lebendig wie die Einheit selbst.

www.christoph-links-verlag.de